文言文选读

第三册

张中行 张铁铮
李耀宗 潘仲茗 编注

三联书店

Copyright © 2023 by SDX Joint Publishing Company.
All Rights Reserved.

本作品版权由生活·读书·新知三联书店所有。
未经许可，不得翻印。

图书在版编目（CIP）数据

文言文选读．第三册／张中行等编注．—北京：
生活·读书·新知三联书店，2023.9
ISBN 978-7-108-07563-5

Ⅰ．①文… Ⅱ．①张… Ⅲ．①文言文－阅读教学－中学－教学参考资料 Ⅳ．① G634.333

中国版本图书馆 CIP 数据核字 (2022) 第 228248 号

责任编辑	柯琳芳
装帧设计	薛　宇
责任印制	卢　岳

出版发行　生活·讀書·新知 三联书店
　　　　　（北京市东城区美术馆东街 22 号 100010）
网　　址　www.sdxjpc.com
经　　销　新华书店
印　　刷　河北品睿印刷有限公司
版　　次　2023 年 9 月北京第 1 版
　　　　　2023 年 9 月北京第 1 次印刷
开　　本　880 毫米 × 1230 毫米　1/32　印张 15.75
字　　数　302 千字
印　　数　0,001-5,000 册
定　　价　69.00 元

（印装查询：01064002715；邮购查询：01084010542）

出版说明

　　学习文言文是汉语学习的一部分，是我们深入学习汉语的需要。古代汉语、近代汉语、现代汉语是一脉相承的。文言与白话之间的千丝万缕的联系，决定了没有古代汉语的知识，就无法深入理解现代汉语。

　　学习文言文也是更好地传承中华优秀传统文化的需要。因为，文言文具有超越时代、超越方言的特性，它记载了两千多年中华民族的灿烂文化，是了解我们民族悠久历史文化的主要工具之一。因此，在基础教育阶段，学好文言文意义重大。

　　学习文言文必须从基础教育开始。但古代的著作，写成于特定的历史时期，囿于作者的特殊性格与特殊时代背景，就其思想内容来说，有精华也有糟粕，就其表现形式来说，有美文也有拙笔。要品评其优劣以择其精华，必须有一个细致的研读、分析、理解的过程。而在基础教育阶段，学生还没有这种分辨能力，需要有学养深厚、懂教育的学者将优秀的作品选编出来给他们读。

　　张中行先生不仅是学者、散文家，亦是一位致力于中学语文教育的语文学家。20世纪80年代，他应中学生提升文言文阅读能力的需求，领衔并邀请了张铁铮、李耀宗、潘仲茗三位语文教育专家一起选编、注释了《文言文选读》（三册）。他还请大学者、资深语文编辑王泗原、王微、隋树森三位先生做审阅。

学习文言文，光掌握方法是不够的，更需要切实的训练，这是语文教育工作者们的共识。张中行先生认为："学会语言的重要方法是'熟'，因而读的字数偏少不如偏多。""有关文言词、句特点方面的知识，适当地在注解中反复说明，以求读者结合具体词、句，能够逐渐熟悉。""熟"和"反复"恰恰抓住了语言学习的不二法门：通过反复与之"见面"，而熟悉之，并最终掌握之。这也是本套书选编、注解的宗旨。

此次出版，我们基本保留了原版内容全貌，只对少许内容按实际情况做了修订。比如，初版内容注解中记录的行政区划名称，现有一些由县改为市或者区，甚至有一些改了名字，此次出版都做了相应更改。还有，我们对书中的注音进行了整理，尤其对多音字，根据工具书对不同义项的不同读音进行了核查。此外，我们对个别难字、生僻字补充了注音。

这套《文言文选读》的编写者们学养深厚，对选文的注释通达准确，注解的文字平易而有古风，使人阅读时深受濡染。四十多年后的今天，这套书已成为提升初高中生文言文阅读能力的经典著作。更显弥足珍贵的是，一代文化学者能够躬身为中学生一字一句地编注基础文言读本，这种精神随着时间的流逝将散发出更加温煦的光芒。

生活・读书・新知三联书店编辑部

2023 年 7 月

编者的话

这部《文言文选读》是为了辅助中学语文课的文言教学，培养学生初步阅读文言的能力，供中学生课外阅读而编注的。也可供程度相当于中学生而初学文言的人研读，以及中小学语文教师教学中参考。

全书包括三册，每册选文六十篇。第一册较浅近，程度适合于初中。第二册略提高，程度适合于高中。估计中学生中有一部分，将来想学文科，还会有一些，虽然不学文科，却想多读一些古典作品，此外，中学生以外用这部书学习文言而想取得阅读一般古籍（非特别艰深的）的能力的读者，都会希望多读一些程度再提高些的作品。第三册是适应这种需要而编注的。因为程度再提高，它就可以容纳许多名篇，一些重要作家、重要典籍，个别的文体，以补第一、二册的不足。

全书的安排：第一、二、三册由浅入深，例如第一册的选文，文字较浅易，记叙的，尤其故事性的比较多，以后文字略深，议论性的增多。各册选文都按时代先后编排（个别篇目也有按体裁编排的）。一篇包括几则，有时候按深浅或内容性质编排。一篇文章，题目之下先列"解说"，为的是读之前先对文章有个大概的了解。以下是本文，标点、分段，段后有段落大意。难词难句有注解，为了便于检阅，照语文课本体例，排在本文同页的下方。最后是"研读参考"。

选文的原则：

①思想感情要健康，至少要无害。个别问题（如有迷信成分）在"解说"中说明。

②文字要平实、流畅。过于艰深的（如《尚书》）不选，过于别扭的（如唐朝樊宗师的文章）不选，文白夹杂的（如语录）不选。

③酌量照顾传统名篇、重要作家、重要典籍、常用文体，以期读者读后能够多有所得。

④为了开阔眼界、增加兴趣，选材面求适当广一些，如也收笔记、日记、诗话、词话等。

⑤学会语言的重要方法是"熟"，因而读的字数偏少不如偏多。浅近的或故事性的文章，篇幅长些的也选；篇幅嫌短的，集同性质的几则为一篇。

⑥入选的文章，不同版本文字不同的，因为目的不在校订，斟酌选用一种，不加说明。

文题之下的"解说"，是想简要地介绍一下与这篇文章有关的知识：选自什么书，以及此书的情况；文章的内容和写法有什么值得注意之点；作者的略历。

"段落大意"简明地指出上面一段（有时不止一个自然段）的中心意思，并尽可能说说与前后文的关联，目的是帮助读者加深理解内容和写法。

注解：

（1）因为希望学生专靠自学能够理解，所以注解（尤其第一册）求详：估计学生会感到困难的，或者会误解的，都注。第二、三册适当减少。

（2）注解的用语，第一、二册尽量求浅显、简明；第三册酌量用一些浅近的文言，以期读者能够更快地熟悉文言。

（3）为了培养独立阅读的能力，注单词片语可以理解的，尽量避免串讲。

（4）必要时也引经据典，但不做过多的考证和论辩。

（5）为了减少记忆和诵读的负担，有些字，文言中某种用法过去要用另一种读法（如"王天下"的"王"读 wàng），现在不用另一种读法也不影响理解的，只在字后注"旧读什么"，可以不照旧读法念。

（6）有关文言词、句特点方面的知识，适当地在注解中反复说明，以求读者结合具体词、句，能够逐渐熟悉。

（7）文言常用的词，注解不多重复；不常用的不避重复。

为了帮助读者深入理解选文，积累文言知识，每篇后安排"研读参考"一项，就本篇文字的主要特点（语法、修辞、篇章、内容等方面）提出三两点，或介绍知识，或启发思考，或提出问题，供读者参考。

本书的目的是培养初步阅读文言的能力，而能否达到这个目的，还要看读者怎样使用这部书。读文章，先要"确切理解"，然后是"读熟"。读时先要慢，体会词句的意义、情调，以及上下句的关联，声音有快有慢，有抑有扬；渐熟后可以略快。这样连续读三两次，自己觉得顺口了，放下。但不能从此不再过问，最好是过几天再读三两遍，不时温习。特别喜欢的，能够背下来更好。至于一年读多少篇合适，那要看自己的兴趣和时间，难于统一规定，总的原则是多比少好。

没有学中学语文课的读者，最好把中学语文课本中的文言文找来一道学习，因为不少大家熟悉的名篇，中学语文课本已经选了，本书没有选。

本书承启功先生题书名，王泗原、王微、隋树森三位同志审阅，特此志谢。

编者学力有限，书中难免缺点和错误，希望读者多多指正。

编者

一九八一年十月

目 录

一 《左传》选 .... 左传 1
    郑伯入许 4
    展喜犒师 7
    楚归知罃 9
    叔孙豹论不朽 11

二 勾践栖会稽 .... 国语 14

三 鲁仲连论帝秦 .... 战国策 23

四 滕文公下 .... 孟子 33

五 逍遥游 .... 庄子 43

六 风赋 .... 宋玉 55

七 五蠹 .... 韩非子 62

八 谏逐客书 .... 李斯 73

九 礼运 .... 礼记 80

一〇 答客难 .... 东方朔 86

一一 伯夷列传 .... 司马迁 95

一二 《史记》论赞选 .... 司马迁 104

	留侯世家		105
	管晏列传		106
	屈原贾生列传		107
	李将军列传		108
	汲郑列传		109
一三	报孙会宗书	杨恽	111
一四	朱买臣传	班固	119
一五	为兄上书	班昭	126
一六	穷通	应劭	131
一七	论盛孝章书	孔融	140
一八	登楼赋	王粲	145
一九	与吴质书	曹丕	150
二〇	与杨德祖书	曹植	157
二一	陈情事表	李密	165
二二	归去来兮辞并序	陶渊明	171
二三	祢衡传	范晔	179
二四	恨赋	江淹	188
二五	与陈伯之书	丘迟	194
二六	物色	刘勰	202
二七	与阳休之书	祖鸿勋	210
二八	《文选》序	萧统	217
二九	春赋	庾信	228

三〇	与詹事江总书	陈叔宝	234
三一	滕王阁诗序	王勃	239
三二	叙事	刘知幾	251
三三	与韩荆州书	李白	260
三四	祭十二郎文	韩愈	267
三五	杂文三篇	韩愈	276
	读荀子		277
	题李生壁		279
	祭田横墓文		280
三六	段太尉逸事状	柳宗元	283
三七	赠序二篇	柳宗元	293
	送薛存义序		294
	送元秀才下第东归序		295
三八	丰乐亭记	欧阳修	298
三九	记旧本韩文后	欧阳修	303
四〇	寄欧阳舍人书	曾巩	309
四一	论人二篇	王安石	316
	读《孟尝君传》		318
	书《李文公集》后		319
四二	留侯论	苏轼	322
四三	赤壁赋	苏轼	329
四四	上枢密韩太尉书	苏辙	336

四五	《金石录》后序	李清照	341
四六	上丞相留忠斋书	谢枋得	355
四七	送秦中诸人引	元好问	364
四八	小简五篇	归有光	368
	与沈敬甫		369
	又		370
	与吴刑部维京		370
	与王子敬		371
	与沈敬甫		372
四九	答茅鹿门知县书	唐顺之	374
五〇	论文上	袁宗道	381
五一	晚明小品三篇		387
	小洋	王思任	388
	《虎井诗》自题	谭元春	391
	极乐寺	刘侗 于奕正	392
五二	《天工开物》序	宋应星	394
五三	原臣	黄宗羲	400
五四	文章繁简	顾炎武	407
五五	聊斋自志	蒲松龄	413
五六	古籍提要三篇	纪昀	420
	武林旧事		421
	玉芝堂谈荟		425

	山中白云词		427
五七	《廿二史札记》选	赵翼	430
	小引		431
	《史记》编次		433
	古文自姚察始		434
	明仕宦僭越之甚		435
	于谦王文之死		437
五八	古文十弊	章学诚	439
五九	己亥六月重过扬州记	龚自珍	459
六〇	《人间词话》选	王国维	466
	太白纯以气象胜		467
	南唐中主词		468
	古今之成大事业者		469
	词忌用替代字		469
	白石写景之作		470
	四言敝		471
	大家之作		472

附录甲　古籍笺注举例 473

（一）《左传》子产不毁乡校 475

（二）《庄子·秋水》孔子游于匡 476

（三）《史记·留侯世家》 477

(四)《世说新语》周镇罢临川郡 479

(五)《文选》阮籍《诣蒋公》 479

(六)《资治通鉴》高贵乡公之死 480

附录乙　文言阅读参考书目 482

一　散文 483

二　韵文 488

三　文言知识 490

一 《左传》选 左传

【解说】本篇中"郑伯入许"选自隐公十一年,"展喜犒(kào)师"选自僖(xī)公二十六年,"楚归知(zhì)䓨(yīng)"选自成公三年,"叔孙豹论不朽"选自襄公二十四年,题目都是编者加的。《左传》是我国最早的一部结构严整、记事翔实、文字优美的编年体历史著作。记事由鲁隐公元年(前722)开始,至鲁悼公四年(前464)止,记了约二百六十年间春秋时期各国政治、外交、军事等方面的大事。本来单独成书,名《左氏春秋》;到汉朝,有人因为它的记事可以补充、印证《春秋》经文,于是把它看成解经的著作,名《春秋左氏传》;到晋朝杜预作《春秋经传集解》,把两部史书编在一起,于是《左传》就真成为附在《春秋》经文后的"传"了。

"春秋"是古代国史的通名,周、齐、鲁等国都有;但也可以叫另外的名字,如晋国名"乘(shèng)",楚国名"梼(táo)杌(wù)"(见《孟子·离娄下》)。鲁国的国史名《春秋》,因为是重要文献,大概孔子很重视它,不但自己研读,还以之为教材传授弟子,所以后来有孔子作《春秋》的传说。其实这是不对的,因为修史是历代史官的事,孔子不是史官;又

《春秋》有"孔丘卒"的记事（哀公十六年）。这些都可以证明《春秋》不是孔子作的。《春秋》与孔门拉上关系，成为经，于是有些经师用力研究、解释，成书之后名为"传"。《春秋》传世的"传"有三种：公羊高传的《公羊传》，穀梁赤传的《穀梁传》，以及《左传》。实际《左传》与其他两种大不相同，那两种着重解释《春秋》原文的意义，确是为"经"作"传"；《左传》就不然，是独立记史实。所记史实比《春秋》远为详细（字数约多十倍）；又经与传并不处处相应，有时有经无传，有时有传无经，还有时所记史实有出入：这都可以证明《左传》本是独立的历史著作，因为所记史实的时代几乎与《春秋》一致（结尾比《春秋》略长），所以经过汉人编定，成为现在的形式。

古代秦以前的历史著作，重要而传到后代的有《尚书》《国语》《战国策》和《左传》。《尚书》所收是上古几个王朝的一部分重要公文，严格说是史料而不是记事。《左传》则是根据当时保存的大量史料而编写成的记事。因为材料丰富，经过精心整理，所以所记史实详赡而确实，几乎可以说，春秋时期列国的复杂情况，我们今天还能知其面貌，主要就是靠这部《左传》。而且这部书的价值不仅在历史方面，还在文学方面。它叙事文笔简练，条理清楚，详略合宜，尤其难得的是，写故事情节能够曲折入微，写人物活动能够形象生动，因而记的是史实，却可以当作文学作品来欣赏。

《左传》记事重在寓褒贬，明得失。思想基本上是儒家的，推崇仁爱、忠信、义烈、谦逊、节制等品德。也信天命、鬼神、卜筮、预言等，这是缺少科学知识时的通病。

《左传》描写人物活动，多引用人物的言谈来直接表现。古代列国并立，有联合有冲突，因而外交辞令就成为士大夫的必备技能。古文献记载这方面情况的地方很多，而《左传》成就最高。本篇选的四则都是着重表现外交辞令的美妙的，共同点是意思严正而措辞委婉，故能不动刀兵而使听者悦服。这不论从叙述技巧方面还是从教训意义方面说，都值得反复吟味。

《左传》的作者，《史记·十二诸侯年表》序和《汉书·艺文志》都说是左丘明。《论语》提到左丘明，说"左丘明耻之，丘亦耻之"，看口气是孔子所敬重的贤人。可是《左传》所记有孔子死后十多年的事；又《左传》文辞详赡、华美、恣肆，就风格说也不是春秋时期所能有：所以后代不少人怀疑左丘明作的说法。但也有人认为这种古代所传不会毫无根据，所以设想也许左丘明是熟悉史实掌故的早年名家，曾经把自己承继来的旧史向后代诵说，所以后代的作史者仍然尊他为开创者。对于左丘明的姓名也有不同的看法，有人说姓左名丘明，有人说姓左丘名明，因为文献不足，难于确定了。近年来，有的人根据《左传》内容的性质，成书的年代（前370左右），以及记魏的事较多等，推断这部书大概是战国时期，住在魏国的史学家根据搜集到的大量史料编写的。

郑伯入许①

郑伯将伐许。五月甲辰②,授兵于大宫③。公孙阏与颍考叔争车④,颍考叔挟辀以走⑤,子都拔棘以逐之⑥,及大逵⑦,弗及⑧,子都怒。

写出征之前军中一件小争执。

秋七月,公会齐侯、郑伯伐许⑨。庚辰⑩,傅于许⑪。颍考叔取郑伯之旗蝥弧以先登⑫,子都自下射之,颠⑬。瑕叔盈又以蝥弧登⑭,周麾而呼曰⑮:"君登矣⑯。"郑师毕登⑰。

---

① 〔郑伯〕郑庄公。春秋初年人,公元前743—前701年在位。伯,指其封爵等级。周朝封诸侯分五等:公、侯为大国,伯为中等国,子、男为小国。〔许〕周朝姜姓男爵小国,在今河南许昌一带,位于郑国之南。其时国君为许庄公。 ② 〔五月甲辰〕鲁隐公十一年(前712)五月二十四日。旧时代习惯以干支配合计日,由甲子至癸亥凡六十日为一周。本年五月二十四日为甲辰日。 ③ 〔授兵〕发放武器。〔大(tài)宫〕祖庙。大,即"太"。古"太"多写作"大"。下文"大岳""大公""大师""大上"之"大"同。 ④ 〔公孙阏(è)〕郑国大夫,字子都。〔颍(yǐng)考叔〕郑国人。曾任封人(守边疆之官)。〔争车〕争夺合于己意之兵车。 ⑤ 〔辀(zhōu)〕驾车之曲形车杠。〔以〕而。 ⑥ 〔棘〕即"戟",能刺能钩之兵器。〔逐〕追。 ⑦ 〔大逵〕大路。逵,四通八达之路。 ⑧ 〔弗及〕未追上。 ⑨ 〔公〕指鲁隐公。《春秋》及《左传》称鲁君皆不标国名。〔齐侯〕指齐僖公。 ⑩ 〔庚辰〕同年七月初一。 ⑪ 〔傅〕附着。意即靠近许都城,围攻许都城。 ⑫ 〔蝥(máo)弧〕旗名。〔先登〕先登上城墙。 ⑬ 〔颠〕跌落(而死)。 ⑭ 〔瑕(xiá)叔盈〕郑国大夫。〔以〕持。指接过颍考叔所举之蝥弧旗。 ⑮ 〔周麾(huī)〕向四面挥动。麾,通"挥"。 ⑯ 〔君〕国君,指郑伯。 ⑰ 〔师〕军队。〔毕〕完全。

壬午①，遂入许。许庄公奔卫②。齐侯以许让公③，公曰："君谓许不共④，故从君讨之；许既伏其罪矣⑤，虽君有命⑥，寡人弗敢与闻⑦。"乃与郑人⑧。

　　写伐许战争的经过及结果：许国失败，因鲁公知礼，让给郑国统辖。

　　郑伯使许大夫百里奉许叔以居许东偏⑨，曰："天祸许国，鬼神实不逞于许君⑩，而假手于我寡人⑪。寡人唯是一二父兄不能共亿⑫，其敢以许自为功乎⑬？寡人有弟，不能和协⑭，而使糊其口于四方⑮，其况能久有许乎⑯？吾子其奉许叔以抚柔此民也⑰，吾将使获也佐吾子⑱。若寡人得没于

①〔壬午〕同年七月初三。 ②〔奔卫〕逃往卫国。卫国在今河南淇县一带。 ③〔以许让公〕以许国之土地让与鲁隐公。 ④〔共〕通"供"，供职贡，奉献贡物于周天子。周朝分封之国，规定每年向天子纳贡。又一说：共，通"恭"，奉法之意。 ⑤〔伏其罪〕有罪而受到惩罚。伏，通"服"，甘心承担。 ⑥〔虽君有命〕虽有您之命（指以许地让公）。 ⑦〔弗敢与(yù)闻〕不敢从命。与，参与。 ⑧〔郑人〕郑国。 ⑨〔百里〕许国大夫之名。〔奉〕侍奉。〔许叔〕许庄公之弟，后继君位，即许穆公。 ⑩〔不逞于许君〕不满意许国之君（许庄公）。逞，快意。 ⑪〔假手于我寡人〕假借我手（惩罚他）。古人信天命，信鬼神，故如此说。 ⑫〔唯是〕只此。〔一二父兄〕指同姓臣下之年长者。〔共亿〕相安无事。亿，安。 ⑬〔其〕岂。〔以许自为功〕以克许国为己之功绩。 ⑭〔有弟，不能和协〕指其弟共叔段逃往国外。事见《左传》隐公元年。 ⑮〔糊其口〕寄食，勉强吃饭。糊，粥；糊口，吃粥。 ⑯〔其〕助词，无义。 ⑰〔吾子〕你。较亲热之称呼，指百里。〔其〕助词，表希望。〔抚柔〕安抚。柔，安。〔此民〕指许国东偏之人。 ⑱〔获〕郑国大夫公孙获。〔也〕语气助词。

一　《左传》选　5

地①,天其以礼悔祸于许②,无宁兹许公复奉其社稷③,唯我郑国之有请谒焉④,如旧昏媾⑤,其能降以相从也⑥,无滋他族实逼处此⑦,以与我郑国争此土也⑧。吾子孙其覆亡之不暇⑨,而况能禋祀许乎⑩?寡人之使吾子处此,不唯许国之为⑪,亦聊以固吾圉也⑫。"乃使公孙获处许西偏,曰:"凡而器用财贿⑬,无置于许,我死,乃亟去之⑭。吾先君新邑于此⑮,王室而既卑矣⑯,周之子孙日失其序⑰。夫许,大岳之胤也⑱,天而既厌周德矣⑲,吾其能与许争乎⑳?"

---

①〔得没于地〕能寿终而安葬于地下。 ②〔其〕表希望。〔以礼〕意为以礼待之。〔悔祸于许〕悔曾加祸于许国,不愿仍加祸于许国。 ③〔无宁兹许公复奉其社稷〕愿许公复为国君。无宁,宁愿。兹,此。奉其社稷,治理其国。社,土地神;稷,谷神。祭社稷为国家大事,故代称国家。 ④〔唯〕只是。〔请谒(yè)〕请求。谒,告。 ⑤〔旧昏媾(gòu)〕亲戚关系如旧时。昏媾,婚姻,通婚关系。"婚",古多写作"昏"。 ⑥〔其〕表希望。〔降以相从〕降心而相从,俯允。谦语。 ⑦〔无滋他族实逼处此〕不要让别人迫近危害这里。无,通"毋",不要。滋,增长,放任。实,确是。逼,迫近。 ⑧〔此土〕指许地。 ⑨〔其〕无义。〔覆亡之不暇〕(假使他人处此以与我争,则我之子孙)救自己之颠覆灭亡还来不及。 ⑩〔禋(yīn)祀许〕主持祭许国之山川。意即主宰许国。禋,虔诚洁斋而祭。 ⑪〔许国之为(wèi)〕为许国。 ⑫〔聊〕姑且。〔固吾圉(yǔ)〕巩固我国之边境。 ⑬〔而〕尔,你。〔财贿〕财物。贿,货,物资。 ⑭〔亟(jí)去〕赶快离开。亟,急。 ⑮〔先君〕指其父郑武公。〔新邑于此〕新定居于此地(新郑一带)。郑国自郑武公东迁新郑,至庄公仅二代。 ⑯〔王室而既卑矣〕周王朝之政权已衰落。而,助词,无义。 ⑰〔日失其序〕事业日坏。序,通"绪",事业。郑亦周之子孙,故如此说。 ⑱〔大岳之胤(yìn)〕尧时太岳(即四岳,四方诸侯之长)之后。胤,后代。言许国为太岳之子孙,其后未可量。 ⑲〔而〕无义。〔厌周德〕厌恶周王朝之政权。德,己身之所具。 ⑳〔其〕岂。

写郑庄公处置许国能合情合理,并突出描写辞令的谦恭克己。

君子谓:郑庄公于是乎有礼①。礼②,经国家③,定社稷,序民人④,利后嗣者也⑤。许无刑而伐之⑥,服而舍之⑦,度德而处之⑧,量力而行之,相时而动⑨,无累后人,可谓知礼矣。

作者借君子之口评论郑庄公明达知礼。这是更明显地阐明上面记事的主旨。

展喜犒师⑩

夏⑪,齐孝公伐我北鄙⑫;卫人伐齐,洮之盟故也⑬。公使展喜犒师,使受命于展禽⑭。

先写明战事的时间和形势,以及鲁国抗敌的策略。

---

①〔君子〕明理之人,实即作者自称。〔于是乎〕在此点上。乎,句中助词。〔有礼〕有存亡继绝之礼。 ②〔礼〕指礼之用。 ③〔经〕管理。 ④〔序民人〕使人民各安其位。序,使有秩序。 ⑤〔利后嗣〕有利于后代。 ⑥〔无刑〕无法度。刑,通"型",法。 ⑦〔舍〕置,饶恕。 ⑧〔度(旧读 duó)德〕衡量自己德行之厚薄。〔处〕安置。 ⑨〔相(xiàng)时而动〕看准时机而动作。 ⑩〔展喜〕人名,鲁国大夫,展禽之弟。〔犒师〕慰劳(齐国)军队。 ⑪〔夏〕指鲁僖公二十六年(前634)夏天。 ⑫〔我〕我国,指鲁国。〔北鄙〕北部之边地。 ⑬〔洮(táo)之盟〕僖公二十五年,鲁、卫二国定盟约于洮(鲁地,在今山东莒县西)。此乃齐孝公仍以霸主自居,故不满鲁、卫之盟而伐鲁。卫则因与鲁有盟约,故伐齐以救鲁。 ⑭〔受命〕听受教诲,讨教。〔展禽〕名获,字禽,食邑在柳下,谥惠,因之后人称为柳下惠,为春秋时代著名之贤人。全句乃命展喜向展禽请教如何应对齐侯。

齐侯未入竟①,展喜从之②,曰:"寡君闻君亲举玉趾③,将辱于敝邑④,使下臣犒执事⑤。"齐侯曰:"鲁人恐乎?"对曰:"小人恐矣,君子则否。"齐侯曰:"室如县罄⑥,野无青草⑦,何恃而不恐?"对曰:"恃先王之命⑧。昔周公、大公股肱周室⑨,夹辅成王⑩,成王劳之而赐之盟曰⑪:'世世子孙无相害也⑫。'载在盟府⑬,大师职之⑭。桓公是以纠合诸侯而谋其不协⑮,弥缝其阙而匡救其灾⑯,昭旧职也⑰。及君即位⑱,诸侯之望曰⑲:'其率桓之功⑳。'我敝邑用不敢

---

①〔入竟〕进入国境。竟,通"境"。 ②〔从之〕跟随他,赶到他所在之地。 ③〔寡君〕我国少德之君。谦称。〔君〕指齐孝公。〔举玉趾〕迈您之步。玉趾,趾而称玉,表示尊敬。 ④〔辱于敝邑〕到我们国家来。辱,谦词,意为您如此行事为屈尊。敝邑,残破之城。亦谦词。 ⑤〔下臣〕低微之臣,展喜自称。谦词。〔执事〕左右供指使之人。意为不敢直接与尊者谈话。常用之敬词。 ⑥〔县(xuán)罄(qìng)〕比喻毫无所有。县,同"悬"。罄,通"磬",石制之平板形乐器(与后代铜铸圆钵形者不同)。 ⑦〔野无青草〕周之夏四月为当今之阴历二月,故野无可食之物。 ⑧〔先王〕指周成王。〔命〕教令。 ⑨〔周公〕姬姓,名旦,周文王之子,辅佐周武王伐纣,创建周朝政权,又辅佐年幼之成王巩固政权,为周初功勋最著之名臣。诸侯分封时封于鲁。〔大公〕姜姓,名望。受周文王之聘,后来辅佐武王灭商纣。封于齐。〔股肱(gōng)〕辅佐。股,大腿;肱,上臂。此处用作动词,意为作周朝之股肱。 ⑩〔夹辅〕左右两面合力辅助。 ⑪〔劳(旧读lào)〕慰劳。〔盟〕盟约。 ⑫〔子孙〕指鲁、齐二国之后代。 ⑬〔载在盟府〕那盟约存于盟府。载,载书,记盟约之书。盟府,存放盟约之府藏。 ⑭〔大师职之〕太师掌管它。太师,司盟之官。职,职掌,掌管。 ⑮〔桓公〕齐桓公。〔纠合〕集合。〔谋其不协〕设法调和诸侯之不和。 ⑯〔弥缝其阙〕弥补诸侯之失误。阙,同"缺"。〔匡〕救助。 ⑰〔昭旧职〕彰明齐太公所职掌之事业。 ⑱〔君〕指齐孝公。 ⑲〔望〕期望。 ⑳〔其〕表希望。〔率桓之功〕遵循齐桓公之业绩。

保聚①,曰②:'岂其嗣世九年③,而弃命废职④,其若先君何⑤?君必不然。'恃此以不恐。"齐侯乃还。

接着重点写展喜以齐、鲁两国的亲密关系,以及周先王和齐先君的愿望为理由,说服了齐孝公。重点也是描写外交辞令的婉而不屈。

楚归知罃⑥

晋人归楚公子谷臣与连尹襄老之尸于楚以求知罃⑦,于是荀首佐中军矣⑧,故楚人许之。王送知罃⑨,曰:"子其怨我乎⑩?"对曰:"二国治戎⑪,臣不才,不胜其任⑫,以为俘馘⑬。执事不以衅鼓⑭,使归即戮⑮,君之惠也。臣实不才,

---

①〔用〕因此。〔不敢保聚〕不敢做战争之准备。保,修筑城郭;聚,集合甲兵。 ②〔曰〕意为我们都说。 ③〔嗣世〕继承君位。〔九年〕其时为齐孝公九年。 ④〔命〕指成王之命。〔职〕指太公之旧职。 ⑤〔其若先君何〕那怎么对待先君呢?先君,包括太公、桓公。 ⑥〔楚归知罃〕楚国送还知罃。事在成公三年(前588)。知罃,字子羽,晋国下军大夫荀首之子,晋、楚两国邲(bì,在今河南荥阳北)之战(前597)被楚军俘获。 ⑦〔楚公子谷臣〕楚庄王之子,邲之战被晋军俘获。〔连尹〕官名。〔襄老〕楚国大夫,邲之战为荀首射死,尸体为晋所获。〔以求知罃〕以(用)……求换回知罃。 ⑧〔于是〕于此时。〔荀首佐中军〕荀首新任中军之副帅(职位升高)。晋国设三军:上军、中军、下军,战时皆由中军统领。 ⑨〔王〕楚共(gōng)王,楚庄王之子。其时为楚共王三年。〔送知罃〕为知罃送别。 ⑩〔其〕表推测。 ⑪〔治戎〕从事兵戎,即交战。 ⑫〔不胜(旧读 shēng)其任〕负不起自己之任务。 ⑬〔俘馘(guó)〕俘虏。馘,战争中杀敌割取左耳记功。 ⑭〔衅(xìn)鼓〕用血涂鼓,一种仪式,一般用牲血。意即杀死。 ⑮〔归〕回国。〔即戮〕就戮,受杀戮。即,就,动词。

一 《左传》选　　9

又谁敢怨①?"王曰:"然则德我乎②?"对曰:"二国图其社稷而求纾其民③,各惩其忿以相宥也④,两释累囚以成其好⑤。二国有好,臣不与及⑥,其谁敢德?"王曰:"子归,何以报我?"对曰:"臣不任受怨⑦,君亦不任受德⑧,无怨无德,不知所报。"王曰:"虽然,必告不穀⑨。"对曰:"以君之灵⑩,累臣得归骨于晋⑪,寡君之以为戮⑫,死且不朽⑬。若从君之惠而免之⑭,以赐君之外臣首⑮,首其请于寡君而以戮于宗⑯,亦死且不朽。若不获命而使嗣宗职⑰,次及于事⑱,而帅偏师以修封疆⑲,虽遇执事,其弗敢违⑳,其

---

①〔又谁敢怨〕又敢怨谁? 问句宾语为代词时提前。 ②〔然则〕那么。〔德我〕感激我。 ③〔图其社稷〕为国家打算。〔纾(shū)〕纾缓,使安适。 ④〔惩其忿〕停止各自之气忿。惩,禁戒。〔宥(yòu)〕宽恕,原谅。 ⑤〔两释累囚〕双方皆释放囚系之俘虏。〔好〕和好,友谊。 ⑥〔与(旧读yù)及〕参与。 ⑦〔不任受怨〕无受怨之理。任,担负。 ⑧〔不任受德〕无使人感激之理。 ⑨〔不穀〕不善。国君自谦之称。 ⑩〔以君之灵〕凭借您之威灵。 ⑪〔累臣〕被囚禁之臣。知罃自称。〔归骨于晋〕意为得回晋国而后死。 ⑫〔寡君之以为戮〕君命处死。寡君,指晋君(臣对外国国君称本国国君之词)。为戮,杀死。 ⑬〔死且不朽〕感荷楚君之恩,身虽死而楚君之恩永铭心中而不忘。 ⑭〔从君之惠〕依照您之好意。〔免〕赦免。 ⑮〔赐〕赏赐。此处为交给之意。〔君之外臣首〕您的外臣荀首。外臣,对外国国君称本国之官吏。首为知罃父亲之名,本不得直呼,然对君主(包括外国君主)则须呼名。 ⑯〔其〕若,如果。〔请于寡君〕征得晋君之同意。〔戮于宗〕于荀氏家庙中杀死(我)。宗,宗庙。 ⑰〔不获命〕得不到国君之命令,即不允许杀我。〔嗣宗职〕继承先辈之职位。 ⑱〔次及于事〕按次第担任政务。 ⑲〔偏师〕主力军侧翼协助作战之部队。此亦谦语,本意为任主帅。〔修封疆〕整治边疆,即戍守边境。 ⑳〔弗敢违〕不敢躲避。意为仍当奋力作战。

竭力致死①，无有二心②，以尽臣礼③，所以报也④。"王曰："晋未可与争。"重为之礼而归之⑤。

写知䓨在拘系中，能以有力的言谈说服敌方。

叔孙豹论不朽⑥

春⑦，穆叔如晋⑧。范宣子逆之⑨，问焉，曰："古人有言曰：'死而不朽。'何谓也？"穆叔未对。宣子曰："昔匄之祖，自虞以上为陶唐氏⑩，在夏为御龙氏⑪，在商为豕韦氏⑫，在周为唐杜氏⑬，晋主夏盟为范氏⑭，其是之谓乎⑮？"穆叔曰："以豹所闻，此之谓世禄⑯，非不朽也。鲁有先大夫曰臧文仲⑰，既殁，其言立⑱，其是之谓乎？豹闻之，大上有立德⑲，其次有立功，其次有立言，虽久不废，此之谓

---

① 〔致死〕拼命。② 〔无有二心〕绝不迟疑。③ 〔尽臣礼〕努力尽为臣事君之礼。④ 〔所以报也〕言对晋尽忠即所以报楚君也。⑤ 〔重〕厚。⑥ 〔叔孙豹〕即穆叔，鲁国大夫，鲁襄公时执政。〔不朽〕身死名存。⑦ 〔春〕鲁襄公二十四年（前549）春天。⑧ 〔如晋〕出使晋国。如，往。⑨ 〔范宣子〕士匄（gài）。其先范武子士会、范文子士燮（xiè）皆为晋国上卿。士会先封随，后改封范，其家因而称为范氏。⑩ 〔自虞以上〕从虞舜往前。〔陶唐氏〕尧。陶唐，尧所治地，故尧称陶唐氏。虞舜在位，尧之子孙仍称陶唐氏。⑪ 〔御龙氏〕夏朝孔甲（王名）时，陶唐氏之裔名刘累者，因能驯龙，赐氏曰御龙。⑫ 〔豕韦氏〕古代彭姓国，商灭之，以其地封刘累之后。⑬ 〔唐杜氏〕豕韦氏建国于杜，或称唐杜，故称唐杜氏。⑭ 〔晋主夏盟为范氏〕晋国为华夏之盟主，我家有功，称范氏。⑮ 〔是之谓〕谓是，即指此事。⑯ 〔世禄〕世代仕宦食官俸。⑰ 〔先大夫〕已故之大夫。〔臧文仲〕鲁国大夫臧孙辰。⑱ 〔其言立〕他言谈合理，足以传世。⑲ 〔大上〕最高的。〔立德〕德及于后世。

不朽。若夫保姓受氏①，以守宗祊②，世不绝祀，无国无之，禄之大者③，不可谓不朽。"

　　写叔孙豹否定范宣子以世禄为不朽的论点，而提出立德、立功、立言为真正不朽的正确论点。

【研读参考】一、《左传》的注释本，古的有晋杜预的《春秋经传集解》和唐孔颖达等的《春秋左传正义》，初学不便于用。今人杨伯峻编著《春秋左传注》（中华书局），材料丰富，解释详明，宜于专门研究参考，初学嫌深，嫌多（《左传》本文约十八万字，且文字较古奥，通读较难）。但《左传》为古籍中的重要著作，欣赏古典文学作品，学习古汉语，都应该读它。初学最好用选本。解放前，开明书店曾出版王伯祥选注的《左传读本》，选文多，注解详。近年有徐中舒编注的《左传选》（中华书局），可用。

　　二、以"郑伯入许"一则为例，《春秋》经文只是"秋七月壬午，公及齐侯、郑伯入许"十几个字，《左传》写得详尽而生动，由此可见《左传》的价值。

　　三、春秋时候，上层人物的称谓相当复杂，可以称名，可以称字，有时还兼称官职、氏或谥，如展获、展禽、柳下惠是一个人。这种复杂现象关系不大，知道这是彼时的特有现象就可以了。

――――――

①〔保姓受氏〕世代保持贵族地位。〔受氏〕受其先代之氏。②〔守宗祊（bēng）〕守住本族之宗祠。祊，庙门内设祭之地。③〔禄之大者〕此为禄位之高大者。

四、《左传》为了褒奖作者推崇的美德以期人能效法，有时叙事记言不免有溢美的地方。本篇四则中哪一则表现得较明显？并说说你这样判断的理由。

五、把"楚归知罃"一则译为现代语，要求简练而能传出原作所写人物的神情。

二 勾践栖会稽 国语

【解说】本篇选自《国语·越语上》，题目是编者加的。栖，像鸟住在巢中。《国语》是我国古代一部历史著作，包括《周语》三卷，《鲁语》二卷，《齐语》一卷，《晋语》九卷，《郑语》一卷，《楚语》二卷，《吴语》一卷，《越语》二卷，共二十一卷，七万多字。所记史实，上起西周穆王十二年（前990），下止东周贞定王十六年（前453），共五百三十八年。所记主要是春秋时期各国的政治、外交、军事等活动；表达的方法主要是记言，就是通过人物的言论、对话、辩论等来说明历史事实，所以名《国语》。内容的详略、偏重，各部分不完全一样，如《周语》，所记史实较为全面；《鲁语》则主要记载臧文仲、里革等几个人的事；《齐语》着重记管仲相齐桓公；《晋语》着重记晋文公称霸的前后；《越语》只记越王勾践与吴国的冲突，越国转败为胜的事。《国语》同《左传》一样，是先秦的一部散文著作，文字朴实、精练，能够通过人物的言谈，表现曲折的历史情节、生动的人物活动，并且于平实的叙述中寓褒贬，明得失。

本篇是《越语上》的全部，记越王勾践由有亡国之险变为灭了吴国。吴、越两国在现在江苏、浙江一带，是近邻，时常打仗。越王勾践即位以后,吴王阖闾攻越失败,受伤死了。他儿子夫差(chāi)即位,立志为父亲报仇。公元前494年,吴、越两国战于夫椒(山名,在今江苏苏州附近太湖旁),越大败,勾践退保会(kuài)稽(山名,在今浙江绍兴以南)。以后,越国求和成功,立志复仇,十年生聚,十年教训,公元前482年,乘吴国北上与晋国争霸、国内空虚的时机,攻入吴国。夫差回国,两国讲和。以后越又攻吴,到前473年终于灭了吴国。本篇写越王勾践修明内政,没有卧薪尝胆的事;《史记·越王勾践世家》提到尝胆的事:"越王勾践反国,乃苦身焦思,置胆于坐(座位之旁),坐卧即仰(仰面看)胆,饮食亦尝胆也。"

《国语》的作者,现在已经不能确知。古代有的人以为《左传》和《国语》都是左丘明作。司马迁《报任安书》说:"左丘失明,厥有《国语》。"班固《汉书·艺文志》说:"《国语》二十一篇,左丘明著。"因为传说两书为一人所作,所以后来又称《左传》为春秋内传,《国语》为春秋外传。两部书所记史实有不少可以互相补充,但体裁有大分别:《左传》是编年史,《国语》是分国史。所以也有不少人怀疑左丘明作的说法。由内容看,较大的可能是战国时期的史学家,根据各国残存的史料编集的。

越王勾践栖于会稽之上,乃号令于三军曰①:"凡我父兄昆弟及国子姓②,有能助寡人谋而退吴者,吾与之共知越

---

① 〔号令〕发布命令。号,传呼。〔三军〕军队之统称。古大国设上、中、下三军,中军为主力。 ② 〔昆弟〕兄弟。〔国子姓〕称国君同姓之晚辈。

二 勾践栖会稽

国之政①。"大夫种进对曰②:"臣闻之,贾人夏则资皮,冬则资𫄨,旱则资舟,水则资车,以待乏也③。夫虽无四方之忧④,然谋臣与爪牙之士不可不养而择也⑤。譬如蓑笠⑥,时雨既至⑦,必求之。今君王既栖于会稽之上,然后乃求谋臣,无乃后乎⑧?"勾践曰:"苟得闻子大夫之言⑨,何后之有?"执其手而与之谋⑩。

越王勾践被吴国打败,有亡国的危险,求谋臣征询退吴军的策略。

遂使之行成于吴⑪,曰:"寡君勾践乏无所使⑫,使其下臣种,不敢彻声闻于天王⑬,私于下执事⑭,曰,寡君之师徒⑮,不足以辱君矣⑯。愿以金玉子女赂君之辱⑰,请勾践女

---

① 〔共知越国之政〕共理越国之政事。意为任之为高官。知,有主管之意。② 〔大夫种〕越国大夫文种。楚国人。 ③ 〔贾(gǔ)人夏则资皮,冬则资𫄨(chī),旱则资舟,水则资车,以待乏也〕商人夏日备皮货供冬日之用,冬日备葛布供夏日之用,旱时路干,备船供水路之用,水多时备车,供陆行之用,这是防备会出现缺少之情况。资,蓄积。𫄨,细葛布。乏,短缺。④ 〔四方之忧〕边境受敌国侵略。 ⑤ 〔爪牙之士〕勇武之士。爪牙为攻守之具。 ⑥ 〔蓑(suō)笠〕防雨衣帽。蓑,蓑衣,草所编。笠,竹篾所编。⑦ 〔时雨〕及时之雨,即应降雨时之雨。 ⑧ 〔无乃后乎〕岂不晚了吗?无乃,莫非,只怕。 ⑨ 〔子大夫〕指文种。子,"你"之敬称。 ⑩ 〔执其手〕握他(文种)之手。表示亲近。 ⑪ 〔行成〕议和。成,平和。 ⑫ 〔寡君〕(我国)少德之君。谦词。〔乏无所使〕少可派遣之人(故遣不才之人来)。谦语。 ⑬ 〔彻声闻于天王〕言语直接说与天王听。彻,通。天王,尊称吴王。 ⑭ 〔私于下执事〕私自和(您的)侍从说。下,位在下。执事,供使令之人。 ⑮ 〔师徒〕军队。徒,众。 ⑯ 〔不足以辱君〕不值得您来攻打。辱,屈尊。谦词。 ⑰ 〔赂君之辱〕奉献给您。赂,赠予财物。辱,辱临。

女于王①,大夫女女于大夫,士女女于士,越国之宝器毕从②;寡君帅越国之众以从君之师徒,惟君左右之③。若以越国之罪为不可赦也,将焚宗庙④,系妻孥⑤,沉金玉于江⑥,有带甲五千人⑦,将以致死⑧,乃必有偶⑨,是以带甲万人事君也⑩,无乃即伤君王之所爱乎⑪。与其杀是人也,宁其得此国也⑫,其孰利乎⑬?"

勾践定对策,遣文种到吴军那里求和。文种善于辞令,话委婉而意严正。

夫差将欲听与之成,子胥谏曰⑭:"不可。夫吴之与越也,仇雠敌战之国也⑮,三江环之,民无所移⑯,有吴则无越,有越则无吴,将不可改于是矣⑰。员闻之,陆人居陆,

---

①〔请勾践女女于王〕请允许把勾践之女作吴王之婢妾。女于王,为王之女奴。 ②〔宝器〕鼎彝圭璧之类。〔毕从〕都随着(进献)。 ③〔惟君左右之〕任凭您随意支配。 ④〔焚宗庙〕表示有必死之心。 ⑤〔系妻孥(nú)〕把妻和子女都拘禁起来(决心同死,不为吴所俘)。 ⑥〔沉金玉于江〕意为决心抵抗,不献宝器,使吴军无所得。 ⑦〔带甲〕武装之战士。 ⑧〔致死〕效死命。 ⑨〔乃必有偶〕一定会一个人顶两个人(拼死战斗)。偶,一对。 ⑩〔是以带甲万人事君〕这就等于用一万带甲战士对付您。事,服事。委婉说法。 ⑪〔伤君王之所爱〕损害您所爱之物(指军队)。 ⑫〔与其杀是人也,宁其得此国也〕与其杀这些人(指带甲万人),不如得到越国。宁其,毋宁,宁可。 ⑬〔其孰利乎〕哪一种有利呢? ⑭〔子胥〕伍员(yún),字子胥,由楚国奔吴,为吴王谋臣。 ⑮〔仇雠(chóu)敌战之国〕彼此仇视、敌对,常有军事冲突之国。雠,与"仇"同义。 ⑯〔三江环之,民无所移〕三条江水把吴越两国围在中间,两国人民无法外迁。三江,指吴江、钱塘江、浦阳江。 ⑰〔将不可改于是矣〕形势必如此,不可变。

水人居水①。夫上党之国②,我攻而胜之,吾不能居其地,不能乘其车;夫越国,吾攻而胜之,吾能居其地,吾能乘其舟,此其利也,不可失也已③。君必灭之;失此利也,虽悔之,必无及已。"

伍子胥有见识,主张灭越。求和受到阻碍。

越人饰美女八人,纳之太宰嚭④,曰:"子苟赦越国之罪,又有美于此者将进之。"太宰嚭谏曰:"嚭闻古之伐国者⑤,服之而已⑥。今已服矣,又何求焉?"夫差与之成而去之⑦。

再想办法,向奸臣行贿,求和成功,转危为安。

勾践说于国人曰⑧:"寡人不知其力之不足也,而又与大国执仇⑨,以暴露百姓之骨于中原⑩,此则寡人之罪也。寡人请更⑪。"于是葬死者,问伤者⑫,养生者⑬,吊有忧⑭,贺有喜,送往者⑮,迎来者⑯;去民之所恶⑰,补民之不足;然后卑事夫差⑱,宦士三百人于吴⑲,其身亲为夫差前马⑳。

---

① 〔水人〕水乡之人。 ② 〔上党之国〕中原各地。上,高。党,处所。 ③ 〔已〕同"矣"。 ④ 〔纳〕致送。〔太宰嚭(pǐ)〕太宰(官名)姓伯名嚭。 ⑤ 〔伐国〕征讨别国。 ⑥ 〔服之〕使敌国降服。 ⑦ 〔去〕离开(越国)。 ⑧ 〔说于国人〕向越国人民说。 ⑨ 〔执仇〕结仇。 ⑩ 〔暴露百姓之骨于中原〕意为使百姓死于原野。 ⑪ 〔更(gēng)〕改。 ⑫ 〔问〕慰问。 ⑬ 〔养生者〕抚育人民。 ⑭ 〔吊〕慰问。〔有忧〕有忧愁者,遭遇不幸之人。 ⑮ 〔往者〕出使他国之人。 ⑯ 〔来者〕他国之使臣。 ⑰ 〔所恶(wù)〕不欢迎之事物。 ⑱ 〔卑事夫差〕自居卑贱以侍奉吴王。 ⑲ 〔宦士三百人于吴〕派三百个宦士到吴国当差。宦,宫中小臣。士,大夫下面之低级官员,即上文"士女女于士"之士。 ⑳ 〔其身亲为夫差前马〕他(勾践)亲自给夫差充当马前卒。身,自己。前马,前驱,马前开道之人。

勾践罪己，安抚百姓，卑躬屈节事强邻。——内求自安，这是初步的准备。

勾践之地，南至于句无①，北至于御儿②，东至于鄞③，西至于姑蔑④，广运百里⑤，乃致其父母昆弟而誓之曰⑥："寡人闻古之贤君，四方之民归之，若水之归下也。今寡人不能⑦。将帅二三子夫妇以蕃⑧。"令壮者无取老妇⑨，令老者无取壮妻。女子十七不嫁，其父母有罪；丈夫二十不娶⑩，其父母有罪。将免者以告⑪，公令医守之⑫。生丈夫，二壶酒，一犬⑬；生女子，二壶酒，一豚⑭。生三人，公与之母⑮；生二人，公与之饩⑯。当室者死，三年释其政⑰；支子死⑱，三月释其政；必哭泣葬埋之⑲，如其子⑳。令孤子、寡妇、疾疹㉑、贫病者纳官其子㉒。其达士㉓，洁其居㉔，美

---

①〔句（gōu）无〕山名，在浙江诸暨南。句，同"勾"。 ②〔御儿〕在今浙江嘉兴。 ③〔鄞（yín）〕今浙江鄞州。 ④〔姑蔑〕在今浙江衢州。 ⑤〔广运百里〕由东至西、由南至北皆百里。此为泛说，实则大于此。东西为广，南北为运。 ⑥〔致〕招集。〔誓〕意为郑重言之。 ⑦〔不能〕未能做到。 ⑧〔将帅二三子夫妇以蕃〕（我）将率领诸位夫妇来增殖人口。帅，同"率"。二三子，你们几位。 ⑨〔取〕通"娶"。 ⑩〔丈夫〕男子。 ⑪〔免〕通"娩"，生育。〔以告〕以娩之事报告官府。 ⑫〔公〕官府。 ⑬〔犬〕杀犬为肉食。古人常吃狗肉，故有以屠狗为业者。 ⑭〔豚（tún）〕小猪。 ⑮〔生三人，公与之母〕一胎生三个婴儿的，由官府派给奶母。 ⑯〔饩（xì）〕口粮。 ⑰〔当室者死，三年释其政〕嫡（dí）子（妻所生之长子）死去，免其父三年赋役。当室者，支持门户之人，指嫡子。死，死于国事。 ⑱〔支子〕庶子，嫡子外之儿子。 ⑲〔哭泣〕（勾践）往吊或派人往吊。 ⑳〔其〕代勾践。 ㉑〔疾疹（zhěn）〕有病者。疹，病。 ㉒〔纳官其子〕把他们的儿子送入官府，由官府教养。 ㉓〔达士〕通达之人，贤人。 ㉔〔洁其居〕使其住所整洁。

其服，饱其食，而摩厉之于义①。四方之士来者，必庙礼之②。勾践载稻与脂于舟以行③，国之孺子之游者④，无不铺也⑤，无不歠也⑥，必问其名⑦。非其身之所种则不食⑧，非其夫人之所织则不衣⑨。十年不收于国⑩，民俱有三年之食⑪。

增殖人口，修明内政，积聚财货，都是备战的措施。

国之父兄请曰："昔者夫差耻吾君于诸侯之国⑫，今越国亦节矣⑬，请报之。"勾践辞曰："昔者之战也，非二三子之罪也，寡人之罪也，如寡人者，安与知耻⑭！请姑无庸战⑮。"父兄又请曰："越四封之内⑯，亲吾君也，犹父母也。子而思报父母之仇，臣而思报君之仇，其有敢不尽力者乎？请复战。"勾践既许之，乃致其众而誓之曰⑰："寡人闻古之贤君，不患其众之不足也，而患其志行之少耻也⑱。今夫差衣水犀之甲者亿有三千⑲，不患其志行之少耻也，而患其众

---

①〔摩厉之于义〕锻炼劝勉，使之崇尚正义。摩厉，同"磨砺"，用磨刀石磨。②〔庙礼之〕在庙堂上接见。表示尊重。③〔稻与脂〕大米和肉类。好食物。④〔孺子之游者〕青年在外求学者。⑤〔铺（bū）〕食，予之食。⑥〔歠(chuò)〕饮，予之饮。⑦〔必问其名〕一定询问他们之姓名（备以后选用）。⑧〔非其身之所种则不食〕意为勾践本人亦参与农耕，所食皆自种者。⑨〔衣（旧读 yì）〕穿。⑩〔不收于国〕不向人民收赋税。⑪〔三年之食〕够吃三年之粮食储备。⑫〔耻吾君于诸侯之国〕在诸侯各国皆知之情况下侮辱我们国君。⑬〔节〕克制。⑭〔安与知耻〕哪里知道什么是侮辱。谦语。⑮〔姑〕暂且。〔庸〕用。⑯〔四封〕四境。封，疆界。⑰〔众〕人民，众人。⑱〔患其志行之少耻〕忧虑他（的士卒）志向行为缺乏知耻精神。⑲〔衣水犀之甲者亿有三千〕穿水犀皮铠甲之士卒有十万三千。亿，十万。有，通"又"。

之不足也①。今寡人将助天灭之。吾不欲匹夫之勇也②,欲其旅进旅退也③。进则思赏④,退则思刑,如此则有常赏⑤;进不用命⑥,退则无耻⑦,如此则有常刑。"果行⑧,国人皆劝⑨,父勉其子,兄勉其弟,妇勉其夫,曰:"孰是吾君也,而可无死乎⑩?"是故败吴于囿⑪,又败之于没⑫,又郊败之⑬。

> 民心归附,军力强大,所以能一举打败吴国,报昔日的仇恨。

夫差行成,曰:"寡人之师徒,不足以辱君矣。请以金玉子女赂君之辱。"勾践对曰:"昔天以越予吴而吴不受命;今天以吴予越,越可以无听天之命而听君之令乎?吾请达王甬、句东⑭,吾与君为二君乎⑮。"夫差对曰:"寡人礼先壹饭矣⑯。君若不忘周室⑰,而为弊邑宸宇⑱,亦寡人之愿也;君若曰'吾将残汝社稷⑲,灭汝宗庙',寡人请死。余

---

① 〔不患……不足也〕言与古训相反,故为自取灭亡。 ② 〔匹夫之勇〕个人逞能斗气之勇。匹夫,平常人。 ③ 〔旅进旅退〕同进同退。旅,俱。 ④ 〔进则思赏〕向前冲就想到立功受赏。 ⑤ 〔常赏〕常规之赏赐。 ⑥ 〔用命〕服从命令。 ⑦ 〔无耻〕指临阵畏缩。 ⑧ 〔果行〕决定如此做(作战)。 ⑨ 〔劝〕奋发。 ⑩ 〔孰是吾君也,而可无死乎〕谁能像我们这个国君呢,可以不为他效死吗? ⑪ 〔囿〕笠泽(水名,即松江)。败吴事在公元前478年。 ⑫ 〔没〕吴地名,不详所在。 ⑬ 〔又郊败之〕又在吴国都城(姑苏,今江苏苏州)郊外打败吴军。事在公元前475年。 ⑭ 〔吾请达王甬、句(gōu)东〕我想把你送到甬、句以东去。达,致,送。王,指夫差。甬,甬江。句,句章(在今浙江慈溪)。 ⑮ 〔吾与君为二君〕意为我与你仍然算是两国之君。 ⑯ 〔礼先壹饭〕意为曾对越王客气,有恩惠(指许越王求和)。壹,一。 ⑰ 〔不忘周室〕吴为周之同姓,故夫差如此说。 ⑱ 〔为弊邑宸宇〕做吴国之庇护者。意为吴国愿居属国地位。弊,坏。谦词。宸宇,屋檐下。 ⑲ 〔残汝社稷〕削平你之国。残,毁坏。

何面目以视于天下乎①?越君其次也②。"遂灭吴。

吴求和而越不许,吴因轻敌、信小人而亡国。越王勾践有志竟成。

【研读参考】 一、《国语》是先秦的重要典籍,想了解古代历史,欣赏古典散文,或钻研古汉语,都应该读它。这部书有三国时期的韦昭注本,注文简古,初学不便于用。近年来有傅更生的选注本(人民文学出版社),选文不到原书的一半,注解比较详细,便于初学研读。

二、古人著史,经常于事件、言行的叙述中寓褒贬,明得失。以本篇为例,说说这种情况。

三、联系上一篇《左传》的几则,以及本篇的记事,说说古典作品中的记言,也就是用文言记叙的辞令,有什么优点值得现代语吸取的。

四、句子里的有些成分,现代汉语习惯用主谓结构的,古汉语经常用偏正结构(主谓间加助词"之")。如:

(1) 寡人不知其力之不足也。

(2) 若水之归下也。

现代汉语要说:

(1) 我不知道我力量不够。

(2) 像水向下流。

本篇中还有这类句式,指出来。

----

① 〔视于天下〕见天下人。 ② 〔越君其次也〕越王就进驻吴国都城吧。其,表祈使语气。次,驻。

三　鲁仲连论帝秦　战国策

【解说】本篇选自《战国策·赵策三》，题目是编者加的。鲁仲连，史书上也写"鲁连"。齐国的高士，有才能，有见识，见义勇为。因为有救赵反帝秦的大功绩，后世推为排难解纷、功成不受报的典型人物。帝秦，尊秦国为帝，也就是承认归附秦国。《战国策》是先秦的重要历史著作。战国是我国历史上学术思想蓬勃发展的时期，有多种学派，多种学说。汉朝班固作《汉书》，其中《艺文志》收录前人的著作，把学派（志中称"诸子"）综合为十家：儒家，道家，阴阳家，法家，名家，墨家，从（纵）横家，杂家，农家，小说家。各家著作后有总的评介，对纵横家的评介是："从横家者流，盖出于行人之官。孔子曰：'诵诗三百，使于四方，不能颛（专）对，虽多亦奚以为？'又曰：'使乎，使乎！'言其当权事制宜，受命而不受辞，此其所长也。及邪人为之，则上（尚）诈谖（xuān，欺）而弃其信。"所谓纵横家是靠到各国游说以取得权位的策士，如苏秦、张仪之流。推想他们也有师承，所用教材就是前期策士言行的记录。这些材料有《国策》《国事》《短长》《事语》《长书》《修书》种种名称，到汉朝刘向整理中秘书（皇家所藏），把这类材料编到一起，定名为《战国策》。这部书体例近于《国语》，也是分国编辑，计东周一篇，西周一篇，秦五篇，齐六篇，楚四篇，赵四篇，魏四篇，韩三篇，燕三篇，宋、卫合为一篇，中山一篇，共十二国，三十三篇。所记史实起于东周贞定王十七年（前452），止于秦始皇三十一年（前216），差不多包括整个战国时代。文中记录的主要是策士的活动和辞令，因为要突出他们的谋略和成就，所以行文常常不免于夸张，我们不可完全信为史实。但是当作记事记言的散文读，它故事新奇，情节曲折，人物形象生动，尤其是记策士的言谈，总是能够表现出犀利明快、灵巧多变的特点，所有这些，对后来的史传和议论文都有很大的影响。

战国时期，西方秦国的势力逐渐强大，图谋消灭东方六国；六国想要生存，就必须联合抗秦。但六国之间常常有矛盾，又为了苟安一时，有的国家，因为靠近秦国，就宁可用各种方式表示归顺。因为当时秦野心大，致力侵略，被人视为虎狼之国，所以抗秦以保存东方六国的主张，大多被认为是正义的。赵孝成王八年（前258），秦军又攻赵国，包围了赵都城邯郸（今河北邯郸）。赵求救于魏，魏国举棋不定，答应救而不真救，却又派辛垣衍劝赵国尊秦为帝。鲁仲连是主张抗秦以保存东方六国的，于是见义勇为，以抗秦之利与降秦之害对比，说服了辛垣衍，使赵国走抗秦的路，免于危亡。本篇记鲁仲连的高义行为，与一般策士很不同：一般策士是以巧妙的辞令换取利禄，鲁仲连却是功成而不受报，也就是所求是行义而不是取利。就这一点说，本篇是有较大的教育意义的。

《战国策》原撰著者为何人已不可考。编者刘向（前77—前6），本名更生，字子政，汉朝的皇族。曾官光禄大夫、中垒校尉等。为人方正,能辞赋。一生致力于整理古书,除编成《新序》《说苑》《列女传》等以外,还写了《别录》,在目录校勘方面贡献很大。传世著作有《刘中垒集》等。

秦围赵之邯郸,魏安釐王使将军晋鄙救赵①,畏秦,止于荡阴②,不进。魏王使客将军辛垣衍间入邯郸③,因平原君谓赵王曰④:"秦所以急围赵者,前与齐湣王争强为帝⑤,已而复归帝⑥,以齐故⑦。今齐湣王已益弱⑧,方今唯秦雄天下⑨,此非必贪邯郸⑩,其意欲求为帝。赵诚发使尊秦昭王为帝⑪,秦必喜,罢兵去⑫。"平原君犹豫未有所决。

> 由秦、赵之战写起,秦强赵弱,赵都城被围,魏使者辛垣衍劝赵尊秦为帝,是争论帝秦与否的起因。

此时鲁仲连适游赵,会秦围赵⑬,闻魏将欲令赵尊秦为

---

① 〔魏安釐(xī)王〕魏昭王之子,名圉(yǔ)。〔晋鄙〕魏国宿将。救赵事在公元前258年,详见《史记·魏公子列传》。 ② 〔荡(tāng)阴〕今河南汤阴,地处赵、魏交界处。 ③ 〔客将军〕外国人做本国将军。〔辛垣衍〕姓辛垣,名衍。〔间(jiàn)入〕走间道(小道)或改装进入。 ④ 〔因〕凭借,通过。〔平原君〕赵胜,战国四公子之一。赵武灵王之子,封平原君,当时为赵国国相。〔赵王〕赵孝成王,名丹。 ⑤ 〔齐湣(mǐn)王〕齐宣王之子,名地。恃兵力强盛,自称东帝(秦昭王称西帝)。 ⑥ 〔归帝〕奉还帝号,取消帝号。 ⑦ 〔以齐故〕因齐国放弃帝号之缘故。 ⑧ 〔齐湣王已益弱〕疑"湣王"二字为衍文,因秦围邯郸时齐湣王已死,齐君为齐王建。益,越发。 ⑨ 〔雄天下〕为天下之雄,在天下最强大。 ⑩ 〔必贪邯郸〕一定贪图邯郸城。 ⑪ 〔诚〕当真。〔发使〕派遣使臣。 ⑫ 〔罢兵去〕停止战争而离去(从邯郸撤兵)。 ⑬ 〔会〕适逢。

三 鲁仲连论帝秦

帝，乃见平原君，曰："事将奈何矣①？"平原君曰："胜也何敢言事②！百万之众折于外③，今又内围邯郸而不能去④。魏王使客将军辛垣衍令赵帝秦，今其人在是。胜也何敢言事！"鲁连曰："始吾以君为天下之贤公子也，吾乃今然后知君非天下之贤公子也⑤。梁客辛垣衍安在⑥？吾请为君责而归之⑦。"平原君曰："胜请为召而见之于先生⑧。"平原君遂见辛垣衍，曰："东国有鲁连先生⑨，其人在此，胜请为绍介而见之于将军⑩。"辛垣衍曰："吾闻鲁连先生，齐国之高士也。衍，人臣也，使事有职⑪，吾不愿见鲁连先生也。"平原君曰："胜已泄之矣⑫。"辛垣衍许诺⑬。

接着写鲁仲连的为人及其政见：决心驳倒辛垣衍以维持东方诸国的地位。

鲁连见辛垣衍而无言。辛垣衍曰："吾视居此围城之中者⑭，皆有求于平原君者也。今吾视先生之玉貌⑮，非有求

---

①〔奈何〕如何，怎么样。②〔言事〕在国家大事上有所主张。③〔百万之众折于外〕指长平之战。赵孝成王七年（前259），秦、赵争地，战于长平（今山西高平西北），赵军大败，降卒四十余万皆被坑。折，损失。④〔内〕对上句之"外"而言，邯郸为内。〔不能去〕（赵）不能使秦军离去。⑤〔乃〕"这才"之意。⑥〔梁客〕魏国（来赵）之客人。魏国迁都大梁后亦称梁国。大梁，今河南开封。⑦〔责而归之〕责问他使他回（梁国）去。责，指明错误。⑧〔请为（wèi）召而见（xiàn）之于先生〕为（您）召唤他使他见您。⑨〔东国〕齐国。齐在赵之东。⑩〔绍介〕介绍。⑪〔使事有职〕奉使而来，有所负之职责。⑫〔泄〕泄露。言已将辛垣衍之事告知鲁仲连。⑬〔诺（nuò）〕答应。⑭〔围城〕被围之城，指邯郸。⑮〔玉貌〕相貌。玉，颂扬之词。

于平原君者，曷为久居若围城之中而不去也①？"鲁连曰："世以鲍焦无从容而死者②，皆非也。今众人不知，则为一身③。彼秦者，弃礼义而上首功之国也④，权使其士⑤，虏使其民；彼则肆然而为帝⑥，过而遂正于天下⑦，则连有赴东海而死矣⑧，吾不忍为之民也！所为见将军者⑨，欲以助赵也。"

与辛垣衍辩论之前，先点明鲁仲连的义烈抱负。

辛垣衍曰："先生助之奈何⑩？"鲁连曰："吾将使梁及燕助之，齐、楚则固助之矣。"辛垣衍曰："燕则吾请以从矣⑪；若乃梁⑫，则吾乃梁人也，先生恶能使梁助之耶⑬？"鲁连曰："梁未睹秦称帝之害故也，使梁睹秦称帝之害⑭，则必助赵矣。"辛垣衍曰："秦称帝之害将奈何？"鲁仲连曰："昔齐威王尝为仁义矣⑮，率天下诸侯而朝周⑯，周贫且

---

① 〔曷（hé）〕何。〔若〕此。 ② 〔鲍焦〕周朝隐士。《庄子·盗跖》："鲍焦饰行（整饬自己之行为）非世（反对当时之社会），抱木而死。"〔无〕不是。〔从容〕舒缓而不急迫。 ③ 〔则为（wèi）一身〕就以为他是为自己（而死）。 ④ 〔上首功〕崇尚战功。上，尚。首功，以杀敌首级之多少而论功。《史记·鲁仲连邹阳列传》集解："谯周曰：'秦用卫鞅计，制爵二十等，以战获首级者计而受爵……天下谓之上首功之国。'" ⑤ 〔权使其士〕用权术（非仁义之道）指使士人。士，包括文士武士。 ⑥ 〔肆然〕毫无顾忌地。 ⑦ 〔过而遂正于天下〕本来不对，可是终于得到上位，成为天下之主。过，错误。正，正定名分。《史记》作"过而为政于天下"，即统治天下。 ⑧ 〔有赴东海而死矣〕只有跳东海淹死了。 ⑨ 〔所为（wèi）见将军者〕见您之目的。 ⑩ 〔助之奈何〕如何帮助赵国。 ⑪ 〔燕则吾请以从矣〕您说使燕国帮助赵国，我可以相信您的话。从，随。 ⑫ 〔若乃〕至于。 ⑬ 〔恶（wū）〕哪，怎样。 ⑭ 〔使〕假使。 ⑮ 〔齐威王〕（田）齐桓公之子，名因齐。〔为仁义〕行仁义（尊礼制道德，不宣扬武力）。 ⑯ 〔朝周〕朝见周天子。表示居于从属地位。

微，诸侯莫朝，而齐独朝之。居岁余①，周烈王崩②，诸侯皆吊，齐后往，周怒，赴于齐曰③：'天崩地坼④，天子下席⑤，东藩之臣田婴齐后至⑥，则斮之⑦！'威王勃然怒曰⑧：'叱嗟⑨！而母婢也⑩！'卒为天下笑⑪。故生则朝周，死则叱之，诚不忍其求也⑫。彼天子固然，其无足怪⑬。"

写二人初步论辩，鲁仲连指出帝秦之害，在名分上低人一等，处于受制地位。

辛垣衍曰："先生独未见夫仆乎⑭？十人而从一人者，宁力不胜、智不若耶⑮？畏之也。"鲁仲连曰："然梁之比于秦，若仆耶？"辛垣衍曰："然⑯。"鲁仲连曰："然吾将使秦王烹醢梁王⑰。"辛垣衍怏然不悦曰⑱："嘻⑲！亦太甚矣，先生之言也！先生又恶能使秦王烹醢梁王？"鲁仲连曰：

---

①〔居〕停留，度过。②〔周烈王〕周安王之子，名喜。③〔赴〕同"讣"，讣告，报丧。④〔天崩地坼（chè）〕比喻天子死亡。坼，裂开。⑤〔天子下席〕天子（指继位之周显王，名扁）放弃自己之职务。古于席上治事，离席不治事，为治丧守孝也。⑥〔东藩之臣田婴齐〕东方藩国之臣田婴齐，即齐威王田因齐。藩，屏障。⑦〔斮（zhuó）〕斩，杀。〔之〕代田婴齐。⑧〔勃然〕因怒而变色。⑨〔叱（chì）嗟（jiē）〕呵斥声。⑩〔而〕尔，你。〔婢〕侍婢。侍婢地位卑下，此乃骂天子出身卑贱。⑪〔卒为天下笑〕终于为天下人所耻笑。笑其行仁义而不终，反至无礼于天子。⑫〔诚〕实在。〔不忍其求〕不能忍受周王严刻之要求。⑬〔彼天子固然，其无足怪〕意为位居天子之尊，自然要摆架子。⑭〔独〕难道。〔仆（pú）〕奴仆。⑮〔宁（nìng）〕岂，难道。⑯〔然〕是。⑰〔然〕那么。〔烹醢（hǎi）〕古代酷刑：烹，煮死；醢，剁成肉酱。⑱〔怏（yàng）然〕不满意、不高兴之状。⑲〔嘻（xī）〕表惊讶之声。

"固也①,待吾言之:昔者鬼侯、鄂侯、文王②,纣之三公也③。鬼侯有子而好④,故入之于纣⑤,纣以为恶,醢鬼侯;鄂侯争之急,辨之疾⑥,故脯鄂侯⑦;文王闻之,喟然而叹⑧,故拘之于牖里之库百日⑨,而欲舍之死⑩。曷为与人俱称帝王,卒就脯醢之地也?

深入一步指出帝秦之害,是必将任人宰割。

"齐闵王将之鲁⑪,夷维子执策而从⑫,谓鲁人曰:'子将何以待吾君?'鲁人曰:'吾将以十太牢待子之君⑬。'夷维子曰:'子安取礼而来待吾君⑭?彼吾君者,天子也。天子巡狩⑮,诸侯辟舍⑯,纳管键⑰,摄衽抱几⑱,视膳于堂

---

① 〔固也〕当然。对辛垣衍所说"恶能使秦王烹醢梁王"而言。 ② 〔鬼侯〕封地在今河北临漳。〔鄂侯〕封地在今山西宁乡。〔文王〕周文王,姬姓,名昌。封地在今陕西省西安市鄠(hù)邑区。三人皆商纣所封诸侯。 ③ 〔三公〕官爵中之最高者。 ④ 〔有子而好〕有个女儿很美。子,古代女儿亦可称子。 ⑤ 〔入〕纳,献。 ⑥ 〔争之急,辨之疾〕(为救鬼侯而)大力争辩。疾,急。 ⑦ 〔脯(fǔ)〕干肉。此处作动词用,意为做成肉脯。 ⑧ 〔喟(kuì)然〕长叹状。 ⑨ 〔牖(yǒu)里之库〕牖里之监狱。牖里,多作"羑(yǒu)里"(在今河南汤阴北)。 ⑩ 〔舍之死〕置之于死地。舍,《史记》作"令"。 ⑪ 〔齐闵王〕即齐湣王。齐湣王四十年(前284),燕将乐毅合五国之兵攻齐,湣王逃亡,经卫赴鲁。 ⑫ 〔夷维子〕齐国夷维(地名,在今山东省潍坊市寒亭)人,以地名为氏。〔策〕马鞭。 ⑬ 〔太牢〕牛、羊、豕(猪)各一,为享祭之最高礼数。 ⑭ 〔安取礼〕哪里学来的礼仪。此句承上"以十太牢"而问,表示不满。取,采用。 ⑮ 〔巡狩(shòu)〕天子出行,视察各地。 ⑯ 〔辟(bì)舍〕腾出宫室。辟,同"避"。 ⑰ 〔纳管键〕交出钥匙。纳,交纳。 ⑱ 〔摄衽抱几〕拉紧衣襟,捧持几案。表示恭谨。衽,衣襟。摄衽,敛衽,整好衣襟,不使松弛。

下①；天子已食②，退而听朝也③。'鲁人投其籥④，不果纳⑤，不得入于鲁。将之薛⑥，假涂于邹⑦。当是时，邹君死，闵王欲入吊，夷维子谓邹之孤曰⑧：'天子吊，主人必将倍殡柩⑨，设北面于南方⑩，然后天子南面吊也。'邹之群臣曰：'必若此⑪，吾将伏剑而死⑫。'故不敢入于邹。

由另一面，举坚持独立自主的两小国为例，证明不帝秦有大利。

"邹鲁之臣，生则不得事养⑬，死则不得饭含⑭，然且欲行天子之礼于邹、鲁之臣，不果纳。今秦万乘之国⑮，梁亦万乘之国，俱据万乘之国，交有称王之名⑯，睹其一战而胜，欲从而帝之，是使三晋之大臣不如邹、鲁之仆妾也⑰。且秦无已而帝⑱，则且变易诸侯之大臣⑲，彼将夺其所谓不

---

①〔视膳（shàn）〕照看君（国君）亲（父母）用膳。膳，饭食。②〔已食〕吃完饭。③〔退而听朝〕自天子处退下而处理自己之朝政。④〔投其籥（yuè）〕锁上城门。籥，锁。投籥，上锁。意即拒绝入城。⑤〔不果纳〕没有实现接待，不许进入。⑥〔薛〕国名，在今山东滕州西南。战国时灭于齐。⑦〔假涂〕借路。涂，同"途"。〔邹〕国名，在今山东邹城。⑧〔邹之孤〕邹国嗣君。孤，父死，子为孤。⑨〔倍殡柩〕把灵柩掉转头。倍，通"背"。⑩〔设北面于南方〕在偏南部设向北之灵堂。⑪〔必若此〕如果一定要如此做。⑫〔伏剑〕伏在剑上，自杀。⑬〔事养〕奉养。⑭〔饭含〕敛死者，把米放入口中曰饭，把玉放入口中曰含。二句意为国家贫弱，不能尽礼于国君。⑮〔万乘（shèng）〕有一万辆兵车。春秋以前，唯天子可有此权势。⑯〔交有称王之名〕皆称王。交有，互有。⑰〔三晋〕周贞定王十六年（前453），晋国韩、魏、赵三家灭智氏，晋国只剩三大家族，称为三晋。周安王二十六年（前376），三家废晋君，分晋地，晋亡。〔大臣〕暗指辛垣衍。辛为魏臣。⑱〔无已〕野心无尽。⑲〔且〕将。

肖而予其所谓贤①,夺其所憎而与其所爱,彼又将使其子女谗妾为诸侯妃姬②,处梁之宫③,梁王安得晏然而已乎④?而将军又何以得故宠乎⑤?"

最后总说帝秦的结果是将丧失一切,并指出辛垣衍本人亦将受害。

于是辛垣衍起,再拜谢曰:"始以先生为庸人,吾乃今日而知先生为天下之士也⑥。吾请去⑦,不敢复言帝秦。"

写辛垣衍被说服,鲁仲连论辩得胜。

秦将闻之,为却军五十里⑧。适会魏公子无忌夺晋鄙军以救赵击秦⑨,秦军引而去⑩。

写秦军撤退,是鲁仲连主张的彻底胜利。

于是平原君欲封鲁仲连。鲁仲连辞让者三⑪,终不肯受。平原君乃置酒,酒酣⑫,起,前,以千金为鲁连寿⑬。鲁连笑曰:"所贵于天下之士者,为人排患、释难、解纷乱而无所取也;即有所取者⑭,是商贾之人也⑮,仲连不忍为也。"遂辞平原君而去,终身不复见。

---

①〔其所谓不肖〕他(秦国)认为不好的。 ②〔子女〕女子,指秦国之嬴姓女子。〔谗妾〕喜进谗言之卑下女子。〔妃姬〕诸侯之正式配偶。
③〔处(chǔ)〕居住。 ④〔晏然〕安然。 ⑤〔故宠〕昔年所享之宠信。
⑥〔天下之士〕天下范围内有突出之才能者。 ⑦〔去〕离开(赵国)。
⑧〔却军〕退兵。 ⑨〔适会〕恰巧赶上。〔魏公子无忌〕魏昭王少子,安釐王异母弟,封信陵君,战国四公子之一。夺晋鄙军救赵事详见《史记·魏公子列传》。 ⑩〔引〕带领。 ⑪〔三〕屡次。 ⑫〔酒酣〕喝到畅快之时。 ⑬〔为鲁连寿〕作为予鲁仲连之赠礼。 ⑭〔即〕若。 ⑮〔商贾(gǔ)之人〕买卖人,图利之人。

写鲁仲连见义勇为、救危扶倾而不受报的高风亮节。

【研读参考】一、《战国策》最早的注是东汉高诱作的，宋以后有曾巩等校补。近年上海古籍出版社出版的校点本，后附1973年马王堆出土的帛书《战国策》残本等，材料比较丰富。

　　二、《战国策》记事常常有夸大的地方。本篇中有没有这种情况？如果有，指出来，并说说何以知道是夸大。

　　三、《史记·魏公子列传》记信陵君窃符救赵事，也涉及赵都城被围事，参看，可以较全面地了解此次事件的真相。

　　四、用提纲的形式，把鲁仲连反对帝秦的理由写出来。

四　滕文公下　孟子

【解说】本篇选自《孟子》。《孟子》是我国古代的重要典籍，包括《梁惠王》《公孙丑》《滕文公》《离娄》《万章》《告子》《尽心》七篇。每篇又分为上下两篇，这里选的是《滕文公》下篇。古人研究古籍，常常把一篇分为若干章，就内容说，一章是一个整体。《滕文公》下篇包括十章，这里选的是后五章。五章各记录孟子的一次议论，意思没有什么联系。这是因为，《孟子》和《论语》一样，著作时代比较早，还用的是记言体，不像后来的子书，如《庄子》《荀子》等，是凭空发议论。记言，以一次的谈话为单位，编集时把几次的谈话合在一起，所以各章间常常没有联系。

《孟子》一书，大概是孟子晚年，周游列国不能行道，退而立言，与弟子公孙丑、万章等合著的。今传本有孟子自己作的，也有他的弟子甚至再传弟子的手笔。它用问答的方式，记录孟子在政治、道德，也就是在治国立身处世方面的主张。孟子信仰孔子学说，所以努力宣扬孔门之道；不过与孔子相比，他更注重义。到汉代，儒家特别受到尊崇，《孟子》成为博士研习、讲授的科目。到南宋，《孟子》和《大学》《中庸》《论语》合为

"四书",成为读书人的必读书。后来科举考试,八股文题目出自"四书",《孟子》并且列入"十三经",地位就更高了。

《孟子》的文章气势磅礴,如长江大河,一贯而下;说理能够随机取譬,反复论证,头头是道。这里选的"公都子问好辩"一章就是个好例,正是感慨万千,不尽情倾吐就不能快意。在先秦诸子书中,《孟子》文章以流畅明快见长,所以是学习文言的好范本。

孟子(前372—前289),名轲,字子舆,战国时期邹(今山东邹城东南)人。他生时,孔子已经死去一百多年,就是孔子的孙子子思也死了,所以一般认为,他的学问大概出于子思的门人。他崇奉孔子的学说,想以孔门之道来治战国的乱世。可是周游各国,虽然也常常受到尊重和优待,却没有君主听他的话,行仁义之道。所以晚年退而著述,借此来宣传自己的主张。

孟子谓戴不胜曰①:"子欲子之王之善与②?我明告子③。有楚大夫于此④,欲其子之齐语也⑤,则使齐人傅诸⑥?使楚人傅诸?"曰:"使齐人傅之。"曰:"一齐人傅之,众楚人咻之⑦,虽日挞而求其齐也⑧,不可得矣;引而置之庄岳之

---

①〔谓〕告诉。〔戴不胜〕人名,宋国之臣。 ②〔子〕古代对男子之敬称。〔子之王〕你的君主,指宋君。〔之〕助词,无义。下文"其子之齐语"之"之"字同。〔善〕好。〔与(yú)〕语气助词,表疑问。 ③〔明〕明白。 ④〔有楚大夫〕比如有个楚国大夫。 ⑤〔齐语〕说齐国话。 ⑥〔傅〕教。〔诸〕之乎。 ⑦〔咻(xiū)〕喧哗,干扰。 ⑧〔日〕每日,天天。〔挞(tà)〕鞭打。〔求其齐〕要求他说齐国话。

间数年①,虽日挞而求其楚,亦不可得矣。子谓薛居州②,善士也③,使之居于王所④。在于王所者,长幼卑尊皆薛居州也⑤,王谁与为不善⑥?在王所者,长幼卑尊皆非薛居州也,王谁与为善?一薛居州,独如宋王何⑦?"

用比喻说明,宋君所以不能为善,是因为左右小人太多,君子太少。

公孙丑问曰⑧:"不见诸侯何义⑨?"孟子曰:"古者不为臣不见⑩。段干木逾垣而辟之⑪,泄柳闭门而不纳⑫,是皆已甚⑬;迫⑭,斯可以见矣⑮。阳货欲见孔子而恶无礼⑯,大夫有赐于士⑰,不得受于其家⑱,则往拜其门⑲。阳货瞰孔子之亡也⑳,而馈孔子蒸豚㉑;孔子亦瞰其亡也,而往拜之。

---

①〔引而置之〕把他安置在。引,领。〔庄岳〕齐国街里名。 ②〔薛居州〕亦宋臣。 ③〔善士〕好人。 ④〔所〕处。 ⑤〔长幼卑尊〕年长的、年幼的、地位低的、地位高的。〔皆薛居州〕都是像薛居州那样的好人。 ⑥〔王谁与为不善〕王同谁做坏事呢?谁与,与谁。 ⑦〔独如宋王何〕能把宋王怎么样?独,助词。 ⑧〔公孙丑〕齐国人,孟子弟子。 ⑨〔不见诸侯〕不去谒见诸侯。〔何义〕什么道理。 ⑩〔古者〕古时候。〔不为臣〕不是(诸侯之)臣。 ⑪〔段干木逾垣而辟之〕(魏文侯去看段干木)段干木跳墙躲避不见。段干木,战国时魏国贤人。辟,通"避"。 ⑫〔泄柳闭门而不纳〕(鲁穆公去见泄柳)泄柳关起门来不接待。泄柳,战国时鲁国贤人。 ⑬〔是〕此,这。〔已甚〕过分。 ⑭〔迫〕(求见)迫切。 ⑮〔斯〕这样。 ⑯〔阳货〕春秋时鲁卿季氏之家臣。〔见(xiàn)〕指让孔子来见他。〔恶(wù)无礼〕怕孔子说自己无礼。恶,嫌。 ⑰〔士〕这时孔子没做官,所以称为"士"。 ⑱〔不得受于其家〕没在家,未能亲自接受。 ⑲〔往拜其门〕到大夫家里去拜谢。 ⑳〔瞰(kàn)〕探听到。〔亡〕外出。 ㉑〔馈(kuì)〕赠送。〔蒸豚(tún)〕蒸熟的小猪。

当是时,阳货先,岂得不见?曾子曰①:'胁肩谄笑,病于夏畦②。'子路曰③:'未同而言④,观其色赧赧然⑤,非由之所知也⑥。'由是观之,则君子之所养可知已矣⑦。"

见有权位之人,应以合于礼为原则,过于狷介可不必,违礼而强求则可耻。

戴盈之曰⑧:"什一⑨,去关市之征⑩,今兹未能⑪,请轻之⑫,以待来年,然后已⑬,何如⑭?"孟子曰:"今有人日攘其邻之鸡者⑮,或告之曰⑯:'是非君子之道。'曰:'请损之⑰,月攘一鸡,以待来年,然后已。'如知其非义⑱,斯速已矣,何待来年!"

用比喻讽刺有错误不速改,有善事不速行。

---

①〔曾子〕曾参,孔子弟子。 ②〔胁肩谄笑,病于夏畦〕耸起肩膀,做出谄媚的笑脸,这比夏日在菜田里劳动还要难受。病,以为难过。畦,菜田。 ③〔子路〕孔子弟子,姓仲名由,字子路。 ④〔未同而言〕跟志趣不同的人说话。意思是不看对象,勉强说话。 ⑤〔观其色赧(nǎn)赧然〕看他脸上有惭愧之色。赧赧然,因难为情而脸红。 ⑥〔非由之所知也〕不是我所了解的。意为绝不这样做。由,自称名。 ⑦〔君子之所养〕有德行之人怎样修养道德。 ⑧〔戴盈之〕宋国大夫。 ⑨〔什一〕十分取一分之税法。 ⑩〔去关市之征〕免去关卡和市上之赋税。 ⑪〔今兹〕现时。 ⑫〔请轻之〕可以减轻一点。 ⑬〔然后已〕然后完全废除。已,止。 ⑭〔何如〕如何,怎么样。 ⑮〔攘(rǎng)〕夺,偷窃。〔邻〕邻人。 ⑯〔或〕有的人。 ⑰〔损〕减少。 ⑱〔非义〕不合道理而不该做。

公都子曰①："外人皆称夫子好辩②，敢问何也③？"

孟子曰："予岂好辩哉？予不得已也。天下之生久矣④，一治一乱。当尧之时⑤，水逆行⑥，泛滥于中国⑦，蛇龙居之，民无所定⑧；下者为巢⑨，上者为营窟⑩。《书》曰⑪：'洚水警余⑫。'洚水者，洪水也。使禹治之⑬。禹掘地而注之海⑭，驱蛇龙而放之菹⑮；水由地中行⑯，江、淮、河、汉是也⑰。险阻既远⑱，鸟兽之害人者消，然后人得平土而居之⑲。

"尧舜既没⑳，圣人之道衰㉑，暴君代作㉒，坏宫室以为污池㉓，民无所安息；弃田以为园囿㉔，使民不得衣食。邪说暴行又作㉕，园囿、污池、沛泽多而禽兽至㉖。及纣之

---

① 〔公都子〕孟子弟子。 ② 〔称〕说。〔好辩〕好辩论；喜欢发表自己主张，驳斥别人。 ③ 〔何〕为什么。 ④ 〔生〕有人类。 ⑤ 〔尧〕上古帝王。 ⑥ 〔水逆行〕水不顺着水道流。指到处泛滥。 ⑦ 〔中国〕指黄河流域一带。我国上古时华夏族在这一带建国，以为地处天下之中，所以称中国。 ⑧ 〔无所定〕没有地方安身。 ⑨ 〔下者为巢〕洼地之人在树上筑巢。 ⑩ 〔上者为营窟〕高地之人打成洞穴。营窟，穴处。 ⑪ 〔《书》〕《尚书》。 ⑫ 〔洚(jiàng)水警余〕洪水警戒我们。洚，大。今本《尚书·大禹谟》作"降水儆(通'警')予"。 ⑬ 〔禹〕夏代第一个君主，治洪水有功。尧传舜，舜传禹。 ⑭ 〔掘地而注之海〕疏通河道，使洪水流入海。 ⑮ 〔菹(jū)〕水草多之沼泽地带。 ⑯ 〔地中〕河槽之内。 ⑰ 〔江、淮、河、汉〕长江、淮河、黄河、汉水。 ⑱ 〔险阻〕指水灾。 ⑲ 〔平土〕平整土地。 ⑳ 〔没〕死。 ㉑ 〔圣人之道〕指尧舜之道。 ㉒ 〔暴君代作〕残暴之君主继续不断地出现。代，继。 ㉓ 〔坏〕毁坏。〔宫室〕人民居住之房屋。〔以为〕用来作。〔污(wū)〕同"洿"，蓄水池。 ㉔ 〔弃〕废弃。〔园囿(yòu)〕种花木、养禽兽以供帝王游玩之地。 ㉕ 〔邪说〕反圣贤大道之言论。 ㉖ 〔沛泽〕沼泽。沛，盛大。

四 滕文公下

身①,天下又大乱。周公相武王②,诛纣③,伐奄④,三年讨其君⑤,驱飞廉于海隅而戮之⑥,灭国者五十⑦,驱虎、豹、犀、象而远之⑧,天下大悦⑨。《书》曰:'丕显哉,文王谟⑩!丕承哉,武王烈⑪!佑启我后人⑫,咸以正无缺⑬。'

"世衰道微⑭,邪说暴行有作⑮,臣弑其君者有之⑯,子弑其父者有之。孔子惧⑰,作《春秋》⑱。《春秋》,天子之事也⑲。是故孔子曰⑳:'知我者其惟《春秋》乎㉑!罪我者其惟《春秋》乎㉒!'

"圣王不作,诸侯放恣㉓,处士横议㉔,杨朱、墨翟之言

---

①〔及纣之身〕到了商纣身上。纣,商代最后之君主,极残暴。 ②〔周公〕姬姓,名旦,周文王之子,武王之弟。〔相(xiàng)〕辅佐。〔武王〕姬姓,名发,周文王之子。文王死后,他起兵伐纣,灭商,建立周王朝。 ③〔诛〕杀。 ④〔伐奄〕讨伐奄国。伐奄国在周成王时。奄国在今山东曲阜一带。 ⑤〔三年讨其君〕经过三年,灭了奄国,迁了奄国君主。 ⑥〔飞廉〕商纣宠幸之臣。〔海隅(yú)〕海边。〔戮之〕惩治他。 ⑦〔灭国者五十〕灭国的有五十个之多。 ⑧〔远之〕使之远去。 ⑨〔天下大悦〕天下人民都很高兴。 ⑩〔丕显哉,文王谟〕意为周文王之谋略非常光耀。丕,大。显,明。谟,谋。 ⑪〔丕承哉,武王烈〕意为周武王之功绩很大。承,继承,指继承文王之德业。烈,功业,功绩。 ⑫〔佑〕帮助。〔启〕启发。 ⑬〔咸以正无缺〕都正确而无缺点。咸,都。引文见今本《尚书·君牙》,"佑启"作"启佑","无缺"作"罔缺"。 ⑭〔世衰道微〕社会混乱,王道衰微。 ⑮〔有〕通"又"。 ⑯〔弑(shì)〕古时臣杀君、子杀父谓之"弑"。 ⑰〔惧〕忧虑。 ⑱〔《春秋》〕鲁史名,相传经过孔子修订。 ⑲〔《春秋》,天子之事也〕像作《春秋》这样褒善贬恶,本应是天子垂法后世之事。 ⑳〔是故〕因此。 ㉑〔知〕了解。〔其〕助词,表测度语气。〔惟〕只是。 ㉒〔罪〕责骂。 ㉓〔放恣〕放纵。 ㉔〔处(chǔ)士〕不做官之人。〔横议〕乱发议论。

盈天下①,天下之言不归杨则归墨。杨氏为我,是无君也②;墨氏兼爱,是无父也③。无父无君,是禽兽也。公明仪曰④:'庖有肥肉⑤,厩有肥马⑥,民有饥色,野有饿莩⑦,此率兽而食人也。'杨墨之道不息,孔子之道不著,是邪说诬民⑧,充塞仁义也⑨。仁义充塞,则率兽食人,人将相食⑩。吾为此惧,闲先圣之道⑪,距杨墨⑫,放淫辞⑬,邪说者不得作⑭。作于其心⑮,害于其事⑯;作于其事,害于其政⑰。圣人复起⑱,不易吾言矣⑲。

"昔者禹抑洪水而天下平,周公兼夷狄、驱猛兽而百姓宁⑳,孔子成《春秋》而乱臣贼子惧㉑。《诗》云㉒:'戎狄

---

① 〔杨朱〕战国时魏人,字子居,又称杨子。相传他主张"贵己""重生"。孟子说他"为我","拔一毛而利天下不为"。〔墨翟(dí)〕春秋战国间思想家,通称墨子。他不重礼乐,主张"兼爱""非攻"。〔言〕言论。〔盈〕充满。 ② 〔杨氏为我,是无君也〕杨朱主张为自己,这是不讲君臣之义。 ③ 〔墨氏兼爱,是无父也〕墨子主张爱没有亲疏厚薄之别,这是不讲父子之亲。 ④ 〔公明仪〕姓公明,春秋时鲁国贤人。 ⑤ 〔庖〕厨房。 ⑥ 〔厩(jiù)〕马棚。 ⑦ 〔饿莩(piǎo)〕饿死之人。 ⑧ 〔诬〕欺骗。 ⑨ 〔充塞〕阻塞。 ⑩ 〔人将相食〕人将要互相残杀。 ⑪ 〔闲〕捍卫。〔先圣〕指尧、舜、禹、汤、文、武、周公、孔子。 ⑫ 〔距〕同"拒",抵制。 ⑬ 〔放〕逐。〔淫辞〕惑乱人心之言。 ⑭ 〔邪说者〕荒谬之言论。指杨、墨等学派之主张。者,助词。 ⑮ 〔作于其心〕从心中生起。 ⑯ 〔事〕行事。 ⑰ 〔政〕政治。 ⑱ 〔复起〕再兴,再生。 ⑲ 〔不易吾言〕不会改变我的说法。 ⑳ 〔兼〕兼并,灭。〔夷狄〕夷是东方小国,狄是北方小国,这里泛指四方之小国。 ㉑ 〔成〕著成。〔乱臣贼子〕叛乱之臣,不孝之子。指弑君弑父之人。 ㉒ 〔《诗》〕《诗经》。

是膺,荆舒是惩,则莫我敢承①。'无父无君,是周公所膺也。我亦欲正人心②,息邪说,距诐行③,放淫辞,以承三圣者④,岂好辩哉?予不得已也。能言距杨墨者⑤,圣人之徒也。"

解释自己宣传儒家学说,驳斥其他学派,大声疾呼,是想继承夏禹、周公、孔子的救世大业。

匡章曰⑥:"陈仲子岂不诚廉士哉⑦?居於陵⑧,三日不食,耳无闻、目无见也。井上有李⑨,螬食实者过半矣⑩,匍匐往⑪,将食之⑫;三咽⑬,然后耳有闻、目有见。"孟子曰:"于齐国之士,吾必以仲子为巨擘焉⑭。虽然,仲子恶能廉⑮?充仲子之操⑯,则蚓而后可者也⑰。夫蚓,上食槁壤⑱,下饮黄泉⑲。仲子所居之室,伯夷之所筑与⑳?抑亦盗

---

① 〔戎狄是膺,荆舒是惩,则莫我敢承〕引文见《诗经·鲁颂·闷(bì)宫》,意为打击戎狄,惩治荆舒,就没有人敢抗拒我。戎,西戎。狄,北狄。膺,打击。荆,楚。舒,近楚之小国。承,抵御。 ② 〔正〕端正。 ③ 〔诐(bì)行〕偏颇之行为。 ④ 〔承三圣〕继禹、周公、孔子。 ⑤ 〔能言距杨墨者〕能为此拒杨墨之说者。 ⑥ 〔匡章〕战国时齐国人。 ⑦ 〔陈仲子〕战国时齐国之处士,不苟取,不食不义之食。〔岂〕难道。〔诚〕真。〔廉士〕廉洁之士。 ⑧ 〔居〕住在。〔於(wū)陵〕地名,在山东邹平一带。 ⑨ 〔李〕李子。 ⑩ 〔螬(cáo)〕金龟子。〔实〕果实。〔过半〕大半。 ⑪ 〔匍(pú)匐(fú)〕爬。因饥而无力。 ⑫ 〔将〕动词,取。 ⑬ 〔三咽〕吞了三口。 ⑭ 〔巨擘(bò)〕大拇指。意为最大。 ⑮ 〔恶(wū)〕怎,哪。 ⑯ 〔充〕满,说到顶。〔操〕操守,行为。 ⑰ 〔则蚓而后可者也〕那要成为蚯蚓才行。 ⑱ 〔槁壤〕干土。 ⑲ 〔黄泉〕地下水。 ⑳ 〔伯夷〕商朝末年孤竹君之子,反对武王伐纣,不食周粟(粮食),饿死首阳山。旧时代推为最廉之人。〔筑〕建造。

跖之所筑与①？所食之粟，伯夷之所树与②？抑亦盗跖之所树与？是未可知也。"曰："是何伤哉③？彼身织屦、妻辟纑以易之也④。"曰⑤："仲子，齐之世家也⑥；兄戴⑦，盖禄万钟⑧；以兄之禄为不义之禄而不食也，以兄之室为不义之室而不居也，辟兄离母⑨，处于於陵。他日归⑩，则有馈其兄生鹅者⑪，己频顣曰⑫：'恶用是鶃鶃者为哉⑬！'他日，其母杀是鹅也，与之食之。其兄自外至，曰：'是鶃鶃之肉也。'出而哇之⑭。以母则不食⑮，以妻则食之，以兄之室则弗居，以於陵则居之，是尚为能充其类也乎⑯？若仲子者，蚓而后充其操者也。"

评论陈仲子的行为不合伦理，不合人情，虽像是操行廉洁也不值得推崇。

【研读参考】一、《孟子》旧有东汉赵岐注本和宋朝朱熹《孟子集

---

①〔抑亦〕还是。〔盗跖（zhí）〕传说为春秋时大盗。跖是名。②〔树〕种植。③〔是何伤哉〕这有什么妨害呢？④〔彼身〕他亲自。〔织屦（jù）〕编织鞋。〔辟纑（lú）〕绩麻纺线。辟，劈开。纑，熟麻。〔以易之也〕用来换的。⑤〔曰〕(孟子）说。⑥〔世家〕世代做官人家。⑦〔戴〕陈仲子哥哥之名。⑧〔盖（gě）禄万钟〕盖地收入之食禄有一万钟。盖，地名，在山东沂（yí）水一带。万，表示很多，不一定是实数。钟，合六斛四斗（一斛等于十斗）。⑨〔辟（bì）〕同"避"。⑩〔他日〕有一天。⑪〔生鹅〕活鹅。⑫〔己〕仲子自己。〔频顣（cù）〕皱眉头。不高兴之状。频，同"颦"，皱眉。顣，收缩鼻子。⑬〔恶用是鶃（yì）鶃者为哉〕要这鶃鶃叫的东西做什么呢？鶃鶃，鹅叫声。⑭〔出而哇（wā）之〕就出门吐了。哇，吐。⑮〔以〕用，拿。下同。⑯〔是尚为能充其类也乎〕这还算是能（把自己的操守）体现在一切行为中吗？类，同样之事。

注》，汉人注着重训释，宋人注着重阐明义理。清朝焦循作《孟子正义》，因为后出，比较详尽。现在研读，全读可以用杨伯峻编注、兰州大学中文系孟子译注小组修订的《孟子译注》（中华书局），选读可以用李炳英选注《孟子文选》（人民文学出版社）。

二、给"公都子曰"一章写个提纲，说说孟子是怎样证明自己志愿是伟大而必要的。

三、孟子善于用比喻讲道理，以本篇为例，说说这种情况。

四、根据孟子对"不见诸侯"和"陈仲子廉"的看法，说说他的处世态度。你对他这种态度有什么看法？

五、孟子责骂杨朱和墨翟那几句话，你同意吗？平心静气地评论一下。

六、古人记问答语，常常只写"曰"而不写明谁曰，有时甚至连"曰"也省去，读时要辨别清楚。把本篇中这类地方都改写为不省谁曰的形式。

五　逍遥游　庄子

【解说】本篇选自《庄子》。逍遥游，身心毫无牵累，在自由自在的精神世界里活动。《庄子》是先秦时期重要的道家著作（另一种为《老子》），班固《汉书·艺文志》记载有五十二篇，到晋郭象的注本只有三十三篇：计内篇《逍遥游》《齐物论》等七篇，外篇《骈（pián）拇》《马蹄》等十五篇，杂篇《庚桑楚》《徐无鬼》等十一篇。一般认为，内篇是庄子自己作的，思想精粹，连标题都表示作者思想的主旨；外篇和杂篇是门弟子或道家后学作的，标题大多采用正文开头的两三个字。但也不尽然。内篇以外，有的内容也很精深，如《秋水》；最后一篇《天下》是总论甚至自叙性质，广泛评论先秦的学术流派，知识深湛，眼光锐敏，似也未必完全出于弟子之手。

战国时期社会混乱，在怎样立身怎样治世方面，思想家分成各种流派。绝大多数主张积极救世，如儒家和墨家；有的主张消极避世，如庄子和杨朱。在庄子看来，文化方面的一切建置，包括典章制度、知识娱乐等，都是没价值的；人的最理想的态度是抛弃这些，去过安时处顺、逍遥自得的生活。他厌弃社会，不相信进步，但又要活，于是设想一种与世无争而又与万物混同，平安而可以自我满足的精神境界。为了证明他的看法合理,他否认世间的许多事物,包括一切区别和评价标准,如物我、是非、生死、荣辱等。他这种思想对后来(尤其六朝的崇尚清谈)影响很大,效果是消极的。但有一点,我们也要承认,他痛恶社会的黑暗面,不肯与残暴的统治者和无耻的士大夫同流合污,能够洁身自好,这是值得推重的。

今天看来,对于非专治哲学的一般人,《庄子》值得重视,主要还在于它文章造诣高。《寓言》篇说:"寓言十九,重言十七,卮(zhī)言日出。"《天下》篇说:"以谬悠之说,荒唐之言,无端崖之辞,……以天下为沉浊,不可与庄语,以卮言为曼衍,以重言为真,以寓言为广。"寓言是借故事说理,重言是借古语说理,卮言是随便说说。我们读《庄子》文章,确是感到通篇充满浪漫主义的色彩,想象丰富,上天下地,引古证今,指东说西,忽此忽彼,而说理头头是道,精细入微而又形象生动。因为这样,所以虽是哲学著作,却有很高的文学价值,对后代的散文作家影响很大。

这里选的是《庄子》的第一篇,内容写庄子的生活理想。全文大致可分为前后两部分:"圣人无名"以上是从正面总说,"尧让天下于许由"以下几个故事是阐明以上总说的例证。我们读它,要着重体会它的文章风格。那种飞腾出没的笔势,像是异想天开而又扣紧题旨,像是费力描画而又行所无事,读它,很有行山阴道上,应接不暇的心情。这种境界,在先秦诸子里也是少见的。

作者庄子(约前369—前286),姓庄,名周,宋国蒙(在今河南商丘东北)人。传说他做过漆园吏。其他如《庄子》书中说他向监河侯借粮,楚王请他做官,他拒绝了,都未必是事实。

北冥有鱼①,其名为鲲②。鲲之大,不知其几千里也;化而为鸟,其名为鹏③。鹏之背,不知其几千里也;怒而飞④,其翼若垂天之云⑤。是鸟也,海运则将徙于南冥⑥,——南冥者,天池也⑦。《齐谐》者⑧,志怪者也⑨。《谐》之言曰:"鹏之徙于南冥也,水击三千里⑩,抟扶摇而上者九万里⑪,去以六月息者也⑫。"野马也⑬,尘埃也⑭,生物之以息相吹也⑮。天之苍苍,其正色邪⑯?其远而无所至极邪⑰?其视下也⑱,亦若是则已矣⑲。且夫水之积也不厚⑳,则其负大舟也

---

①〔北冥(míng)〕北海。冥,通"溟",大海。 ②〔鲲(kūn)〕本指小鱼,此处用作大鱼之名。 ③〔鹏〕传说中之一种大鸟。 ④〔怒而飞〕振翅奋飞。怒,振奋。 ⑤〔垂天之云〕由天边垂下之云。 ⑥〔海运〕海动。古有"六月海动"之说。海动必有大风,有大风鹏鸟始可借风力而南徙。〔南冥〕南海。 ⑦〔天池〕天然形成之大海。 ⑧〔《齐谐》〕书名,齐国俳谐之书。 ⑨〔志怪〕记怪异之事物。志,记载。 ⑩〔水击〕起飞时振翼拍水。击,拍打。 ⑪〔抟(tuán)〕盘旋。〔扶摇〕旋转自下而上之暴风。〔九万里〕离地面九万里。极言其高。 ⑫〔去〕离去。〔六月息〕飞六个月才停止。 ⑬〔野马〕指春日阳气发动,湖泽中游动之雾气。 ⑭〔尘埃〕飘扬之尘埃。 ⑮〔生物之以息相吹〕生物皆呼吸,吐气飞扬而成气。息,气息。野马,尘埃,生物之气息,皆大鹏翼下之景象。 ⑯〔天之苍苍,其正色邪〕天色深蓝,是不是它的真正颜色呢?其,助词,表推测。邪,同"耶"。 ⑰〔其远而无所至极邪〕还是天甚远,没有边际呢?此二句乃形容由地往上看。 ⑱〔其视下也〕鹏在天空往下看。其,代鹏。 ⑲〔亦若是则已〕也不过像人在地面上看天一样罢了。是,这样。 ⑳〔且夫〕表示再进一步说。〔积〕聚。〔厚〕深,多。

无力。覆杯水于坳堂之上①,则芥为之舟②,置杯焉则胶③,水浅而舟大也。风之积也不厚,则其负大翼也无力。故九万里,则风斯在下矣④,而后乃今培风⑤;背负青天,而莫之夭阏者⑥,而后乃今将图南⑦。蜩与学鸠笑之曰⑧:"我决起而飞⑨,枪榆枋⑩,时则不至⑪,而控于地而已矣⑫,奚以之九万里而南为⑬?"适莽苍者⑭,三餐而反⑮,腹犹果然⑯;适百里者,宿舂粮⑰;适千里者,三月聚粮⑱。之二虫又何知⑲!

> 起笔举鲲鹏及蜩与学鸠为例,大意是说明:万物各有其性,活动力大者受外界限制少,故能近于逍遥。

小知不及大知⑳,小年不及大年㉑。奚以知其然也㉒? 朝

---

①〔覆〕倾倒。〔坳(ào)堂〕堂上低洼之处。 ②〔则芥为之舟〕就只能拿芥草作舟。芥,小草。 ③〔胶〕粘,着地。 ④〔风斯在下矣〕风就在下面(负载鹏翼)了。斯,则,就。 ⑤〔而后乃今培风〕然后才能乘风。而后乃今,然后才开始。培,凭。 ⑥〔莫之夭(yāo)阏(è)〕意为无任何阻碍。夭,折。阏,阻塞。 ⑦〔图南〕图谋南行,南飞。 ⑧〔蜩(tiáo)〕蝉。〔学鸠〕斑鸠。 ⑨〔决(xuè)起〕奋起。 ⑩〔枪(qiāng)〕触、碰。〔榆〕榆树。〔枋(fāng)〕檀木。 ⑪〔时则不至〕有时或者还飞不到树之高度。则,或。 ⑫〔控〕投,落下。 ⑬〔奚以之九万里而南为〕哪用高飞九万里往南去呢? 奚,何。以,用。之,用它。南,南行。为,助词,表疑问语气。 ⑭〔适〕往。〔莽苍〕郊野景象。指近郊。 ⑮〔三餐〕一日。意为只需一日之粮。 ⑯〔果然〕充实之状。此处为食饱之状。 ⑰〔宿舂(chōng)粮〕须隔夜捣米储食。舂,捣掉谷壳。 ⑱〔三月聚粮〕须三个月前即储备粮食。 ⑲〔之〕此。〔二虫〕指蜩与学鸠。虫,泛称动物。 ⑳〔知(zhì)〕通"智"。〔不及〕比不上。 ㉑〔年〕寿命。 ㉒〔然〕如此。

菌不知晦朔①，蟪蛄不知春秋②，此小年也。楚之南有冥灵者③，以五百岁为春④，五百岁为秋；上古有大椿者⑤，以八千岁为春，八千岁为秋，此大年也。而彭祖乃今以久特闻⑥，众人匹之，不亦悲乎⑦！汤之问棘也是已⑧。穷发之北⑨，有冥海者，天池也。有鱼焉，其广数千里，未有知其修者⑩，其名为鲲。有鸟焉，其名为鹏，背若泰山，翼若垂天之云，抟扶摇羊角而上者九万里⑪，绝云气⑫，负青天，然后图南，且适南冥也。斥鷃笑之曰⑬："彼且奚适也？我腾跃而上，不过数仞而下⑭，翱翔蓬蒿之间⑮，此亦飞之至也⑯。而彼且奚适也？"此小大之辩也⑰。

　　承上段，说明物有大小；大者近于逍遥，小者多不能理解。

————

①〔朝（zhāo）菌不知晦朔〕朝菌不知一月之时间变化。朝菌，一名大芝，朝生，见日则死。晦，阴历每月之最后一日。朔，阴历每月之第一日。②〔蟪（huì）蛄（gū）不知春秋〕蟪蛄不知一年之时间变化。蟪蛄，寒蝉，春生夏死，夏生秋死。春秋，指四季。③〔楚之南〕楚国南部。〔冥灵〕树名。④〔以五百岁为春〕意即以二千年为一年。⑤〔大椿〕树名。⑥〔彭祖〕传说为帝尧之臣，名铿（kēng），寿八百岁。〔以久特闻〕独以长寿著名。久，长寿。特，独。闻，为人所知。⑦〔众人匹之，不亦悲乎〕意为一般人与彭祖相比，寿过短，故可悲。⑧〔汤〕商朝开国之君，子姓，名履。〔棘〕商汤时之贤人。《列子·汤问》篇作"夏革（jí）"。〔是已〕即此。⑨〔穷发〕不生草木之地。发，毛，指草木。⑩〔修〕长。⑪〔羊角〕旋风。旋风盘旋而上如羊角。⑫〔绝〕超越。⑬〔斥鷃（yàn）〕生活于小池旁之鷃雀。斥，小水池。⑭〔仞（rèn）〕古以八尺为仞。〔下〕降落。⑮〔翱（áo）翔〕回旋飞。〔蓬蒿〕两种草名。⑯〔飞之至〕飞翔之最高限度。⑰〔辩〕同"辨"，区别。

五　逍遥游　　47

故夫知效一官①,行比一乡②,德合一君③,而征一国者④,其自视也,亦若此矣⑤。而宋荣子犹然笑之⑥。且举世誉之而不加劝⑦,举世非之而不加沮⑧,定乎内外之分⑨,辩乎荣辱之境⑩,斯已矣⑪。彼其于世,未数数然也⑫。虽然,犹有未树也⑬。夫列子御风而行⑭,泠然善也⑮,旬有五日而后反⑯。彼于致福者,未数数然也⑰。此虽免乎行,犹有所待者也⑱。若夫乘天地之正⑲,而御六气之辩⑳,以游无穷

---

①〔知效一官〕才智能胜任一官之职。效,显才能。 ②〔行比一乡〕善行能联合一乡之人。比,合。 ③〔德合一君〕品德可使一君主满意。 ④〔而征一国〕能力使一国之人信任。而,通"耐",能。 ⑤〔其自视也,亦若此矣〕意为他们自己很得意,其实和斥鷃一样(所见甚小)。其,指上述四种人。此,指斥鷃。 ⑥〔宋荣子犹然笑之〕宋荣子尚且嗤笑这四种人。宋荣子,宋国之贤人。犹然,另一说,笑之状。 ⑦〔举世誉之而不加劝〕世人都称赞他(宋荣子),他却并不因此而奋勉。举,全。劝,勉。 ⑧〔非〕非议,毁谤。〔沮(jǔ)〕沮丧。 ⑨〔定乎内外之分〕(宋荣子)认清我与物之分际。 ⑩〔辩乎荣辱之境〕辨明荣辱之界限。 ⑪〔斯已矣〕至此而止。意谓造诣已高。 ⑫〔彼其于世,未数(旧读 shuò)数然也〕在世间,如彼者不多见。彼其,两个同义代词叠用。数数,屡次。 ⑬〔犹有未树也〕还有没树立的。意为修养还不够。 ⑭〔列子〕姓列,名御寇,郑人。〔御风〕乘风。 ⑮〔泠(líng)然〕轻快之状。〔善〕美妙。 ⑯〔旬有五日而后反〕游行天下一周,用十五日。有,通"又"。 ⑰〔彼于致福者,未数数然也〕如他之得御风之福者,亦不多见。致,得。 ⑱〔此虽免乎行,犹有所待者也〕(列子乘风)虽然免于步行,(可是非有风则不能行)还是有所依靠。待,凭借。 ⑲〔若夫〕至于。〔乘天地之正〕顺应天地万物之性。正,本所应有。 ⑳〔御六气之辩〕驾驭六气之变化。六气,阴、阳、风、雨、晦、明。辩,通"变"。

者①,彼且恶乎待哉②?故曰:至人无己③,神人无功④,圣人无名⑤。

　　转到说人事:有的人安于世俗,稍有所得就沾沾自喜;有的人能超脱世俗,明大理,不随俗浮沉,不过见识稍高一等;就是再高,能御风而行,仍不免于受外界条件的限制。真正的逍遥是不受任何限制。——以上是总论,正面提出论点。下文是举例阐明论点。

尧让天下于许由⑥,曰:"日月出矣,而爝火不息⑦,其于光也不亦难乎⑧?时雨降矣⑨,而犹浸灌⑩,其于泽也不亦劳乎⑪?夫子立而天下治⑫,而我犹尸之⑬,吾自视缺然⑭,请致天下⑮。"许由曰:"子治天下,天下既已治也,而我犹代子,吾将为名乎⑯?名者,实之宾也⑰,吾将为宾乎?鹪

---

①〔无穷〕无限之远大。 ②〔恶(wū)乎待哉〕凭借什么呢?亦即无所待。恶,何。 ③〔至人〕庄子认为修养最高之人。下文"神人""圣人"义相近。〔无己〕无我。即忘掉一切。庄子认为达到此境界方是逍遥游。 ④〔无功〕无所为,故无功利。 ⑤〔无名〕不求声名。 ⑥〔尧让天下于许由〕传说尧让天下于许由,许由不受,逃隐于箕山(在今河南登封)。尧,上古帝王。许由,传说中之高士。 ⑦〔爝(jué)火〕火把。这是尧以爝火之光自比,而以日月之光比许由。 ⑧〔其于光也不亦难乎〕他就难于照亮了。 ⑨〔时雨〕应时之雨(比许由)。 ⑩〔浸灌〕灌溉(尧自比)。 ⑪〔泽〕润泽,以水湿物。〔劳〕费力(无功)。 ⑫〔夫子〕先生。尊称许由。 ⑬〔尸之〕居其位。古死者之孙代祖受祭为"尸"。后来称居其位而无其实者为"尸位"。 ⑭〔缺然〕不足之状。 ⑮〔请致天下〕请把天下交给你。请,谦词。 ⑯〔为(wèi)名〕图名。 ⑰〔宾〕附属物。

鹪巢于深林,不过一枝①;偃鼠饮河②,不过满腹。归休乎君③!予无所用天下为④。庖人虽不治庖⑤,尸祝不越樽俎而代之矣⑥。"

许由不受外物限制,以至于轻视天下。

肩吾问于连叔曰⑦:"吾闻言于接舆⑧,大而无当⑨,往而不反⑩。吾惊怖其言,犹河汉而无极也⑪;大有径庭⑫,不近人情焉。"连叔曰:"其言谓何哉?"曰:"藐姑射之山⑬,有神人居焉,肌肤若冰雪,淖约若处子⑭,不食五谷,吸风饮露,乘云气,御飞龙,而游乎四海之外;其神凝⑮,使物不疵疠而年谷熟⑯。吾以是狂而不信也⑰。"连叔曰:"然。

---

① 〔鹪(jiāo)鹩(liáo)巢于深林,不过一枝〕鹪鹩筑巢于深林,只需一枝之地。这是许由以鹪鹩自比,谓天下虽大,自己所需甚少。鹪鹩,一种善于筑巢之小鸟。 ② 〔偃(yǎn)鼠〕一种大鼠。〔饮河〕饮于河。 ③ 〔归休乎君〕君归休乎,您回去吧。归休乎,回去歇歇吧,算了吧。 ④ 〔无所用天下为〕用不着天下呀。为,语气助词。 ⑤ 〔庖(páo)人〕厨师。〔治庖〕在厨房做饭菜。 ⑥ 〔尸祝不越樽俎而代之〕尸和祝不超越自己祭祀之职而代庖人治庖。尸,见前注。祝,祭时致祝辞之人。樽,酒器。俎,肉器,皆祭祀用。 ⑦ 〔肩吾〕〔连叔〕皆古有道之人。 ⑧ 〔接舆(yú)〕楚国之隐士,与孔子同时,《论语·微子》曾提到他。 ⑨ 〔大而无当(dàng)〕夸大而不合实际。当,底。 ⑩ 〔往而不反〕放开就收不回来。意为不着边际。 ⑪ 〔犹河汉而无极〕(这话就)像天河那样没有边际。河汉,银河。 ⑫ 〔径庭〕意为相隔甚远,与常理不同。径,门外路。庭,堂前地。 ⑬ 〔藐〕远,远处。〔姑射(yè)〕仙山名,传说在北海中。 ⑭ 〔淖(chuò)约〕美好。〔处子〕处女,年轻女子。 ⑮ 〔其神凝〕他精神静寂。 ⑯ 〔使物不疵(cī)疠(lì)而年谷熟〕使外物不生病害,五谷丰收。疵,恶病。年谷,丰年所植之谷。 ⑰ 〔以是狂〕以此为胡说。狂,同"诳"。

瞽者无以与乎文章之观①，聋者无以与乎钟鼓之声。岂唯形骸有聋盲哉②？夫知亦有之③。是其言也，犹时女也④。之人也⑤，之德也⑥，将旁礴万物⑦，以为一世蕲乎乱⑧，孰弊弊焉以天下为事⑨！之人也，物莫之伤⑩，大浸稽天而不溺⑪，大旱金石流、土山焦而不热⑫。是其尘垢粃糠，将犹陶铸尧舜者也⑬，孰肯以物为事⑭！宋人资章甫而适诸越⑮，越人断发文身⑯，无所用之⑰。尧治天下之民，平海内之政⑱，往见四子藐姑射之山、汾水之阳⑲，窅然丧其天下焉⑳。"

神人轻视外物，不为物所制，是真正逍遥。

————

①〔瞽者无以与乎文章之观〕盲人无法参与文采事物之观赏。文、章，皆有文采之意。 ②〔形骸〕身体，生理方面。 ③〔知〕智力方面。 ④〔是其言也，犹时女也〕他（接舆）的话，正如此神人之如处女。时，通"是"，此。 ⑤〔之人〕此人。指神人。 ⑥〔之德〕此德。指神人之德。 ⑦〔旁礴万物〕德力广延混同于万物。 ⑧〔以为一世蕲（qí）乎乱〕世人皆思求治。蕲，同"祈"，求。乱，治理。 ⑨〔孰弊弊焉以天下为事〕谁肯苦心以治理天下为事呢？孰，谁，指神人。弊弊，忙碌，疲惫。 ⑩〔物莫之伤〕没有什么东西能伤害他。 ⑪〔大浸〕大水。浸，名词，聚积之水。〔稽天〕到天上。〔溺〕淹死。 ⑫〔金石流〕金石熔化。〔土山焦〕土山因干而焦。 ⑬〔是其尘垢粃（bǐ）糠，将犹陶铸尧舜者也〕意谓神人身上之尘垢糟粕，都能把圣人尧舜陶铸出来。意为德之一点点即可为尧舜之师。尘垢，尘土污垢。粃糠，糟粕、渣滓。陶铸，造就。 ⑭〔以物为事〕关心外界。 ⑮〔宋〕宋国，在中原。〔资〕贩卖。〔章甫〕殷代礼冠名。宋为殷之后。〔适诸越〕往越国（在江南水乡）去（卖礼冠）。诸，于。 ⑯〔断发文身〕剪去头发，身刺花纹。 ⑰〔无所用之〕没有什么地方用它。根本用不上宋人之礼冠。 ⑱〔平〕治。 ⑲〔四子〕指王倪、啮（niè）缺、被衣、许由。皆传说中隐居高士。〔汾（fén）水〕在现在山西中部。〔阳〕水之北面。 ⑳〔窅（yǎo）然丧其天下〕意为尧见到神人，心游世外，遂忘其天下。窅，深远之状。丧，丢掉（不再想）。

惠子谓庄子曰①:"魏王贻我大瓠之种②,我树之成③,而实五石④,以盛水浆,其坚不能自举也⑤,剖之以为瓢,则瓠落无所容⑥。非不呺然大也⑦,吾为其无用而掊之⑧。"庄子曰:"夫子固拙于用大矣⑨。宋人有善为不龟手之药者⑩,世世以洴澼绠为事⑪;客闻之,请买其方百金⑫。聚族而谋曰⑬:'我世世为洴澼绠,不过数金;今一朝而鬻技百金⑭,请与之⑮。'客得之,以说吴王⑯。越有难⑰,吴王使之将⑱。冬,与越人水战,大败越人,裂地而封之⑲。能不龟手一也⑳,或以封㉑,或不免于洴澼绠,则所用之异也㉒。今

---

① 〔惠子〕惠施,宋人,先秦思想家。曾为梁惠王相,与庄子友善。 ② 〔魏王〕指梁惠王。〔贻(yí)〕赠。〔大瓠(hù)〕大葫芦。〔种〕种子。 ③ 〔树之成〕种上它,结了果。 ④ 〔实五石(shí,今读dàn)〕果实可容五石。石,古容量单位,十斗。 ⑤ 〔以盛(chéng)水浆,其坚不能自举也〕用以盛水浆,其硬度不能胜任。浆,饮料。举,承担。 ⑥ 〔瓠(huò)落〕犹"濩(huò)落",空旷,平浅。〔无所容〕容不了什么东西。 ⑦ 〔呺(xiāo)然〕空虚巨大之状。 ⑧ 〔为〕因为。〔掊(pǒu)〕击破。 ⑨ 〔拙于用大〕不善于使用大物之大功用。 ⑩ 〔不龟(jūn)手〕使手不冻裂。龟,通"皲(jūn)",皮肤因寒冷干燥而裂。 ⑪ 〔以洴(píng)澼(pì)绠(kuàng)为事〕以在水上漂洗丝绵为职业。因可不畏冻伤。洴,浮(丝绵于水上)。澼,漂洗。绠,絮。 ⑫ 〔客〕外来之人。〔请买其方百金〕请求用百金买不龟手之药方。 ⑬ 〔聚族而谋〕召集全家商讨。 ⑭ 〔一朝(zhāo)〕一旦,一日。〔鬻(yù)技〕卖制药之术。鬻,卖。 ⑮ 〔与之〕卖给他。 ⑯ 〔以说(旧读shuì)吴王〕以有药方之利劝说吴王伐越。 ⑰ 〔越有难(nàn)〕越内部有不幸。意为有机可乘。 ⑱ 〔使之将(jiàng)〕使他(客)统军作战。 ⑲ 〔裂地〕划出一块地。〔封之〕封给他(客)。 ⑳ 〔能不龟手一也〕同样是能使手不冻裂。 ㉑ 〔或〕有人。〔以封〕用之得封地。 ㉒ 〔所用之异〕如何用是两样的。

子有五石之瓠，何不虑以为大樽而浮乎江湖①？而忧其瓠落无所容，则夫子犹有蓬之心也夫②！"

主张浮乎江湖，也是推重逍遥游的境界。

惠子谓庄子曰："吾有大树，人谓之樗③，其大本拥肿而不中绳墨④，其小枝卷曲而不中规矩⑤，立之涂⑥，匠者不顾⑦。今子之言，大而无用，众所同去也⑧。"庄子曰："子独不见狸狌乎⑨？卑身而伏⑩，以候敖者⑪；东西跳梁⑫，不避高下；中于机辟⑬，死于罔罟⑭。今夫斄牛⑮，其大若垂天之云；此能为大矣，而不能执鼠⑯。今子有大树，患其无用，何不树之于无何有之乡⑰，广莫之野⑱，彷徨乎无为其侧⑲，逍遥乎寝卧其下，不夭斤斧⑳，物无害者㉑。无所可

---

① 〔虑〕捆络。〔以为大樽〕用来作大樽。樽，此处指似酒樽之葫芦，系于腰浮水，作用如救生圈。 ② 〔有蓬之心〕心被蓬草堵塞。意为心受蒙蔽，所见不远。〔夫〕语气助词。 ③ 〔樗(chū)〕臭椿树。木质差，难制器物。 ④ 〔大本〕主干。〔拥肿〕指树木短而不直。拥，今作"臃"。〔中(zhòng)绳墨〕意为成材。中，合于。绳墨，木工画直线之用具。 ⑤ 〔规矩〕亦木工用具，规画圆，矩画方。 ⑥ 〔涂〕道路。涂，通"途"。 ⑦ 〔不顾〕不看。 ⑧ 〔众所同去〕大家都鄙弃。暗指庄子之言。去，抛开。 ⑨ 〔独〕难道。〔狸〕野猫。〔狌(shēng)〕黄鼠狼。 ⑩ 〔卑身而伏〕低身匍匐于地。 ⑪ 〔敖者〕走过之小动物。敖，游。 ⑫ 〔跳梁〕跳跃。 ⑬ 〔中(zhòng)于机辟(bì)〕意为触发弩机，落入陷笼。机辟，捕鸟兽之用具。 ⑭ 〔罔罟(gǔ)〕网类。罔，通"网"。罟，网。 ⑮ 〔斄(lí)牛〕即牦牛。 ⑯ 〔执〕捉。 ⑰ 〔无何有之乡〕虚无缥缈之处。 ⑱ 〔广莫之野〕广阔之地。莫，通"漠"。 ⑲ 〔彷徨乎无为其侧〕在树旁游荡无所作为。 ⑳ 〔不夭斤斧〕不夭折于斤斧。因樗为无用之木，无人砍伐。斤，亦斧。 ㉑ 〔物无害者〕外物没有来加害的。

用，安所困苦哉①？"

　　无所可用才能够远离现世，享受自由。这是从另一个角度描画逍遥游的境界。

【研读参考】 一、在先秦诸子书里，《庄子》是比较难读的书。旧的注解，晋郭象注、唐陆德明释文、唐成玄英疏比较通行。因为原作难懂，作注疏的人不免加入不少自己的体会。体会未必合于原意，又因为用的也是简古玄远的文字，初学想利用它了解《庄子》，困难很大。清末郭庆藩作《庄子集释》，搜集昔人说法较多，也参以己意，有参考价值，但初学会感到头绪纷繁。稍后，王先谦作《庄子集解》，注释较为简明。此二书自然也是以文言注文言，现在的年轻人多不能利用。用现代语注《庄子》的有曹础基《庄子浅注》（中华书局），比较合用。

　　二、读古代诸子的某一篇，尤其《庄子》，想正确理解，最好先辨明全文的脉络。细读本文，并参考段落大意，给本篇写一个内容提要。

　　三、对于鹏鸟南飞，庄子是赞赏还是认为不足道，历来有不同的看法。你是怎样看的？说一说，并举出所以如此看的理由。

　　四、在本篇中，你觉得哪些地方是想象离奇而说理透彻的？

　　五、把"故夫知效一官"一段译为现代语。

---

① 〔无所可用，安所困苦哉〕意为无用即不为外物所拘，故可不受任何困苦。

六 风赋 宋玉

【解说】本篇选自《文选》。《风赋》，以风为题材写的赋。赋是我国文学中一种重要文体。风格近于诗，辞藻尽量求华美，声音尽量求和谐，所以班固《两都赋序》说："赋者，古诗之流也。"可是字数不像诗那样整齐，格律不像诗那样严整，所以又有"不歌而诵谓之赋"的说法。赋大都篇幅较长，用铺张富丽的辞藻描画事物，所以王逸注《楚辞》，在《九章·悲回风》篇说："赋，铺也。"因为大力铺张，有些地方就难免失实，正如左思《三都赋序》所说："考之果木，则生非其壤；较之神物，则出非其所。于辞则易为藻饰，于义则虚而无征。……侈言无验，虽丽非经。"这种体裁起始于战国，《汉书·艺文志》载"《孙卿（即荀子）赋》十篇"，今本《荀子》还存有《成相篇》和《赋篇》。《楚辞》中屈原、宋玉等人的作品，后代称为辞赋，也是赋体。汉朝是赋体兴盛的时期，名作家有贾谊、枚乘、司马相如、扬雄、班固等。汉赋往往描写都市园林等景物，其中常常堆砌很多奇字以表现景物之富饶名贵，我们现在读它会感到乏味。到六朝，赋的题材和内容都扩大了，于描画景物外还常常兼写心情，篇幅也很少像汉赋那样繁重。但格律追求严整，语句多用对偶，押韵更加讲究，后来发展为"律赋"。本篇是早期的赋，虽然也用力描画，格律却不像"律赋"那样讲究。

《文选》是我国最早的一部诗文选集，由南朝梁武帝萧衍的长子萧统及其门下的文士所选编。因为萧统立为太子，三十一岁死后谥"昭明"，所以这部书又通称《昭明文选》。所选文上起先秦，下至梁朝，共收名作家一百几十人。文章体裁分得比较细，计有：赋、诗、骚、七、诏、册、令、教、（策）文、表、上书、启、弹事、笺、奏记、书、移、檄、对问、设论、辞、序、颂、赞、符命、史论、史述赞、论、连珠、箴、铭、诔、哀、碑文、墓志、行状、吊文、祭文，共三十八种，六十卷。后代编集文集或选本，虽然不像《文选》那样烦琐，但在文体分类上却受它很大的影响。南北朝是我国文章特别重视华丽的时代，萧统又是当时的名作家，所以选文（详细体例见他写的《文选》序）的原则是"事出于沉思，义归乎翰藻"，用现在的话说是只收"美文"。所收文章多数是魏晋以来的，其时骈体盛行，所以骈俪文收得最多。这个特点对后代影响很大，其一，它成为与"古文"并立的"选派"（下笔即四六对句，用华丽辞藻）；其二，钻研它的人很不少，成为"选学"。骈体的功过，不同的人有不同的看法；平心而论，它既有精美的优点，又有过于修饰的缺点。《文选》的重要就在于它集中了大量的文字精美的文章，其中有些只有靠它才流传下来。

本篇以风为题材，把风分为"雄风"和"雌风"，用铺张描画的手法，使大王的快乐生活与庶人的悲惨生活成为鲜明的对比。这种积极的思想意义，在赋里是少有的。

作者宋玉（生卒年不详），战国时楚国鄢（yǐng，今湖北江陵）人。稍晚于屈原，楚襄王时曾为大夫。《史记·屈原贾生列传》说他与唐勒、景差（chā）之徒"皆好辞而以赋见称"。作品流传下来的有《九辩》（见《楚辞》），及《高唐赋》《神女赋》（见《文选》）等。

楚襄王游于兰台之宫①，宋玉、景差侍②。有风飒然而至③，王乃披襟而当之④，曰："快哉此风⑤，寡人所与庶人共者邪⑥？"宋玉对曰："此独大王之风耳⑦，庶人安得而共之⑧？"王曰："夫风者，天地之气，溥畅而至⑨，不择贵贱高下而加焉⑩，今子独以为寡人之风⑪，岂有说乎⑫？"宋玉对曰："臣闻于师⑬，'枳句来巢⑭，空穴来风⑮。'其所托者然⑯，则风气殊焉⑰。"

　　从游历时对话写起，提出庶人不能享受大王之风，

---

① 〔楚襄王〕即楚顷襄王，战国时楚国国君，名横，前298—前263年在位。〔兰台〕楚国宫苑名，遗址在今湖北钟祥。　②〔景差〕楚国大夫，善写辞赋，作品没有传下来。〔侍〕随从。　③〔飒（sà）然〕形容风声。　④〔披襟而当之〕敞开衣襟迎着吹来的风。当，对着。　⑤〔快哉此风〕这风（吹得）爽快呀！谓语"快哉"先说，有强调作用。下文"善哉论事"同。　⑥〔寡人〕国君自称，是自谦为寡德之人。〔与庶人共〕与平民一同享受。庶，众。〔邪〕同"耶"。　⑦〔独〕仅仅是。〔耳〕而已，罢了。　⑧〔安得〕哪能。　⑨〔溥（pǔ）畅而至〕普遍而无阻挡地吹来。溥，普遍。畅，通畅。　⑩〔贵贱〕地位高，地位低。〔高下〕上层人，下层人。〔加〕吹到身上。　⑪〔子〕你。客气称呼。　⑫〔岂有说乎〕难道有什么可说的理由吗？说，说法，理由。　⑬〔师〕老师。　⑭〔枳（zhǐ）句（gōu）来巢〕枳树枝干多弯曲，就有鸟来筑巢。枳，树名，似橘。句，曲。　⑮〔空穴来风〕空洞之处即有风流动。　⑯〔其所托者然〕它所依托（所处之地位）是这样。　⑰〔风气殊〕景象不同。

引起下文描画两种风之区别的论述。

王曰:"夫风,始安生哉①?"宋玉对曰:"夫风,生于地,起于青苹之末②,侵淫溪谷③,盛怒于土囊之口④,缘泰山之阿⑤,舞于松柏之下⑥;飘忽淜滂⑦,激飚熛怒⑧,耾耾雷声⑨,回穴错迕⑩,蹶石伐木⑪,梢杀林莽⑫。至其将衰也⑬,被丽披离⑭,冲孔动楗⑮,眴焕粲烂⑯,离散转移⑰。

先总说风的性质和动态,是引论性质。

"故其清凉雄风⑱,则飘举升降⑲,乘凌高城⑳,入于深宫㉑。邸华叶而振气㉒,徘徊于桂椒之间㉓,翱翔于激水之

---

① 〔始安生〕(风)最初如何生成。② 〔青苹〕一种水草。〔末〕顶端。③ 〔侵淫〕扩展到。〔溪谷〕山谷。溪,谷中之流水。④ 〔盛怒〕形容大风怒吼。〔土囊〕大洞。⑤ 〔缘〕沿着。〔泰山〕大山。〔阿(ē)〕山曲。⑥ 〔舞〕形容风回旋。⑦ 〔飘忽〕往来不定之状。〔淜(píng)滂(pāng)〕风击物之声。⑧ 〔激飚熛(biāo)怒〕形容风势越来越猛。激飚,激扬,猛烈上升。熛,火势猛烈。⑨ 〔耾(hóng)耾雷声〕风声如响雷。耾耾,声音宏大。⑩ 〔回穴错迕(wǔ)〕风势起伏交错。回穴,回旋。错迕,往复撞击。迕,不顺。⑪ 〔蹶(jué)石〕掀动石块。〔伐木〕折断树木。⑫ 〔梢杀〕打击,摧毁。〔林莽〕草木多之地。⑬ 〔其将衰也〕风势渐小之时。⑭ 〔被丽〕〔披离〕皆四散之状。⑮ 〔冲孔动楗(jiàn)〕冲击小孔,摇动门楗。风力渐小之状。楗,门闩。此处代门。⑯ 〔眴(xuàn)焕〕〔粲烂〕皆鲜明之状。此为形容风定后尘埃减少,花木鲜艳。⑰ 〔离散转移〕此为形容风力轻微,四面飘拂。⑱ 〔雄风〕雄伟之风。⑲ 〔飘举〕轻而向上。⑳ 〔乘凌〕升腾,超越。㉑ 〔深〕形容层次多。㉒ 〔邸华叶而振气〕吹动花叶散发香气。邸,通"抵",触动。华,同"花"。振,动。㉓ 〔徘徊〕往返移动。形容风势轻缓。〔桂椒〕桂树与椒树。桂花及椒实皆有香气。

上①,将击芙蓉之精②。猎蕙草,离秦衡,概新夷,被荑杨③,回穴冲陵④,萧条众芳⑤。然后倘佯中庭⑥,北上玉堂⑦,跻于罗帷⑧,经于洞房⑨,乃得为大王之风也⑩。故其风中人⑪,状直憯凄惏栗⑫,清凉增欷⑬,清清泠泠⑭,愈病析酲⑮,发明耳目⑯,宁体便人⑰。此所谓大王之雄风也。"

接着分说,先描画大王之雄风的性状,着重指明处处利人。

王曰:"善哉论事⑱。夫庶人之风,岂可闻乎?"宋玉对曰:"夫庶人之风,塕然起于穷巷之间⑲,堀堁扬尘⑳,勃郁

---

①〔翱翔〕飞游。亦形容风势轻缓。〔激水〕速流之水。 ②〔芙蓉之精〕荷花。芙蓉,荷。精,指花。 ③〔猎蕙草,离秦衡,概新夷,被荑(tí)杨〕四句皆形容风吹拂花草。猎,掠过。蕙草,香草。离,分开。秦、衡,皆香草名。概,吹平。新夷,即"辛夷",又名木笔,一种落叶乔木。被,披开。荑杨,初生之杨枝。草木初生名荑。 ④〔冲陵〕冲击山岩。 ⑤〔萧条众芳〕使多种芳香之花木凋零。 ⑥〔倘(cháng)佯(yáng)〕徘徊。〔中庭〕院子。 ⑦〔北上玉堂〕向北进入华美之宫殿。 ⑧〔跻(jī)〕登上。〔罗帷(wéi)〕丝织之幔帐。 ⑨〔经〕通过。〔洞房〕幽深之内室。 ⑩〔乃得为〕方能成为。 ⑪〔中(zhòng)人〕吹到人身上。 ⑫〔状直〕情况简直是。〔憯(cǎn)凄〕悲凉。憯,同"惨"。〔惏(lín)栗〕寒冷之状。 ⑬〔清凉增欷(xī)〕清凉之风吹来,使人更加感叹。欷,欷歔(xū),哭泣之余声。 ⑭〔泠(líng)泠〕清凉。 ⑮〔析酲(chéng)〕解酒。酲,病酒。 ⑯〔发明耳目〕使人耳目聪明。发,开。明,亮。 ⑰〔宁体〕使人身体安宁。〔便人〕使人有利,使人安好。 ⑱〔善哉论事〕论说事理很好。 ⑲〔塕(wěng)然〕起风之状。〔穷巷〕僻陋之小巷。 ⑳〔堀(kū)堁(kè)〕冲起尘土。堀,冲撞。堁,尘埃。

六 风赋

烦冤①,冲孔袭门②。动沙堆,吹死灰③,骇溷浊④,扬腐余⑤,邪薄入瓮牖⑥,至于室庐⑦。故其风中人,状直憞溷郁邑⑧,驱温致湿⑨,中心惨怛⑩,生病造热⑪,中唇为胗⑫,得目为蔑⑬,啖齰嗽获⑭,死生不卒⑮。此所谓庶人之雌风也⑯。"

接着描画庶人之雌风的性状,着重指明处处害人,以与上一段意思对比。

【研读参考】一、古代作品,除了时代过早、文字过于古奥的,如《尚书》《仪礼》等之外,赋是最难读的。初学如果想读一些,可以利用选注本(选古代文章时常常也收一些赋),而且可以先读时代比较晚的(稍浅一些,篇幅短一些)。瞿蜕园选注《汉魏六朝赋选》(中华书局出版,上海古籍出版社重印)可以参考。

二、《文选》收赋很多,共十九卷,绝大部分是文学史上很著名的。如果有兴趣,无妨翻一翻,借以了解赋的铺张华丽的

---

①〔勃郁〕〔烦冤〕皆联绵字(二字合起来表义),风回旋之状。②〔袭〕侵入。③〔死灰〕冷却之灰。④〔骇〕起。〔溷(hùn)浊〕污秽之气。⑤〔腐余〕腐烂物之气味。⑥〔邪〕偏斜。〔薄〕迫近。〔瓮(wèng)牖(yǒu)〕破瓮口做的窗。瓮,大腹之陶器。⑦〔庐〕房屋。⑧〔憞(dùn)溷〕〔郁邑〕亦皆联绵字。愁闷之状。⑨〔驱温致湿〕赶跑温暖,送来潮湿。⑩〔中(zhòng)心〕进入内心。〔惨怛(dá)〕悲伤。⑪〔造热〕使人发热。⑫〔中唇〕碰到嘴唇。〔胗(zhěn)〕唇疮。⑬〔得目〕碰到眼睛。〔蔑(miè)〕通"瞇(miē)",眼红肿。⑭〔啖(dàn)齰(zé)嗽获〕四种动作,形容人中风而口动。啖,吃。齰,咬。嗽,吮吸。获,同"嚯(huò)",大叫。⑮〔死生不卒〕死生皆不能完结,即不死不活。⑯〔雌风〕劣恶之风。

特点。

三、写文章，假托古人以抒发自己的思想，是古代作家常用的手法，子书里最常用，有的赋也用。就你读过的作品举一些例子。

四、雄风与雌风各有经历，其中哪些是明显对比的？指出来。

七　五蠹　韩非子

【解说】本篇选自《韩非子》。五蠹（dù），五种蛀虫，比喻五种危害社会的人：一、学者，主要指儒家；二、言谈者，指纵横家，靠游说以谋取官位的人；三、带剑者，指游侠；四、患（习于，近于）御者，指君主贵族所宠幸之臣；五、商工之民，指不耕而获利之人。这里节选的是前一部分（全文的少一半），主要是批评儒家泥古而重仁义的。《韩非子》是先秦法家的重要著作，《汉书·艺文志》著录五十五篇，现在的传本也是五十五篇。其中《初见秦》《存韩》（开头两篇）等大概不是韩非所著，其余大多出于韩非之手。《韩非子》是集法家学说之大成的著作。韩非子接受吴起、商鞅的法治，申不害的术治，慎到的势治，综合为他自己的一套治世理论。这套理论有办法，是兼用刑名、法、术和势；有目的，是富国强兵、巩固君主集权的专制统治。依照这套理论，君主可以为自身之利益制定法律，然后利用赏罚，利用权术，通过奴役人民而取得无上权力。显然，在战国末期，各国互相兼并，都希望独霸天下的时候，这种办法会收效比较快，因而就容易为想扩大权势的君主所接受。韩非死后，秦始皇统一天下，用高压手段统辖人民，大致是用了韩非的办法。

又，我国两千年来君主专制、君权至上不只成为事实，而且成为信条，这与韩非子的学说也是有密切关系的。

不过就文章说，《韩非子》终归是先秦子书中的上等作品。文笔刚健明快；说理逻辑性强，观察分析细入毫芒，主旨鲜明，证据确凿有力；多引用史实和故事，能够化严肃讲道理为谈家常，有风趣；无论讲什么，总是有很强的说服力。先秦诸子文章，各有各的特点，打比喻说，《孟子》如江水直下，《庄子》如天马行空，《荀子》如老吏判案，《韩非子》则如霸王入阵，左冲右突，所向无敌。学文章，尤其议论文，《韩非子》有不少可资借鉴的地方。

本篇是表现韩非子思想的重要文章。大意是：为了君主集权，国家应该重视耕与战；五蠹所指的五种人不利于耕与战，所以必须铲除。五蠹的第一种是儒，他们主张法先王，行仁义，所以文章举出各种理由，包括社会情况、历史事实、传说故事、人的性情等，反复说明法先王与行仁义之行不通，可谓有理有据，使人不能不信服。

作者韩非子（约前280—前233），姓韩，名非，战国时韩国的贵族之后。喜欢研究刑名法术的学问。《史记·老庄申韩列传》说他"为人口吃，不能道说而善著书"。他曾向韩国君主进言，主张变法以求富国强兵。韩王不能用，他愤而著书，成十余万言。其中《孤愤》《五蠹》传到秦国，秦始皇看到，非常佩服，甚至说："寡人得见此人，与之游，死不恨矣！"（亦见《老庄申韩列传》）于是秦出兵攻韩国，求韩非；韩非使秦。韩非和李斯都是荀子的学生，李斯自认为不如韩非，于是向秦始皇进谗言。韩非被捕入狱，李斯用毒药把他害死了。

上古之世，人民少而禽兽众，人民不胜禽兽虫蛇①；有圣人作②，构木为巢以避群害，而民悦之③，使王天下④，号之曰有巢氏⑤。民食果蓏蚌蛤⑥，腥臊恶臭而伤害腹胃，民多疾病；有圣人作，钻燧取火以化腥臊⑦，而民说之⑧，使王天下，号之曰燧人氏。中古之世⑨，天下大水而鲧禹决渎⑩。近古之世，桀纣暴乱而汤武征伐⑪。今有构木钻燧于夏后氏之世者⑫，必为鲧禹笑矣；有决渎于殷周之世者，必为汤武笑矣。然则今有美尧舜、鲧禹、汤武之道于当今之世者⑬，必为新圣笑矣⑭。是以圣人不期修古⑮，不法常可⑯，论世之事⑰，因为之备⑱。宋人有耕者⑲，田中有株⑳，兔走

---

①〔不胜〕力不能敌。②〔作〕兴起，出现。③〔悦〕喜欢。④〔王（旧读 wàng）天下〕统治天下，为天下之王。⑤〔号之曰〕称之为。⑥〔果蓏（luǒ）蚌（bàng）蛤（gé）〕木实、瓜类、蚌蛤。蚌，同"蚌"。蛤，蛤蜊（lí），似蚌而圆。⑦〔钻燧（suì）取火〕钻燧木以取得火种。燧，用以钻火之木材。〔化〕消除。⑧〔说（yuè）〕通"悦"。⑨〔中古〕指距秦较远之时。⑩〔鲧（gǔn）禹决渎（dú）〕鲧和禹挖河（泄水）。鲧，禹（夏朝开国之君）之父。决，开挖。渎，水道，沟渠。古以江（长江）河（黄河）淮（淮河）济（济水，在山东入海）为四渎。传说鲧治水以堙（yīn，塞）为主，九年无功，为舜所杀；禹改用疏导之法，十三年水患始息。与本文所记有别。⑪〔桀（jié）〕夏朝末代之暴君。〔纣（zhòu）〕商朝末代之暴君。〔汤〕商（殷）朝开国之君。〔武〕武王，周朝开国之君。⑫〔夏后氏〕夏朝。后，君主（非皇后）。⑬〔尧舜〕夏朝以前有盛名之二君主，尧传舜，舜传禹。⑭〔新圣〕新兴帝王。⑮〔不期修古〕不求修古圣之道。期，希求。修，整治以求尽善。⑯〔法〕效法。〔常可〕可常行之道，指旧制度。⑰〔论〕研讨。⑱〔因为之备〕从而为之做准备，采取措施。⑲〔宋〕春秋战国时国名，在今河南商丘一带。⑳〔株〕树橛子。

触株，折颈而死，因释其耒而守株①，冀复得兔②。兔不可复得而身为宋国笑③。今欲以先王之政治当世之民，皆守株之类也。

以史实和故事为证，由正反两面说明，情况变化，处理办法必须随之变化。这是批评法先王的错误。

古者丈夫不耕④，草木之实足食也⑤；妇人不织，禽兽之皮足衣也⑥。不事力而养足⑦，人民少而财有余⑧，故民不争。是以厚赏不行⑨，重罚不用，而民自治⑩。今人有五子不为多，子又有五子，大父未死而有二十五孙⑪。是以人民众而货财寡，事力劳而供养薄⑫，故民争；虽倍赏累罚而不免于乱⑬。

就人口与物资之异，说明不争与争皆因时代而变易。这是为第一段事异则备变的主张补充理由。

尧之王天下也，茅茨不剪⑭，采椽不斫⑮，粝粢之食⑯，藜藿之羹⑰，冬日麑裘⑱，夏日葛衣⑲，虽监门之服养不亏于

---

① 〔释〕放下。〔耒（lěi）〕农具，状如木叉。〔守株〕"守株待兔"成语即来于此。 ② 〔冀〕希望。 ③ 〔身〕本身，自己。〔国〕指全国之人。〔笑〕讥笑。 ④ 〔丈夫〕指男丁。 ⑤ 〔足食〕足够吃。 ⑥ 〔衣（旧读 yì）〕动词，穿。 ⑦ 〔不事力〕不从事劳动。〔养〕奉养，享受。 ⑧ 〔财〕财货，物资。 ⑨ 〔厚赏〕丰厚之赏赐。 ⑩ 〔自治〕自然就不乱。 ⑪ 〔大父〕祖父。 ⑫ 〔供养〕享用之物。 ⑬ 〔倍赏〕加倍赏赐。〔累罚〕屡次惩罚。 ⑭ 〔茅茨（cí）〕茅草覆盖之屋顶。〔剪〕剪齐。 ⑮ 〔采椽〕柞（zuò）木为椽。采，也写作"棌"，柞木。〔斫（zhuó）〕砍，削平刨光。 ⑯ 〔粝（lì）粢（zī）之食〕粗粮饭。粝，粗米。粢，小米。 ⑰ 〔藜（lí）藿（huò）之羹〕野菜汤。藜，藿，皆草名。 ⑱ 〔麑（ní）〕小鹿。 ⑲ 〔葛〕麻布。

此矣①。禹之王天下也,身执耒臿以为民先②,股无胈③,胫不生毛④,虽臣虏之劳不苦于此矣⑤。以是言之,夫古之让天子者⑥,是去监门之养而离臣虏之劳也⑦,故传天下而不足多也⑧;今之县令⑨,一日身死⑩,子孙累世絜驾⑪,故人重之。是以人之于让也,轻辞古之天子⑫,难去今之县令者,薄厚之实异也⑬。

从物质享受的古今之异,说明何以古让大而今贪小。仍是为第一段补充理由。

夫山居而谷汲者⑭,䁂腊而相遗以水⑮;泽居苦水者⑯,买庸而决窦⑰。故饥岁之春⑱,幼弟不饷⑲,穰岁之秋⑳,疏客必食㉑,非疏骨肉爱过客也,多少之心异也。是以古之易财㉒,非仁也,财多也;今之争夺,非鄙也㉓,财寡也。轻

---

① 〔监门〕看门之人。〔服养〕衣服食物。〔亏〕减损。 ② 〔臿(chā)〕掘土工具,锹。〔为民先〕带头干。 ③ 〔股无胈(bá)〕大腿上没有毛。胈,股上之毛。 ④ 〔胫〕小腿。〔不生毛〕毛皆因勤苦劳动而磨去。 ⑤ 〔臣虏〕奴隶。 ⑥ 〔让天子〕指尧舜禅(shàn)让。 ⑦ 〔去〕离,舍弃。 ⑧ 〔传〕授予他人。〔不足多〕不值得赞扬。 ⑨ 〔县令〕一县之长。 ⑩ 〔一日身死〕一旦死了。 ⑪ 〔絜(xié)驾〕套车。此处指乘车。意为仍然阔气。絜,约束。 ⑫ 〔轻辞〕轻易辞谢,以辞为轻易。 ⑬ 〔实〕实际情况。 ⑭ 〔山居而谷汲〕住在山中(高处)而自谷中(低处)汲水。谷,山涧。 ⑮ 〔䁂(lóu)腊〕腊指节日。䁂,二月祭,祭饮食之神。腊,腊月祭,祭百神。〔遗(旧读wèi)〕馈赠。因得水难。 ⑯ 〔泽居〕住在洼地。〔苦水〕苦于水,以水多为苦。 ⑰ 〔买庸〕雇人。庸,同"佣"。〔决窦〕掘水道(排水)。窦,通水之路。 ⑱ 〔春〕其时青黄不接,为缺粮季节。 ⑲ 〔幼弟不饷〕虽幼弟之亲,亦不予之食。 ⑳ 〔穰(ráng)岁〕丰年。〔秋〕正值收获之后。 ㉑ 〔疏客〕关系不深之客。〔食(sì)〕给予饭食。 ㉒ 〔易〕轻视。 ㉓ 〔鄙〕低下,粗俗。

辞天子,非高也,势薄也①;重争土橐②,非下也,权重也。故圣人议多少、论薄厚为之政③,故薄罚不为慈,诛严不为戾④,称俗而行也⑤。故事因于世而备适于事⑥。

总结以上论述,断言为政须适应客观情况,不可泥古。

古者文王处丰镐之间⑦,地方百里⑧,行仁义而怀西戎⑨,遂王天下。徐偃王处汉东⑩,地方五百里,行仁义,割地而朝者三十有六国⑪。荆文王恐其害己也⑫,举兵伐徐,遂灭之。故文王行仁义而王天下,偃王行仁义而丧其国,是仁义用于古而不用于今也⑬。故曰世异则事异。

当舜之时,有苗不服⑭,禹将伐之,舜曰:"不可。上德不厚而行武⑮,非道也。"乃修教三年⑯,执干戚舞⑰,有

---

①〔势薄〕(天子)权势轻微。 ②〔土橐(tuó)〕高职位。另一说,土,应作"士",同"仕",做官;橐,通"托",托身于诸侯。 ③〔为之政〕为政,行政。 ④〔诛〕责罚,杀。〔戾(lì)〕暴戾,残暴。 ⑤〔称(chèn)俗〕适合世情。称,恰合。 ⑥〔事因于世〕情况因时代不同而有异。〔备适于事〕措施应适合于情况。 ⑦〔文王〕周武王之父,商末为西伯。〔丰镐(hào)〕二地名,皆在今陕西西安附近。 ⑧〔地〕占有之区域。〔方百里〕方形每面百里。 ⑨〔怀西戎〕安抚西方各民族,使之归顺。怀,安,慰。 ⑩〔徐偃王〕西周穆王时徐国国君,据今安徽泗县一带。〔汉东〕汉水之东。 ⑪〔割地而朝〕割地予徐而朝见徐偃王。 ⑫〔荆文王〕楚文王。荆,楚之别称。按徐偃王与楚文王(春秋时楚王)不同时,疑文字有误。〔害己〕危害己国。 ⑬〔用于古〕适用于古代,古代可行。 ⑭〔有苗〕舜时一部落,亦称三苗。有,助词,无义。 ⑮〔上德不厚〕在上位者德行微薄。上,指帝王。〔行武〕使用武力。 ⑯〔修教〕修整教化,推行教化。 ⑰〔执干戚舞〕手持干戚而舞。干,盾;戚,斧:皆兵器。执之舞,化武器为舞具也。

苗乃服。共工之战①,铁铦短者及乎敌②,铠甲不坚者伤乎体,是干戚用于古不用于今也。故曰事异则备变。

> 举史实为证,说明时代不同则情况不同,情况不同则办法须不同。这是批评主张行仁义的错误。

上古竞于道德③,中世逐于智谋,当今争于气力。

> 前文侧重批评崇古之误。这里正面提出办法。先总说,下面三段分说。

齐将攻鲁,鲁使子贡说之④。齐人曰:"子言非不辩也⑤,吾所欲者土地也,非斯言所谓也⑥。"遂举兵伐鲁,去门十里以为界⑦。故偃王仁义而徐亡,子贡辩智而鲁削⑧,以是言之,夫仁义辩智非所以持国也⑨。去偃王之仁,息子贡之智,循徐鲁之力⑩,使敌万乘⑪,则齐荆之欲不得行于二国矣。

一、仁义辩智不如富国强兵。

夫古今异俗,新故异备⑫,如欲以宽缓之政治急世之

---

① 〔共工〕传说为上古水官,其后人以官为姓,世居江淮间。战争之史实不详。 ② 〔铁铦(xiān)短者及乎敌〕短武器亦能及敌人之身。极言战争激烈。铦,锸一类兵器。 ③ 〔竞于道德〕争以道德相高。下文"逐""争"义同。 ④ 〔子贡〕姓端木,名赐,字子贡,孔子弟子,以善外交辞令著名。〔说(旧读 shuì)〕劝说。〔之〕代齐国。 ⑤ 〔辩〕言辞巧妙。 ⑥ 〔非斯言所谓〕与你所说并非一回事。 ⑦ 〔去门十里以为界〕以距鲁都城门十里处为国界。言所侵甚多。 ⑧ 〔削〕土地减少(被侵占)。 ⑨ 〔非所以〕不是可以用来。〔持国〕操持国家,管理国家。 ⑩ 〔循〕依,顺,即"用"。 ⑪ 〔万乘(旧读 shèng)〕一万辆兵车。指大国。乘,四匹马驾一辆兵车。 ⑫ 〔新故异备〕古今措施不同。

民①,犹无辔策而御馯马②,此不知之患也③。今儒墨皆称先王兼爱天下,则民视如父母④。何以明其然也⑤?曰⑥:司寇行刑⑦,君为之不举乐⑧;闻死刑之报,君为流涕。此所举先王也⑨。夫以君臣为如父子则必治,推是言之⑩,是无乱父子也⑪。人之性情莫先于父母⑫,父母皆见爱而未必治也⑬,君虽厚爱,奚遽不乱⑭?今先王之爱民不过父母之爱子⑮,子未必不乱也,则民奚遽治哉?且夫以法行刑而君为之流涕,此以效仁⑯,非以为治也。夫垂泣不欲刑者仁也,然而不可不刑者法也,先王胜其法不听其泣⑰,则仁之不可以为治亦明矣。

二、应弃仁义而重法治。

且民者固服于势⑱,寡能怀于义⑲。仲尼⑳,天下圣人

---

①〔宽缓〕宽厚而舒缓。〔急世〕紧迫之世,乱世。 ②〔辔(pèi)〕笼头。〔策〕马鞭。〔御〕驾御。〔馯(hàn)马〕勇猛不驯之马。 ③〔不知(zhì)〕不明智。知,通"智"。 ④〔儒〕以孔子为首之学派。〔墨〕以墨子为首之学派。〔先王兼爱天下,则民视如父母〕古有德之王兼爱天下之民,故民视王如父母。 ⑤〔明〕证明,说明。〔然〕如此,是这样。此句乃设问。 ⑥〔曰〕(儒者墨者)答曰。 ⑦〔司寇〕古掌司法之官。〔行刑〕执行死刑。 ⑧〔君〕国君。〔不举乐(yuè)〕不作乐。表示怜悯。 ⑨〔此〕指不举乐、流涕之君。 ⑩〔推是言之〕据此理推广而言之。 ⑪〔是无乱父子〕这就等于说天下父子关系都是好的。 ⑫〔莫先于父母〕没有比父母更亲的。 ⑬〔见爱〕受到子女敬爱。〔治〕理,不乱。 ⑭〔奚遽不乱〕怎么就不乱。奚,何。遽,遂,就。 ⑮〔不过〕不超过。 ⑯〔此以效仁〕以此尽力为仁。效,尽力。 ⑰〔胜〕以为优越,重。〔听〕顺从。 ⑱〔固〕本来。〔服于势〕屈服于势力。 ⑲〔怀于义〕思念义,崇尚义。 ⑳〔仲尼〕孔子,名丘,字仲尼。

也，修行明道以游海内①，海内说其仁②，美其义，而为服役者七十人③，盖贵仁者寡，能义者难也。故以天下之大，而为服役者七十人，而仁义者一人④。鲁哀公⑤，下主也⑥，南面君国⑦，境内之民莫敢不臣⑧，民者固服于势，势诚易以服人。故仲尼反为臣，而哀公顾为君⑨，仲尼非怀其义，服其势也。故以义则仲尼不服于哀公，乘势则哀公臣仲尼⑩。今学者之说人主也，不乘必胜之势而务行仁义，务行仁义则可以王⑪，是求人主之必及仲尼，而以世之凡民皆如列徒⑫，此必不得之数也⑬。

三、应弃仁义而用权势。

今有不才之子，父母怒之弗为改⑭，乡人谯之弗为动⑮，师长教之弗为变。夫以父母之爱，乡人之行，师长之智，三美加焉，而终不动其胫毛⑯，不改……⑰；州部之吏⑱，操官兵⑲，推公法⑳，而求索奸人㉑，然后恐惧，变其节、易其

---

①〔修行明道〕修整操行，阐明圣道。道，指先王之道。 ②〔说（yuè）〕通"悦"。 ③〔为（wèi）服役者〕为（仲尼）服役之人。〔七十人〕指七十二弟子。此处有仅七十人之意，言其少也。 ④〔仁义者一人〕指孔子。 ⑤〔鲁哀公〕春秋末年鲁国国君。 ⑥〔下主〕低能之君。 ⑦〔君国〕君临鲁国，统治国家。 ⑧〔不臣〕不服从。 ⑨〔顾〕反而。 ⑩〔臣仲尼〕以仲尼为臣。 ⑪〔务行仁义则可以王〕（并认为）用力行仁义则可以平定天下。 ⑫〔凡民〕平常人。〔列徒〕诸弟子。指七十子。 ⑬〔数〕定数。 ⑭〔弗为（wèi）改〕不因（生他的气）而改正。 ⑮〔乡人〕同里之人。〔谯（qiào）〕责让，谴责。 ⑯〔不动其胫毛〕极言其顽固不化。 ⑰〔不改〕此下有缺文。 ⑱〔州部之吏〕州中官府之吏。部，分掌公务之司局。吏，此处皆指小官。 ⑲〔操官兵〕持公家兵器。指率领胥役。 ⑳〔推公法〕执行国家法律。 ㉑〔奸人〕坏人，犯法之人。

行矣①。故父母之爱不足以教子，必待州部之严刑者，民固骄于爱、听于威矣②。故十仞之城③，楼季弗能逾者④，峭也⑤；千仞之山，跛牂易牧者⑥，夷也⑦。故明主峭其法而严其刑也。布帛寻常⑧，庸人不释⑨；铄金百溢⑩，盗跖不掇⑪。不必害则不释寻常，必害手则不掇百溢，故明主必其诛也⑫。是以赏莫如厚而信⑬，使民利之⑭，罚莫如重而必，使民畏之，法莫如一而固⑮，使民知之。故主施赏不迁⑯，行诛无赦，誉辅其赏⑰，毁随其罚⑱，则贤不肖俱尽其力矣⑲。

承以上提出的重力、重法、重势的主张，补充说明，有效的治国办法是严赏罚以利用国家之法和君主之威。

【研读参考】一、《韩非子》旧注，常用的有清末王先慎作的《韩

---

① 〔变其节〕改变其品行，指改变旧作风。② 〔骄于爱〕因爱而骄纵。〔听于威〕见威而听从。③ 〔仞（rèn）〕八尺。④ 〔楼季〕魏文侯之弟，以捷足名。〔逾〕超越。⑤ 〔峭〕陡直。⑥ 〔牂（zāng）〕母羊。〔易牧〕容易放牧。⑦ 〔夷〕平。⑧ 〔寻〕八尺。〔常〕二寻。寻常，言其轻微。⑨ 〔庸人不释〕平常人紧握而不放手。⑩ 〔铄（shuò）金〕烧熔之金。〔溢〕同"镒"，二十四两。言其贵重。⑪ 〔盗跖（zhí）〕春秋时大盗，名跖。传说为柳下惠之弟。《庄子》有《盗跖》篇。〔掇（duō）〕拾取。⑫ 〔必其诛〕诛定而不可变，即绝不宽宥。必，动词。⑬ 〔厚而信〕丰厚而有信。信，言必行。⑭ 〔利之〕以（得赏）为有利。⑮ 〔一而固〕划一而固定。固，不变动。⑯ 〔施赏〕给予赏赐。〔迁〕变动。⑰ 〔誉辅其赏〕好名声跟随赏。言受赏者得好名声。辅，相辅而行。⑱ 〔毁随其罚〕坏名声跟随罚。言受罚者得坏名声。⑲ 〔不肖〕不贤。〔尽其力〕尽己力（为君主效劳）。

非子集解》，初学读它，嫌校勘多而释义少。其后梁启雄作《韩子浅解》，注比《韩非子集解》简明，可以参考。如不能多读，可以利用各种新选注的文言读本。

二、本篇内容条理不十分明显。为了深入理解，可以为它列个内容提纲，例如：

（一）正面的，主张什么：

（1）主张： 　　　　　理由：

（2）主张： 　　　　　理由：

（二）反面的，反对什么：

（1）反对： 　　　　　理由：

（2）反对： 　　　　　理由：

三、本篇多用正反对比的写法以表示对比的意思，指出一些，说说这种表达方法有什么好处。

四、下面是本篇的结束语，试试给加上标点。能够照原文次序说说大意更好。

是故乱国之俗其学者则称先王之道以籍（盛称）仁义盛容服而饰辩说以疑当世之法而贰（分化）人主之心其言谈者为设诈称借于外力以成其私而遗社稷之利其带剑者聚徒属立节操以显其名而犯五官（司徒、司马等）之禁其患御者积于私门尽货赂而用重（重用，重视）人之谒退（压低）汗马之劳其商工之民修治苦窳（yǔ，粗劣）之器聚弗靡（不散失）之财蓄积待时而侔（求）农夫之利此五者邦之蠹也人主不除此五蠹之民不养耿介之士则海内虽有破亡之国削灭之朝亦勿怪矣

八　谏逐客书　李斯

【解说】本篇选自《文选》。原见《史记·李斯列传》,文字有小异。《文选》标题为"上书秦始皇",今从一般选本。《史记·李斯列传》记载:"秦王(就是后来的秦始皇)拜斯为客卿(非本国人为卿)。会(碰巧)韩人郑国(通水利的人)来间(jiàn)秦(来秦国相机做害秦利韩之事),以作注溉渠(劝秦国挖渠,兴水利,目的在分散秦之实力,以减少对韩的压力),已而觉(被秦国发觉)。秦宗室大臣皆言秦王曰(向秦王说):'诸侯(指东方六国)人来事秦者,大抵为其主游间于秦耳,请一切逐客(凡客皆驱逐)。'李斯议(依照逐客议论)亦在逐中。斯乃上书曰……秦王乃除逐客之令,复李斯官。"本篇就是呈与秦王的书,时为秦王十年(前237)。

　　文章具有战国后期诸子议论文的风格,总的说,主旨鲜明,理由充分,辞令巧妙,声韵铿锵。有几点尤其值得注意。(1)通篇从利害方面说,而不空讲大道理,这对虎狼之国的秦王就有更大的说服力。(2)旗帜鲜明,条理清楚,一起笔就点明主旨,然后从不同方面举出例证,说明主旨之千真万确,这就使内容更显得有力量。(3)材料丰富,先王,现实,种种史事,种种情况，综合起来就使论证有千钧之力。(4) 文字流畅，多用排比和对偶，读起来显得声调和谐，有音乐美，并有一气直下、欲罢不能的气势。所有这些，写议论文都值得借鉴。

作者李斯（？—前208），战国末年楚国上蔡（今河南上蔡西南）人。年轻时候做过郡小吏，不满卑贱的地位。后来从荀子学"帝王之术"（治国平天下之术），与韩非同学。学成，到秦国去，先依靠吕不韦做舍人。其后任郎中，向秦王进言，受到重用，为客卿。为秦王献策，统一天下，任丞相。秦始皇的许多行政措施，如废封建，设郡县，统一文字，销兵器，焚《诗》《书》等，都出于他的主张。秦始皇死后，二世胡亥即位，赵高陷害他，被腰斩于咸阳市。他的著作，除本篇以外，还有一些，主要是歌功颂德的刻石文字；传说刻石字也是他所写，成为后世学篆书的范本。

臣闻吏议逐客①，窃以为过矣②。

开头就提出全篇主旨：逐客是错误的。以下从不同方面举证说明主旨。

昔穆公求士③，西取由余于戎④，东得百里奚于宛⑤，迎

---

① 〔吏议〕朝廷官员议论政事。　② 〔窃〕私自。〔过〕错误。　③ 〔穆公〕秦穆公，春秋五霸之一，前659—前621年在位。〔求士〕招贤。　④ 〔由余〕先为晋人，逃入西戎。后入秦，穆公用其谋伐戎，扩地千里，遂霸西戎。〔戎〕称西方诸少数民族。　⑤ 〔百里奚〕春秋时虞国人，虞亡入秦，复逃至楚国宛（今河南南阳）地。穆公赎之归秦，委以国政。

蹇叔于宋①，来邳豹、公孙支于晋②，此五子者不产于秦，穆公用之，并国三十③，遂霸西戎。孝公用商鞅之法④，移风易俗，民以殷盛⑤，国以富强，百姓乐用⑥，诸侯亲服，获楚魏之师⑦，举地千里⑧，至今治强⑨。惠王用张仪之计⑩，拔三川之地⑪，西并巴蜀⑫，北收上郡⑬，南取汉中⑭，包九夷⑮，制鄢郢⑯，东据成皋之险⑰，割膏腴之壤⑱，遂散六国之从⑲，使之西面事秦⑳，功施到今㉑。昭王得范雎㉒，废穰

---

①〔蹇（jiǎn）叔〕居宋国，由百里奚推荐，穆公任之为上大夫。②〔来〕招来。〔邳（pī）豹〕晋大夫邳郑子。其父为晋惠公所杀，逃至秦国。〔公孙支〕游晋，归秦。③〔并国三十〕并吞三十国，皆西戎部落。此乃夸大说，实为十二国。④〔孝公〕秦孝公，前361—前338年在位。〔商鞅〕卫国人，姓公孙，名鞅。亦称卫鞅。他劝秦孝公变法，有战功，封商君。⑤〔殷盛〕殷实繁盛。⑥〔乐用〕乐于为国效力。⑦〔获楚魏之师〕楚宣王三十年，秦封商鞅于商，南侵楚。秦孝公二十二年，商鞅击败魏军，俘魏公子卬（áng）。获，俘获。师，军队。⑧〔举〕攻取。⑨〔治〕政治安定。⑩〔惠王〕秦惠王，亦称惠文王，前337—前311年在位。〔张仪〕魏国人，著名之纵横家，为秦相，游说诸侯连横事秦。⑪〔拔〕攻取。〔三川之地〕洛阳一带。三川，黄河、洛水、伊水。⑫〔巴蜀〕二国名，巴在今重庆巴南一带，蜀在今四川成都一带。⑬〔上郡〕今陕西绥德等地。此地原属魏国，魏屡败于秦，秦惠王十年纳上郡十五县于秦。⑭〔汉中〕楚地，在今陕西秦岭以南。⑮〔包〕兼并。〔九夷〕泛指楚国境内之少数民族。九，非实数。夷，本指东方少数民族。⑯〔制〕控制。〔鄢（yān）郢（yǐng）〕楚国先后建都之地，鄢在今湖北宜城，郢在今湖北江陵。⑰〔成皋〕要塞名，即今河南荥（xíng）阳之虎牢关。⑱〔割〕侵占。〔膏腴（yú）之壤〕肥沃之土地。⑲〔散〕解散。〔六国〕齐、楚、燕、赵、韩、魏。〔从（旧读 zōng）〕合从，即东方六国组成抗秦之联盟。⑳〔西面〕秦在六国之西。〔事秦〕事奉秦国。㉑〔施〕行，见效。㉒〔昭王〕秦昭王，前306—前251年在位。〔范雎（suī）〕魏人，相秦，封应侯。他在秦国推行远交近攻之政策。

侯①，逐华阳②，强公室③，杜私门④，蚕食诸侯⑤，使秦成帝业。此四君者，皆以客之功⑥。由此观之，客何负于秦哉？向使四君却客而不纳⑦，疏士而弗用，是使国无富利之实⑧，而秦无强大之名也。

> 举秦国史实为证，说明应重客而不应逐客。

今陛下致昆山之玉⑨，有和随之宝⑩，垂明月之珠⑪，服太阿之剑⑫，乘纤离之马⑬，建翠凤之旗⑭，树灵鼍之鼓⑮，此数宝者，秦不生一焉，而陛下悦之，何也？必秦国之所生然后可⑯，则是夜光之璧不饰朝廷，犀象之器不为玩好⑰，而赵卫之女不充后庭⑱，骏良駃騠不实外厩⑲，江南金锡不为用，西蜀丹青不为采⑳。所以饰后宫、充下陈、娱心意、悦耳目者㉑，必出于秦然后可，则是宛珠之簪、傅玑之珥、

---

① 〔穰（ráng）侯〕魏冉。秦昭王母宣太后之弟。② 〔华阳〕华阳君，名芈（mǐ）戎，亦秦昭王母宣太后之弟。兄弟二人皆以贵戚而专权。③〔公室〕王室，朝廷。④〔杜〕塞，绝。〔私门〕权贵之家。⑤〔蚕食〕逐渐侵占，如蚕之食叶。⑥〔以客之功〕借客卿之大力。⑦〔向〕原来，从前。〔使〕假使。〔却〕拒绝。⑧〔是〕此，这（是）。⑨〔陛（bì）下〕尊称君主。〔致〕取得。〔昆山〕亦名"昆冈"，著名之产玉地，在今新疆维吾尔自治区境内。⑩〔和随之宝〕和氏璧，随侯珠，皆著名之宝物。⑪〔垂〕悬挂。〔明月之珠〕光如明月之宝珠。⑫〔服〕佩带。〔太阿〕宝剑名。⑬〔纤离〕骏马名。⑭〔建〕树立。〔翠凤之旗〕用翠凤羽毛为装饰之旗。⑮〔灵鼍（tuó）之鼓〕用鼍皮所蒙之鼓。灵，表示贵重难得。鼍，同"鼍"，鳄鱼类。⑯〔必〕（如果）一定。⑰〔犀象〕犀角、象牙。〔玩好（hào）〕赏玩嗜好之物。⑱〔赵卫之女〕赵、卫二国多美女。〔充后庭〕为妃嫔。充，满。⑲〔駃（jué）騠（tí）〕骏马。〔实〕充满。〔厩（jiù）〕马棚。⑳〔丹青〕两种绘画颜料。丹，红色；青，青色。〔采〕彩饰。㉑〔所以〕以所，用之来。〔下陈〕后列。指下层姬侍之类。

阿缟之衣、锦绣之饰不进于前①，而随俗雅化、佳冶窈窕、赵女不立于侧也②。夫击瓮叩缶、弹筝搏髀、而歌呼呜呜快耳者③，真秦之声也；郑卫桑间、韶虞武象者④，异国之乐也。今弃叩缶击瓮而就郑卫⑤，退弹筝而取韶虞，若是者何也？快意当前⑥，适观而已矣⑦。今取人则不然，不问可否⑧，不论曲直⑨，非秦者去，为客者逐。然则是所重者在乎色乐珠玉⑩，而所轻者在乎民人也。此非所以跨海内、制诸侯之术也⑪。

举秦王自身的爱好为证，说明逐客是不合理的。

臣闻地广者粟多，国大者人众，兵强者则士勇⑫。是以太山不让土壤⑬，故能成其大；河海不择细流⑭，故能就其深⑮；王者不却众庶⑯，故能明其德⑰。是以地无四方⑱，民

---

① 〔宛珠〕宛地出产之珍珠。〔傅玑(jī)〕镶着小珠。傅，附着。玑，本指不圆之珠。〔珥(ěr)〕耳环。〔阿缟(gǎo)〕东阿（今山东东阿）出产之薄绸。〔饰〕指衣服之花色。 ② 〔随俗雅化〕看来平常而又闲雅。〔佳冶〕艳丽。〔窈(yǎo)窕(tiǎo)〕美好。 ③ 〔瓮(wèng)〕汲水瓦罐。〔缶(fǒu)〕一种瓦器，秦人以为乐器。〔搏髀(bì)〕拍大腿，打节拍。〔呜呜〕粗直之声。〔快耳〕动听。 ④ 〔桑间〕又名"桑中"，卫国地名。此处指桑间之音，即郑、卫之浮靡音乐。〔韶虞〕舜之乐曲。〔武象〕周之乐曲。 ⑤ 〔就〕接近，取。 ⑥ 〔快意当前〕求现实之乐。 ⑦ 〔适观〕适于观赏。 ⑧ 〔可否〕可用不可用。 ⑨ 〔曲直〕坏和好。 ⑩ 〔色〕指赵、卫之女。 ⑪ 〔跨海内、制诸侯〕意为囊括四海，席卷天下。〔术〕策略。 ⑫ 〔兵〕武器。 ⑬ 〔太山〕泰山。〔让〕辞让，拒绝。 ⑭ 〔择〕区别。不区别拣选，故亦纳细流（小水）。 ⑮ 〔就〕成。 ⑯ 〔众庶〕百姓。 ⑰ 〔明其德〕体现君主之盛德。 ⑱ 〔无〕不分，不论。

八　谏逐客书

无异国,四时充美①,鬼神降福,此五帝三王之所以无敌也②。今乃弃黔首以资敌国③,却宾客以业诸侯④,使天下之士退而不敢西向,裹足不入秦⑤,此所谓借寇兵而赍盗粮者也⑥。

　　泛论逐客是以人才资敌国,于秦大不利。

　　夫物不产于秦,可宝者多;士不产于秦,愿忠者众。今逐客以资敌国,损民以益仇⑦,内自虚而外树怨诸侯⑧,求国无危,不可得也。

　　总括以上三段大意,加重说明不应逐客,与开头的主旨呼应。

【研读参考】一、古代的议论文,除本篇和本册选的《五蠹》之外,你还读过哪些?这些议论文常常举史实为论证,这有什么用处?

　　二、儒家多说仁义,法家多说利害。由不同的角度(比如是非、实效、逻辑性等)看,有没有各有所长的情况?说说你的看法。

　　三、六朝人写文章喜欢用对偶句,但用对偶句不自六朝开

――――――

① 〔四时充美〕一年四季皆富足、美满。 ② 〔五帝〕《史记》以黄帝、颛(zhuān)顼(xū)、帝喾(kù)、尧、舜为五帝。〔三王〕三代之王,即夏禹,商汤,周文王、武王。 ③ 〔黔(qián)首〕秦称百姓为黔首。黔,黑色。〔资〕供给,助。 ④ 〔业诸侯〕使诸侯成就功业。业,此处为动词。 ⑤ 〔裹足〕停步。 ⑥ 〔借寇兵而赍(jī)盗粮〕供给贼寇武器,送给强盗粮食。赍,送与。 ⑦ 〔益仇〕资助敌人。 ⑧ 〔自虚〕(逐客以)自取虚弱。〔树怨〕结仇。因所逐为他国之人。

始。根据本篇和《五蠹》，说说这种情况，并说说用这种句子表达有什么好处。

　　四、古人向君主上书常说"臣闻……"，为什么？

九　礼运　礼记

【解说】本篇选自《礼记》。《礼运》篇很长，这里选开头一部分（约为全文的五六分之一），节去以下讲礼的各种作用的部分。礼运，礼自五帝三王以来各个时期的运行变化。《礼记》，儒家的一种重要经典，集各种讲礼的文章而成。传说孔子死后，他的弟子和再传三传弟子等有些著述，根据师传，有的解释古礼书（如《仪礼》），有的讲述古典章制度，有的记孔门先辈的言论，有的发表自己关于礼制的见解，等等。到汉朝，儒生戴圣编集这类著作，得《曲礼》上下、《檀弓》上下、《王制》等共四十六篇。其后东汉大儒马融又增入《月令》《明堂位》《乐记》，连前共四十九篇，就是今传"十三经"中的《礼记》。戴圣的叔父戴德也编集过这类著作，得八十五篇（今传本不全）。为了区别两种《礼记》，通称戴圣编的为《小戴礼记》（可以只称《礼记》），戴德编的为《大戴礼记》（不能只称《礼记》）。《礼记》不只是研究儒家思想的重要著作，而且是研究古史的重要著作，因为读了它的关于礼制、伦理等的记述，大致可以看到古代社会的一个缩影。汉朝以后，《礼记》的地位日渐提高，其中《大学》《中庸》二篇，宋代人以之配合《论语》《孟子》，合称

"四书",成为读书人必读、科举考试必考的重要经典。

《礼运》篇是讲礼的传承变化和作用的,开头讲传承变化的部分说到古代理想的大同社会,这虽然非事实,我们却可从其中看到古人(可能多半是道家)的社会理想。"选贤与能"等直到"外户而不闭"是大同社会的外貌,其动力则是"公"而不私。就提倡公而反对私这一点说,在现在还有积极意义。

《礼记》的编者戴圣(生卒年不详),字次君,西汉梁(今河南商丘一带)人。曾任九江太守。年轻时候与从父戴德俱从礼学家后苍学礼,宣帝时(西汉中年稍后)曾为博士,是当时著名的经师。

昔者仲尼与于蜡宾①,事毕,出游于观之上②,喟然而叹③。仲尼之叹,盖叹鲁也④。言偃在侧曰⑤:"君子何叹⑥?"孔子曰:"大道之行也⑦,与三代之英⑧,丘未之逮也⑨,而有志焉⑩。

由出游问答、怀想古昔写起,引起下文大同小康的议论。

---

①〔仲尼〕孔子,名丘,字仲尼。〔与(yù)于蜡(zhà)宾〕参与蜡祭大典。蜡,国君年终举行之祭祀。宾,做陪祭者。 ②〔观(guàn)〕门阙,正门外左右对峙之高建筑物。 ③〔喟(kuì)然〕叹息之状。 ④〔叹鲁〕为鲁国而叹。鲁国祭典与古不合,因怀想旧礼而叹。 ⑤〔言偃(yǎn)〕孔子弟子,字子游。 ⑥〔君子〕称孔子。 ⑦〔大道〕理想的立身治世之道。 ⑧〔三代〕夏、商、周。〔英〕特出之人才。指禹、汤、文、武等。 ⑨〔未之逮也〕没赶上,未及见之。之,指大道之行及三代之英。逮,及。 ⑩〔有志〕向往。有志于三代之英之所为。

"大道之行也，天下为公，选贤与能①，讲信修睦②。故人不独亲其亲③，不独子其子④；使老有所终⑤，壮有所用，幼有所长⑥，矜寡孤独废疾者皆有所养⑦，男有分⑧，女有归⑨。货恶其弃于地也⑩，不必藏于己⑪；力恶其不出于身也，不必为己⑫。是故谋闭而不兴⑬，盗窃乱贼而不作⑭，故外户而不闭⑮。是谓大同⑯。

说明大同世界一切为公，故任其自然即能天下大治。

"今大道既隐⑰，天下为家⑱，各亲其亲，各子其子，货力为己；大人世及以为礼⑲，城郭沟池以为固⑳，礼义以为纪㉑；以正君臣㉒，以笃父子㉓，以睦兄弟，以和夫妇，以设

---

①〔选贤与能〕选拔贤能之人为政。与，通"举"。 ②〔讲信〕讲求信实，不欺诈。〔修睦〕崇尚和睦。修，整治以求尽善尽美。 ③〔亲其亲〕孝敬其（代自己）父母。以其亲为亲。 ④〔子其子〕抚育其子女。以其子为子。 ⑤〔老有所终〕老年人能终其天年。 ⑥〔幼有所长（zhǎng）〕幼童得以顺利成长。 ⑦〔矜（guān）寡孤独废疾者〕指孤苦无依之人。矜，通"鳏"，老而无妻。寡，老而无夫。孤，幼年丧父。独，老而无子。废疾，残疾。〔有所养〕得到供养。 ⑧〔男有分（fèn）〕男子有其职分（职业、工作）。 ⑨〔女有归〕女子有其归宿。指嫁于善良之家。归，女子出嫁。 ⑩〔货〕财物。〔恶（wù）〕憎恨。 ⑪〔不必藏于己〕言共享而不独占。 ⑫〔不必为己〕言劳而不为私利。 ⑬〔谋闭而不兴〕奸邪之谋绝迹。兴，起。 ⑭〔乱〕作乱。指犯上。〔贼〕害人。 ⑮〔外户〕大门，最外之门。 ⑯〔同〕和。 ⑰〔隐〕隐蔽，消失。 ⑱〔天下为家〕以天下为私家之物而传之子孙。 ⑲〔大人世及〕有权位者世代相传。大人，指天子、诸侯等。世，父子相传；及，兄弟相传。 ⑳〔城郭沟池以为固〕以城郭沟池为防御之具。不公，故须防守。郭，外城。沟池，城壕。 ㉑〔礼义以为纪〕以礼义为约束。纪，法则。 ㉒〔以正君臣〕用以正君臣之分。 ㉓〔笃父子〕笃父子之恩。笃，笃厚，加深。

制度，以立田里①，以贤勇知②，以功为己③。故谋用是作④，而兵由此起⑤。禹、汤、文、武、成王、周公⑥，由此其选也⑦。此六君子者，未有不谨于礼者也，以著其义⑧，以考其信⑨，著有过⑩，刑仁讲让⑪，示民有常⑫。如有不由此者，在埶者去⑬，众以为殃⑭。是谓小康⑮。"

说明小康世界一切为家，故须以制度管辖，以礼义节制，始能维持安定。

言偃复问曰："如此乎礼之急也⑯？"孔子曰："夫礼，先王以承天之道⑰，以治人之情⑱，故失之者死，得之者生。《诗》曰⑲：'相鼠有体⑳，人而无礼；人而无礼，胡不遄

---

①〔立田里〕建立土地与里间之制度。②〔贤勇知（zhì）〕尊崇勇智之人。贤，动词，以为贤。知，通"智"。③〔以功为己〕以为己尽力者为有功。功，动词，以为功。④〔用〕因。〔是〕及下句"此"，皆指大道既隐，天下为家。⑤〔兵〕战争。⑥〔成王〕继武王为天子。〔周公〕武王之弟，辅成王治天下。⑦〔由此其选也〕由此标准成为代表人物。此，指"礼义以为纪"。选，代表人物。⑧〔以著其义〕以礼著其（代人民）义。著，明，宣扬使人知晓。⑨〔考〕成，完成。⑩〔著有过〕指明错误。⑪〔刑仁〕以仁义之道为典范。刑，通"型"，法则。〔讲让〕讲求逊让之道。⑫〔示民有常〕（以上述五事）昭示人民以为常法。⑬〔在埶（shì）者〕居王位者。埶，同"势"。〔去〕除去，罢免。⑭〔众以为殃〕人民以为灾祸。⑮〔康〕安。⑯〔如此乎礼之急也〕礼之重要如此乎？急，迫切需要。⑰〔承天之道〕礼本于天，依天道而置礼。承，受。⑱〔情〕性情。指喜、怒、欲望等。⑲〔《诗》〕《诗经》。引文见《鄘风·相鼠》之末章（共三章）。⑳〔相鼠有体〕看那老鼠还有肢体。相，看。

九 礼运　83

死①!'是故夫礼,必本于天,殽于地②,列于鬼神③,达于丧祭射御④,冠昏朝聘⑤。故圣人以礼示之⑥,故天下国家可得而正也⑦。"

承上段小康世界不能不用礼,进一步说明礼之重要。

言偃复问曰:"夫子之极言礼也⑧,可得而闻与⑨?"孔子曰:"我欲观夏道⑩,是故之杞⑪,而不足征也⑫,吾得《夏时》焉⑬;我欲观殷道,是故之宋⑭,而不足征也,吾得《坤乾》焉⑮。坤乾之义⑯,夏时之等⑰,吾以是观之⑱。"

更进一步谈礼的内容。先代之礼虽不可尽知,然流风遗制尚可参考。

【研读参考】一、《礼记》比较难读,多数篇文字古奥,而且内容

①〔胡〕何。〔遄(chuán)〕速,快快地。 ②〔殽(xiào)于地〕效法大地。指效法山泽高卑之势为上下之等级。殽,通"效"。 ③〔列〕陈列,引申为用。 ④〔达〕通,普遍用于。〔丧(sāng)祭射御〕丧葬,祭祀天地鬼神,射箭,赶兵车。 ⑤〔冠(guàn)昏朝聘〕加冠,结婚,朝见天子,出使外国。冠,古代男子二十岁行加冠礼。昏,同"婚"。聘,遣使出国访问。 ⑥〔圣人〕指禹、汤、文、武等。〔示〕指明。 ⑦〔正〕治理。 ⑧〔极言礼〕着重说礼之重要。 ⑨〔可得而闻与〕可以讲给我听吗?与,同"欤"。 ⑩〔夏道〕夏朝治世之道。 ⑪〔之〕往。〔杞(qǐ)〕国名,夏朝之后裔。在今河南杞县一带。 ⑫〔不足征〕无可征验。因旧文献已不存。 ⑬〔《夏时》〕书名。或谓即今之《夏小正》(见《大戴礼记》,后多别行),其书记每月之物候。 ⑭〔宋〕殷商之后,周灭商后封其后裔之国。在今河南商丘一带。 ⑮〔《坤乾》〕商朝算卦之书。传说其书首坤次乾,与《周易》先乾后坤不同。 ⑯〔坤乾之义〕坤乾之深意。 ⑰〔夏时之等〕夏历法之序列。 ⑱〔吾以是观之〕我由此二书略可窥见其礼制之情况。

生疏枯燥。但也有不少篇，文字雅健流畅，就是作为文章读也是好的，如本篇就是。《礼记》古注，通行的有汉郑玄注、唐孔颖达疏的《礼记注疏》，还有元陈澔（hào）的《礼记集说》。

二、本篇末段讲到夏道、殷道。《论语·八佾（yì）》篇也讲到这件事，文字是："夏礼吾能言之，杞不足征也；殷礼吾能言之，宋不足征也。"对比一下，想一想，说古书常常传闻异辞，不可读一句信一句，以及标点断句会影响意义，对吗？

三、用少量的话，说说大同和小康的重要区别。

一〇　答客难　东方朔

【解说】本篇选自《文选》。《史记·滑（旧读 gǔ）稽列传》褚少孙补《东方朔传》也收这篇文章，有多处节略。《汉书·东方朔传》收全文，文字有小异。答客难（nàn），答某客的诘问。难，非难，提出疑问以指出缺误。所谓客，《史记》和《汉书》的说法不同。《史记》这样说："时会聚宫下，博士（通经之官）诸先生与论议，共难之曰……于是诸先生默然无以应也。"则问难的是博士诸先生。《汉书》说："朔上书陈（述说）农（重农耕）战（养兵备战）强国之计，因自讼（申诉）独不得大官，欲求试用。其言专（都是）商鞅、韩非之语也，指（旨）意放荡，颇复诙谐，辞数万言，终不见（被）用。朔因著论，设（假设）客难己，用位卑以自慰谕。其辞曰……"则客问是作者假设的，意在发泄自己有才有学而不受重用的牢骚。这种体裁起源于宋玉《对楚王问》（亦见《文选》），那篇文章开头是："楚襄王问于宋玉曰：'先生其有遗行与？何士民众庶不誉之甚也？'"本篇也采用这种形式以引起下文的答辩。这种"设问"的体裁，后人也常常用，有名的如扬雄《解嘲》、班固《答宾戏》（皆见《文选》）等都是，可见影响是大的。

文章正如东方朔之为人，知识广博，滑稽多智，写得理由充足而有诙谐意味。主旨表面是说时异事异，自己之不受重用是理所当然，虽不受重用亦须敦品励行；实质则是不满统治者之埋没人才，有明珠暗投的愤慨。写法近于赋体，语句整齐，有些地方还押韵，所以读起来会感到宛转流利，兼有声音美。

作者东方朔（前154—前93），姓东方，名朔，字曼倩，汉平原厌次（在今山东惠民）人。汉武帝初年，征集天下方正贤良文学才力之士，他上书自荐，未得重用。后来做常侍郎、太中大夫、给事中等官，始终不得志。他多才善辩，好以诙谐的言辞讲道理，又加以放纵不拘，所以许多可笑的故事都附会到他身上。《汉书》本传还收他一篇《非有先生之论》，也写得很有风趣。

客难东方朔曰："苏秦、张仪壹当万乘之主①，而身都卿相之位②，泽及后世③。今子大夫修先王之术④，慕圣人之义，讽诵《诗》《书》百家之言不可胜记⑤，著于竹帛⑥，

----

①〔苏秦、张仪〕二人皆战国时纵横家。苏秦主张合纵，即燕、赵、韩、魏、齐、楚六国联合以抗秦；张仪主张连横，即使六国事秦。〔壹〕同"一"。〔当〕遇。〔万乘（旧读 shèng）之主〕大国国君。万乘，有一万辆兵车。②〔都〕居。〔卿相〕泛指高官。苏秦曾任齐相。张仪曾任秦相。③〔泽〕功德。④〔子大夫〕指东方朔。子，"你"的敬称。大夫，官位。〔修〕学习。〔先王〕古先圣王。〔术〕道，法。⑤〔讽诵〕熟读。〔《诗》《书》〕《诗经》《尚书》。此处代儒家诸经典。〔百家之言〕诸子之著作。〔不可胜（shēng）记〕记也记不完。极言其多。⑥〔著于竹帛〕（自己著作）写在竹简和绢帛上。著，书写。

唇腐齿落，服膺而不可释①，好学乐道之效明白甚矣②；自以为智能海内无双，则可谓博闻辩智矣③。然悉力尽忠以事圣帝④，旷日持久⑤，积数十年，官不过侍郎⑥，位不过执戟⑦，意者尚有遗行邪⑧？同胞之徒无所容居⑨，其故何也？"

假设有人诘问自己，何以你有才有学而不得志？

东方先生喟然长息⑩，仰而应之曰⑪：

是故非子之所能备⑫。彼一时也⑬，此一时也，岂可同哉⑭？夫苏秦、张仪之时，周室大坏⑮，诸侯不朝⑯，力政争权⑰，相擒以兵⑱，并为十二国⑲，未有雌雄⑳，得士者强㉑，失士者亡，故说得行焉㉒；身处尊位㉓，珍宝充内，外有仓

---

①〔唇腐齿落，服膺而不可释〕意为努力研读，至老仍牢记于心，不丢弃。唇腐（破）齿落，形容读书勤且久。服膺，信服而存于心中。膺，胸。释，放开。 ②〔乐道〕喜爱圣人之道。〔效〕功效。 ③〔辩智〕明智，有见识。辩，通"辨"，明。 ④〔悉力〕竭力，尽力。〔圣帝〕指汉武帝。 ⑤〔旷日持久〕空费时日，持续长久。 ⑥〔侍郎〕皇帝左右之侍从郎官。非后来之六部侍郎。 ⑦〔执戟〕持兵器之侍卫官。戟，一种兵器。 ⑧〔意者〕想来。〔遗行〕失检之行为。指行为不尽善。〔邪〕同"耶"。 ⑨〔同胞之徒无所容居〕亲兄弟无容身之地。意为官位低，不能庇护亲属。徒，辈。 ⑩〔喟（kuì）然〕感叹之状。〔长息〕长叹。 ⑪〔仰〕仰面。表示理直气壮。 ⑫〔是故〕这本来。故，固。〔备〕详知。 ⑬〔彼一时〕那时候（战国）是一种时代。 ⑭〔可同〕能一样。 ⑮〔周室〕周王朝。〔坏〕衰败。 ⑯〔不朝〕不朝见，即不服从。 ⑰〔力政〕同"力征"，尽力征战。 ⑱〔相擒以兵〕用武力相兼并。擒，捕捉。兵，武器。 ⑲〔并〕合。〔十二国〕齐、楚、燕、赵、韩、魏、秦、鲁、宋、卫、郑、中山。 ⑳〔未有雌雄〕不分胜负。雌，弱；雄，强。 ㉑〔士〕能任事之人。指善于治国用兵者。 ㉒〔说（旧读 shuì）〕用道理、主张说服人。〔行〕施行。 ㉓〔身〕己身。指说得行之士。〔尊位〕高官位。

廪①，泽及后世，子孙长享。今则不然，圣帝德流②，天下震慑③，诸侯宾服④，连四海之外以为带⑤，安于覆盂⑥，天下平均⑦，合为一家，动发举事⑧，犹运之掌⑨，贤与不肖何以异哉⑩？遵天之道，顺地之理，物无不得其所。故绥之则安，动之则苦⑪，尊之则为将⑫，卑之则为虏⑬；抗之则在青云之上⑭，抑之则在深渊之下⑮；用之则为虎⑯，不用则为鼠⑰：虽欲尽节效情⑱，安知前后⑲？夫天地之大，士民之众，竭精驰说⑳、并进辐凑者不可胜数㉑，悉力慕之㉒，困于衣食㉓，或失门户㉔。使苏秦、张仪与仆并生于今之世㉕，曾不得掌故㉖，安敢望侍郎乎？传曰㉗："天下无害㉘，虽有圣

---

①〔廪(lǐn)〕贮米之仓。 ②〔德流〕德泽传布。 ③〔震慑(shè)〕恐惧。慑，畏惧。 ④〔宾服〕服从。宾，归服。 ⑤〔连四海之外以为带〕边境合一，如衣带之相连。指边境安定。 ⑥〔安于覆盂〕比倒放之盂还安稳。盂，一种碗，口大底小。 ⑦〔天下平均〕到处情况相同。 ⑧〔动发〕发动。〔举事〕办事。 ⑨〔犹运之掌〕如同在手掌内转动。极言其轻易。《孟子·公孙丑上》："治天下可运之掌上。" ⑩〔不肖〕不似，不贤。 ⑪〔绥(suí)之则安，动之则苦〕意为帝王可以任意治民，优待则民乐，不优待则民苦。绥，安抚。动，侵扰。以下从不同方面申说此意。 ⑫〔将(jiàng)〕将军。 ⑬〔虏〕奴隶。 ⑭〔抗〕举。 ⑮〔抑〕压。 ⑯〔虎〕比喻有权势。 ⑰〔鼠〕比喻失势而畏缩。 ⑱〔尽节效情〕尽臣子之节，效忠君之情。 ⑲〔安知前后〕不知如何是好。安，何。前，积极求用。 ⑳〔竭精驰说〕竭尽全力去游说。精，精力。驰，奔走。 ㉑〔并进辐(fú)凑〕聚集而一同向前。辐凑，如车辐（连轮心与轮周之木）之聚合。〔数(shǔ)〕计算。 ㉒〔悉力慕之〕全力渴想得到帝王之恩惠。悉，全。 ㉓〔困于衣食〕少吃缺穿。 ㉔〔或失门户〕有的甚至连室家也不能保。被诛戮，丧其家室。 ㉕〔使〕如果让。〔仆〕作者自谦之称。 ㉖〔曾(zēng)〕乃，竟至。〔掌故〕管理图书文件之小官。 ㉗〔传(zhuàn)〕泛指古书。 ㉘〔无害〕无灾害。意即社会安定。

人，无所施才①；上下和同②，虽有贤者，无所立功。"故曰时异事异③。

　　从此段起分层解答客问，说明有才有学而不见用的原因。这一段说"时异事异"：战国时诸侯争霸，故士受重用；今则天下统一，君主可以不重士而为所欲为。

　　虽然④，安可以不务修身乎哉⑤？《诗》曰："鼓钟于宫，声闻于外⑥。""鹤鸣九皋，声闻于天⑦。"苟能修身，何患不荣⑧？太公体行仁义⑨，七十有二⑩，乃设用于文武⑪，得信厥说⑫；封于齐，七百岁而不绝⑬。此士所以日夜孳孳⑭，修学敏行而不敢怠也⑮。譬若鹡鸰，飞且鸣矣⑯。传

---

①〔施〕用。 ②〔上下和同〕君臣一致。 ③〔故曰〕所以说。〔时异事异〕时代不同，情况就不同。 ④〔虽然〕尽管如此。 ⑤〔务〕致力。〔修身〕修养品德。 ⑥〔鼓钟于宫，声闻于外〕见《诗经·小雅·白华》。意为"务修身"则不患不为人知。鼓，动词，敲打。宫，指室内。 ⑦〔鹤鸣九皋（gāo），声闻于天〕见《诗经·小雅·鹤鸣》，原句为"鹤鸣于九皋，声闻于天"。九皋，沼泽中之小陆地。九，表示多。两次引诗，皆表示内部充实即可表现于外。 ⑧〔荣〕宠荣（指高位）。 ⑨〔太公〕姜尚，辅佐周文王、武王灭殷。 ⑩〔七十有二〕七十二岁。有，通"又"。 ⑪〔设用〕展其才为用。〔文武〕周文王、周武王。 ⑫〔信（shēn）〕通"伸"，施展。〔厥（jué）〕其。〔说〕主张。 ⑬〔七百岁〕自太公封于齐至田氏代齐，约七百年。 ⑭〔此〕代上句所说太公之事。〔孳（zī）孳〕通"孜（zī）孜"，勤勉之状。 ⑮〔敏行〕勉力实践，努力去做。敏，勤勉。 ⑯〔譬若鹡（jí）鸰（líng），飞且鸣矣〕比喻人勤恳修身而不懈怠。鹡鸰，也写作"脊令"，鸟名，飞则必鸣，行则摇尾。《诗经·小雅·小宛》："题（视）彼脊令，载（且）飞载鸣。"

曰:"天不为人之恶寒而辍其冬①,地不为人之恶险而辍其广,君子不为小人之訩訩而易其行②。天有常度③,地有常形,君子有常行。君子道其常④,小人计其功⑤。《诗》云:'礼义之不愆,何恤人之言⑥?'""水至清则无鱼⑦,人至察则无徒⑧。冕而前旒,所以蔽明⑨;黈纩充耳,所以塞聪⑩。"明有所不见,聪有所不闻,举大德,赦小过⑪,无求备于一人之义也⑫。"枉而直之,使自得⑬;优而柔之⑭,使自求之;揆而度之⑮,使自索之⑯。"盖圣人之教化如此⑰,欲其

---

① 〔天不为人之恶(wù)寒而辍其冬〕引文至"何恤人之言",见《荀子·天论》篇,文字略有不同。恶,厌恶。辍,停止。 ② 〔訩訩〕同"汹汹",大吵大闹。〔易〕改变。 ③ 〔常度〕不变之规律。 ④ 〔道〕由……走。 ⑤ 〔计其功〕算计功利。 ⑥ 〔礼义之不愆(qiān),何恤人之言〕礼义上没有差错,为何顾虑他人之议论呢。引文不见于《诗经》,系逸诗。 ⑦ 〔水至清则无鱼〕至"所以塞聪",皆孔子语,见《大戴礼记·子张问入官》篇,文句不尽同。水极清则鱼不能生。 ⑧ 〔察〕明辨。指苛求微末之节。〔徒〕相随之众人。 ⑨ 〔冕而前旒(liú),所以蔽明〕冕前边垂着旒,是用来遮蔽视线。用意在不看不好之事物。冕,天子、大夫之礼帽。旒,冕前垂下之串珠。明,视力。 ⑩ 〔黈(tǒu)纩(kuàng)充耳,所以塞聪〕冕上悬着黄绵垂在两耳之旁,用意在不听不好之言。黈纩,黄色之绵。充,塞。聪,听力。 ⑪ 〔举大德,赦小过〕(对待人)用其大德,恕其小过。《论语·子路》篇有"赦小过,举贤才"之语。 ⑫ 〔无求备于一人〕对人不求全责备。《论语·微子》:"无求备于一人。"〔义〕意思,用意。 ⑬ 〔枉而直之,使自得之〕至"使自索之",亦孔子语,见《大戴礼记·子张问入官》篇。曲者使之直,但要使他自己得直。意为不可操之过急。下同。枉,弯曲,不正。前一"之"代人,后一"之"代所求之境。下同。 ⑭ 〔优而柔之〕宽厚柔和地对待他。 ⑮ 〔揆(kuí)而度(duó)之〕揣摩情理地诱导他。揆,揣度。 ⑯ 〔索〕求。 ⑰ 〔教化〕教育感化。

自得之;自得之则敏且广矣①。

进一步说明,虽不见用亦不能不敦品励行以待用,责于外不若求于内。

今世之处士②,时虽不用③,块然无徒④,廓然独居⑤,上观许由⑥,下察接舆⑦,计同范蠡⑧,忠合子胥⑨,天下和平,与义相扶⑩,寡偶少徒⑪,固其宜也⑫,子何疑于予哉?若夫燕之用乐毅⑬,秦之任李斯⑭,郦食其之下齐⑮,说行如流⑯,曲从如环⑰,所欲必得,功若丘山⑱,海内定,国家安,是遇其时者也⑲,子又何怪之邪?语曰⑳:"以管窥天㉑,

---

①〔敏且广〕有智有学而心胸宽大。②〔处(chǔ)士〕不出仕之人。处,隐居不出。③〔时〕在某时。④〔块然〕孤独之状。⑤〔廓然〕空阔寂寞之状。⑥〔上观许由〕看(下句"察"同)许由之高尚行为。许由,古隐士,传说尧让天下给他,他不受。上,及下句"下",就时代先后相对而言。⑦〔接舆〕亦隐士,曾唱歌讽劝孔子躲开政治。⑧〔计〕计谋。〔范蠡(lǐ)〕越王勾践之谋臣,助勾践存越灭吴,功成后辞官,游各地致富。⑨〔合〕同。〔子胥〕伍员(yún),字子胥。吴王夫差之谋臣,因谏吴王许越王勾践请和,夫差不听,被迫自杀。⑩〔与义相扶〕所行为义。相扶,相扶持,亲近不离。⑪〔偶〕合。指志同道合之人。⑫〔固其宜也〕原本是应该的。固,本来。⑬〔若夫〕至于像。〔燕〕燕国。〔乐(yuè)毅〕燕国大将,昭王时曾打败齐国。⑭〔李斯〕见《谏逐客书》。⑮〔郦(lì)食(旧读 yì)其(旧读 jī)〕汉高祖之谋臣,著名之说客。〔下齐〕郦食其曾说齐王田广归汉。⑯〔说(旧读 shuì)行如流〕进言如水流般顺利。⑰〔曲从如环〕人主听从其言如转环般无阻滞。⑱〔功若丘山〕功高如丘山。丘,小山。⑲〔遇其时〕遇到(士得行其说之)时代。⑳〔语曰〕常言道。以下三句皆世代流传之俗语,表示小难以治大。㉑〔以管窥天〕用竹管看天空。《庄子·秋水》篇有"用管窥天"之语。

以蠡测海①，以莛撞钟②。"岂能通其条贯③，考其文理④，发其音声哉⑤！犹是观之⑥，譬由鼱鼩之袭狗，孤豚之咋虎⑦，至则靡耳⑧，何功之有⑨？今以下愚而非处士⑩，虽欲勿困⑪，固不得已⑫。此适足以明其不知权变而终惑于大道也⑬。

最后指明责问者是既不知时，又不知人，所以有此荒唐的疑问。本意仍在指责在上者不能识贤才。

【研读参考】一、东方朔是汉朝的传奇人物，《汉书·东方朔传》（卷六十五）记载他很多事，常常于诙谐中讲大道理，说服君主和同僚。可以找来看看，以锻炼读古籍的能力。

二、古人发议论，多引史事古语为证，还常常用比喻。把本篇中的比喻都找出来，说说这种写法有什么作用。

三、文言词语常常多义，某处表示某一义，要靠上下文来决定。以下面加点的词语为例，说说这种情况。

（1）是故非子之所能备。

（2）得信其说；封于齐。

----

① 〔蠡（lí）〕瓠瓢。 ② 〔莛（tíng）〕细竹枝。 ③ 〔条贯〕指星辰之体系，即星之分布。 ④ 〔考〕究。〔文理〕指海水之流动状况。 ⑤ 〔发其音声〕《说苑》："建天下之鸣钟，撞之以莛，岂能发其音声哉。"发，发出，放大。 ⑥ 〔犹〕通"由"。 ⑦ 〔譬由〕譬如。由，通"犹"。〔鼱（jīng）鼩（qú）之袭狗，孤豚（tún）之咋（zé）虎〕两句皆比喻弱者侵犯强大者。鼱鼩，地鼠。豚，小猪。咋，咬。 ⑧ 〔至则靡〕一接触就失败。靡，碎。 ⑨ 〔何功之有〕有何效果。之，将宾语（何功）提前之助词。 ⑩ 〔下愚〕最愚者，指"客"。〔非〕非难。〔处士〕东方朔自指。 ⑪ 〔困〕（因无理而）困窘。 ⑫ 〔固〕必。〔已〕同"矣"。 ⑬ 〔适足以明〕正好表明。〔权变〕变通，因时而异。〔惑〕迷惑。〔大道〕大道理。指知人论世之常理。

(3)君子道其常。

(4)犹是观之,譬由鼱鼩之袭狗。

(5)今以下愚而非处士,虽欲勿困,固不得已。

一一　伯夷列传　司马迁

【解说】本篇选自《史记》。标题是"伯夷",实际写的是伯夷、叔齐兄弟二人。伯夷、叔齐的事迹,古代一定流传很盛,就现存的文献说,《论语》《孟子》《吕氏春秋》《韩诗外传》等书中都有记载。传说孤竹君是商汤时所封墨胎氏之国,传到商朝末年,国君名初,字子朝,即伯夷、叔齐之父。伯夷名允,字公信;叔齐名致,字公达。夷和齐是谥号,伯和叔是排行。关于伯夷、叔齐的传说,重点是让国,尤其是不食不义之粟而饿死,所以孟子称他为"圣之清者","闻伯夷之风者,顽夫廉,懦夫有立志"(皆见《孟子·万章下》),总之是人品高,使人敬佩。司马迁为他立传,立意的一部分也是颂扬清高的美德,使人知所取法。

《史记》,原名《太史公书》,是我国第一部纪传体的通史,也是综述古代历史的一部内容最丰富、体系最完整的伟大著作;后来各朝修史都沿用它的体例,所以成为正史的第一部。内容分作五部分:"本纪"十二篇,主要记历代帝王和他们在位时历年的历史大事;"表"十篇,是各朝各国的编年;"书"八篇,分类记典章制度等;"世家"三十篇,记诸侯国的世系及其历史大事;"列传"七十篇,记帝王、诸侯之外历代有名的或有事迹可传的人物等。全书一百三十篇，共五十多万字。今传本不完全出于司马迁，《汉书·艺文志》说"十篇有录无书"，如《武帝纪》《三王世家》《龟策列传》等是元帝、成帝时博士褚少孙补的。记事起于传说中的黄帝，止于汉武帝太初年间（前104—前101），前后约三千年。取材广博，除国家收藏的文献资料，如《左传》《国语》《战国策》以及诸子等以外，还采用不少自己搜集的资料和见闻。在浩如烟海的资料中，作者以精辟的历史眼光，选择、组织、辨虚实、分轻重，所以能写得简而得要，繁而不乱。全书的重点是写人，这方面有突出的成就：（1）除帝王将相之外，还着重表彰一些非"上流"的人物，如游侠、刺客、隐士、商贾、卜者、俳优等；（2）写人物活动有声有色，形象逼真，使读者常常感到不像是读历史，而像是读小说；（3）就是叙述史实，也常常同时抒发作者的浓厚感情，表现分明的爱与恨，所以感人的力量非常强。又，以文学史的眼光看，《史记》的文字是上好的文言，标准的文言，简练、生动、典雅，是后人学习的典范。

　　本篇是列传的第一篇，也是列传中写法比较特殊的一篇。记人的列传，一般是从"某某，字某，某地人也"写起，这篇却从谈道理写起；既然是传，当然要以记传主之事迹为主，这篇却又不然。这是因为，伯夷、叔齐的传说事迹本来不多，不多而要为之立传，主旨是借他人酒杯浇自己块垒。块垒即自己高尚而受迫害的愤慨。写伯夷实际是写自己，所以笔锋处处带有自己的眼泪，处处能唤起读者的同情。就作法说，本篇有两点可以启发我们：（1）文章能感人，先要自己品格高尚，笔下有情；（2）文无定法，同一题目，如何写可以千变万化。

作者司马迁（前145或前135—？），字子长，汉朝夏阳（今陕西韩城）人。他父亲司马谈做太史令的官，是大学者，天文、历法、诸子等无所不通。司马迁十岁起读古文书籍，曾从当时的经学大师董仲舒学习。二十岁开始到中原一带和南方游历，由接触实际中获得许多知识。二十几岁起做郎中等小官。三十多岁曾游西南各地。元封元年（前110）司马谈病重，遗命让他完成写史书的任务。以后他又游北部边境一带。三十八岁的时候，继父职为太史令，以后专力写史。天汉二年（前99），他因为替投降匈奴的李陵辩解，得罪下狱，后受宫刑。他极度愤懑，但为了著史，忍辱生活。出狱后曾任中书令，仍努力写史。到公元前92年，《史记》写成。他品格高尚，为人正直，就是在史实的叙述里，也处处表现反对残暴、同情下层人民的正义感，使千百年来的读者受到感染和教育。除《史记》以外，他还写过一些赋和文章，现存最有名的是《报任安书》。这封信详细地写了他的身世和感慨，同《史记·太史公自序》对照着读，可以深入地了解司马迁的为人和成就。

夫学者载籍极博①，犹考信于六艺②。《诗》《书》虽缺③，然虞、夏之文可知也④。尧将逊位⑤，让于虞舜，舜、

----

①〔学者〕学习之人。与现代语意义不尽同。〔载籍〕书籍。载，记录。〔博〕多。 ②〔考信〕稽核是否真实。〔六艺〕指六经，即《易》《诗》《书》《礼》《乐》《春秋》。 ③〔缺〕残缺。秦始皇焚书，儒家经典残缺，如《尚书》《诗经》今皆不全。 ④〔虞、夏〕虞、夏两代。虞，虞舜。夏，夏禹及其子孙凡四百余年。〔文〕指记事之文，事迹。《尚书》有《尧典》《舜典》《禹贡》等篇，记虞、夏之事。 ⑤〔逊位〕让出帝王之位。

一一 伯夷列传

禹之间①,岳牧咸荐②,乃试之于位③,典职数十年④,功用既兴⑤,然后授政⑥,示天下重器⑦,王者大统⑧,传天下若斯之难也⑨。而说者曰⑩,尧让天下于许由⑪,许由不受,耻之逃隐⑫;及夏之时,有卞随、务光者⑬。此何以称焉⑭?太史公曰⑮:余登箕山,其上盖有许由冢云⑯。孔子序列古之仁圣贤人⑰,如吴太伯、伯夷之伦详矣⑱。余以所闻⑲,由、光义至高⑳,其文辞不少概见㉑,何哉㉒?

由怀念古之贤人写起,说到伯夷。

---

① 〔舜、禹之间〕指舜让位于禹。 ② 〔岳〕四岳,尧时分掌四方诸侯之辅臣。〔牧〕九牧,九州之长。〔咸荐〕一致推荐(舜、禹)。 ③ 〔位〕指执政之位。 ④ 〔典职〕掌管所司之职务。典,掌管。 ⑤ 〔功用〕效果。〔兴〕兴起,显现。 ⑥ 〔授政〕交付政权,即传与帝位。 ⑦ 〔示〕表示,显示。〔天下重器〕天下(统治天下之权)乃最宝贵之物。"天下"和"重器"是主谓关系。下句同。 ⑧ 〔王者大统〕为王乃最大之统系。统,前后相承之统系。 ⑨ 〔若斯之难〕如此艰难。指尧、舜传位之慎重。 ⑩ 〔说者〕指诸子之书。 ⑪ 〔许由〕传说为尧时隐士,尧让之天下,不受,逃隐于箕山(在今河南登封)。 ⑫ 〔耻之〕以受到尧之让位为耻。 ⑬ 〔卞随、务光〕皆隐士。传说商汤灭夏以后,让位于卞随,卞随投水而死;汤又以位让务光,务光亦投水而死。 ⑭ 〔此何以称焉〕此逃隐之事,为何值得称道呢? ⑮ 〔太史公〕司马迁自称。 ⑯ 〔盖〕表示不一定准确。〔冢(zhǒng)〕坟墓。 ⑰ 〔序列〕依次述说。 ⑱ 〔吴太伯〕亦写作"泰伯",周始祖太王之长子。弟仲雍、季历。季历贤而有子昌(周文王),太王欲立季历而传位及于昌,太伯遂与仲雍避于荆蛮,自号句(gōu)吴。荆蛮人义之,立为吴太伯。吴越之吴即其后人。〔伦〕辈。〔详〕事迹详细。 ⑲ 〔以〕依据。 ⑳ 〔义〕行事。 ㉑ 〔其文辞不少概见〕记录许由、卞随、务光之文字不多,不能稍微见到事迹梗概。少,稍微。 ㉒ 〔何哉〕这是为什么?言外之意,所传或非事实。

孔子曰："伯夷、叔齐，不念旧恶①，怨是用希②。""求仁得仁③，又何怨乎？"余悲伯夷之意④，睹轶诗可异焉⑤。其传曰⑥：伯夷、叔齐，孤竹君之二子也⑦。父欲立叔齐。及父卒，叔齐让伯夷，伯夷曰："父命也⑧。"遂逃去。叔齐亦不肯立而逃之。国人立其中子⑨。于是伯夷、叔齐闻西伯昌善养老⑩，"盍往归焉⑪？"及至，西伯卒，武王载木主⑫，号为文王⑬，东伐纣⑭。伯夷、叔齐叩马而谏曰⑮："父死不葬，爰及干戈⑯，可谓孝乎？以臣弑君，可谓仁乎？"左右欲兵之⑰，太公曰⑱："此义人也。"扶而去之⑲。武王已平殷乱⑳，天下宗周㉑，而伯夷、叔齐耻之，义不食周粟，

---

①〔不念旧恶〕不记旧日之过失。意为能改即谅之。②〔怨是用希〕因此别人很少怨恨他。用，以，因。引文见《论语·公冶长》。③〔求仁得仁〕《论语·述而》："（子贡问）曰：'伯夷、叔齐何人也？'（孔子）曰：'古之贤人也。'曰：'怨乎？'曰：'求仁而得仁，又何怨。'"④〔意〕用心。指不食周粟。⑤〔轶（yì）诗〕已散失之诗。指下文采薇之诗。此诗未收入《诗经》。〔可异〕可以诧异。指诗中含义与孔子所说无怨不合，使人不解。⑥〔其传（zhuàn）曰〕其行事之记述说。⑦〔孤竹君〕孤竹国国君。孤竹国在今河北卢龙。⑧〔父命〕父亲遗命。指立叔齐为嗣君。⑨〔中子〕伯夷之弟，叔齐之兄。古常以伯、仲、叔、季依次命兄弟之名。⑩〔是〕此，此时。〔西伯昌〕周文王。商纣时为西伯（西方诸侯之长）。〔养老〕供养老年人。⑪〔盍（hé）〕何不。〔归〕归附，投奔。此兄弟二人商议之言。⑫〔木主〕木制（文王）之牌位。⑬〔号为文王〕尊称为文王。⑭〔东〕向东进军。纣都朝歌（今河南淇县），在周之东。⑮〔叩马〕拉住马。叩，同"扣"。〔谏〕劝阻。⑯〔爰（yuán）及干戈〕却用到干戈（打仗）。爰，句首助词。⑰〔兵〕武器。此处作动词用，用武器杀死。⑱〔太公〕姜尚，辅佐周武王伐纣。⑲〔扶而去之〕搀扶他们走开。⑳〔殷乱〕商纣暴政引起兵戈之乱。㉑〔宗〕尊崇，归附。

隐于首阳山①,采薇而食之②。及饿且死③,作歌,其辞曰:"登彼西山兮④,采其薇矣。以暴易暴兮⑤,不知其非矣⑥。神农、虞、夏忽焉没兮⑦,我安适归矣⑧?于嗟徂兮⑨,命之衰矣⑩!"遂饿死于首阳山。由此观之,怨邪非邪⑪?

承上段,写伯夷、叔齐的事迹及其高风亮节。

或曰⑫:"天道无亲,常与善人。"若伯夷、叔齐,可谓善人者非邪?积仁洁行如此而饿死!且七十子之徒⑬,仲尼独荐颜渊为好学⑭;然回也屡空⑮,糟糠不厌⑯,而卒蚤夭⑰。天之报施善人⑱,其何如哉⑲?盗跖日杀不辜⑳,肝人之肉㉑,暴戾恣睢㉒,聚党数千人,横行天下,竟以寿终㉓。是遵何

---

①〔首阳山〕在今山西永济。 ②〔薇〕野菜名。 ③〔且〕将要。 ④〔兮(xī)〕辞赋中常用之语气词。 ⑤〔以暴易暴〕用新暴力更换旧暴力。谓周武王伐纣为暴。 ⑥〔不知其非〕不知道它不对。其,代指以暴易暴。 ⑦〔神农〕上古帝王,在伏羲之后、黄帝之前。相传他尝百草,教民耕稼。〔忽焉没兮〕很快消逝。 ⑧〔安适归〕何往。 ⑨〔于嗟〕感叹声。〔徂(cú)〕往。指死。 ⑩〔命之衰矣〕命运不济。意为无路可走。 ⑪〔怨邪非邪〕是怨呢,还是不怨呢?邪,同"耶"。 ⑫〔或曰〕见《老子》第七十九章。 ⑬〔七十子〕指孔子弟子之成就大者。〔徒〕辈,众。 ⑭〔仲尼〕孔子,字仲尼。〔独荐〕单是称许。〔颜渊为好学〕《论语·雍也》:"哀公问弟子孰为好学,孔子对曰:'有颜回者好学。'"颜回,字子渊。 ⑮〔回也屡空〕颜回常常困乏。《论语·先进》:"子曰:'回也其庶(庶几,近于道)乎,屡空。'" ⑯〔糟糠不厌〕糟糠之食亦不能饱。厌,满足。 ⑰〔卒〕终于。〔蚤〕通"早"。〔夭〕夭折,未尽天年而死。颜回死时三十二岁。 ⑱〔报施〕酬报,报答。 ⑲〔其何如哉〕可怎么样呢? ⑳〔盗跖(zhí)〕春秋时鲁国人,传说为柳下惠之弟。古书称之为大盗,故曰盗跖。《庄子》有《盗跖》篇,写盗跖为人甚生动。〔不辜(gū)〕无罪之人。 ㉑〔肝〕当作肝吃。 ㉒〔暴戾(lì)〕粗暴乖张。〔恣(zì)睢(suī)〕任意胡为。恣,放肆。睢,恣意。 ㉓〔以寿终〕活够天年才死。

德哉①?此其尤大彰明较著者也②。若至近世,操行不轨③,专犯忌讳④,而终身逸乐⑤,富厚累世不绝⑥。或择地而蹈之⑦,时然后出言⑧,行不由径⑨,非公正不发愤⑩,而遇祸灾者,不可胜数也⑪。余甚惑焉⑫,傥所谓天道⑬,是邪非邪?

> 转到写自己的感慨:人世间是非祸福颠倒,天道向善,亦不可信。

子曰⑭:"道不同,不相为谋⑮。"亦各从其志也。故曰:"富贵如可求,虽执鞭之士⑯,吾亦为之;如不可求,从吾所好⑰。""岁寒,然后知松柏之后凋⑱。"举世混浊,清士

---

①〔遵〕依循。〔德〕道理。 ②〔此〕指颜回之早死及盗跖之寿终。〔彰明较著〕明显。彰,显著。较,明。著,显明。 ③〔不轨〕不守法。 ④〔专犯忌讳〕专做违犯礼法之事。忌讳,不应说,不应做。 ⑤〔逸乐〕安闲快乐。不操劳而生活优裕。 ⑥〔富厚〕有很多财物。〔累世不绝〕一代一代地传与后人而不断绝。累,重迭。 ⑦〔或〕也有如是之人。此下说好人。〔择地而蹈之〕意为谨慎而守礼法。蹈,踏。 ⑧〔时然后出言〕不乱说。时,适当之时。《论语·宪问》:"夫子时然后言。" ⑨〔行不由径〕走大路而不穿行小路。意为操行方正。《论语·雍也》:"有澹(tán)台灭明者,行不由径。" ⑩〔发愤〕奋力以求。谓遇公正之事即尽力而为。 ⑪〔不可胜(shēng)数(shǔ)〕数不过来。 ⑫〔惑〕天道应公正而不公正,故使人疑。 ⑬〔傥(tǎng)〕或许。 ⑭〔子〕孔子。 ⑮〔道不同,不相为谋〕主张不同,则不互相磋商。引文见《论语·卫灵公》。 ⑯〔执鞭之士〕御者。 ⑰〔从吾所好(hào)〕依吾所喜好者而为之。以上引文亦孔子语,见《论语·述而》,"富贵如可求",今传本作"富而可求也"。 ⑱〔岁寒,然后知松柏之后凋〕亦孔子语,见《论语·子罕》。

乃见①。岂以其重若彼,其轻若此哉②?

然君子宜明是非善恶,处浊世而能洁身自好。这是暗示应学伯夷之为人。

"君子疾没世而名不称焉③。"贾子曰④:"贪夫徇财⑤,烈士徇名,夸者死权⑥,众庶冯生⑦。""同明相照,同类相求。""云从龙,风从虎,圣人作而万物睹⑧。"伯夷、叔齐虽贤,得夫子而名益彰⑨;颜渊虽笃学⑩,附骥尾而行益显⑪。岩穴之士⑫,趣舍有时⑬,若此类⑭,名堙灭而不称⑮,悲夫!闾巷之人⑯,欲砥行立名者⑰,非附青云之士⑱,恶能

---

①〔举世混浊,清士乃见〕《楚辞·渔父》:"举世皆浊我独清。"举,全。见,出现,显露。 ②〔岂以其重若彼,其轻若此哉〕(以上这样取舍)难道是像那样重视品德,像这样轻视利禄吗? ③〔疾〕恨。〔没世而名不称〕死去而无可称之名。此亦孔子语,见《论语·卫灵公》。 ④〔贾子〕贾谊,西汉文帝时人,长于论政及作辞赋。 ⑤〔徇(xùn)财〕为财而死。徇,通"殉"。 ⑥〔夸者〕好夸大贪权之人。〔死权〕为争权而死。 ⑦〔众庶〕平常人,百姓。〔冯(píng)生〕贪生。冯,依赖。以上四句见贾谊《鹏(fú)鸟赋》,文字不尽同。 ⑧〔同明相照……圣人作而万物睹〕《易经·乾·文言》:"子曰:'同声相应,同气相求。水流湿,火就燥。云从龙,风从虎,圣人作而万物睹。'"云从龙,龙腾则云从之。圣人作而万物睹,圣人兴起则万物情怀得以表现。睹,谓唯圣人为能知万物之情。 ⑨〔得夫子〕受到孔子称赞。 ⑩〔笃学〕努力求学。笃,诚、厚。 ⑪〔附骥尾而行益显〕小动物附骥尾能行千里,以喻颜回因孔子而名益彰。骥,良马。行益显,操行愈益显明。 ⑫〔岩穴之士〕隐居于山间之高士。 ⑬〔趣(qū)舍有时〕进取与退隐皆合于时宜(指义理)。趣,通"趋"。 ⑭〔若此类〕像这样子。 ⑮〔堙(yān)灭而不称〕埋没而不见称于世。堙,埋没。 ⑯〔闾(lú)巷之人〕平民,百姓。闾,街巷之门。 ⑰〔砥(dǐ)行〕砥砺操行。砥,磨刀石,此处为动词,磨炼。 ⑱〔附〕托靠。〔青云之士〕在青云上之人,显贵之人。

施于后世哉①!

更深入一步，写古代贤人有知音者为之传名，到今世，许多人敦品励行，只因无知名之人提拔奖掖，以致与草木同腐，真是可叹可悲。这也是为自己或不能为人知表示感愤。

【研读参考】一、《史记》旧注是通行的三家注本（南朝宋裴骃（yīn）集解，唐司马贞索隐，唐张守节正义），中华书局有新标点本，可用。近年日本泷（lóng）川龟太郎著《史记会注考证》，注解比三家注本多些，文学古籍刊行社有新印本。只是《史记》内容太多，旧注用文言，初学不便。王伯祥《史记选》（人民文学出版社）多选传记，注解详细，初学可用。郑权中《史记选讲》（中国青年出版社）内容简明，更便初学。

二、用分项提纲的方式，写写作者在本篇中所表示的意见（伯夷、叔齐的事迹可以从略）。

三、既然文无定法，本篇内容当然也可以先写伯夷、叔齐的事迹，然后顺着思路写作者的意见。你能给这样的布局拟个提纲吗？

四、天道可疑，本篇是根据什么这样说的？

---

① 〔恶（wū）〕何。〔施〕散布，流传。

一二 《史记》论赞选 司马迁

【解说】本篇五则分别选自《留侯世家》《管晏列传》《屈原贾生列传》《李将军列传》《汲郑列传》最后的"太史公曰"部分。太史公是司马迁自称。《史记》是记史实的书，自然应重在叙事；可是对于所叙之人或事，作者常常有些话想说，如材料的来源，作者的用意，对人和事的评价，作者的感慨等。这些话不宜于插在叙事中，所以在叙事完毕后，明白用作者的名义把种种想说的意见写出来，这就成为许多篇后的论赞。《史记》这部分文章不立名，只标"太史公曰"。后代著史，大多模仿《史记》，于篇后述作者意见，标名不一，有"赞曰""论曰""评曰""史臣曰"等，可以统称之为"论赞"。

司马迁写论赞，一般篇幅很短，可是历代推为值得反复吟味的妙文。值得注意的优点有三方面。（1）作者眼光锐敏，见识高超，常常能于一言片语之中，引导读者深入理解，辨事态的轻重，明人物的是非。（2）作者著史不是客观主义地写，而是有爱憎，富感情，这在论赞部分表现得尤为突出。如本篇中《汲郑列传》的论赞，慨叹世态炎凉，与《货殖列传》赞叹富厚的话对照着读，就可以从似乎平淡的叙述中看到作者的眼泪。（3）文笔飘忽，变化多。粗读，有的地方似乎难于理出思路的端绪，可是仔细琢磨，却又可以悟出，确是扣紧作者胸怀，以点示面，简而得要。这种笔法值得深入体会。

留侯世家①

太史公曰：学者多言无鬼神，然言有物②。至如留侯所见老父予书③，亦可怪矣④。高祖离困者数矣⑤，而留侯常有功力焉⑥，岂可谓非天乎⑦？上曰⑧："夫运筹策帷帐之中⑨，决胜千里外⑩，吾不如子房。"余以为其人计魁梧奇伟⑪，至见其图⑫，状貌如妇人好女⑬。盖孔子曰⑭："以貌取人，失

---

① 〔留侯〕张良，字子房，韩国人。汉六年（前201）封留（地名，在今江苏沛县）侯。他是汉高祖之重要谋士。〔世家〕诸侯世传之家。 ② 〔物〕指精灵妖怪。 ③ 〔老父予书〕《留侯世家》记载，张良曾游下邳（pī，今江苏睢宁北），在桥上遇一老父，授太公兵法一册。此老父为黄石公，张良通兵法即由于此。 ④ 〔可怪〕值得惊奇。 ⑤ 〔高祖〕汉高祖刘邦。〔离困〕遇到危难。离，通"罹"，遭受。〔数（旧读 shuò）〕屡次。 ⑥ 〔有功力〕指帮助解决危难。 ⑦ 〔天〕天意。 ⑧ 〔上〕指刘邦。 ⑨ 〔运筹策帷帐之中〕在军幕之中筹划谋略。运筹策，制定策略。运，运用。筹，策，皆计数用具。帷帐，行军中主帅所居之幕。 ⑩ 〔决胜千里外〕意为后方制定战略，即能在远方战场见实效。 ⑪ 〔其人〕那个人。指张良。〔计〕算，推想（必是）。〔魁梧奇伟〕高大雄壮。魁梧，壮大。 ⑫ 〔图〕画像。 ⑬ 〔如妇人好女〕像妇人美女。意为状貌娇柔，与所想象大异。 ⑭ 〔盖〕表原因，所以。

之子羽①。"留侯亦云②。

写叙述张良事迹后所生之感触：遇老父授书，神奇；助高祖成帝业，功大；而相貌如妇女，益奇。

管晏列传③

太史公曰：吾读管氏《牧民》《山高》《乘马》《轻重》《九府》④，及《晏子春秋》⑤，详哉其言之也⑥。既见其著书，欲观其行事，故次其传⑦。至其书，世多有之，是以不论⑧；论其轶事⑨。

管仲世所谓贤臣，然孔子小之⑩，岂以为周道衰微⑪，桓公既贤，而不勉之至王⑫，乃称霸哉？语曰："将顺其美，

---

①〔以貌取人，失之子羽〕《史记·仲尼弟子列传》引孔子语，凭相貌推断人品，对子羽就会估计错误。孔子弟子澹（tán）台（姓）灭明（名），字子羽，貌丑而贤。《韩非子·显学》说子羽有君子之容而行不称其貌，与《史记》不同。 ②〔留侯亦云〕对于留侯也可以这样说。 ③〔管晏〕管仲和晏婴，皆春秋时齐国著名国相。管仲辅助齐桓公成霸业。晏婴事齐灵公、庄公、景公，对君极谏，对民宽厚。 ④〔管氏〕指传为管仲所著之《管子》。以下皆其中篇名，与今本不尽同。 ⑤〔《晏子春秋》〕旧题春秋齐晏婴撰。所述皆晏婴遗事。 ⑥〔详哉其言之也〕其言之也详哉，书中叙事甚丰富。 ⑦〔次〕依次叙列。 ⑧〔是以〕以是，因此。〔论〕述说。 ⑨〔轶（yì）事〕散失之事迹。 ⑩〔孔子小之〕孔子瞧不起他。小，以其度量为狭小。《论语·八佾（yì）》："子曰：'管仲之器小哉！'" ⑪〔岂以为〕难道是认为。〔周道衰微〕周之政令不行。 ⑫〔勉之至王〕劝勉齐桓公成王者之业。

匡救其恶,故上下能相亲也①。"岂管仲之谓乎②?

方晏子伏庄公尸哭之③,成礼然后去④,岂所谓"见义不为无勇"者邪⑤?至其谏说⑥,犯君之颜⑦,此所谓"进思尽忠,退思补过⑧"者哉?假令晏子而在⑨,余虽为之执鞭⑩,所忻慕焉⑪。

写对管仲、晏婴二人的评价:管仲功业伟大,但美中不足;晏子则能忠能义,使人敬佩。

屈原贾生列传⑫

太史公曰:余读《离骚》《天问》《招魂》《哀郢》⑬,

---

①〔将顺其美,匡救其恶,故上下能相亲也〕意为管仲相齐,顺百姓之美,正国政之恶,令君臣百姓相亲。顺,循。匡,校正补救。上下,君臣百姓。②〔岂管仲之谓乎〕说的正是管仲吧? ③〔方晏子伏庄公尸哭之〕齐庄公被大夫崔杼(zhù)杀死,晏子曾以庄公尸枕于己股而哭。事见《左传》襄公二十五年。 ④〔成礼〕成致哀之礼。〔去〕离开。 ⑤〔见义不为无勇〕《论语·为政》:"见义不为,无勇也。"〔邪〕通"耶"。 ⑥〔谏说〕晏子曾多次进谏齐景公,见《晏子春秋》。 ⑦〔犯君之颜〕冒犯君主之威严。⑧〔进思尽忠,退思补过〕意为时刻不忘为君主尽忠心,为君主改失误。《左传》宣公十二年:"林父之事君也,进思尽忠,退思补过,社稷之卫也。" ⑨〔假令〕假使。〔在〕仍在世。 ⑩〔为之执鞭〕给晏子当仆御。执鞭,持鞭赶车马。 ⑪〔忻(xīn)慕〕高兴而仰慕。忻,同"欣"。⑫〔屈原贾生〕屈原,名平,字原,战国时楚国人。爱国诗人,因受排挤悲愤,投汨(mì)罗江(在今湖南东北部)而死。作品有《离骚》《天问》等,皆收入《楚辞》。贾生,贾谊,西汉初年政论家、文学家,有抱负而不得志,三十余岁即忧郁而死。 ⑬〔《离骚》《天问》《招魂》《哀郢(yǐng)》〕皆屈原被放逐后之作品。《哀郢》为《九章》中之一篇。

悲其志①。适长沙②，观屈原所自沉渊③，未尝不垂涕④，想见其为人⑤。及见贾生吊之⑥，又怪屈原以彼其材⑦，游诸侯⑧，何国不容？而自令若是⑨！读《服鸟赋》⑩，同死生，轻去就⑪，又爽然自失矣⑫。

写因屈原、贾谊的遭遇而引起的怀才不遇的感叹。这既是吊古人，也是吊自己。

李将军列传⑬

太史公曰：传曰⑭："其身正，不令而行；其身不正，虽令不从⑮。"其李将军之谓也⑯？余睹李将军，悛悛如鄙

---

① 〔悲其志〕为屈原未能实现其忠君报国之志而悲伤。② 〔适〕往。③ 〔所自沉渊〕所投入之水。指汨罗江。④ 〔垂涕〕落泪。⑤ 〔想见〕由推想而知。⑥ 〔贾生吊之〕指贾谊所作之《吊屈原赋》（见《屈原贾生列传》）。⑦ 〔怪〕奇怪，不解其故。⑧ 〔游诸侯〕到楚国外之诸侯国。《吊屈原赋》有句云："历九州而相（xiàng）君兮，何必怀此都也？"⑨ 〔自令若是〕使自己到此地步。⑩ 〔服（鵩）鸟赋〕贾谊自以为寿不得长，伤悼之，写了这篇赋。亦见《屈原贾生列传》。⑪ 〔同死生，轻去就〕生死都一样，不重视去留。意为很达观。去，辞官。就，做官。《鵩鸟赋》有句云："其生若浮兮，其死若休。""泛乎若不系之舟。"⑫ 〔爽然自失〕不知如何才算对。爽然，茫然。⑬ 〔李将军〕李广，西汉对匈奴作战之名将，人称飞将军。不得志，一生未得封侯。武帝时从征匈奴，以迷路须受审判，自杀。⑭ 〔传曰〕古书上说。⑮ 〔其身正，不令而行；其身不正，虽令不从〕（在上位者）自己行为正当，不发命令人也遵行；自己行为不正当，即使发命令人也不照办。引文见《论语·子路》。⑯ 〔其李将军之谓也〕这不正是说的李将军吗？意为身正，故不令而行。

人①，口不能道辞②，及死之日，天下知与不知③，皆为尽哀④，彼其忠实心诚信于士大夫也⑤！谚曰："桃李不言，下自成蹊⑥。"此言虽小，可以谕大也⑦。

写对李广有深厚的敬慕心和同情心。

汲郑列传⑧

太史公曰：夫以汲、郑之贤，有势则宾客十倍⑨，无势则否，况众人乎⑩！下邽翟公有言⑪，始翟公为廷尉⑫，宾客阗门⑬，及废⑭，门外可设雀罗⑮。翟公复为廷尉，宾客欲往，翟公乃大署其门曰⑯："一死一生，乃知交情。一贫一富，乃

---

① 〔悛（xún）悛如鄙人〕诚朴像个乡下人。悛悛，谨厚之状。悛，通"恂"。 ② 〔不能道辞〕不善言辞。道，说。 ③ 〔知〕深知，详知。 ④ 〔皆为尽哀〕皆为李广之死表示哀痛。 ⑤ 〔彼其忠实心诚信于士大夫也〕他那忠实之心确是为士大夫所信任了。诚，确然。 ⑥ 〔桃李不言，下自成蹊（xī）〕桃李不说话，可是花下自有人来踏成道路。比喻有品德之人自有人敬仰。蹊，小路。 ⑦ 〔谕〕说明。 ⑧ 〔汲郑〕汲黯，郑当时。汲黯，字长孺，郑当时，字庄，皆西汉名臣，清廉，忠于国事，晚年皆不得志。 ⑨ 〔有势〕指居要职。势，权位。〔十倍〕极言人数之多。 ⑩ 〔况众人乎〕意为普通人无势则情况更坏。 ⑪ 〔下邽（guī）〕汉陇西郡属县，在今陕西渭南。〔翟（zhái）公〕姓翟，名不详，公为尊称。《汉书·百官公卿表》元光（汉武帝年号）五年有"廷尉翟公"，疑即此人。〔有言〕有这样的话。 ⑫ 〔始〕起初，先是。〔廷尉〕最高之司法官。 ⑬ 〔宾客阗（tián）门〕宾客出入不断。阗，充满。 ⑭ 〔废〕废弃不用，罢官。 ⑮ 〔门外可设雀罗〕大门外可张捕雀之网罗。极言门庭冷落。 ⑯ 〔大署其门〕门上用大字写。署，书写。

一二 《史记》论赞选

知交态。一贵一贱，交情乃见①。"汲、郑亦云②，悲夫③！

　　此篇是离题的写法：以汲黯、郑当时为引线，重点写自己对世态炎凉的悲愤。

【研读参考】一、如果有条件，《史记》的传记文章应该多读。这里选的几篇论赞，如果你读后对前面的史实有兴趣，可以找来读两三篇。如果想多读几篇论赞，翻翻《史记》，把论赞部分多读一些也好。

　　二、在这几篇论赞里，作者赞扬的是什么？厌恶的是什么？

　　三、把《管晏列传》的论赞译为现代语。

　　四、下面是《平原君虞卿列传》和《张释之冯唐列传》的论赞，给加上标点。

　　（1）太史公曰平原君翩翩浊世之佳公子也然未睹大体鄙语曰利令智昏平原君贪冯亭（人名）邪说使赵陷长平（地名）兵四十余万众邯郸（赵国都城）几亡虞卿料事揣情为赵画策何其工也及不忍魏齐（人名）卒困于大梁（魏国都城）庸夫且知其不可况贤人乎然虞卿非穷愁亦不能著书以自见于后世云

　　（2）太史公曰张季（张释之，字季）之言长者守法不阿意冯公之论将率（帅）有味哉有味哉语曰不知其人视其友二君之所称诵可著廊庙书曰不偏不党王道荡荡不党不偏王道便（pián）便张季冯公近之矣

---

①〔一死一生……交情乃见〕用死生、贫富、贵贱对比，说明世态炎凉，以讥讽趋炎附势之宾客。　②〔汲、郑亦云〕汲郑之遭遇也可如此说。　③〔悲夫〕可叹哪。夫，助词，表感叹。

一三　报孙会宗书　杨恽

【解说】本篇选自《汉书·公孙、刘、车、王、杨、蔡、陈、郑传》中的《杨敞传》。《文选》也收此篇，文字有小异。《汉书》说明这封信的来由是："恽（yùn）既失爵位（指触怒汉宣帝，被免为庶人），家居治产业，起室宅，以财自娱（靠有钱享乐）。岁余，其友人安定太守西河（原籍）孙会宗，知（智）略（有谋略）士也，与恽书谏戒之，为言大臣废退，当阖（闭）门惶惧，为可怜之意，不当治产业，通宾客，有称誉（出名）。恽，宰相子（其父杨敞官至丞相），少（年轻时）显朝廷，一朝（zhāo）以暗昧语言（指人告发他毁谤朝廷）见（被）废，内（心）怀不服，报会宗书曰……"此后，杨恽又说了些牢骚话，被人告发不悔过，以致日食（表示天将降祸）。廷尉调查，得到这封信，宣帝很生气，于是法庭以大逆无道罪判了他腰斩之刑，妻子流放酒泉郡（在今甘肃省）；孙会宗受了连累，被免职。

《汉书》是《史记》之后一部重要的纪传体历史著作。体裁模仿《史记》，只是《史记》是记述许多朝代史事的"通史"，《汉书》是记述西汉一朝史事的"断代史"；内容的编排略有改进，如改"书"为"志"，"世家"并入"列传"，增加了"古今人表""艺文志"等。内容包括十二帝纪、八表、十志、七十列传四部分,共一百卷。记事起于汉高祖元年(前206),止于王莽地皇四年(前23),共二百二十九年。主要是东汉大史学家、文学家班固所作。内容的来源,汉武帝以前采自《史记》,武帝以后,一部分采用他父亲班彪所写《史记后传》六十五篇。到班固死,《汉书》还没有写完,"八表"是他妹妹班昭续的,"天文志"是马续帮助班昭续的。同《史记》相比,《汉书》的风格也有变化。《史记》记人记事求形象生动,文笔灵活,变化多,近于文学作品;《汉书》则是史学作品,记事求翔实,文笔严谨整洁,间或也求华丽细致。因为记事翔实,文字雅洁,所以受到历代人的推重,不只列为"正史"和《前四史》的第二部,而且与《史记》并称为"史汉"。在思想性方面,《汉书》明显表现反对残暴,同情人民,也值得注意。

本篇在西汉是一篇有名的书札,可以同他外祖司马迁的《报任安书》(见《汉书·司马迁传》)比美。两封信都是以答友人问的方式,写自己的抱负和愤懑。因为直写胸臆,心情真挚,所以能感人。又,本篇由表面看是写自己,而背后却隐含着对统治者的不满,如"横被口语""妻子满狱""下流之人""不寒而栗"等都是对专制暴政的揭露和反抗,这坚忍的战斗性也是值得注意的。

作者杨恽(?—前54),字子幼,西汉华(huà)阴(今陕西华阴)人。他母亲是司马迁的女儿。因父亲杨敞官位高,他年轻时候就在朝中做小官。有才,好交。因告发霍氏谋反有功,封平通侯,升中郎将。官至光禄勋。为人廉正而刻露,因而易与人结仇。后为戴长乐告发言语不敬,被免为庶人。在家生活不拘谨,又被一小官名成者告发,又查得这封信,以致受腰斩之刑。

恽材朽行秽①,文质无所底②,幸赖先人余业③,得备宿卫④,遭遇时变以获爵位⑤,终非其任⑥,卒与祸会⑦。足下哀其愚蒙⑧,赐书教督以所不及⑨,殷勤甚厚⑩。然窃恨足下不深惟其终始⑪,而猥随俗之毁誉也⑫。言鄙陋之愚心⑬,若逆指而文过⑭,默而息乎⑮,恐违孔氏"各言尔志"之义⑯,故敢略陈其愚⑰,唯君子察焉⑱!

这是答书,所以开头先说明写此信的缘由。

---

①〔材朽行秽〕意犹不堪造就。谦语。朽,衰败。秽,污浊。 ②〔文质〕文,文化修养方面;质,实际事务方面。《论语·雍也》:"文质彬(bīn)彬,然后君子。"〔无所底〕无成就。底,达到。 ③〔赖〕依仗。〔先人〕指其父杨敞。敞官至丞相,封安平侯。〔余业〕职位之荫庇。 ④〔备〕充当。〔宿卫〕宫中值宿,担任警卫。杨恽曾为骑郎,乃皇帝侍从。 ⑤〔遭遇时变以获爵位〕指告发霍氏谋反而封平通侯。 ⑥〔终非其任〕终因无才难荷大任。 ⑦〔卒与祸会〕终于遇祸。指被废为庶人。会,遭逢。 ⑧〔足下〕敬称对方。〔其〕代杨恽。〔愚蒙〕愚昧。 ⑨〔赐书〕写信给我。敬语。〔教督以所不及〕教诲纠正我之错误。所不及,未能做到者。 ⑩〔殷勤〕情意深厚。 ⑪〔窃恨〕私下引为遗憾。〔惟〕思。〔终始〕原委。 ⑫〔猥〕苟且。〔毁誉〕诽谤和称赞。 ⑬〔言鄙陋之愚心〕(如果)直说心里话。 ⑭〔逆指〕违反来信之意。指,通"恉",意思。〔文(旧读wèn)过〕掩饰过错。 ⑮〔默而息〕不说。息,止。 ⑯〔孔氏"各言尔志"〕《论语·公冶长》:子曰:"盍(何不)各言尔志?"尔,你。 ⑰〔陈〕述。〔愚〕不明智之想法。 ⑱〔唯〕希望。〔君子〕指孙会宗。〔察〕考虑。

恽家方隆盛时①，乘朱轮者十人②，位在列卿③，爵为通侯④，总领从官⑤，与闻政事⑥。曾不能以此时有所建明⑦，以宣德化⑧，又不能与群僚同心并力⑨，陪辅朝廷之遗忘⑩，已负窃位素餐之责久矣⑪。怀禄贪势⑫，不能自退⑬，遭遇变故，横被口语⑭，身幽北阙⑮，妻子满狱⑯。当此之时，自以夷灭不足以塞责⑰，岂意得全首领⑱，复奉先人之丘墓乎⑲。伏惟圣主之恩⑳，不可胜量㉑。君子游道㉒，乐以忘忧；小人全躯㉓，说以忘罪㉔。窃自思念，过已大矣，行已亏矣㉕，长

---

①〔方〕正当。②〔朱轮〕红漆涂车毂之车。汉朝公卿等高官方得乘朱轮车。朱，红色。③〔列卿〕各卿。指太常、光禄勋等九卿。杨恽曾任光禄勋。卿为汉朝中央政府各部门之长官。④〔通侯〕即"彻侯"，避汉武帝刘彻讳改。⑤〔总领从官〕光禄勋之职务为总领皇帝侍从之官。总领，管辖。⑥〔与（yù）闻政事〕参与商讨国家大事。因位在九卿，故得参加。与，参与。⑦〔曾（zēng）〕乃，竟。〔建明〕建树发扬。⑧〔宣德化〕宣扬皇帝之仁德教化。⑨〔群僚〕许多同官。指列卿。⑩〔陪辅朝廷之遗忘〕辅佐朝廷弥补考虑欠周之处。⑪〔负〕背起。〔窃位素餐〕无功受禄。窃位，不称职而得高位。素餐，白吃饭。〔责〕任。指不称职。⑫〔怀〕留恋。〔禄〕官位。⑬〔退〕辞官。⑭〔横被口语〕受到强加之诬陷。横，粗暴。口语，评议之言。⑮〔幽〕拘禁。〔北阙〕宫殿北门两旁之高建筑。指诏狱。⑯〔妻子〕妻及子女。泛指家属。〔满〕充满。言其多。⑰〔夷灭〕诛杀。夷，灭。〔塞责〕抵罪责。⑱〔岂意〕哪料到。〔全〕保全。〔首领〕头颈。指生命。⑲〔奉先人之丘墓〕意为得延续宗族。丘墓，坟墓。⑳〔伏惟〕我想。伏，伏在地上。表恭敬之谦语。〔圣主〕指汉宣帝。㉑〔不可胜（shēng）量〕无法计算。胜，能够承受。㉒〔游道〕用心于道。㉓〔全躯〕（只求）保身活命。㉔〔说（yuè）以忘罪〕求快乐而忘罪过。说，通"悦"。㉕〔行〕品行。〔亏〕缺。

为农夫以没世矣①。是故身率妻子,戮力耕桑②,灌园治产③,以给公上④。不意当复用此为讥议也⑤。

> 承上段,转入写本意:由处高位而忽被废,患难余生,所以绝意仕途,改为治产业,求在富厚中度日。这是为不闭门思过、反而生财辩解。

夫人情所不能止者⑥,圣人弗禁⑦。故君父至尊亲⑧,送其终也⑨,有时而既⑩。臣之得罪已三年矣⑪。田家作苦⑫,岁时伏腊⑬,烹羊炰羔⑭,斗酒自劳⑮。家本秦也⑯,能为秦声⑰。妇赵女也⑱,雅善鼓瑟⑲。奴婢歌者数人。酒后耳热⑳,仰天拊缶而呼乌乌㉑,其诗曰㉒:"田彼南山㉓,芜秽不治㉔。

---

①〔没世〕终此一生。 ②〔戮(lù)力耕桑〕致力于农事。戮力,尽力。 ③〔灌园〕浇菜。指园艺劳动。〔治产〕经营产业。 ④〔给公上〕交赋税。公上,官府。 ⑤〔不意〕没想到。〔用此为讥议〕因此受到责难。讥议,讥刺非议。 ⑥〔人情所不能止〕人之情性所有而不能禁止。 ⑦〔弗禁〕准其存在。弗,不。 ⑧〔君父至尊亲〕君最尊,父最亲。 ⑨〔送其终〕指为君父服丧。 ⑩〔有时而既〕到一定时期就结束。古时为君父服三年之丧。既,尽。 ⑪〔臣之得罪已三年〕意为君父服丧亦不过三年,免官三年之后,虽行乐不为过。 ⑫〔作苦〕辛苦劳动。苦后以乐调剂不为过。 ⑬〔岁时伏腊〕一年之节日。岁时,一年四季,指节日。伏,夏天之祭日。腊,冬天之祭日。 ⑭〔烹羊炰(páo)羔〕做肉食。炰,炮烤。 ⑮〔斗〕一种大酒杯。〔自劳(旧读lào)〕自我慰劳。 ⑯〔家本秦也〕华阴本秦地。 ⑰〔为秦声〕作秦地乐曲。 ⑱〔妇〕妻。〔赵女〕原赵国(今河北邯郸一带)地方之女子。 ⑲〔雅〕素。下文"雅知恽者"之"雅"同。〔鼓〕弹。〔瑟(sè)〕一种弦乐器。 ⑳〔耳热〕形容心情兴奋。 ㉑〔仰天〕面向上,表示心情激动。〔拊(fǔ)〕敲击。〔缶(fǒu)〕瓦质之乐器。〔呼乌乌〕发呜呜之声。 ㉒〔其诗〕那(自作自唱之)歌词。皆牢骚语,意为情况很坏,费力而无所得,只好混混过日子。 ㉓〔田彼南山〕在那南山下种田。田,耕种。 ㉔〔芜秽不治(旧读chí)〕杂草多而不清理。

种一顷豆①，落而为萁②。人生行乐耳③，须富贵何时④！"是日也，拂衣而喜⑤，奋袖低卬⑥，顿足起舞，诚淫荒无度⑦，不知其不可也⑧。

恽幸有余禄⑨，方籴贱贩贵⑩，逐什一之利⑪。此贾竖之事⑫，污辱之处⑬，恽亲行之。下流之人⑭，众毁所归，不寒而栗⑮。虽雅知恽者，犹随风而靡⑯，尚何称誉之有⑰！董生不云乎⑱："明明求仁义，常恐不能化民者，卿大夫之意也；明明求财利，常恐困乏者，庶人之事也⑲。"故"道不同不相为谋⑳"。今子尚安得以卿大夫之制而责仆哉㉑！

以上两段更进一步，为自己的及时行乐、经商求利辩解。这表面是写自己达观，实际是写自己满腹

---

①〔顷〕田一百亩。②〔萁（qí）〕豆茎。③〔行乐耳〕及时行乐罢了。④〔须富贵何时〕等待富贵（指官位），什么时候能来呢？意为不必幻想。须，待。⑤〔拂〕抖动。⑥〔奋袖（xiù）低卬（áng）〕上下舞动袖子，袖，同"袖"。卬，通"昂"。⑦〔淫荒无度〕过分娱乐而无节制。淫，过度。荒，不做正事。⑧〔不知其不可〕不觉得这样做是不对。⑨〔余禄〕剩余之俸禄。指余财。⑩〔籴（dí）贱贩贵〕贱买贵卖。籴，买进（粮食）。⑪〔逐什一之利〕追求小利。什一，十分之一。⑫〔贾（gǔ）竖〕对商贾之轻贱称呼。贾，商人。竖，侍奉人之小使。⑬〔污辱之处〕下贱之境地。⑭〔下流之人，众毁所归〕《论语·子张》："君子恶（wù）居下流，天下之恶皆归焉。"下流，卑贱之地位。毁，谤议。⑮〔栗〕发抖。⑯〔随风而靡（mǐ）〕顺风倒下。谓亦从众责难。⑰〔尚何称誉之有〕哪里还有赞扬之语。⑱〔董生〕西汉儒者董仲舒。⑲〔明明求仁义……庶人之事也〕意为地位不同，只能各行其是。引文见《贤良对策》三。此与原文有出入，原文"明明"作"皇皇"，皇皇，急忙之状。庶人，百姓。⑳〔道不同不相为谋〕主张不同就不在一起商量事情。引文见《论语·卫灵公》。㉑〔制〕准则。〔责〕责备，要求。〔仆〕我。谦称。

怨愤。

　　夫西河魏土①，文侯所兴②，有段干木、田子方之遗风③，漂然皆有节概④，知去就之分⑤。顷者足下离旧土⑥，临安定⑦。安定山谷之间⑧，昆戎旧壤⑨，子弟贪鄙⑩，岂习俗之移人哉⑪？于今乃睹子之志矣⑫。方当盛汉之隆⑬，愿勉旃⑭，毋多谈。

　　　　对孙会宗为习俗所移表示不满。这是更深一步写自己将不顾一切，走不为世俗所容的路。

【研读参考】一、《汉书》旧注有唐颜师古注本。清王先谦《汉书补注》汇集前人成果，参以己见，更加详审。选注本有今人顾廷龙、王煦华《汉书选》（古典文学出版社），便于初学阅读（但嫌注过简）。

　　二、司马迁《报任安书》比较长，本书没选。那是性质相类的信，但陈义更高，用心更苦。许多古文选本收那篇文章，如

------

①〔西河〕战国时魏国地名，在今河南安阳。一说在陕西、山西之间。孙会宗为西河人。〔魏土〕战国时魏国领土。　②〔文侯所兴〕魏国君主文侯兴起之地。　③〔段干木、田子方〕皆魏国贤人，文侯以师礼相待。〔遗风〕遗留之良好风气。　④〔漂然〕高远之状。〔节概〕品格气度。　⑤〔去就〕辞官与任职。〔分（fèn）〕原则，尺度。　⑥〔顷者〕近来，不久前。　⑦〔临〕到。〔安定〕郡名，在今甘肃固原一带。其时孙会宗任安定太守。　⑧〔山谷之间〕意为穷僻之地。　⑨〔昆戎旧壤〕原为昆戎之住地。昆戎，古代西方少数民族之一。　⑩〔贪鄙〕小气，缺乏文化。　⑪〔移人〕改变人之志意。指孙会宗已变为鄙俗。　⑫〔今〕指见来书之时。　⑬〔盛汉之隆〕大汉朝正兴隆之时。此亦门面语。　⑭〔愿勉旃（zhān）〕愿你好好做官吧。旃，之。

果有兴趣，可以找来读读。

三、孙会宗，《汉书》称他为"知略士"。杨恽是怎样看他的？杨恽的评论是否过分？说说你的看法。

四、杨恽在本篇中表现的生活态度，与隐士思想是一是二？如果只是因受压而不平，文章究竟有什么可取之点？

五、"田彼南山"诗有深微之意，用给人讲解的方式发挥发挥。

一四 朱买臣传 班固

【解说】本篇选自《汉书·严、朱、吾丘、主父、徐、严、终、王、贾传》。史书的列传,都是记人的重要事迹;事迹发生时间有先后,所以一般是按照时间先后组织材料。本篇大致也是这样。但为说明事迹发生的原委,有些地方用了追叙或补叙的写法,如"初,买臣免,……""始,买臣与严助俱侍中,……"就是。这样组织材料,可以节省文字而意更显豁。

除了组织材料之外,本篇写法还有值得注意之点。一、写朱买臣的行事言谈,处处贯穿作者的观点,就是,他虽然勤苦读书,事业上有所建树,但终归不是胸襟开阔、度量宏大的君子,因而处处显露鄙俗刻薄,最后引来杀身之祸。二、在大事的记叙中穿插小事,并细致刻画,使读者如闻其声,如见其人。就因为记事生动有趣,朱买臣休妻成为后代许多剧种的题材。写史事绘影绘声是《史记》记事常用的手法,《汉书》可谓继承了优秀的传统。三、文字简练典重,可作文言的范本。

作者班固(32—92),字孟坚,东汉扶风安陵(在今陕西咸阳)人。史学家班彪之子。有才,博学,九岁就能写文章。善于写辞赋,所作《两都赋》在文学史上很有名。他喜欢历史，有志继《史记》写汉朝的历史。先是在家私撰汉史，有人告发他擅改国史，被捕入狱，幸而他弟弟班超为他辩白，才放出来。明帝看到他著的书，很器重他，任用他为兰台令史，专力校书、著史。前后用了二十年，写成《汉书》。后来随窦宪出征匈奴，有功。后窦宪因叛逆得罪，班固受牵连被捕，死在狱里。

朱买臣，字翁子，吴人也①。家贫，好读书，不治产业。常艾薪樵②，卖以给食③，担束薪④，行且诵书⑤。其妻亦负戴相随⑥，数止买臣毋歌呕道中⑦，买臣愈益疾歌⑧。妻羞之，求去⑨，买臣笑曰："我年五十当富贵，今已四十余矣。女苦日久⑩，待我富贵，报女功。"妻恚怒曰⑪："如公等⑫，终饿死沟中耳⑬，何能富贵！"买臣不能留，即听去⑭。其后，买臣独行歌道中，负薪墓间，故妻与夫家俱上冢⑮，见买臣饥寒，呼饭饮之⑯。

　　由朱买臣贫贱时写起，苦读，意在求富贵，暗示

---

①〔吴〕汉朝会（kuài）稽郡的县（今江苏苏州）。②〔艾（yì）〕同"刈"，砍割。〔薪樵〕柴。樵，薪。③〔给食〕供给吃的，度日。④〔担〕肩负。〔束薪〕一捆柴。⑤〔行且诵〕一面走一面读。⑥〔负戴〕肩负头顶。⑦〔数（旧读 shuò）〕屡次。〔止〕拦阻。〔毋（wú）〕勿。〔呕（ōu）〕同"讴"，歌唱。指有腔调之读书声。⑧〔疾〕迅速。此处有高声之意。⑨〔去〕离异，离婚。⑩〔女（rǔ）〕通"汝"。〔苦〕（与我）共贫苦。⑪〔恚（huì）〕怨恨。⑫〔如公等〕像你这种人。⑬〔沟〕沟壑。意为饥寒而死，委尸荒野。⑭〔听〕任凭。⑮〔故妻〕离异而去之妻。故，旧。〔上冢（zhǒng）〕上坟。⑯〔呼〕叫来。〔饭〕给吃的。〔饮〕给喝的。

他仍是世俗人。写妻求去，表现世态炎凉，为后文羞愧自杀伏笔。

后数岁，买臣随上计吏为卒①，将重车至长安②，诣阙上书③。书久不报④，待诏公车⑤，粮用乏，上计吏卒更乞丐之⑥。会邑子严助贵幸⑦，荐买臣。召见，说《春秋》，言《楚词》⑧。帝甚说之⑨，拜买臣为中大夫⑩，与严助俱侍中⑪。

写朱买臣以说经典得官位，应上文好读书。

是时方筑朔方⑫，公孙弘谏⑬，以为罢敝中国⑭。上使买臣难诎弘⑮，语在弘传⑯。后买臣坐事免⑰。久之，召待诏⑱。是时东越数反复⑲，买臣因言："故东越王居保泉山⑳，一人

————

① 〔上计吏〕郡国每年派人赴京进呈会计簿籍曰上计，所派之人曰上计吏。〔为卒〕当役卒。 ② 〔将〕带领。〔重车〕载衣食用物之车。〔长安〕西汉都城，今陕西西安。 ③ 〔诣阙（què）〕到宫门。〔上书〕将表示自己政见之文书呈与皇帝。 ④ 〔不报〕不答复。 ⑤ 〔待诏公车〕暂住公车，等待诏命。汉时应征之人皆由公家以车递送，车曰公车，其所在亦曰公车。 ⑥ 〔更（gēng）〕更迭，交替。〔乞（qǐ）丐〕以物与人。 ⑦ 〔会〕正值。〔邑子〕同邑人，同乡。〔严助〕词赋家严忌之子，时任中大夫。〔贵幸〕官高并与皇帝亲近。 ⑧ 〔言《楚词》〕讲《楚辞》。 ⑨ 〔说（yuè）〕通"悦"。 ⑩ 〔拜〕授与官职。〔中大夫〕秦汉时官名。 ⑪ 〔侍中〕在宫中侍奉皇帝。 ⑫ 〔筑朔方〕修筑朔方城。朔方，郡名，在今内蒙古自治区河套西北部。 ⑬ 〔公孙弘〕汉武帝时官御史大夫、丞相。〔谏〕劝阻。 ⑭ 〔罢（pí）敝〕过于耗费。罢，通"疲"。 ⑮ 〔上〕汉武帝。〔难（nàn）诎（qū）〕诘问，难倒对手。 ⑯ 〔语在弘传〕辩论之辞写在《公孙弘传》，此处从略。 ⑰ 〔坐事免〕因事免官。 ⑱ 〔召待诏〕招之使等待诏命。意即有再任用之意。 ⑲ 〔东越〕国名，在今福建福州一带。〔反复〕指对汉朝时服时叛。 ⑳ 〔故〕原来。〔居保〕居住而据险自保。〔泉山〕在福建晋江北。

守险,千人不得上。今闻东越王更徙处南行①,去泉山五百里②,居大泽中③。今发兵浮海④,直指泉山⑤,陈舟列兵,席卷南行⑥,可破灭也⑦。"上拜买臣会稽太守⑧。上谓买臣曰:"富贵不归故乡,如衣绣夜行⑨。今子何如⑩?"买臣顿首辞谢⑪。诏买臣到郡,治楼船⑫,备粮食、水战具⑬,须诏书到⑭,军与俱进。

写朱买臣在官场的活动,终得升迁。

初⑮,买臣免,待诏,常从会稽守邸者寄居饭食⑯。拜为太守,买臣衣故衣⑰,怀其印绶⑱,步归郡邸⑲。直上计时⑳,会稽吏方相与群饮㉑,不视买臣。买臣入室中,守邸与共食。食且饱㉒,少见其绶㉓。守邸怪之,前引其绶㉔,视其印,会稽太守章也㉕。守邸惊,出语上计掾吏㉖,皆醉,

---

①〔更〕改。〔徙处〕迁徙居处。 ②〔去〕离。 ③〔大泽〕湖沼。 ④〔浮海〕乘船航海。 ⑤〔指〕向。 ⑥〔席卷〕到一处平定一处,如席之卷物。 ⑦〔破灭〕攻破而消灭(它)。 ⑧〔会稽太守〕会稽郡之长官。会稽郡治吴(苏州),管辖今江苏南部及浙江北部一带。 ⑨〔富贵不归故乡,如衣(旧读 yì)绣夜行〕《史记·项羽本纪》:"(项王)曰:'富贵不归故乡,如衣绣夜行,谁知之者?'"衣,动词,穿。绣,锦绣之衣。 ⑩〔子〕你。 ⑪〔顿首辞谢〕叩头告别。谢,辞去。 ⑫〔治〕备办。〔楼船〕古代兵船。 ⑬〔备粮食、水战具〕预备粮食及水战用品。 ⑭〔须〕待。 ⑮〔初〕以前,当初。史书追叙以前事常用之。 ⑯〔守邸(dǐ)者〕看守官舍之人,驻京办事处留守。邸,住所。〔寄居〕借住。〔饭食〕吃(饭)。 ⑰〔故衣〕原先待诏时之衣。 ⑱〔印〕皇帝颁发之印信,金属所铸。〔绶(shòu)〕系印之丝带。 ⑲〔步〕步行。意为未乘车。 ⑳〔直〕通"值",正赶上。 ㉑〔相与〕共同。 ㉒〔且〕将。 ㉓〔见(xiàn)〕同"现"。 ㉔〔引〕拉。 ㉕〔章〕印。 ㉖〔掾(yuàn)〕主官之属员。

大呼曰:"妄诞耳①!"守邸曰:"试来视之。"其故人素轻买臣者入视之②,还走③,疾呼曰:"实然④!"坐中惊骇⑤,白守丞⑥,相推排陈列⑦,中庭拜谒⑧。买臣徐出户⑨。有顷⑩,长安厩吏乘驷马车来迎⑪,买臣遂乘传去⑫。

会稽闻太守且至,发民除道⑬,县吏并送迎,车百余乘⑭。入吴界,见其故妻、妻夫治道。买臣驻车,呼令后车载其夫妻到太守舍⑮,置园中,给食之⑯。居一月,妻自经死⑰,买臣乞其夫钱⑱,令葬。悉召见故人⑲,与饮食;诸尝有恩者,皆报复焉⑳。

> 以上两段是插说小节以表现世俗丑态:朱买臣是小人得志,夸官作态;其余小吏是欺贫谄贵,前倨后恭。意含褒贬,故小事而用力描画。

居岁余,买臣受诏将兵㉑,与横海将军韩说等俱㉒,击

---

① 〔妄诞〕大言不实,瞎说。 ② 〔故人素轻买臣者〕向来看不起朱买臣之旧相识。 ③ 〔还走〕转身跑出来。 ④ 〔实然〕确实是。 ⑤ 〔坐中〕在座之人。 ⑥ 〔白〕禀告。〔守丞〕负责留守之官。 ⑦ 〔相推〕互相推让。〔排陈(zhèn)列〕排成行列。陈,通"阵"。 ⑧ 〔中庭〕堂上。〔谒(yè)〕进见尊者。 ⑨ 〔徐〕缓慢地。故意显示高官气派。 ⑩ 〔有顷〕不久,过了一会儿。 ⑪ 〔厩(jiù)吏〕掌马之官。厩,马圈。〔驷马车〕用四马驾之车。 ⑫ 〔传(zhuàn)〕传车,驿站专用之公车,即上面所说之驷马车。 ⑬ 〔发民除道〕发动人民清整道路。 ⑭ 〔乘(旧读 shèng)〕车一辆。 ⑮ 〔后车〕跟随之车。〔太守舍〕太守官舍。 ⑯ 〔食(sì)〕通"饲"。给饭吃。 ⑰ 〔自经〕自缢,上吊。 ⑱ 〔乞(qì)〕给。 ⑲ 〔悉〕都,全。 ⑳ 〔报复〕报答。 ㉑ 〔将(jiàng)〕率领。 ㉒ 〔说〕读 yuè。

破东越,有功,征入为主爵都尉①,列于九卿②。

再写朱买臣升迁。

数年,坐法免官③。复为丞相长史④。张汤为御史大夫⑤。始⑥,买臣与严助俱侍中,贵用事⑦,汤尚为小吏,趋走买臣等前⑧。后汤以廷尉治淮南狱⑨,排陷严助⑩,买臣怨汤。及买臣为长史,汤数行丞相事⑪,知买臣素贵⑫,故陵折之⑬。买臣见汤,坐床上⑭,弗为礼。买臣深怨,常欲死之⑮。后遂告汤阴事⑯,汤自杀;上亦诛买臣。买臣子山拊官至郡守、右扶风⑰。

最后写朱买臣终因器量狭小,死于官场斗争。

【研读参考】 一、本篇与《史记·伯夷列传》相比,写法有什么重要不同?为什么不用同一写法?

————

① 〔征入〕征调入京。〔主爵都尉〕官名,管理列侯。武帝太初时改为右扶风。 ② 〔列于九卿〕秦汉九卿中无主爵都尉。列于九卿,言与九卿同列。九卿皆职位高之官。 ③ 〔坐法〕因犯法。 ④ 〔复〕免官后又受任命为官。〔丞相长(zhǎng)史〕丞相府佐贰之官,职任甚重。 ⑤ 〔张汤〕汉代酷吏。武帝时为太中大夫,迁廷尉,治狱务为苛刻。 ⑥ 〔始〕起初。与前文"初"之用法同。 ⑦ 〔贵用事〕地位高而有实权。用事,当权。 ⑧ 〔趋走〕听驱遣。趋,急步而行。表示恭敬。 ⑨ 〔廷尉〕汉九卿之一,掌刑狱,为最高审判官。〔淮南狱〕淮南王谋反之狱讼。 ⑩ 〔排陷严助〕陷害严助。淮南之狱,严助受牵连,武帝欲减其罪,张汤坚持不可,助卒被杀。排,挤压。 ⑪ 〔行丞相事〕兼理丞相职务。 ⑫ 〔素贵〕原来做高官。 ⑬ 〔故〕故意。〔陵折〕压。 ⑭ 〔床〕古称坐榻为床。此句主语为张汤。 ⑮ 〔死之〕使之死,置之死地。 ⑯ 〔告〕揭发。〔阴事〕秘事,阴私不法之事。 ⑰ 〔山拊(fǔ)〕买臣子名。〔郡守〕太守。〔右扶风〕政区名,又官名,三辅之一。

二、由朱买臣的事迹，我们看到当时的官场和社会人情是怎样的？

三、一词多义，某句中某词用某义，要根据全句的意思甚至上下文来决定。用本篇中的"且""子""去""故""衣""语""坐"为例，说说这种情况。

一五　为兄上书　班昭

【解说】本篇选自《后汉书·班、梁列传》的《班超传》，题目是编者加的。东汉的班固、班超、班昭都是班彪的子女，班超居中，是班固之弟，班昭之兄。班超年轻时候随着班固到都城洛阳，贫苦，靠为公家抄书维持生活。他有大志，投笔从军，随着窦固出击匈奴，有功。后来出使西域，征服鄯（shàn）善、于阗（tián）等西域五十余国，为汉朝立了大功。他镇守西域三十余年，任西域都护，封定远侯。他长久在边疆，年老，想回本土，于汉和帝永元十二年（100）上疏请求调回，疏中有"臣不敢望到酒泉郡，但愿生入玉门关"等语。请求没有及时得到批准，所以他妹妹班昭也上书，代哥哥诉说苦衷。和帝看了班昭的上书，很感动，于是派任尚去任西域都护，调回班超。班超于永元十四年（102）八月回到京城洛阳，得病，九月就死了。《后汉书》是记述东汉一朝史实的纪传体断代史，说明见本册《祢衡传》。

本篇写得很得体，理由正大，感情深挚，措辞委婉而意思坚定。其中还隐含着对西域守护形势的分析，这是兼以利害动之，所以能够生效。

作者班昭（约49—约120），一名姬，字惠姬，东汉扶风安陵（今陕西咸阳）人。博学，品格高尚。续成哥哥班固的《汉书》，并教马融等诵读。和帝时在宫中任教后妃的教师。因为丈夫名曹寿（字世叔），人称为曹大家（gū，通"姑"，妇女之尊称）。著有《东征赋》《女诫》等。

妾同产兄西域都护定远侯超①，幸得以微功特蒙重赏②，爵列通侯③，位二千石④。天恩殊绝⑤，诚非小臣所当被蒙⑥。超之始出⑦，志捐躯命⑧，冀立微功⑨，以自陈效⑩。会陈睦之变⑪，道路隔绝，超以一身转侧绝域⑫，晓譬诸国⑬，因其兵众⑭，每有攻战，辄为先登⑮，身被金夷⑯，不避死亡。赖蒙陛下神灵⑰，且得延命沙漠⑱，至今积三十年。骨肉生离⑲，不复相识。所与相随时人士众⑳，皆已物故㉑。超年最

——————

① 〔妾〕古时女子谦称自己。〔同产〕同胞。② 〔幸〕侥幸。亦谦词。③ 〔通侯〕即"彻侯"，避汉武帝刘彻讳改。④ 〔二千石（shí）〕汉朝高级官阶，月俸一百二十斛谷。⑤ 〔天恩〕尊称君主之恩。〔殊绝〕异常。殊，不寻常。绝，稀有。⑥ 〔诚〕实在。〔被蒙〕承受。被，受。⑦ 〔始出〕刚出仕。指班超早年随奉车都尉窦固出击匈奴，然后使西域。⑧ 〔志捐躯命〕有志（为国）献出生命。捐，弃。⑨ 〔冀〕希望。⑩ 〔陈效〕效力。陈，献。⑪ 〔会〕正值。〔陈睦之变〕汉明帝新丧，西域焉耆国趁机攻杀了西域都护陈睦。其后六年焉耆被班超讨平。⑫ 〔转侧〕移换位置，生活不安定。指转战于西域各国。〔绝域〕极远之地区。⑬ 〔晓譬〕晓喻，明白告知，尽力说服。〔诸国〕西域当时有五十余国。⑭ 〔因其兵众〕依靠彼（超）之兵卒。因，动词。兵众，名词。⑮ 〔辄为先登〕总是先向前。⑯ 〔金夷〕兵器之伤。⑰ 〔陛（bì）下〕尊称君主。〔神灵〕天纵之威力。⑱ 〔延命〕延长寿命，不死。〔沙漠〕指西域。⑲ 〔骨肉〕亲属。⑳ 〔所与相随时人士众〕指与班超同往西域之三十余人。㉑ 〔物故〕死亡。

长,今且七十①。衰老被病,头发无黑,两手不仁②,耳目不聪明③,扶杖乃能行。虽欲竭尽其力以报塞天恩④,迫于岁暮⑤,犬马齿索⑥。蛮夷之性⑦,悖逆侮老⑧,而超旦暮入地⑨,久不见代⑩,恐开奸宄之源⑪,生逆乱之心⑫。而卿大夫咸怀一切⑬,莫肯远虑。如有卒暴⑭,超之气力不能从心,便为上损国家累世之功⑮,下弃忠臣竭力之用⑯,诚可痛也。故超万里归诚⑰,自陈苦急⑱,延颈逾望⑲,三年于今⑳,未蒙省录㉑。

写班超立功西域,今已衰老,无论为本人的晚景着想还是为西域的安全着想,都应该派人接替,准其回京。这是从"理"方面说。

妾窃闻古者十五受兵,六十还之㉒,亦有休息不任职

---

①〔且〕将。 ②〔不仁〕麻木,知觉不灵。 ③〔耳目不聪明〕耳不聪,目不明。 ④〔报塞〕报答。塞,补。 ⑤〔岁暮〕年老。 ⑥〔犬马齿索〕犬马之齿尽。齿,年岁。言犬马之齿,谦语。索,尽。 ⑦〔蛮夷〕指西域人。蔑称。 ⑧〔悖(bèi)逆〕不通情理。悖,违反。〔侮老〕欺负老人。意为班超年老,难于控制局势。 ⑨〔旦暮〕早晚。言时间甚短。〔入地〕死去。 ⑩〔不见代〕不被接替。意为长期不调回。 ⑪〔奸宄(guǐ)〕坏人。由内而起曰奸,由外而起曰宄。〔源〕根苗。 ⑫〔逆乱〕反叛。 ⑬〔咸怀一切〕皆关怀目前事务。咸,都。怀,思考。一切,诸事。 ⑭〔卒(cù)暴〕猝暴之事。指意外事件,叛乱。卒,同"猝"。 ⑮〔便为〕就成为。〔累世〕多少代。 ⑯〔用〕效。 ⑰〔归诚〕输诚,讲真心话。指班超于和帝时上疏请还中土。 ⑱〔陈〕述。 ⑲〔延颈逾望〕伸长颈项远望。意为切盼朝廷允许。 ⑳〔三年于今〕超前上疏请还,至此三年。 ㉑〔未蒙省(xǐng)录〕不被省察收录。意为未蒙皇帝允许。 ㉒〔窃闻〕私自听说。亦谦词。〔十五受兵,六十还之〕十五岁开始服兵役,至六十岁免服兵役。《周礼》及《韩诗外传》有此说法。

也。缘陛下以至孝理天下①,得万国之欢心②,不遗小国之臣③,况超得备侯伯之位④,故敢触死为超求哀⑤,丐超余年一得生还⑥,复见阙庭⑦,使国永无劳远之虑⑧,西域无仓卒之忧⑨,超得长蒙文王葬骨之恩⑩,子方哀老之惠⑪。《诗》云:"民亦劳止,汔可小康。惠此中国,以绥四方⑫。"超有书与妾生诀⑬,恐不复相见。妾诚伤超以壮年竭忠孝于沙漠,疲老则便捐死于旷野⑭,诚可哀怜。如不蒙救护⑮,超后有一旦之变⑯,冀幸超家得蒙赵母、卫姬先请之贷⑰。妾愚戆不知大义⑱,触犯忌讳⑲。

　　写如蒙调还,则班超及家中人皆当感激,亦符合

---

①〔缘〕因为。〔理〕治。　②〔万国〕多国,天下。　③〔遗〕弃。　④〔备侯伯之位〕充数为侯伯。谦语。备,具,充。班超封侯,侯与伯常连说。　⑤〔触死〕冒死。〔哀〕怜悯。　⑥〔丐〕乞求。　⑦〔阙庭〕朝廷。　⑧〔劳远〕忧虑远方。　⑨〔仓卒(cù)〕突然之变乱。　⑩〔文王葬骨〕《吕氏春秋·异用》:"周文王使人抇(hú,掘)地,得死人之骸。吏以闻于文王,文王曰:'更葬之。'"　⑪〔子方哀老〕田子方(魏文侯师)出门,见有老马弃于道,他说:"少尽其力,而老弃其身,仁者不为也。"见《韩诗外传》卷八。〔惠〕恩。　⑫〔民亦劳止,汔(qì)可小康。惠此中国,以绥四方〕意思是,人民辛劳了,可以得小安吧。施恩惠于中国,然后可安四方。止,助词,表语气。汔,其,表推断。小康,小安。绥,安。引文见《诗经·大雅·民劳》。　⑬〔书〕信。〔生诀〕生时做最后诀别。　⑭〔捐死〕弃捐而死。捐,弃。　⑮〔救护〕使之脱苦难。指召还。　⑯〔一旦之变〕猝然之变乱。指如前述陈睦之变。　⑰〔冀幸超家得蒙赵母、卫姬先请之贷〕希望家属不牵连得罪。冀幸,希望。赵母,战国赵奢之妻,赵括之母。赵王任括为将,赵母谏阻,王不听,赵母乃请求,如战败,勿连坐。见《列女传》卷三。卫姬,春秋齐桓公之姬,后立为夫人。桓公与管仲谋伐卫国,卫姬先请免卫国之罪。见《列女传》卷二。贷,宽假。　⑱〔戆(zhuàng)〕愚而直。　⑲〔忌讳〕谓皇帝不容许之事。

皇帝仁慈之盛德。这是从"情"方面说。

【研读参考】一、作者班昭,《后汉书·列女传》中有她的传(标题为"曹世叔妻"),如果有兴趣,可以找来看看。

二、下面是班超请求调回的奏疏,给加上标点,并译为现代语。

臣闻太公封齐五世葬周狐死首丘(头向自己所住之丘)代(地名,在今河北北部)马依风(北风)夫周齐同在中土千里之间况于远处绝域小臣能无依风首丘之思哉蛮夷之俗畏壮侮老臣超犬马齿歼常恐年衰奄忽僵仆孤魂弃捐昔苏武留匈奴中尚十九年今臣幸得奉节(出使之凭证)带金银(印)护西域如自以寿终屯部(驻地)诚无所恨然恐后世或名(称说)臣为没(流落)西域臣不敢望到酒泉郡但愿生入玉门关(在酒泉之西)臣老病衰困冒死瞽言谨遣子勇随献物入塞及臣生在令勇目见中土

三、联系本册的《报孙会宗书》,说说汉朝皇帝一贯是怎样对待臣民的。

四、有些文言词语,现代语仍常用,但意义有变化。以下这些,哪几个是这样的?

重赏　骨肉　不仁　聪明　一切

远虑　小康　中国　救护　忌讳

一六　穷通　应劭

【解说】本篇选自《风俗通义》，有删节。穷通，讲的是人在世间的经历，有时穷，不得志（不是财物缺乏，缺财物文言说"贫"）；有时达，得高位，能施展才能。人应该安于处穷，修己以待时，达而不报怨。《风俗通义》是东汉末年有名的著作，原有三十篇，到宋朝，《心政》《古制》《阴教》等二十篇散佚，只剩下《皇霸》《正失》《愆（qiān）礼》《过誉》《十反》《声音》《穷通》《祀典》《怪神》《山泽》十篇，就是今传的十卷本。书的性质，作者的序文说："今王室大坏，九州幅裂，乱靡有定，生民无几。私惧后进益以迷昧，聊以不才，举尔所知，方以类聚，凡三十一卷（包括'录'一卷），谓之《风俗通义》，言通于流俗之过谬，而事该之于义理也。"可见立意在于匡谬正俗，传播确切的知识，并使人的思想行为归于纯正。作者学识广博，尤其熟习两汉典章制度，又长于撰述，因而这部书为后代留下许多宝贵的史料。文笔是典型的汉人风格，简练典重，也值得注意。

《穷通》篇的布局是古代子书常用的形式，先提出主旨，然后举史实为证；不过本篇条理更清楚，最后并有结论，这就使全篇的立意更加显明。原文举的例证很多，有孔子、孟轲、孙况（荀子）、虞卿、孟尝君、韩信、韩安国、李广、刘矩、祝恬、韩演、陈蕃，共十二人，本篇只选三人。本篇的思想自然仍是一般士大夫的，虽不鄙视穷，却推重通；不过主旨在于提倡风俗淳厚，修己谅人，还是有可取之处。

作者应劭（shào，？—200前后），字仲远，东汉末汝南南顿（今河南项城西）人。祖先几代都做大官。他好学，读书很多。曾任泰山太守。后投大军阀冀州牧袁绍，任军谋校尉。死在冀州。所著还有《汉官仪》十卷，又《汉书集解》等，不传。

《易》称"悬象著明①，莫大乎日月②"，然时有昏晦③。《诗》美"滔滔江汉④，南北之纪⑤"，然时有壅滞⑥。《论语》"固天纵之，莫盛于圣⑦"，然时有困否⑧。日月不失其体⑨，故蔽而复明；江汉不失其源，故穷而复通⑩；圣人不

---

① 〔《易》〕《易经》。〔悬象著明〕形象高悬，光明显著。② 〔莫大乎日月〕未有大于日月者。乎，于。引文见《易经·系辞上》。③ 〔时有昏晦〕有时有昏暗不明之现象。晦，隐没。④ 〔《诗》〕《诗经》。〔美〕赞美。〔滔滔〕水势盛大之状。〔江汉〕长江、汉水。⑤ 〔南北之纪〕北，应作"国"。南国之纪，南方江河之纲纪（主干）。引文见《诗经·小雅·四月》。⑥ 〔壅（yōng）滞〕堵塞。⑦ 〔固天纵之，莫盛于圣〕自是天扩大其智能，使之超出众人，人未有过于圣人者。《论语·子罕》："大（太）宰问于子贡曰：'夫子圣者与？何其多能也？'子贡曰：'固天纵之将圣，又多能也。'"应劭所引，盖非原文。⑧ 〔困否（pǐ）〕困难。否，穷，不顺适。⑨ 〔体〕本身。⑩ 〔穷〕指壅滞。〔通〕指畅流。

失其德，故废而复兴。非唯圣人"俾尔亶厚①"，夫有恒者亦允臻矣②。是故君子厄穷而不闵③，劳辱而不苟④，乐天知命⑤，无怨尤焉⑥。故录先否后喜曰穷通也⑦。

> 先总述著文大意：自然之理，有穷有通，君子应善于处穷，乐天无怨，以求穷而复通。以下举史实为例证，反复阐明此意。

孟尝君逐于齐⑧，见反⑨，谭子迎于漷⑩，曰："君怨于齐大夫乎？"孟尝君曰："有⑪。"谭子曰："如意则杀之乎⑫？夫富贵则人争归之，贫贱则人争去之，此物之必至⑬，而理之固然也⑭。愿君勿怨。请以市论⑮：朝而盈焉⑯，夕而虚焉，非朝爱之而夕憎之也，求在故往⑰，亡故去⑱。"孟尝

---

① 〔非唯圣人"俾（bǐ）尔亶（dǎn）厚"〕意为有美德者不只圣人如此。俾尔亶厚，使汝诚实宽厚。亶，信。《诗经·小雅·天保》作"俾尔单厚"。
② 〔有恒者〕指有决心之向善者。〔允臻〕确实达到（某种境界）。允，信。臻，至。 ③ 〔厄（è）穷〕很倒运。厄，遭苦难。〔闵〕忧愁。
④ 〔苟〕苟且，放弃原则。 ⑤ 〔乐天知命〕意为能坦然处逆境。 ⑥ 〔怨尤〕怨恨。尤，怨，归咎。 ⑦ 〔曰穷通〕称篇题为《穷通》。 ⑧ 〔孟尝君逐于齐〕孟尝君被齐君放逐。孟尝君，姓田名文，战国四公子之一，以养士名于时。相齐，因权势过高，曾被逐两次，一次赴秦，一次赴封地薛。
⑨ 〔见反〕得回朝。见，被（召）。反，同"返"。 ⑩ 〔谭子〕《战国策·齐策四》作谭拾子。〔漷〕当作"潝"（huà）。潝水在临淄（齐国国都，今山东淄博）附近。 ⑪ 〔有〕有所怨。 ⑫ 〔如意〕得志。指复高位。此句下《战国策》有"孟尝君曰：'然。'谭拾子曰："数句，意较完整明显。
⑬ 〔物之必至〕事实必趋而至此。 ⑭ 〔理之固然〕道理本来如此。
⑮ 〔请以市论〕让我以集市为喻讲讲此理。 ⑯ 〔朝而盈〕早晨则人满。
⑰ 〔求在〕所求者（欲买之物）存在。 ⑱ 〔亡〕不存在（卖完了）。

君曰:"谨受命①。"于是削所怨者名而已②。

举孟尝君为例,受谭子之教,明穷通之理,故复得势而不报怨。

韩信常从南昌亭长食③,数月,亭长妻患之④,乃晨早食⑤。食时信往,不为具食⑥。信亦知意,遂绝去⑦。钓城下⑧,有一漂母见信饥⑨,饭之。竟漂数十日⑩,信曰:"吾必重报母。"母怒曰:"大丈夫不能自食⑪!吾哀王孙耳⑫,岂望报乎?"淮阴少年有侮信者,曰:"君虽姣丽⑬,好带长剑,怯耳⑭。能死⑮,刺我;不能,则出我跨下⑯。"于是信熟视之⑰,俯出跨下,匍匐⑱。一市人皆笑,以为信怯。后佐命大汉⑲,功冠天下⑳,封为楚王。赐所食母千金㉑。及亭

---

①〔谨〕敬。〔受命〕听从教诲。 ②〔削〕用刀削去。战国时记事多用竹板,涂改须削去。〔已〕止,报怨之心停止。 ③〔韩信〕淮阴(今江苏淮阴)人。少年贫困,反秦军兴,为汉将,有战功,封齐王,迁为楚王,降为淮阴侯,以谋叛罪被杀。〔从南昌亭长食〕寄食于南昌亭长家。南昌亭在淮阴。亭,秦汉时最底层政权,大率十里一亭,亭设亭长。 ④〔患〕忧,发愁。 ⑤〔早食〕提前吃了。 ⑥〔不为具食〕(亭长之妻)不为韩信备饭。 ⑦〔绝〕断绝。不再来。 ⑧〔城下〕指城外濠沟。 ⑨〔漂(piǎo)母〕洗衣妇。漂,水中击絮。母,对老年妇女之敬称。 ⑩〔竟漂数十日〕漂洗数十日始止。言数十日间每日皆与之食。竟,终。 ⑪〔自食〕自己养自己。 ⑫〔哀〕怜悯。〔王孙〕贵族子弟。对青年男子之敬称。 ⑬〔姣〕美好,漂亮。 ⑭〔怯耳〕胆小罢了。 ⑮〔能死〕敢于拼死。 ⑯〔出我跨下〕由我胯下穿过。跨,通"胯",两股(大腿)之间。 ⑰〔熟视〕注目细看,观察。 ⑱〔匍(pú)匐(fú)〕爬行。 ⑲〔佐命〕辅佐创业之君受天命而成帝业。 ⑳〔冠(guàn)〕盖,居第一。 ㉑〔所食(sì)母〕给予饮食之(漂)母。

长①,与百钱,"公②,小人也,为德不竟③。"召辱信之少年,以为中尉④,告诸侯将相曰⑤:"此人,壮士也,方辱我时,岂不能杀之?杀之无名⑥,故忍至于此也⑦。"

举韩信为例,穷而后通,以德报恩,以直报怨。暗示韩信有容人之量。

韩安国为梁中大夫⑧,坐法抵罪⑨。蒙狱吏田甲辱安国⑩,安国曰:"死灰独不复燃乎⑪?"田甲曰:"燃则溺之⑫。"居无几⑬,梁内史缺⑭,孝景皇帝遣使者即拜安国为内史⑮,起徒中为二千石⑯。田甲亡⑰,安国曰:"甲不就官⑱,我灭乃宗⑲。"甲肉袒谢⑳,安国笑曰:"公等可与治乎㉑?"卒善遇之㉒。

---

①〔及亭长〕轮到(报答)亭长。 ②〔公〕对人之敬称。句前省去"曰"字。 ③〔为德不竟〕做好事不到底。 ④〔以为中尉〕任用做中尉。中尉,武官名。 ⑤〔告诸侯将相〕意为向同僚们说。 ⑥〔名〕名义,可据之理由。 ⑦〔此〕今日。 ⑧〔韩安国〕字长孺,睢(suī)阳(今河南商丘)人。汉初为梁孝王(刘武)中大夫。汉武帝时任大司农、御史大夫。 ⑨〔坐法〕因犯法。坐,因为。〔抵罪〕受惩罚(受监禁)。抵,当。 ⑩〔蒙〕县名,属梁国,在今河南商丘东北。 ⑪〔独〕岂。〔复燃〕比喻再受任用。 ⑫〔溺(niào)〕同"尿"。此处为动词,撒尿浇灭。 ⑬〔居无几〕过了不久。居,留。 ⑭〔内史〕汉初各诸侯国置内史,掌管民政。〔缺〕出缺,原任离职。 ⑮〔孝景皇帝〕汉景帝。〔即〕就,到他那里。 ⑯〔起徒中〕由罪人中提拔起。徒,服劳役之犯人。〔二千石(shí)〕汉朝较高之官级,一般指太守,月俸一百二十斛谷。 ⑰〔亡〕逃走。 ⑱〔不就官〕不就职。指不归来充狱吏。 ⑲〔灭乃宗〕杀你全家。乃,尔,汝。 ⑳〔肉袒(tǎn)〕去上衣,露形体,表示认罪,甘就刑戮。〔谢〕谢罪。 ㉑〔公等〕汝辈,指狱吏。〔可〕《史记》《汉书》本传皆作"足"。"足与治乎",谓不值得惩治。 ㉒〔卒〕终于。〔遇〕对待。

举韩安国为例，穷而复通，报怨而知节制。

谨按《尚书》曰①："人惟求旧②。"《诗》云："虽有兄弟，不如友生③。"《论语》："久要不忘平生之言④。"《周礼》九两⑤，"友，以任得民⑥。"是以隋会图其身而不遗其友⑦，鲍叔度其德而固推管子⑧。厥后陵迟⑨，弥已雕玩⑩，《伐木》有鸟鸣之刺⑪，《谷风》有弃予之怨⑫。陈余、张耳

---

①〔按〕案，据。据此知彼。用按字，下面提出自己的意见。 ②〔人惟求旧〕见《盘庚上》。意为应信任旧人。 ③〔友生〕朋友。引文见《诗经·小雅·常棣（dì）》。 ④〔久要（yāo）不忘平生之言〕见《论语·宪问》。有旧约而长久信守。要，约。平生，往常。 ⑤〔《周礼》〕书名，与《仪礼》《礼记》合称"三礼"，并入"十三经"。〔九两〕意为九种与民相合之措施。《周礼·天官·大（太）宰》："以九两系邦国之民：一曰牧，以地得民；二曰长（zhǎng），以贵得民；三曰师，以贤得民；四曰儒，以道得民；五曰宗，以族得民；六曰主，以利得民；七曰吏，以治得民；八曰友，以任得民；九曰薮，以富得民。" ⑥〔友，以任得民〕友，以相互信任维系人民。 ⑦〔隋会〕即士会、随会、范会（初封随，后改封范），春秋时晋国大夫。《左传》文公七年记秦晋令狐之战，晋下军将先蔑奔秦，士会从之。战之前，先蔑、士会迎公子雍由秦还晋，晋人以迎雍出兵，突然变计立灵公，故战后先蔑奔秦。〔图其身〕为自身之安全打算。〔不遗其友〕不扔开彼之朋友。 ⑧〔鲍叔〕名牙，与管仲友善，推荐管仲为齐桓公相。〔度(duó)〕估量。〔德〕指鲍叔之能力。〔推〕推荐。 ⑨〔厥后〕以后。厥，其。〔陵迟〕（交友之道）逐渐颓毁。 ⑩〔弥〕益，越发。〔雕玩〕凋零轻忽（不受重视）。 ⑪〔《伐木》有鸟鸣之刺〕《诗经·小雅·伐木》："伐木丁（zhēng）丁，鸟鸣嘤嘤。……相彼鸟矣，犹求友声。矧（shěn，况）伊人矣，不求友生。"刺，讽刺（人不交友）。 ⑫〔《谷风》有弃予之怨〕《诗经·小雅·谷风》："将安将乐，女（汝）转弃予。……将安将乐，弃予如遗。"诗序谓其意为朋友道绝。

携手遁秦①,友犹父子②,及据国争权,还为豺虎③。自汉所称④,王、贡弹冠⑤,萧、朱结绶⑥,博、育复隙其终⑦,始以交为难,况容悦偶合而能申固其好者哉⑧?故长平之吏移于冠军⑨,魏其之客移于武安⑩,郑当、汲黯亦旋复然⑪。翟公疾之⑫,乃书其门:"一死一生,乃知交情。一贵一贱,交情乃见。"自古患焉⑬,非直今也⑭。韩信宠秩出跨下之人⑮,

---

①〔陈余、张耳〕皆战国末期魏大梁(今河南开封)人。陈余父事张耳。魏亡,秦悬赏求张耳、陈余,二人逃走。反秦军兴,张耳被秦军困于巨鹿,陈余不救,嫌隙遂生。项羽封张耳为常山王,陈余攻之,张耳投刘邦。陈余立赵王,自为代王。刘邦遣张耳与韩信击赵,斩陈余。〔遁秦〕逃避秦之搜捕。 ②〔友〕疑当作"交"。 ③〔还〕转。〔为豺虎〕如猛兽互相残杀。 ④〔称〕称道。 ⑤〔王、贡弹冠〕王,王吉,字子阳;贡,贡禹,字少翁。《汉书·王吉传》:"吉与贡禹为友,世称'王阳(子阳)在位,贡公弹冠。'"弹冠,准备出仕,谓王吉定荐贡禹于朝廷。 ⑥〔萧、朱结绶(shòu)〕萧,萧育,字次君;朱,朱博,字子元。《汉书·萧育传》:"往者有王阳、贡公,故长安语曰:'萧、朱结绶,王、贡弹冠。'言其相荐达也。"结绶,印带相连,共仕。 ⑦〔博、育复隙其终〕朱博、萧育发生嫌隙于晚期。先是萧育早年腾达,朱博尚为亭长,其后博历官至丞相,遂生嫌隙。复,又。 ⑧〔容悦偶合〕以容止取悦,偶然投合。指并无深交。〔申固其好〕加深其情谊。申,明。 ⑨〔长平之吏〕长平侯卫青门下将吏。〔移于冠军〕投奔冠军侯霍去病门下。汉武帝元狩四年(前119),卫、霍分路击匈奴,霍战绩多,得厚赐,所属将吏亦皆得赏,故卫青将吏多离去而投霍去病。 ⑩〔魏其〕窦婴以贵戚封魏其侯,游士多归之。其后以事见疏于景帝,门客多去而之武安侯田蚡(fén)。 ⑪〔郑当、汲黯〕郑当时,字庄;汲黯,字长孺。二人皆于汉武帝时官至九卿,后被废,家贫,宾客皆离去。 ⑫〔翟公疾之〕参看本册《史记》论赞选。疾,恨。 ⑬〔患〕以为坏事,可虑。 ⑭〔直〕只。 ⑮〔宠秩〕优待而与以官职。〔出跨下之人〕迫使他出于胯下之人(指上文淮阴少年)。跨,通"胯"。

斯难能也。安国不念旧恶，合礼中平①。李广因威归忿②，非义之理。宣尼暨陈③，皆降而复升④，兼济天下。惟虞卿逼于强秦⑤，独善其身，缵述篇籍⑥，垂训后昆⑦。昔子夏心战则癯⑧，道胜如肥⑨，何必高位丰爵以为融懿也⑩？

　　根据许多例证，最后总说自己对穷通的看法：人情虽古厚于今，但趋富贵、舍贫贱也是事理之常。君子应敦品励行，善于处穷，求有所建树，以显名济世。

【研读参考】 一、汉人著作，像王充《论衡》那样反迷信的思想是少见的。应劭的思想是当时一般士大夫的，瑕瑜互见。读古人著作，要学会取其所长，舍其所短。据你看，本篇的思想，哪些是可取的，哪些是不可取的？

　　二、《风俗通义序》解释"风俗"的意义说："风者，天气有寒暖，地形有险易，水泉有美恶，草木有刚柔也；俗者，含血

---

① 〔合礼中（zhòng）平〕合于礼，得其平。中，动词。　② 〔因威归忿〕凭借军威，发泄旧忿。归，还。《史记·李将军列传》记载，李广罢官家居，夜过霸陵亭，被亭尉拘留一夜。其后李广任右北平太守，掌兵权，调亭尉入军，斩之。　③ 〔宣尼〕孔子。汉朝曾追谥孔子为褒成宣尼公。孔子曾困于陈蔡，后相鲁。〔暨（jì）〕及。〔陈〕陈蕃。陈蕃罢光禄勋后曾受辱于亭长、县令，后又得重用，官至太尉。　④ 〔降而复升〕指穷而复通。　⑤ 〔虞卿〕战国游说之士，为赵上卿。后去赵，困于魏，穷愁著书。　⑥ 〔缵（zuǎn）〕同"纂"。　⑦ 〔后昆〕后嗣子孙。昆，后代。　⑧ 〔子夏〕姓卜，名商。孔子弟子。〔心战则癯（qú）〕内心斗争则消瘦。癯，瘦。　⑨ 〔道胜如肥〕道战胜欲望则身胖。如，而。《淮南子·原道训》："故子夏心战而癯，得道而肥。"高诱注："子夏……入学见先王之道而说（yuè）之，又出见富贵之乐而欲之。二者交争，故战而臞（癯）也。先王之道胜，无所复思，故肥也。"　⑩ 〔高位丰爵〕官位高，爵禄厚。〔融懿〕和美。

之类（动物，包括人），象之而生（意为顺老路走）。故言语歌讴异声，鼓舞动作殊形，或直或邪，或善或淫也。"这与现代语"风俗"的意义有什么不同？

三、古人发表己见，常常引经据典，这有什么好处？以本篇为例说一说。

一七　论盛孝章书　孔融

【解说】本篇选自《文选》，个别文字依六臣注本。盛孝章，名宪，字孝章，东汉末会（kuài）稽（郡名，在今江浙一带）人。他有才能，有度量，是当时的知名之士。曾任尚书郎、吴郡太守，因病辞职。汉末社会混乱，孙策继其父孙坚占据江东，年少（二十六岁）气盛，多疑疾贤，杀了名士高岱。其时为汉献帝建安五年（200）。盛孝章是高岱的好友，又是下台太守，自然要受牵连，时时有被害的危险。孔融和盛孝章是朋友，想营救盛孝章。曹操此时是汉朝的司空、行车骑将军，新任冀州牧，掌朝廷实权；他又和孙策要好，让汉帝任孙策为讨逆将军，封吴侯，还把自己的侄女嫁给孙策的弟弟孙匡，把孙策的侄女娶为子（曹彰）妇。所以孔融想借曹操的力量把盛孝章要出来，并请到曹操的属下来做官，于是写了这封信。其时为建安九年（204）。曹操听了孔融的话，让汉帝下诏征盛孝章做都尉，可惜诏书还没到，盛孝章已经被孙权杀了（孙策死于建安五年，二弟孙权继位）。

　　文章写得有情有理。对盛孝章，是尊重，是怀念；对曹操，是推崇，是期望。道理从两方面说：积极方面是要重友、尊贤，消极方面是见义不为将有不利的结果。这都可以打动曹操的心。又为了防备有人说坏话,还加说了"今之少年,喜谤前辈"这项意思,可谓想得很周密。文笔简练而典重,由光阴易逝写起,行云流水,自然过渡到盛孝章,过渡到应救盛孝章,毫无雕琢痕迹。这都值得注意。

作者孔融(153—208),字文举,东汉末鲁国(今山东曲阜一带)人。年轻时候很聪明,《世说新语·言语》记他十岁到洛阳,去见大名人李膺(yīng),跟看门的说同李膺是亲戚。见面之后,李膺问有何亲,他说:"昔先君仲尼(孔子)与君先人伯阳(老子)有师资之尊(孔子曾问礼于老子),是仆与君奕世(累世)为通好也。"他有学问,能写文章,是"建安七子"的第一位。曾任北海(郡名,今山东寿光一带)相,所以世称孔北海。归曹操,曾任将作大匠、少府、大中大夫等官。为人好交、高傲,为曹操所忌。《世说新语·惑溺》"魏甄后"条,注引《魏氏春秋》记载,曹军打败袁绍,曹丕抢了袁绍的儿(袁熙)媳甄氏。孔融很生气,给曹操写信讽刺说:"武王伐纣,以妲(dá)己(纣之宠妃)赐周公。"曹操素知孔融博学,以为一定有什么书记这件事,见到孔融,问他,孔融说:"以今度古,想其然也。"这个传说虽然未必靠得住,但也可见孔融的为人是疾恶如仇,不计个人利害。这自然最容易惹祸,所以终于被曹操杀了,连两个未成年的儿子也未能幸免。时为建安十三年(208),即写这封信之后四年。著作有后人辑的《孔北海集》。

岁月不居①,时节如流②,五十之年,忽焉已至③,公为始满④,融又过二⑤。海内知识⑥,零落殆尽⑦,惟会稽盛孝章尚存。其人困于孙氏⑧,妻孥湮没⑨,单子独立⑩,孤危愁苦。若使忧能伤人⑪,此子不得永年矣⑫。

由光阴易逝、交游零落说到盛孝章尚存而处境危殆。

《春秋传》曰⑬:"诸侯有相灭亡者⑭,桓公不能救⑮,则桓公耻之⑯。"今孝章实丈夫之雄也⑰,天下谈士依以扬声⑱,而身不免于幽絷⑲,命不期于旦夕⑳,是吾祖不当复论损益之友㉑,而朱穆所以绝交也㉒。公诚能驰一介之使㉓,加

---

①〔岁月〕泛说光阴。〔居〕停留。 ②〔时节〕一年中之节令。一年有二十四节。 ③〔忽焉〕迅速之状。 ④〔公〕尊称曹操。〔始满〕才满(五十岁)。 ⑤〔过二〕过了二年(五十二岁)。 ⑥〔海内〕四海之内,全国。〔知识〕相知相识,交好之人。 ⑦〔零落〕凋谢。零,下落。〔殆〕几乎。 ⑧〔其人〕那个人。指盛孝章。〔孙氏〕指孙策、孙权兄弟。 ⑨〔孥(nú)〕儿女。〔湮(yān)没〕丧亡。湮,埋没。 ⑩〔单子(jié)〕孤单。子,孤独。〔独立〕孤身生活。 ⑪〔若使〕假使。 ⑫〔此子〕此人。指盛孝章。〔永年〕长寿。 ⑬〔《春秋传》〕指《春秋公羊传》,引文见僖公元年。 ⑭〔相灭亡〕互相吞并。 ⑮〔桓公〕齐桓公。其时王权衰落,诸侯争长,齐国最强,桓公建霸业,为诸侯之长。〔不能救〕指狄灭邢,桓公未能救之事。 ⑯〔则桓公耻之〕桓公应引以为耻。此公羊氏意见,非桓公实以为耻。 ⑰〔丈夫之雄〕犹如说大丈夫。 ⑱〔谈士〕谈论治道和学术之人。〔依以扬声〕靠他传播名誉。 ⑲〔身〕本身。〔幽絷(zhí)〕囚系。幽,囚。絷,系,缚。 ⑳〔命不期于旦夕〕生命危险,朝不保夕。不期,难料定。 ㉑〔是〕这。指坐视盛孝章遭难而不救。〔吾祖〕指孔子。孔融系孔子二十一世(有不同说法)孙。〔论〕谈论。〔损益之友〕有损于己、有益于己之友。《论语·季氏》:"孔子曰:'益者三友,损者三友。'" ㉒〔朱穆〕东汉人。〔绝交〕断绝交往。朱穆作《绝交论》,慨叹当世友道之浇薄。 ㉓〔诚能〕如果真能。〔驰一介之使〕遣一使者驰而往。一介,一个。

加咫尺之书①,则孝章可致②,友道可弘矣③。

引《春秋》大义及古人议论,指出曹操应拯救盛孝章。

今之少年,喜谤前辈,或能讥评孝章。孝章要为有天下大名④,九牧之人所共称叹⑤。燕君市骏马之骨⑥,非欲以骋道里⑦,乃当以招绝足也⑧。惟公匡复汉室⑨,宗社将绝⑩,又能正之⑪。正之之术,实须得贤。珠玉无胫而自至者⑫,以人好之也,况贤者之有足乎?昭王筑台以尊郭隗⑬,隗虽小才而逢大遇⑭,竟能发明主之至心⑮,故乐毅自魏往⑯,剧

---

① 〔加咫尺之书〕携一短信。加,施,给予。咫,八寸。咫尺,形容短。② 〔致〕招来,求得。 ③ 〔弘〕光大。 ④ 〔要〕要之,总之。 ⑤ 〔九牧〕九州,全中国。牧,州郡长官。中国古分九州,设九牧以司之。〔称叹〕赞扬。 ⑥ 〔燕(yān)君〕指燕昭王。〔市〕买。〔骏马之骨〕《战国策·燕策一》记郭隗(wěi)劝燕昭王重士,讲古时某国君求千里马,派人求而不得,却买来千里马之首。于是人皆知国君爱马,不久就得到三匹千里马。此处指为燕君事,或因所劝者为燕君而致误。 ⑦ 〔骋(chěng)道里〕奔驰长途。 ⑧ 〔乃当〕应当是。〔绝足〕最善驰骋之马。绝,独一无二。⑨ 〔惟〕助词。〔匡复〕振兴。匡,正。复,恢复。〔汉室〕汉朝。 ⑩ 〔宗社〕宗庙社稷,即国家政权。宗庙,皇家祖庙。 ⑪ 〔正〕使归常道。⑫ 〔胫(jìng)〕腿。《韩诗外传》卷六:"夫珠出于江海,玉出于昆山,无足而至者,由主君好之也;士有足而不至者,盖主君无好士之意耳。"⑬ 〔昭王筑台以尊郭隗〕《战国策·燕策一》记载,燕昭王问郭隗得士之道,郭隗说:"今王诚欲致士,先从隗始;隗且见事(受到尊敬),况贤于隗者乎?""于是昭王为隗筑宫而师之。乐(yuè)毅自魏往,邹衍自齐往,剧辛自赵往,士争凑(集)燕。" ⑭ 〔大遇〕不寻常之待遇。 ⑮ 〔发〕启发。〔明主〕英明之君主。〔至心〕最诚挚之心意。指急于求贤之心。⑯ 〔乐毅〕中山国人,为燕国大将,攻齐有功。

辛自赵往①，邹衍自齐往②。向使郭隗倒悬而王不解③，临溺而王不拯④，则士亦将高翔远引⑤，莫有北首燕路者矣⑥。

　　引古代尊贤故事，指出救盛孝章利于招徕贤士。

　　凡所称引⑦，自公所知⑧，而复有云者⑨，欲公崇笃斯义也⑩。因表⑪，不悉⑫。

　　以重复叮嘱、恳切希望结尾。

【研读参考】一、曹丕《典论·论文》评论孔融的文章说："孔融体气高妙，有过人者；然不能持论，理不胜辞，以至乎杂以嘲戏；及其所善，扬（雄）、班（固）俦（匹配）也。"读本篇，这种评论可以参考。

　　二、在旧时代，尤其社会混乱、群雄争长的时候，有学识、有品格的知名之士处境如何？根据本篇透露的一点点，可以看出一些吗？说说看。

　　三、指出本篇中表假若的说法。

　　四、本篇"发"字"明"字连续，不同于现代语的"发明"。文言中这种情况不少，要注意，避免误解。你还记得有哪些吗？

————

① 〔剧辛〕赵国人，曾为燕将。② 〔邹衍〕齐国人，讲阴阳五行之著名哲学家。③ 〔向使〕假使。〔倒悬〕将人倒吊着。比喻极端困苦。〔解〕解其缚。比喻援救。④ 〔临溺〕快要淹死。溺，淹没。〔拯（zhěng）〕救。⑤ 〔高翔远引〕远远离开。翔，飞去。引，避开。⑥ 〔北首燕路〕面向北而登赴燕之途。首，向。⑦ 〔称引〕援引，引古语古事以证己说。⑧ 〔自〕自然（是）。⑨ 〔复有云〕仍然陈说。⑩ 〔崇笃斯义〕重视此义。崇，崇尚。笃，厚，重视。斯义，指招贤交友之道。⑪ 〔因表〕因而上书陈述。表，上书。⑫ 〔不悉〕不一一详说。悉，详尽。

一八　登楼赋　王粲

【解说】本篇选自《文选》。登楼赋，上楼后作的赋。楼，《文选》李善注引盛弘之《荆州记》说，王粲登楼作赋之楼是当阳县（在今湖北宜昌之东）城楼。作者生当东汉末年，由于董卓专权，群雄起兵反对，中原地区大乱。荆州牧刘表统辖的荆州地区比较安定，刘表又有爱才好士之名，许多文士南下投奔他，王粲是其中的一个。但刘表终归不是成大业之才，王粲有抱负而没有得到重用，心情愤懑，借登城楼消闲的机会，写了这篇赋，以抒发怀才不遇、有故土而不能归的感慨。

两汉的赋，绝大部分是铺叙景物的，篇幅比较长，用短篇写个人情怀的比较少，我们读它常常感到冗长、枯燥。三国以后，短篇写情怀的赋逐渐增多，文字、声韵更加讲究，以后发展为"律赋"。与散体相比，律赋难免拘束，但它是我国美文的重要一支，也值得注意。

本篇是有名的赋，值得欣赏的优点很多。一是内容好，写烦闷，理由正大而感情真挚。二是布局得体，由登而看，而思，直到下楼之后还有余愁，写得清晰而自然。三是文字精练，用字不多，表现心情景物都恰如其分。四是巧妙地用了美文的手法，对偶约占全文的一半，通篇用韵（每段一韵），都流丽而没有斧凿痕。

作者王粲（177—217），字仲宣，东汉末山阳高平（今山东微山西北）人。出身于大官僚家庭。有才，博学，年轻时候受到当时大名人蔡邕的赏识。先随家往长安，曾被任用为黄门侍郎，不就。往荆州住了几年。后归曹操，任丞相掾（yuàn），赐爵关内侯。曹魏代汉以后，任侍中。他是"建安七子"之一，三国时期著名的文士。曹丕《典论·论文》说："王粲长于辞赋，……如粲之《初征》《登楼》《槐赋》《征思》，……虽张（衡）、蔡（邕）不过也。"所著大部分没流传下来，文集有后人辑的《王侍中集》。本书第二册有《王粲传》，可参考。

登兹楼以四望兮①，聊暇日以销忧②。览斯宇之所处兮③，实显敞而寡仇④。挟清漳之通浦兮⑤，倚曲沮之长洲⑥；背坟衍之广陆兮⑦，临皋隰之沃流⑧。北弥陶牧⑨，西接昭

---

① 〔兹楼〕此城楼。〔兮〕辞赋中常用之语气词。 ② 〔聊〕姑且。〔暇日〕借闲暇之日。〔销忧〕消除心中烦苦。 ③ 〔斯宇〕这房子。〔所处（chǔ）〕所居之地。 ④ 〔显敞〕明亮、宽敞。〔寡仇（旧读 qiú）〕无比。寡，少。仇，匹配。 ⑤ 〔挟清漳之通浦〕与清澈漳水之支流相近。挟，连带。漳，漳水，荆州地区之大河，由北向南流，西距当阳数十里。浦，大水之分支。 ⑥ 〔倚曲沮（jū）之长洲〕在曲折沮水之长洲旁。倚，靠着。沮，沮水，亦荆州地区之大河，自西北向东南，流经当阳。洲，水中陆地。 ⑦ 〔背坟衍之广陆〕一面靠着广阔之陆地。坟衍，高地。 ⑧ 〔临皋（gāo）隰（xí）之沃流〕一面对着平野之灌溉河川。皋隰，水滨低地。沃流，肥沃可供灌溉之水。 ⑨ 〔北弥陶牧〕北面远至陶牧。陶牧，地名，传说其地有陶朱公（范蠡）墓。牧，郊野。

丘①，华实蔽野②，黍稷盈畴③。虽信美而非吾土兮④，曾何足以少留⑤？

> 从欲销忧而登楼写起。举目四望，景物壮丽，反而引起乡愁。

遭纷浊而迁逝兮⑥，漫逾纪以迄今⑦。情眷眷而怀归兮⑧，孰忧思之可任⑨？凭轩槛以遥望兮⑩，向北风而开襟⑪。平原远而极目兮⑫，蔽荆山之高岑⑬。路逶迤而修迥兮⑭，川既漾而济深⑮。悲旧乡之壅隔兮⑯，涕横坠而弗禁⑰。昔尼父之在陈兮⑱，有"归欤"之叹音⑲。钟仪幽而楚奏兮⑳，庄舃

---

①〔昭丘〕地名，其地有楚昭王墓。 ②〔华实蔽野〕花和果实遮蔽原野。与下句皆形容富庶。 ③〔黍稷盈畴〕庄稼长满田间。黍稷，泛称粮食作物。畴，田。 ④〔信美而非吾土〕此地诚然好，但非我之故乡。信，确实。 ⑤〔曾（zēng）何足以少留〕短时住也不值得。曾，乃。 ⑥〔遭纷浊〕遇乱世。纷浊，纷扰污秽，指东汉末董卓专权引起之祸乱。〔迁逝〕流亡。指避乱荆州。逝，离去。 ⑦〔漫逾纪〕随便一晃就过了十二年。漫，随便，轻易。十二年称一纪。〔迄（qì）〕至。 ⑧〔眷眷〕恋慕之状。〔怀〕思念。 ⑨〔孰忧思之可任〕孰可任此忧思。谁能禁受如此之忧思呢？任，堪，禁受。 ⑩〔凭〕倚，靠。〔轩槛〕楼前阑干。 ⑪〔向〕对着。〔开襟〕敞开衣襟。 ⑫〔极目〕尽目力所及望去。 ⑬〔蔽荆山之高岑（cén）〕为荆山之高冈所遮蔽。荆山在当阳之北。岑，小山。 ⑭〔逶（wēi）迤（yí）〕曲折而连绵。〔修〕长。〔迥（jiǒng）〕远。 ⑮〔漾（yàng）〕水势汪洋。〔济〕渡水处。 ⑯〔壅（yōng）隔〕阻隔。壅，堵塞。 ⑰〔涕〕眼泪。〔横坠〕乱流。〔弗禁（jīn）〕止不住。 ⑱〔尼父（fǔ）〕尊称孔子。孔子字仲尼。父，尊称男性老人。〔陈〕春秋时陈国。 ⑲〔有"归欤"之叹音〕《论语·公冶长》："子在陈曰：'归欤，归欤！'"归，回鲁国。 ⑳〔钟仪幽而楚奏〕钟仪，春秋时楚人，战时被俘，囚于晋，弹琴，奏楚国之调。事见《左传》成公九年。意为人在危难中不忘故国。

一八 登楼赋 147

显而越吟①。人情同于怀土兮②,岂穷达而异心③?

承上段乡愁,加深加细写怀乡之情。

惟日月之逾迈兮④,俟河清其未极⑤。冀王道之一平兮⑥,假高衢而骋力⑦。惧匏瓜之徒悬兮⑧,畏井渫之莫食⑨。步栖迟以徙倚兮⑩,白日忽其将匿⑪。风萧瑟而并兴兮⑫,天惨惨而无色⑬。兽狂顾以求群兮⑭,鸟相鸣而举翼⑮。原野阒其无人兮⑯,征夫行而未息⑰。心凄怆以感发兮⑱,意忉怛而

---

①〔庄舃(xì)显而越吟〕庄舃,越国人,在楚国做官。楚王要了解庄舃有无故国之思,在他病时使人去偷听他说话,庄舃仍操越音。显,富贵显达。吟,歌唱。事见《史记·陈轸(zhěn)列传》。②〔同于怀土〕皆思乡。③〔岂穷达而异心〕难道因境遇好坏而心情不同吗?穷,不得志。达,得志。异心,心情两样。④〔惟日月之逾迈〕想到光阴消逝。逾迈,越进。《尚书·秦誓》:"日月逾迈,若弗云来。"⑤〔俟河清其未极〕等待社会平定难于实现。河清,黄河水清,比喻清平之世。《左传》襄公八年:"周诗有之曰:'俟河之清,人寿几何!'"极,尽。⑥〔冀〕希望。〔王道之一平〕政治清明,天下太平。⑦〔假高衢〕借大道。比喻有施展才能之机会。⑧〔匏(páo)瓜之徒悬〕意为不受重用而虚度一生。匏瓜,葫芦。徒悬,空吊在藤上没人吃。《论语·阳货》:"子曰:'吾岂匏瓜也哉?焉能系而不食?'"⑨〔井渫(xiè)之莫食〕意为修身洁行而无人用。渫,清除泥垢。《易经·井》爻辞:"井渫不食,为我心恻。"意为治清井水,无人食用,甚可痛心。⑩〔步栖迟〕慢走。栖迟,游息。〔徙倚〕徘徊,流连。⑪〔白日忽其将匿〕不觉已至日将落之时。其,助词。匿,藏。⑫〔萧瑟〕风声。〔并兴〕同起。指四面吹起。⑬〔惨惨〕黯淡之状。⑭〔狂顾〕急迫寻觅。〔群〕同伴。⑮〔举翼〕振翅飞翔。二句皆表示急于回住所。⑯〔阒(qù)其无人〕寂静无人。其,助词。《易经·丰》爻辞:"窥其户,阒其无人。"⑰〔征夫〕行人。⑱〔感发〕心情动而不定。

憯恻①。循阶除而下降兮②,气交愤于胸臆③。夜参半而不寐兮④,怅盘桓以反侧⑤。

  乡愁缘于不得意,故进一步写怀才不遇之感。心情凄恻,景物悲凉,只好以下楼结束。夜参半而不寐,是文尽而愁不尽,与开头的情绪呼应。

【研读参考】一、第一段景物写得很优美,以下两段不然。为什么要这样写?

  二、把本篇的对偶句指出来。

  三、把本篇押韵的字挑出来,并把同韵的放在一起。

  四、把第三段译为现代语散文。

---

①〔忉(dāo)怛(dá)〕形容哀伤。〔憯(cǎn)恻〕惨痛。憯,同"惨"。 ②〔循〕沿。〔阶除〕台阶。 ③〔气交愤于胸臆〕百感齐来。气,不安之情。交愤,共发。胸臆,心中。 ④〔参半〕半数,半夜。参,分。〔寐〕入睡。 ⑤〔盘桓〕徘徊。〔反侧〕翻来覆去,不能入睡。

一九　与吴质书　曹丕

【解说】本篇选自《文选》。吴质（177—230），字季重，东汉末济（jǐ）阴（今山东省菏泽市定陶区）人。曹丕（pī）的重要谋士，一直受到曹丕的赏识。据《三国志·魏书·王粲传》附《吴质传》注引《魏略》，他因为"才学通博"，受到曹丕的敬重，常在曹丕左右。后来外出，先任朝（zhāo）歌（县名，今河南淇县）长（大县称令，小县称长），后任元城（县名，今河北大名）令。曹丕即位（汉献帝建安二十五年，即魏黄初元年，公元220年）以后，征他到洛阳，拜北中郎将，封列侯，使持节，督幽并（bīng）诸军事。曹丕死后，他曾作五言长诗悼念。明帝曹叡（ruì）时期他为侍中。晚年借官位作威作福，名誉不好，死（230）后谥丑侯，后改威侯。

这封信是建安二十三年（218）写的，其时曹丕是魏王曹操的太子（216年曹操称魏王，217年立曹丕为太子），住在邺（yè，今河北临漳，213年曹操称魏公后都此）。估计吴质此时任元城令。邺和元城东西相距一二百里，二人不易见面，所以写信表示怀念之情。

信的主旨是写怀念之情。因为怀念，所以想到时光易逝，过往转瞬已成陈迹。于是连带写到过去的欢乐，昔日欢聚而今已死去的许多文士，以及自己目前的心情。布局行云流水，笔锋左转右折，中间以一条主线（怀念）贯串着，所以能够繁而不乱，散而有力。文辞精练而优美。文字不多，都典重恰当，似简易而意深远。语句骈散交错，铿锵流丽，有声音和谐的美。这都值得多吟诵，多体会。

作者曹丕（187—226），字子桓，东汉末沛国谯〔qiáo，今安徽亳（bó）州〕人。曹操的次子。他哥哥曹昂早死，所以曹操称魏公时他得立为世子，称魏王时他得立为太子。建安十六年（211）为五官中郎将、副丞相。与其弟曹植各树党羽，争为太子，而他成功。建安二十五年正月曹操死，他嗣位为丞相、魏王。十月，他代汉献帝做了皇帝，建都洛阳，国号魏。黄初七年（226）五月死于洛阳，年四十。谥文，所以后代称他为魏文帝。他能文能武，读书多，诗文都写得很好。喜欢著述，著《典论》、诗赋等百余篇，《典论》中《论文》一篇在文学批评史上有很高的地位。又集诸文士编《皇览》，为我国类书的创始者。著作多散佚，后人辑残篇为《魏文帝集》。

　　二月三日，丕白①。岁月易得②，别来行复四年③。三年不见，《东山》犹叹其远④，况乃过之⑤，思何可支⑥！虽书

---

①〔白〕陈说。　②〔易得〕容易积少成多，即易过。　③〔行复四年〕又将四年。行，且。　④〔三年不见，《东山》犹叹其远〕三年不见亲人，《东山》诗还感叹离别太久。《诗经·豳（bīn）风·东山》："我徂（cú，往）东山，慆慆（tāo，长久）不归。……自我不见，于今三年。"　⑤〔况乃过之〕何况（我们相别）竟超过三年。　⑥〔支〕支持，忍受。

疏往返①,未足解其劳结②。

　　开头写怀念。书札多半是这样。

　　昔年疾疫③,亲故多离其灾④,徐、陈、应、刘⑤,一时俱逝,痛可言邪⑥?昔日游处⑦,行则连舆⑧,止则接席⑨,何曾须臾相失⑩?每至觞酌流行⑪,丝竹并奏⑫,酒酣耳热⑬,仰而赋诗⑭,当此之时,忽然不自知乐也⑮。谓百年已分⑯,可长共相保⑰,何图数年之间⑱,零落略尽⑲,言之伤心。顷撰其遗文⑳,都为一集㉑,观其姓名,已为鬼录㉒。追思昔游,犹在心目,而此诸子,化为粪壤㉓,可复道哉㉔!

　　　　由生友而想到死友,想到昔年的游乐。写伤心,

①〔书疏(旧读shù)〕书信。疏,陈说之文。②〔劳结〕深切怀念之情。劳,忧愁。结,难解之物。③〔昔年疾疫〕指建安二十二年(217)瘟疫流行。④〔离〕通"罹",遭受。⑤〔徐、陈、应、刘〕徐幹,字伟长,北海剧(今山东寿光)人。陈琳,字孔璋,广陵(今江苏扬州)人。应瑒(yáng),字德琏,汝南南顿(今河南项城)人。刘桢,字公幹,东平宁阳(今山东宁阳)人。四人皆"建安七子"中人。⑥〔痛可言邪〕悲痛岂能言传?邪,同"耶"。⑦〔游处(chǔ)〕同游共处,交游。⑧〔连舆〕车辆相接。⑨〔接席〕座位相连。古人铺席于地而坐。⑩〔须臾相失〕片刻分离。⑪〔觞(shāng)酌流行〕传杯饮酒。觞,一种酒杯。酌,斟酒。⑫〔丝竹〕泛指乐器。丝,弦乐。竹,管乐。〔并奏〕齐奏。⑬〔酒酣耳热〕饮酒兴浓之时。酣,饮酒足量。⑭〔仰〕抬头。表示得意。〔赋诗〕作诗或吟诗。⑮〔忽然〕恍惚,漫不经意。〔不自知乐〕未觉得为难得之欢乐。⑯〔谓〕(自己)认为。〔百年已分(fèn)〕长寿已为分定。百年,上寿百年。⑰〔保〕守护。指相聚。⑱〔何图〕哪料到。图,意想。⑲〔零落〕凋谢,死亡。〔略尽〕差不多完了。略,大致。⑳〔顷〕前不久,近来。〔撰其遗文〕编定彼等之遗著。㉑〔都〕总。㉒〔鬼录〕死者名册。㉓〔化为粪壤〕死后朽烂。粪壤,粪土。㉔〔可复道哉〕怎么忍心再说呢!

仍是着重写怀念。

　　观古今文人，类不护细行①，鲜能以名节自立②。而伟长独怀文抱质③，恬淡寡欲④，有箕山之志⑤，可谓彬彬君子者矣⑥。著《中论》二十余篇⑦，成一家之言⑧，词义典雅，足传于后，此子为不朽矣。德琏常斐然有述作之意⑨，其才学足以著书，美志不遂⑩，良可痛惜⑪。间者历览诸子之文⑫，对之抆泪⑬，既痛逝者，行自念也⑭。孔璋章表殊健⑮，微为繁富⑯。公幹有逸气⑰，但未遒耳⑱，其五言诗之善者，妙绝时人⑲。元瑜书记翩翩⑳，致足乐也㉑。仲宣续自善于词

①〔类不护细行〕大抵不拘小节。类，大多。护，保守，拘泥。行（旧读 xìng），操行。　②〔鲜(xiǎn)〕少。〔以名节自立〕重名节以立身。　③〔怀文抱质〕有文才（指文章），重实际（指品行）。　④〔恬淡〕宁静淡泊。〔寡欲〕少嗜欲。即不贪利禄，不图享乐。　⑤〔箕山之志〕隐退之心。传说帝尧让位于许由，许由不受，隐于箕山（在今河南登封）。　⑥〔彬(bīn)彬君子〕德才兼备之君子。彬彬，高尚典雅。《论语·雍也》："文质彬彬，然后君子。"　⑦〔《中论》〕今本二卷，内容主要阐明儒家义理。　⑧〔一家之言〕自成一家之论著。司马迁《报任安书》："亦欲以究天人之际，通古今之变，成一家之言。"　⑨〔斐(fěi)然〕文采出众之状。〔述作〕著作。述，转说古圣先贤之意。　⑩〔美志不遂〕指未能完成述作。遂，实现。　⑪〔良〕诚。　⑫〔间(jiàn)者〕近日。〔历览〕遍观。　⑬〔抆(wěn)泪〕擦泪。即流泪。　⑭〔行自念也〕而且想到自己（生命短促）。　⑮〔章表殊健〕擅长写章表（上书皇帝之一种文体）。　⑯〔微为繁富〕稍嫌冗长，不够简练。　⑰〔逸气〕超脱之气。　⑱〔遒(qiú)〕刚健。　⑲〔妙绝时人〕在同时人中称最妙。即无人可比。　⑳〔元瑜〕阮瑀(yǔ)，字元瑜，陈留尉氏（今属河南）人。"建安七子"之一。〔书记〕书札、奏记。〔翩翩〕文辞美丽之状。　㉑〔致足乐也〕使人欢快。致，极。

赋①，惜其体弱②，不足起其文③，至于所善，古人无以远过④。昔伯牙绝弦于钟期⑤，仲尼覆醢于子路⑥，痛知音之难遇⑦，伤门人之莫逮⑧。诸子但为未及古人⑨，自一时之隽也⑩，今之存者，已不逮矣。后生可畏⑪，来者难诬⑫，然恐吾与足下不及见也⑬。

> 承上段，分别评述几位死友的成就，归结为知音罕遇，来者难期。仍是以感情为经，以议论为纬。

年行已长大⑭，所怀万端⑮，时有所虑⑯，至通夜不瞑⑰，

---

①〔仲宣〕王粲，可参看本册上一篇《登楼赋》。〔续〕有的版本作"独"，是。②〔体弱〕指文章风骨不够刚健。③〔不足起其文〕未能使文章刚劲有力。起，振。④〔远过〕超出很多。⑤〔伯牙绝弦于钟期〕钟子期死，伯牙就毁断琴弦，不再鼓琴。《吕氏春秋·本味》记载，伯牙（一说姓俞）善鼓琴，钟子期（一说姓钟名期）能知其心意。"钟子期死，伯牙破琴绝弦，终身不复鼓琴，以为世无足复为鼓琴者。"其他古书，如《列子·汤问》、《韩诗外传》卷九，亦记此故事，以表相知者之难得。⑥〔仲尼覆醢（hǎi）于子路〕子路死，孔子就倒掉肉酱。《礼记·檀弓上》记载，孔子弟子子路在卫国内战中死了，孔子问是怎么死的，"使者曰：'醢之矣（被剁成肉酱了）。'遂命覆醢（备食之肉酱）。"孔子字仲尼。醢，肉酱。⑦〔痛知音之难遇〕此句承接"伯牙绝弦于钟期"。⑧〔伤门人之莫逮〕此句承接"仲尼覆醢于子路"。逮，及。⑨〔但〕只。⑩〔隽〕通"俊"，俊秀，出色之人才。⑪〔后生可畏〕《论语·子罕》："后生可畏，焉知来者之不如今也?"此意为上一句（存者不逮）之补说，谓将来或亦有隽者。⑫〔来者〕此后之人。〔难诬〕难于轻视。诬，欺罔。⑬〔足下〕尊称吴质。⑭〔年〕年岁。〔行〕过着过着。〔长（zhǎng）〕增。⑮〔所怀万端〕心情无限，一言难尽。⑯〔虑〕思考。⑰〔瞑（míng）〕闭目入睡。

志意何时复类昔日①?已成老翁,但未白头耳。光武言②:"年三十余,在兵中十岁,所更非一。"吾德不及之,年与之齐矣③。以犬羊之质,服虎豹之文④,无众星之明,假日月之光⑤,动见瞻观⑥,何时易乎⑦?恐永不复得为昔日游也。少壮真当努力,年一过往⑧,何可攀援⑨,古人思秉烛夜游⑩,良有以也⑪。

转为写自己,叹人生易老,德薄而任重,是由另一角度怀念过去。

顷何以自娱⑫?颇复有所述造不⑬?东望於邑⑭,裁书叙心⑮。丕白。

以关心对方语作结。

【研读参考】 一、在历代帝王中,曹丕是比较好学的,因而学问文

---

① 〔志意〕志趣。〔类〕像,同。 ② 〔光武〕东汉开国之君光武帝刘秀。〔言〕《东观汉记·隗(wěi)嚣(xiāo)传》:"光武赐嚣书曰:'吾年已三十余,在兵中十岁,所更(gēng,经历)非一,厌浮语虚辞耳。'" ③ 〔齐〕相等。 ④ 〔以犬羊之质,服虎豹之文〕比喻才德不足而地位高(魏太子)。谦语。质,本质。服,穿着。文,文采。 ⑤ 〔无众星之明,假日月之光〕比喻能力甚小,借父亲(曹操)之力而有高位。亦谦语。假,借。 ⑥ 〔动见瞻观〕一举一动皆有人注视。意为地位高,行动难随便。见,被。 ⑦ 〔易〕改变(这种情况)。 ⑧ 〔年一过往〕年光逝去。 ⑨ 〔攀援〕留住。 ⑩ 〔秉烛夜游〕《古诗十九首》:"生年不满百,常怀千岁忧。昼短苦夜长,何不秉烛游?"秉,拿着。 ⑪ 〔良有以也〕诚然是有道理的。以,原因。 ⑫ 〔何以自娱〕用什么消遣。 ⑬ 〔颇复有所述造不(fǒu)〕多少又有些著作吗?颇,略微。不,同"否"。 ⑭ 〔东望〕元城在邺之东,所以如此说。〔於(wū)邑〕同"呜唈(yì)",因悲伤而气塞。 ⑮ 〔裁书〕写信。裁,剪,修。〔叙心〕表达心意。

章，造诣都高。他在《典论·自叙》里说："余是以少诵诗论，及长而备历五经四部，史汉诸子百家之言，靡不毕览，所著书论诗赋，凡六十篇。"又《三国志·魏书·文帝纪》末尾裴松之注引《魏书》（另一书）记他与王朗书曰："生有七尺之形，死惟一棺之土，惟立德扬名可以不朽。其次莫如著篇籍。"他的成就是这样用功来的，这值得我们深思，借鉴。

二、《文选》卷四十收吴质给曹丕的信两封：《答魏太子笺》和《在元城与魏太子笺》。第一封即本篇的复信，下面节录一些，要求：（1）加上标点；（2）说说这样答合适不合适，为什么。

二月八日庚寅臣质言奉读手命追亡虑存恩哀之隆形于文墨日月冉冉岁不我与昔侍左右厕（参与）坐众贤出有微行之游入有管弦之欢置酒乐饮赋诗称寿（祝酒）自谓可终始相保并骋材力效节明主何意数年之间死丧略尽臣独何德以堪久长陈徐刘应才学所著诚如来命惜其不遂可为痛切……今质已四十二矣白发生鬓所虑日深实不复若平日之时也但欲保身敕（谨饬）行不蹈有过之地以为知己之累耳……

三、译"年行已长大"一段为现代语，要求简洁流利。

二〇　与杨德祖书　曹植

【解说】本篇选自《文选》。杨德祖，名修（175—219），字德祖，东汉末弘农华（huà）阴（今陕西华阴东南）人。太尉杨彪之子。曾任郎中、丞相主簿等官。与曹植交好，谋划立曹植为魏王太子，与曹丕的势力对立。为人博学多才，好露才扬己。有不少关于他卖弄聪明的传说，如《世说新语·捷悟》记载他在曹操左右，知道门上写"活"字（阔）是嫌门大，曹娥碑的隐语是"绝妙好辞"等。又有一次，他随曹操出征，日久无功，曹操出口令"鸡肋"，他知道这是想还师（因为"鸡肋，弃之如可惜，食之无所得"），所以就整理行装。这些都使曹操疑忌，又因为曹植已经失宠，于是曹操借故把他杀了。

　　这封信主旨是论文章。作者是当时的大作家，文、辞赋、五言诗都写得很好，对于写作自然有自己的看法。杨修也是名作家，所以他借通信的机会，把自己的主张告诉杨修。信里谈到当时许多作家，各有短长；谈到应虚心，知缺点而求其无缺点；谈到批评的态度，不可狂妄自大；还谈到人各有所好，不可要求苟同。这都合情合理，值得深思。最后谈到自己的文章，却既说有可采，又说是小道。这是因为在当时，魏太子还没立［建安二十二年（217）冬曹丕立为魏太子］，他还有继承王位的愿望，其实本意还是重文章的。

作者曹植（192—232），字子建，东汉末谯（今安徽亳州）人。曹操的儿子，曹丕的弟弟。因曹操专朝政，他先受封平原侯，建安十九年（214）改封临淄侯。曹丕即位后，贬为安乡侯，其后封为雍丘王、东阿王、陈王。因为受歧视，被压抑，终于郁郁而死，只活了四十一岁。死后谥思，世称为陈思王。他博学多才，能文，擅长各种文体，尤其五言诗，优美华丽，对后世影响很大。著作原有三十卷，多散失，后人辑为《曹子建集》。

植白①：数日不见，思子为劳②，想同之也③。

由怀念写起，这是书札的常例。

仆少小好为文章，迄至于今二十有五年矣④。然今世作者⑤，可略而言也⑥。昔仲宣独步于汉南⑦，孔璋鹰扬于河朔⑧，伟长擅名于青土⑨，公幹振藻于海隅⑩，德琏发迹于此

----

①〔白〕陈说。 ②〔思子〕怀念你。〔劳〕苦。 ③〔同之〕彼此相同。 ④〔迄（qì）〕到。〔二十有五年〕此为由出生算起，二十五年为汉献帝建安二十二年（217），曹丕即位之前三年。有，通"又"。 ⑤〔作者〕长于作文章之人。 ⑥〔可略而言〕可大致评价。 ⑦〔仲宣〕王粲。〔独步〕意即无人可比。〔汉南〕汉水之南。指荆州。 ⑧〔孔璋〕陈琳，字孔璋，原从大将军何进；进死，依袁绍；绍败，降于曹操。〔鹰扬〕高举，犹鹰之飞扬。《诗经·大雅·大明》："维师尚父，时维鹰扬。"〔河朔〕黄河以北，指冀州。袁绍于汉末据有冀州。朔，北方。 ⑨〔伟长〕徐幹，字伟长。〔擅名〕独享盛名。〔青土〕青州（今山东淄博一带）。他是北海人，属青州。 ⑩〔公幹〕刘桢，字公幹。〔振藻〕发扬辞藻。指文章出色。〔海隅〕海边。他是宁阳人，近海。

魏①，足下高视于上京②，当此之时，人人自谓握灵蛇之珠③，家家自谓抱荆山之玉④。吾王于是设天网以该之⑤，顿八纮以掩之⑥，今悉集兹国矣⑦。然此数子犹复不能飞轩绝迹⑧，一举千里⑨。以孔璋之才，不闲于辞赋⑩，而多自谓能与司马长卿同风⑪，譬画虎不成反为狗也⑫。前书嘲之⑬，反

---

① 〔德琏〕应玚（yáng），字德琏。〔发迹〕显露名声。〔此魏〕指魏都许昌（今河南许昌），与汝南相近。 ② 〔足下〕称杨修。〔高视〕傲视，与"独步"意略同。〔上京〕京都洛阳。杨修之父杨彪为汉太尉，居京都。杨修少时生活于此。 ③ 〔握灵蛇之珠〕手握隋珠（亦作随珠）。喻得文章之最。隋珠，古传说之宝珠。《庄子·让王》《吕氏春秋·贵生》等处皆提到。《淮南子·览冥训》"隋侯之珠"高诱注："隋侯，汉东之国，姬姓诸侯也。隋侯见大蛇伤断，以药傅之。后蛇于江中衔大珠以报之。因曰隋侯之珠，盖明月珠也。" ④ 〔家家〕意同"人人"。〔抱荆山之玉〕怀抱和璧。亦喻得文章之最。和璧，楚人卞和献荆山未雕之璞与楚王，几经周折，始剖而得美玉，雕为璧（扁圆形玉器），号和氏璧。事详《韩非子·和氏》。和氏璧为古代著名之宝器，即秦欲以十五城易之者。 ⑤ 〔吾王〕指魏王曹操。曹操于建安二十一年（216），即写此信之前一年，自称魏王。〔设天网〕设置通天之网，言无高不可罗致。〔该〕包容。 ⑥ 〔顿八纮（hóng）〕提挈纲绳。八纮，连接天与地之八根绳索。〔掩〕捕捉。言网罗文士如捕鸟，罩于网中，拉紧纲绳而掩捕之。 ⑦ 〔兹国〕此国，指魏国。言皆为曹操罗致于许都。 ⑧ 〔飞轩〕高飞。轩，飞扬。〔绝迹〕不见形迹。形容飞去之高远。 ⑨ 〔举〕行动，飞。 ⑩ 〔闲〕通"娴"，熟习。 ⑪ 〔多自谓〕常自认为。〔司马长（zhǎng）卿〕司马相如，字长卿，西汉之辞赋名家。〔同风〕风格相同，造诣相等。 ⑫ 〔画虎不成反为狗〕喻好高骛远，结果一无所成。马援《诫兄子严、敦书》："所谓画虎不成反类狗者也。" ⑬ 〔前书嘲之〕日前写信讥讽他（陈琳）。

作论盛道仆赞其文①。夫钟期不失听②，于今称之③，吾亦不能妄叹者④，畏后世之嗤余也⑤。

转入本意，谈文。先评论当时的作家各有长短。

世人之著述，不能无病。仆常好人讥弹其文⑥，有不善者，应时改定⑦。昔丁敬礼常作小文⑧，使仆润饰之⑨，仆自以才不过若人⑩，辞不为也。敬礼谓仆："卿何所疑难⑪？文之佳恶，吾自得之⑫，后世谁相知定吾文者邪⑬？"吾常叹此达言⑭，以为美谈⑮。昔尼父之文辞，与人通流，至于制《春秋》，游、夏之徒乃不能措一辞⑯。过此而言无病者⑰，吾未之见也。

---

① 〔反作论〕反而发议论。〔盛道仆赞其文〕大说我赞扬彼之文章。道，说。 ② 〔钟期〕钟子期。〔不失听〕听伯牙弹琴之音而知其所思，总无错误。参看本册上一篇《与吴质书》"伯牙绝弦于钟期"注。 ③ 〔于今称之〕现在人还称赞他。 ④ 〔妄叹〕随便赞叹（指对陈琳文章）。 ⑤ 〔嗤（chī）〕讥笑。 ⑥ 〔好（hào）〕喜好，愿意。〔人〕他人。〔其〕指自己。 ⑦ 〔应时〕随时。 ⑧ 〔丁敬礼〕丁廙（yì），字敬礼。与兄丁仪俱与曹植友善，曾劝曹操立曹植为太子。曹丕即位，兄弟并被杀。 ⑨ 〔润饰〕润色修饰，使文字更妥善华美。 ⑩ 〔自以〕自己认为。〔若人〕那个人。指丁廙。 ⑪ 〔卿〕表示亲近之称呼。〔何所疑难〕有何疑虑与为难处。 ⑫ 〔自得〕意为我自知之。 ⑬ 〔后世〕后世人。〔谁相知〕谁能了解。〔定吾文〕改定我之文章。 ⑭ 〔达言〕达者之言，通达道理之言。 ⑮ 〔美谈〕值得称道之事。 ⑯ 〔昔尼父（fǔ）之文辞……措一辞〕《史记·孔子世家》："孔子在位听讼，文辞有可与人共者，弗独有也；至于为《春秋》，笔则笔，削则削，子夏之徒不能赞（道说）一辞。"尼父，孔子。孔子字仲尼。父，对长者之敬称。与人通流，与他人相通。意为亦互相交换意见。游，言偃，字子游；夏，卜商，字子夏。二人皆孔门四科（德行、言语、政事、文学）中文学科之高才。不能措一辞，言不能斟酌一字一句。措，置，加。 ⑰ 〔过此〕此外。过，超越。

进一步谈著作多有所短,故自己应虚心,应时改定。

盖有南威之容①,乃可以论其淑媛②;有龙泉之利③,乃可以议其断割④。刘季绪才不能逮于作者⑤,而好诋诃文章⑥,掎摭利病⑦。昔田巴毁五帝、罪三王、訾五霸于稷下⑧,一旦而服千人⑨,鲁连一说⑩,使终身杜口⑪。刘生之辩,未若田氏,今之仲连,求之不难,可无息乎⑫?

承上段,谈不可妄评他人。

人各有好尚⑬,兰茝荪蕙之芳⑭,众人所好,而海畔有逐臭之夫⑮,咸池、六茎之发⑯,众人所共乐,而墨翟有非

---

①〔南威〕春秋晋文公时之美女。 ②〔乃可以论其淑媛(yuàn)〕才能评论人之美好。淑,美好。媛,美女。 ③〔龙泉〕古宝剑名。 ④〔议其断割〕评论剑之锋利。断割,切割能力。 ⑤〔刘季绪〕刘修,字季绪,荆州牧刘表之子。官至东安太守(一说乐安太守)。〔逮(dài)〕及。 ⑥〔诋(dǐ)诃(hē)〕讥评。诋,毁谤。诃,斥责。 ⑦〔掎(jǐ)摭(zhí)〕抓住一点而肆意抨击。掎,牵引。摭,摘取。〔利病〕优点缺点。 ⑧〔田巴〕战国时齐国辩士。〔五帝〕《史记》为黄帝、颛(zhuān)项(xū)、帝喾(kù)、尧、舜。一说为伏羲、神农、黄帝、颛项、帝喾。〔罪三王〕以三王为有罪。三王,夏禹,商汤,周文王、武王。〔訾(zǐ)〕诋毁。〔五霸〕春秋时霸主齐桓公、晋文公、楚庄王、秦穆公、宋襄公。〔稷下〕战国时齐都临淄城西门曰稷门,讲说之士皆会于此。 ⑨〔一旦而服千人〕一个早晨就说服一千人。极言其善辩。 ⑩〔鲁连〕鲁仲连。可参看本册《鲁仲连论帝秦》。 ⑪〔杜口〕闭口不复高谈。田巴被鲁仲连驳倒事见《鲁连子》,其书已佚,见《史记·鲁仲连列传》张守节《正义》引文。 ⑫〔息〕休止。言不可诋诃文章。 ⑬〔好(hào)尚〕喜爱和重视。 ⑭〔兰茝(zhǐ)荪蕙〕皆香草名。〔芳〕香。 ⑮〔逐臭之夫〕《吕氏春秋·遇合》:"人有大臭者,其亲戚、兄弟、妻妾、知识无能与居者,自苦而居海上。人有说(悦)其臭者,昼夜随之而弗能去。"逐,追逐。 ⑯〔咸池〕黄帝乐名。〔六茎〕颛项乐名。〔发〕演奏发声。

之之论①，岂可同哉②？

更深入一步，说文章也是各有所好，各有所见，不能强求意见一致。

今往仆少小所著辞赋一通相与③。夫街谈巷说④，必有可采，击辕之歌⑤，有应风雅⑥，匹夫之思未易轻弃也⑦。辞赋小道，固未足以揄扬大义⑧，彰示来世也⑨。昔扬子云⑩，先朝执戟之臣耳⑪，犹称"壮夫不为也"⑫。吾虽德薄⑬，位为蕃侯⑭，犹庶几戮力上国⑮，流惠下民⑯，建永世之业⑰，留金石之功⑱，岂徒以翰墨为勋绩⑲，辞赋为君子哉？若吾

---

① 〔墨翟（dí）有非之之论〕《墨子》有《非乐（yuè）》篇，否定一切音乐，墨子名翟。前一"之"代咸池、六茎。 ② 〔同〕求（好尚）一致。 ③ 〔往〕送去。〔一通〕一卷。〔相与〕相赠。 ④ 〔街谈巷说，必有可采〕《汉书·艺文志》："小说家……街谈巷语，道听涂（途）说者之所造也。孔子曰：'虽小道，必有可观者焉。'"此为谦言自己文章虽不高明，或不无可取。 ⑤ 〔击辕之歌〕野人（百姓）之歌，且歌且击车辕以为节。 ⑥ 〔有应风雅〕有与风雅相合之处。风雅，指《诗经》十五国风，大雅、小雅。 ⑦ 〔匹夫〕平民（男性）。 ⑧ 〔揄（yú）扬大义〕阐发圣贤治国经邦之道。 ⑨ 〔彰示来世〕明告后代人。 ⑩ 〔扬子云〕扬雄，字子云，西汉末人。以辞赋名于世，与班固并称"扬班"。 ⑪ 〔先朝〕指汉代前朝（皇帝一世为一朝）。曹植作此书时犹为汉代。〔执戟之臣〕执戟侍卫殿廷之臣子。扬雄于成帝时为给事黄门郎。 ⑫ 〔壮夫不为也〕扬雄《法言·吾子》记载，有人问扬雄"吾子少而好赋"？他说："童子雕虫篆刻。……壮夫不为也。"言辞赋不足经世，壮夫不屑为之。 ⑬ 〔德薄〕品德不高。谦语。 ⑭ 〔蕃侯〕藩侯，为国之屏（屏障）藩。时曹植为临淄侯。蕃，通"藩"。 ⑮ 〔庶几〕接近，近于。表希望。〔戮（lù）力〕尽力。〔上国〕指汉王室。称上国，所以别于侯国。 ⑯ 〔流惠〕散播恩惠。〔下民〕百姓。 ⑰ 〔永世〕流传长久。 ⑱ 〔金石之功〕镌刻于金石之功业，不朽之功业。 ⑲ 〔翰墨〕笔墨。指文章。

志未果①，吾道不行，则将采庶官之实录②，辩时俗之得失③，定仁义之衷④，成一家之言⑤。虽未能藏之于名山，将以传之于同好⑥。此要之皓首⑦，岂今日之论乎？其言之不惭⑧，恃惠子之知我也⑨。

> 最后谈自己的文章。送与杨修看，是自负。但又谦逊，说辞赋是小道，不是传世的大业。这是表明自己有大志，不甘心为文人。

明早相迎⑩，书不尽怀⑪。植白⑫。

> 以意多言少作结。

【研读参考】一、在东汉末到三国初这个时期，曹植是名声最高、成就最大的作家。如果想多读些他的作品，可以找《曹子建集》，从中选读一些。从《文选》中选一些读读也可以。

二、曹丕、曹植兄弟都长于文章，而且在文学批评方面有独

---

①〔未果〕未能实现。 ②〔庶官之实录〕指官家所记之史料。古时设史官，专记朝政措施、帝王言行，为实录。庶官，一作"史官"。庶，众。 ③〔辩时俗之得失〕明辨社会之得失所在。辩，通"辨"。 ④〔定仁义之衷〕确立仁义之正道。衷，中，不偏不倚。 ⑤〔成一家之言〕成为有独特见解之书。此句见司马迁《报任安书》。以上数句意为将从事理论著作。 ⑥〔未能藏之于名山，将以传之于同好〕取《报任安书》"藏之名山，传之其人"之意。说"未能"，谦语。 ⑦〔要（yāo）〕求。〔皓（hào）首〕白头，暮年。言此志须暮年始能实现。 ⑧〔其言之不惭〕其所以敢如此说。 ⑨〔恃惠子之知我〕靠的是深相了解之朋友能知我心。惠子，惠施，战国时哲学家，庄子之友。《庄子·徐无鬼》："庄子送葬，过惠子之墓，顾谓从者曰：'……自夫子之死也，吾无以为质（相契之人）矣。吾无与言之矣！'"此处以惠子比杨修，庄子比自己。 ⑩〔明早相迎〕明日将早早迎接你来。希望早日会晤之意。 ⑪〔怀〕心意。 ⑫〔植白〕古人书札常于首尾皆如此写。

到的见解。如果在这方面有兴趣,可以兼读一下曹丕《典论·论文》(有些文言选本收了)和本册上一篇《与吴质书》。

三、东汉、三国时期,文人为文已经力求文字优美,声音和谐,开六朝骈体之文风。指出本篇中的对偶、排比写法,吟味一下。

四、下面是杨修复信《答临淄侯笺》(亦见《文选》)的一部分,给加上标点,并译为现代语。

修死罪死罪不侍数日若弥年载岂由爱顾之隆使系仰之情深邪损辱嘉命蔚矣其文诵读反复虽讽雅颂不复过此……至于修者听采风声仰德不暇自周章于省览(奔波于阅读)何遑高视哉……若乃不忘经国之大美流千载之英声铭功景钟(把功绩刻在景公钟上)书名竹帛斯自雅量素所畜也岂与文章相妨害哉……

二一　陈情事表　李密

【解说】本篇选自《文选》，有些选本标题为《陈情表》。陈情事，述说自己的心情境况。表，向皇帝上书陈述请求的一种文体。此表是西晋初晋武帝泰始三年（267）写的。三国后期，魏的实权落在司马氏手里，到魏元帝曹奂咸熙二年（265），司马炎代魏即帝位，改国号为晋，年号泰始。在此之前两年，蜀汉（刘备建立的政权）已经灭亡（吴政权到 280 年，即十七年后才灭亡），李密的家乡由晋统治。李密有学问，所以晋武帝想征他做官。李密原是蜀汉的臣，故国灭亡才三四年，难免有感伤之情，又因为司马氏险狠多疑，前朝的臣改事新朝难免有戒心，所以他要坚辞。

这是很难写的文章，因为必须让晋武帝相信，坚辞官位确是情有可原，而不是怀念故国、厌恶新朝。全文的主线是以情动人，语言真挚，情意恳切，能与人以一字一泪的感觉。作为情的辅助的还有理，是"圣朝以孝治天下"，处境为许多人"所见明知"。又为了防备晋武帝疑惑自己是怀念故国，想保全名节，所以还加说了"不矜名节"。凡此都写得很得体，很巧妙，本质是态度坚决而外表像是俯首乞怜。就这样，据说晋武帝看了也很感动,不但不再强征他做官,而且赐与奴婢二人,并令地方官供养他的祖母,直到祖母死后才让他出仕。

作者李密(224—287),一名虔(qián),字令伯,三国晋初犍(qián)为武阳(今四川彭山)人。半岁丧父,四岁,母何氏改嫁,由祖母刘氏抚养成人。青年时期曾从著名学者谯(qiáo)周学习,读书很多,尤精于《左传》。蜀汉时期他曾任尚书郎,出使吴国。晚年曾在晋任尚书郎、温县令、汉中太守,不久免官。

臣密言:臣以险衅①,夙遭闵凶②。生孩六月③,慈父见背④;行年四岁⑤,舅夺母志⑥。祖母刘愍臣孤弱⑦,躬亲抚养⑧。臣少多疾病,九岁不行⑨,零丁孤苦⑩,至于成立⑪。既无伯叔,终鲜兄弟⑫,门衰祚薄⑬,晚有儿息⑭。外无期功

---

① 〔险衅(xìn)〕命运恶劣。险,危难。衅,祸患。 ② 〔夙(sù)〕早,从幼小时。〔闵凶〕忧患凶险。指丧父。闵,通"悯",忧伤。 ③ 〔生孩〕出生后儿时。 ④ 〔见背〕抛开我,死去。背,违离。 ⑤ 〔行年〕所经历之岁月。行,历。 ⑥ 〔舅夺母志〕舅父强改母亲守节抚孤之志(强迫母亲改嫁)。 ⑦ 〔愍(mǐn)〕怜悯。 ⑧ 〔躬亲〕亲自。 ⑨ 〔不行〕不能走路。 ⑩ 〔零丁〕也写作"伶仃",孤苦无依之状。 ⑪ 〔至于成立〕直至成年。 ⑫ 〔终鲜(xiǎn)兄弟〕亦无兄弟。终,到底。鲜,少。《诗经·郑风·扬之水》:"终鲜兄弟,维予与女(汝)。" ⑬ 〔门〕家门。指宗族。〔祚(zuò)〕福。 ⑭ 〔晚有儿息〕很晚才有儿子。息,子。

强近之亲①,内无应门五尺之僮②,茕茕孑立③,形影相吊④。而刘夙婴疾病⑤,常在床蓐⑥,臣侍汤药,未曾废离⑦。

> 由生活困顿写起,着重说祖母抚养之恩及祖母老年须人侍奉之状,为辞官的依据。

逮奉圣朝⑧,沐浴清化⑨。前太守臣逵察臣孝廉⑩,后刺史臣荣举臣秀才⑪。臣以供养无主⑫,辞不赴命⑬。诏书特下,拜臣郎中⑭,寻蒙国恩⑮,除臣洗马⑯。猥以微贱⑰,当侍东宫⑱,非臣陨首所能上报⑲。臣具以表闻⑳,辞不就职。

---

①〔期(jī)功〕(丧事)服期服、功服。期,服丧周年。功,大功服丧九月,小功服丧五月。大致期为祖父母及伯叔父,大功为同祖父之堂兄弟,小功为曾祖父母及伯叔祖父。期、功皆血统甚近之族属。〔强(qiǎng)近〕勉强算得上亲近。 ②〔五尺之僮(tóng)〕五尺高之小孩。僮,儿童,小孩子。五尺,相当今三尺余。言其小。 ③〔茕(qióng)茕〕孤单无依。〔孑(jié)立〕孤立。孑,单。 ④〔形影相吊〕身体和影子互相安慰。表示非常孤苦。 ⑤〔婴疾病〕疾病缠身。婴,缠绕。 ⑥〔蓐(rù)〕草席。 ⑦〔废离〕停止侍奉,离开。 ⑧〔逮(dài)〕及。〔圣朝〕指晋朝。圣,颂扬之词。 ⑨〔沐浴〕洗头洗澡。此处意为深受。〔清化〕高尚之教化。 ⑩〔前〕先是。〔太守臣逵〕(犍为郡)太守名逵者。姓氏不详。臣,皇帝之臣。〔察〕访察,即荐举。〔孝廉〕汉代以来,郡国荐举人才以孝亲与廉洁为条件,所举之人称孝廉,荐之朝廷,以备任用。 ⑪〔后〕其后。〔刺史臣荣〕(益州)刺史名荣者。姓氏不详。〔秀才〕由各州推荐之优秀人才,被荐后即授与官职。 ⑫〔供养无主〕无人主持供养之事。主,有职事之人。 ⑬〔赴命〕赴诏令之所命,上任。 ⑭〔拜〕授官,封爵。〔郎中〕较高级官名,内充侍卫,外从征伐。 ⑮〔寻〕不久。 ⑯〔除〕任命。〔洗马〕太子洗马,太子之侍从官。洗,亦作"先"。 ⑰〔猥(wěi)〕鄙陋。谦词。〔微贱〕卑下之人。 ⑱〔当〕职务乃是。〔东宫〕太子所居。指太子。 ⑲〔非臣陨(yǔn)首所能上报〕言虽死亦不能向上报答君恩。陨首,掉头。 ⑳〔具以表闻〕都用表章上闻。具,完全。闻,上闻,让皇帝知道。

二一 陈情事表

诏书切峻①,责臣逋慢②;郡县逼迫,催臣上道③;州司临门④,急于星火⑤。臣欲奉诏奔驰⑥,则刘病日笃⑦;欲苟顺私情⑧,则告诉不许⑨:臣之进退⑩,实为狼狈⑪。

> 写感激朝廷推重之情,是宾;及屡不奉诏之苦衷,是主。

伏惟圣朝以孝治天下⑫,凡在故老⑬,犹蒙矜育⑭,况臣孤苦,特为尤甚。且臣少事伪朝⑮,历职郎署⑯,本图宦达⑰,不矜名节⑱。今臣亡国贱俘⑲,至微至陋,过蒙拔擢⑳,宠命优渥㉑,岂敢盘桓㉒,有所希冀㉓?但以刘日薄西山㉔,气息奄奄㉕,人命危浅㉖,朝不虑夕㉗。臣无祖母,无以至今

---

① 〔切峻〕急迫而严厉。② 〔责〕责备。〔逋(bū)慢〕不守法。逋,逃避。慢,怠慢,轻忽。③ 〔上道〕起程。④ 〔州司〕州官。〔临门〕到我家。⑤ 〔急于星火〕比流星火还急。⑥ 〔奉诏〕接受诏命。〔奔驰〕赶快前往。⑦ 〔日笃〕日渐沉重。⑧ 〔苟顺私情〕任私情行事,即不奉诏而侍祖母疾。苟,不合理而为。顺,依从。⑨ 〔告诉〕向上申诉。⑩ 〔进退〕指做官和不做官。⑪ 〔狼狈〕形容进退两难。⑫ 〔伏惟〕下级对上级之敬语。伏,伏于地。惟,想。〔以孝治天下〕以孝道教化天下。治理天下,以孝道为最重。⑬ 〔故老〕年高有德之人。⑭ 〔矜(jīn)育〕尊敬抚养。⑮ 〔事伪朝〕做蜀汉之官。历代皆称所灭之国为伪朝,以示本朝为正统。⑯ 〔历职郎署〕做郎署中之官,即为郎官。⑰ 〔本图〕本意是想。〔宦达〕做官而显于时。⑱ 〔不矜名节〕无自负清高之意。矜,顾惜。⑲ 〔俘〕亡国之民。⑳ 〔过蒙拔擢(zhuó)〕错蒙提拔。过,错。谦词。蒙,受。擢,提升。㉑ 〔宠命〕恩宠之诏命。指授与官职。〔优渥(wò)〕优厚。㉒ 〔盘桓〕徘徊不进。㉓ 〔希冀〕企图。㉔ 〔日薄(bó)西山〕比喻生命将尽。薄,迫近。㉕ 〔奄(yǎn)奄〕气息微弱之状。㉖ 〔危浅〕危殆而所余无多。㉗ 〔虑〕想,顾。

日,祖母无臣,无以终余年①,母孙二人,更相为命②,是以区区不敢废远③。

> 以朝廷重孝道为理由,进一步申述自己的境遇理应受到宽待,并表明自己没有孤高不仕的心思。

臣密今年四十有四,祖母刘今年九十有六,是臣尽节于陛下之日长④,报养刘之日短也。乌鸟私情⑤,愿乞终养⑥。臣之辛苦⑦,非独蜀之人士及二州牧伯所见明知⑧,皇天后土实所共鉴⑨。愿陛下矜愍愚诚⑩,听臣微志⑪,庶刘侥幸保卒余年⑫。臣生当陨首,死当结草⑬。臣不胜犬马怖惧之情⑭,谨拜表以闻⑮。

> 最后明白提出"愿乞终养",希望朝廷体察他的诚挚之心,因怜悯而允许他。

---

①〔终余年〕度完晚年。 ②〔更(gēng)相为命〕交相依靠以生活。更,交互。 ③〔区区〕拳拳,诚挚之心。〔废远〕废而远离。言废奉养之孝道而远去应诏。 ④〔尽节〕效命,尽力。 ⑤〔乌鸟〕乌鸟反哺(老乌鸟哺育小雏,小雏成长后哺养老乌鸟),以喻人之孝亲。 ⑥〔终养〕奉养至终。 ⑦〔辛苦〕指心情之矛盾,处境之困难。 ⑧〔二州牧伯〕指太守逵、刺史荣。二州,梁州、益州。牧、伯,古代州郡长官之称。 ⑨〔皇天后土〕天地之神。皇天,上天。皇,大。后土,土地神。后,主。〔共鉴〕共同知晓。 ⑩〔愚诚〕愚拙之诚心。愚,谦词。 ⑪〔听〕听从。 ⑫〔庶〕表示希望之词。〔保卒余年〕安度晚年。卒,终,过完。 ⑬〔结草〕春秋时晋国大夫魏犨(chōu)临死嘱其子魏颗杀其爱妾以殉葬,魏犨死后,魏颗嫁之。后魏颗与秦将杜回战,见一老人结草绊杜回,擒之。夜梦老人,自言乃所嫁妾之父,特来报恩。事见《左传》宣公十五年。 ⑭〔犬马怖惧之情〕臣对君谦卑之语,自比犬马,上奏时惶恐不安。 ⑮〔拜表〕恭敬上表。

【研读参考】一、文章有体，写得好谓之"得体"。"书"和"表"是相近的文体而又有区别。说说两者的同点和异点。

二、骈体文的要求是表达方面的声音美。早期多注意句法整齐，渐渐发展为要求对偶工整，平仄协调，四字句、六字句交互使用。本篇是早期的骈体文，你能说说它的句法整齐的特点吗？

三、像"形影相吊"这样的说法，现在还用。本篇中还有这样的说法吗？找找看。

二二　归去来兮辞并序　陶渊明

【解说】本篇选自《陶渊明集》,有些选本标题为《归去来辞》。来,助词,类似现代汉语"坐下来"的"来"。兮,辞赋里常用的语气词。辞是近于赋的一种文体,着重藻丽,有的可以歌唱,一般要押韵。这样的文体不宜于容纳记事说明的内容,所以前面加写了散体的文字,说明写作的缘由,称为"序"。作者生在东晋末年,社会混乱,王室的大权逐渐落到军阀刘裕(后来代晋,建立南朝宋国)手里。他有抱负而难以施展,又赋性恬淡,于是决心走隐退一条路。正如在本篇序中所说,他原想做做小官,混个温饱,可是"质性自然",想勉强也做不到,又赶上妹妹病故,于是决心放弃仕途,回家过田园生活。本篇表面是写他弃官回家以及回家之后的生活感受,而实质是写他的不屑于与世浮沉的生活态度。

文章内容好,能够使读者看到作者在浊世中的清高品格;词句优美,无论写景物、写心情,都能够简练而细致,典雅而生动。欧阳修甚至说:"晋无文章,惟《归去来兮辞》一篇而已。"全文分几段用韵,以平水韵为标准(古诗有些韵可通用),第一段用支(悲,追)、微(归,非,衣,微)韵,第二段用元

（奔，门，存，樽）、寒（安，观，桓）、删（颜，关，还）韵，第三段用尤（游，求，忧，畴，舟，丘，流，休）韵，第四段用支（时，之，期，耔，诗，疑）韵。这样，韵律正好同内容协调，读起来就显得特别精练。作者传世的作品，诗多文少；可是就在仅有的几篇文中，像《桃花源记》《五柳先生传》和本篇，都写得淡雅自然，纯朴恳切，为后代广大读者所熟悉，所爱读。

　　作者陶渊明（365—427），字元亮，大概在东晋为宋所代之后改名潜，东晋末浔阳柴桑（在今江西九江西南）人。晋朝大官陶侃的曾孙，名士孟嘉的外孙。祖父和父亲都做过太守。他生在官宦家庭，年轻时候一定读了不少书。三十岁左右做过州祭酒的小官，不久辞去。四十岁左右做过镇军将军刘裕和建威将军刘敬宣的参军。晋安帝义熙元年（405）阴历八月做彭泽（今江西彭泽）令，十一月辞去。大概到第二年，写成《归去来兮辞》。此后一直在家过隐居生活。到义熙十四年（418），刘裕杀了晋安帝，立恭帝为君。又过两年，刘裕称帝，不久又杀了恭帝。这些变故都使陶渊明很痛心，更加厌恶出仕。以后多病，没有几年就死了，他的好友颜延之等私谥他为"靖节"。陶渊明的成就主要是诗，歌咏隐居田园、饮酒赏菊、乐天知命的闲适生活，意境恬淡，词句质朴自然。他由唐代起文学地位越来越高，被看作田园诗的开创者，王维、孟浩然、韦应物等都受到他的影响。

余家贫，耕植不足以自给①。幼稚盈室②，瓶无储粟③，生生所资④，未见其术⑤。亲故多劝余为长吏⑥，脱然有怀⑦，求之靡途⑧。会有四方之事⑨，诸侯以惠爱为德⑩，家叔以余贫苦⑪，遂见用于小邑⑫。于时风波未静⑬，心惮远役⑭，彭泽去家百里⑮，公田之利，足以为酒⑯，故便求之⑰。及少日⑱，眷然有归欤之情⑲。何则⑳？质性自然，非矫厉所得㉑；饥冻虽切㉒，违己交病㉓。尝从人事㉔，皆口腹自役㉕。于是

---

① 〔耕植不足以自给〕靠种田不能维持生活。 ② 〔幼稚盈室〕家里孩子多。盈室，充满屋子。他的《责子》诗说："虽有五男儿，总不好纸笔。" ③ 〔瓶无储粟〕瓶里没有存粮。瓶，盛粮米之陶器。 ④ 〔生生所资〕维持生活所需之物。生生，维持生活。资，依靠，凭借。 ⑤ 〔未见其术〕没找到办法。术，方法。 ⑥ 〔故〕故交，朋友。〔长（zhǎng）吏〕此处指县官。 ⑦ 〔脱然有怀〕忽有为官之意。脱然，不经意。 ⑧ 〔靡途〕没有门路。 ⑨ 〔会〕正值。〔四方之事〕出使到各地之事。指任建威将军刘敬宣之参军，由江陵出使建业（东晋都城，今江苏南京）。 ⑩ 〔诸侯〕指州刺史之类高级地方官。〔以惠爱为德〕把施恩于人看作美德。言得到大官之照顾。 ⑪ 〔家叔〕指他的叔父陶夔（kuí），曾任太常卿。 ⑫ 〔见用〕被任用。〔小邑〕小县（做县官）。 ⑬ 〔风波〕指东晋末之战乱。 ⑭ 〔惮〕怕。〔役〕出行，任职。 ⑮ 〔去〕离。 ⑯ 〔公田〕收益归主管官吏之田。〔足以为酒〕足够酿酒喝。意为可多种秫（shú，一种黏稻，可酿酒）。 ⑰ 〔求之〕要求到那里去做县官。 ⑱ 〔少日〕日子不多。 ⑲ 〔眷然〕怀念故里之状。〔归欤（yú）〕回去吧。即怀乡。《论语·公冶长》有"归欤，归欤"之句。 ⑳ 〔何则〕为什么呢。 ㉑ 〔质性自然，非矫厉所得〕本性自是这样，不是勉强得来的。矫厉，勉强克制。矫，纠正。厉，磨炼。 ㉒ 〔饥冻虽切〕饥寒虽然急迫。 ㉓ 〔违己交病〕违背本心，身心都痛苦。 ㉔ 〔从人事〕依常习做官。从，顺随。 ㉕ 〔口腹自役〕为了吃饭役使自己。指做自己不愿做之事。

怅然慷慨①，深愧平生之志。犹望一稔②，当敛裳宵逝③。寻程氏妹丧于武昌④，情在骏奔⑤，自免去职⑥。仲秋至冬⑦，在官八十余日⑧。因事顺心⑨，命篇曰《归去来兮》⑩。乙巳岁十一月也。⑪

　　文之前写序，意在说明写此文的缘由：做小官而思归去，根本原因是"质性自然"。

归去来兮，田园将芜胡不归⑫！既自以心为形役⑬，奚惆怅而独悲⑭？悟已往之不谏⑮，知来者之可追⑯。实迷途其未远⑰，觉今是而昨非⑱。舟遥遥以轻飏⑲，风飘飘而吹衣。

---

①〔怅然〕忧愁之状。〔慷慨〕感情激动。 ②〔犹望一稔（rěn）〕还想经过一次秋收（当指第二年秋收）。稔，谷熟一次，一年。 ③〔敛裳宵逝〕收拾衣物星夜离开。裳，下衣，此处泛指衣物。宵，夜。逝，走开。 ④〔寻〕旋，不久。〔程氏妹〕嫁到程家之妹。〔武昌〕今湖北鄂城，非今之武昌。 ⑤〔情在骏奔〕去奔丧的心情非常急迫。骏奔，赶快去。骏，速。《诗经·周颂·清庙》："骏奔走在庙。" ⑥〔自免去职〕自动放弃官位。 ⑦〔仲秋至冬〕阴历八月至十月。 ⑧〔在官〕做官，在职。 ⑨〔因事顺心〕照应归去之事，合于归去之心（故命篇曰）。因，就着。顺，依从。 ⑩〔命篇曰〕（写文）定篇名为。命，起名。 ⑪〔乙巳（sì）岁〕晋安帝义熙元年（405）。时作者四十一岁。 ⑫〔芜〕荒。〔胡〕何，为什么。 ⑬〔以心为形役〕让心为形体役使，为谋生而做不愿做之事。 ⑭〔奚〕何，为什么。〔独悲〕自己苦恼。 ⑮〔谏〕改正，挽救。 ⑯〔追〕补救。《论语·微子》："往者不可谏，来者犹可追。" ⑰〔迷途其未远〕意为改正不迟。《楚辞·离骚》有"及行迷之未远"之句。 ⑱〔今是而昨非〕意为今日之归去是，昨日之做官非。 ⑲〔遥遥〕飘荡之状。〔飏〕飘动。

问征夫以前路①,恨晨光之熹微②。

> 由衡量得失、决心归去写起。匆匆上路,既急又喜,是写归心似箭的心情。

乃瞻衡宇,载欣载奔③。僮仆欢迎④,稚子候门⑤。三径就荒⑥,松菊犹存。携幼入室,有酒盈樽⑦。引壶觞以自酌⑧,眄庭柯以怡颜⑨。倚南窗以寄傲⑩,审容膝之易安⑪。园日涉以成趣⑫,门虽设而常关⑬。策扶老以流憩⑭,时矫首而遐观⑮。云无心以出岫⑯,鸟倦飞而知还。景翳翳以将入⑰,抚孤松而盘桓⑱。

> 写归去之后的景象:人情亲切,环境幽静,生活

---

① 〔征夫〕行人。 ② 〔恨晨光之熹(xī)微〕怨天亮得太慢(还不能到家)。熹微,光微弱,微明。熹,光亮。 ③ 〔乃瞻衡宇,载欣载奔〕看见自己家之房屋,就欣喜而走去。乃,于是。衡宇,简陋之房屋。衡,横,横木为门,形容简陋。宇,屋。载,助词,连用有"且""又"义。 ④ 〔僮〕未成年之仆人。 ⑤ 〔稚子候门〕孩子们在门口等候。 ⑥ 〔三径就荒〕院里长了杂草。三径,隐居之处。《三辅决录》卷一:"(汉)蒋诩(xǔ,王莽当国时不仕)归乡里,荆棘塞门,舍中有三径,不出,唯求仲、羊仲从之游。"就,近于,至于。 ⑦ 〔樽〕一种酒器。 ⑧ 〔引壶觞以自酌〕拿起酒壶酒杯来自斟自饮。引,牵挽,拿。觞,酒杯。酌,斟酒。 ⑨ 〔眄(miǎn)庭柯以怡颜〕看看院中树木,觉得很愉快。眄,斜看。柯,树枝。怡颜,欢颜,高兴表现在脸上。 ⑩ 〔寄傲〕寄托自足自得之心情。 ⑪ 〔审容膝之易安〕深知住在简陋之小屋内很安适。容膝,只能容纳双膝之屋(极言其小)。《韩诗外传》卷九有"所安不过容膝"之句。 ⑫ 〔园日涉以成趣〕天天到园里走走,很有趣味。涉,走到。 ⑬ 〔门虽设而常关〕言极少交游。 ⑭ 〔策扶老以流憩(qì)〕拄着拐杖出去走走,随时随地休息。策,拄着。扶老,拐杖。流憩,游息。憩,休息。 ⑮ 〔时矫首而遐(xiá)观〕有时抬起头向远处望望。矫,举。遐,远。 ⑯ 〔岫(xiù)〕山穴,峰峦。 ⑰ 〔景〕日光。〔翳(yì)翳〕光微弱之状。 ⑱ 〔盘桓〕徘徊。

闲适。这是证明弃官归家的想法完全正确。

归去来兮，请息交以绝游①。世与我而相违②，复驾言兮焉求③！悦亲戚之情话④，乐琴书以消忧⑤。农人告余以春及⑥，将有事于西畴⑦。或命巾车⑧，或棹孤舟⑨。既窈窕以寻壑⑩，亦崎岖而经丘⑪。木欣欣以向荣⑫，泉涓涓而始流⑬。羡万物之得时⑭，感吾生之行休⑮。

补充上段，写家居以琴书消忧，置身田园，以及游山玩水的乐趣。

已矣乎⑯，寓形宇内复几时⑰！曷不委心任去留⑱，胡为乎遑遑欲何之⑲？富贵非吾愿，帝乡不可期⑳。怀良辰以孤

---

①〔请息交以绝游〕让我同外人断绝交游吧。 ②〔世与我而相违〕世上与我心意不合。 ③〔复驾言兮焉求〕还要出去干什么呢？驾，驾车。言，助词。《诗经·邶(bèi)风·泉水》："驾言出游，以写（泄，除）我忧。"此处以"驾言"代"出游"。焉求，何求。 ④〔亲戚〕指家中亲属。〔情话〕知心话。 ⑤〔乐琴书〕愿意弹琴读书。 ⑥〔春及〕春天种植季节到了。 ⑦〔将有事于西畴(chóu)〕要到田地里去耕种。西，非实指。畴，田地。 ⑧〔命〕使，叫。〔巾车〕小车。 ⑨〔棹(zhào)〕桨。作动词用，划。 ⑩〔既窈(yǎo)窕(tiǎo)以寻壑(hè)〕有时曲曲折折进入山谷。窈窕，深远曲折。壑，山沟。 ⑪〔亦崎岖而经丘〕有时高高下下穿过山丘。崎岖，道路不平。 ⑫〔木〕树木。〔荣〕滋长繁茂。 ⑬〔涓(juān)涓〕水流细小之状。 ⑭〔羡〕爱慕。〔得时〕及时生长。 ⑮〔行休〕将完。行，将。休，止，完。《庄子·刻意》："其生若浮，其死若休。" ⑯〔已矣乎〕算了吧！ ⑰〔寓形宇内复几时〕托身于天地间还能有多少时间。宇，上下四方。 ⑱〔曷(hé)不委心任去留〕为什么不放心任其自然地死或生呢？曷，何。委，安放。去留，指离开世间和留在世间，即死生。 ⑲〔胡为(wèi)〕为什么。〔遑(huáng)遑〕不息之状。〔何之〕何往。 ⑳〔帝乡〕天帝所居之处。意即成仙。〔期〕期望，等待。

往①,或植杖而耘耔②。登东皋以舒啸③,临清流而赋诗④。聊乘化以归尽⑤,乐夫天命复奚疑⑥。

> 深入一层,由生活态度方面说明寄情田园、乐天知命的可贵。这是用更有力的理由证明做官不如归去,以此作结。

【研读参考】一、《陶渊明集》旧注本,以清朝陶澍(shù)注的《陶靖节集》最通行。新注本有逯(lù)钦立校注的《陶渊明集》(中华书局),可用,如果想多了解陶渊明的为人和他作品的风格,可以找来看看。

二、陶渊明辞官归去的原因,萧统《陶渊明传》说:"为彭泽令,……岁终,会郡遣督邮至,县吏请曰:'应束带见之。'渊明叹曰:'我岂能为五斗米,折腰向乡里小儿!'即日解绶(系印之绳)去职,赋《归去来》。"《宋书》《晋书》《南史》的《隐逸传》也这样说,与本篇的序不同。实情究竟如何?你判断一下。

三、陶渊明《神释》诗末尾说:"甚念伤吾生,正宜委运去。纵浪大化中,不喜亦不惧。应尽便须尽,无复独多虑。"同本篇哪部分思想是相通的?

---

① 〔怀良辰以孤往〕爱惜美好之时光,独自出去。怀,思念不忘。 ② 〔或植杖而耘耔(zǐ)〕意为有时下田除草培苗。植,立。耘,除草。耔,培苗。《论语·微子》:"植其杖而芸(耘)。" ③ 〔东皋〕东方之高地。〔舒啸〕放声歌啸。舒,展,放。 ④ 〔临〕靠近。〔赋诗〕作诗,吟诗。 ⑤ 〔聊乘化以归尽〕姑且顺应自然之变化,直至生命尽头。 ⑥ 〔乐夫天命复奚疑〕乐天安命,还有什么疑虑呢?夫,助词。

四、鲁迅在《魏晋风度及文章与药及酒之关系》(《而已集》)里说,陶渊明是处在易代的时候,所以表现为这样,其实"他于世事也并没有遗忘和冷淡"。读本篇,要深入体会鲁迅的分析。

五、译"乃瞻衡宇"一段为现代散文。

二三 祢衡传 范晔

【解说】本篇选自《后汉书·文苑传》,节去"上疏荐之"后面的疏文[《文选》收此文,题为《荐祢(mí,旧读nǐ)衡表》,文字有小异]。《后汉书》是记述东汉史实的纪传体断代史。作者是东晋末年到南朝宋时人。那时候,记东汉史实的书,除东汉本朝断续修的《东观(guàn,藏书之地)汉记》以外,还有不少。他不满意这些著作,于是参考十几种书(主要是《东观汉记》),取长舍短,删繁补缺,写成帝纪十篇,列传八十篇,共九十篇。原来还想写十篇志,没有完成,后人把晋司马彪《续汉书》的八篇志(三十卷,南朝梁刘昭注)补入,成为现在通行的一百二十卷本《后汉书》。作者有史识,善为文,又因为他见到的记东汉史实的书已大部分散失,所以此书就成为记述东汉历史最重要的典籍,列入正史,并与《史记》《汉书》《三国志》合称《前四史》,为旧时代读书人的必读书。《后汉书》没有"表",但在传记的标类方面有所创造。标类立传,《史记》有"循吏""儒林""酷吏"等,《汉书》因之,《后汉书》又创为"党锢(gù)""独行""逸民""文苑""方术""列女"诸传,后代许多史书仿此体例。《后汉书》是盛行骈俪文的六朝时期写的，文字整齐精练，富有文学意味，对后代的文人也有不小的影响。

本篇为祢衡（173—198）立传，着重写祢衡的高傲倔强性格，其次才是有才能文。东汉的社会风气是重气节，尤其读书人，要敦品励行，不贪名利，不畏权势，疾恶如仇。这种廉隅的品德当然有优点，但祢衡行之太过，以致任意侮人，违背情理，终于引来杀身之祸。作者对这样的人，首先是用史笔记实。记实，选择材料有分寸，以至琐屑的言谈举止，都恰好能够表现祢衡的为人。记实之中也隐含褒贬，这就是，有才早亡可惜，但恃才傲物至于超出常理，被杀也是必然。文字简练典雅，写人形象生动，也值得注意。

作者范晔（yè，398—446），字蔚宗，顺阳山阴〔今河南淅(xī)川〕人。官宦人家出身。有才，好学，不但文章写得好，还通晓音律，擅长书法。十几岁就做官。二十多岁，刘裕代东晋称帝，建立宋朝，他受到朝廷信任，曾任尚书吏部郎、宣城太守、左卫将军等官。后来因为想拥立宋文帝的弟弟彭城王刘义康为帝，被人告发，以谋反罪被杀，死时不满五十岁。著有文集，没传下来。

祢衡，字正平，平原般人也①。少有才辩②，而气尚刚

---

①〔平原〕郡名，在今山东省平原县一带。〔般（bō）〕县名，在今山东省德州市陵城区。 ②〔才辩〕有才，善于讲话。

傲①,好矫时慢物②。兴平中避难荆州③,建安初来游许下④。始达颍川⑤,乃阴怀一刺⑥,既而无所之适⑦,至于刺字漫灭⑧。是时许都新建,贤士大夫四方来集,或问衡曰:"盍从陈长文、司马伯达乎⑨?"对曰:"吾焉能从屠沽儿耶⑩!"又问荀文若、赵稚长云何⑪,衡曰:"文若可借面吊丧⑫,稚长可使监厨请客⑬。"唯善鲁国孔融及弘农杨修⑭,常称曰:"大儿孔文举⑮,小儿杨德祖,余子碌碌⑯,莫足数也⑰。"融亦深爱其才。衡始弱冠⑱,而融年四十,遂与为交友,上疏

---

① 〔气尚刚傲〕性情刚直傲慢。尚,名词,所重。 ② 〔好(hào)矫时慢物〕喜欢违背时俗,轻侮人。矫,矫正。慢,轻慢,看不起。物,他人。 ③ 〔兴平〕东汉末代皇帝汉献帝年号(194—195)。〔荆州〕指今湖北襄阳一带。 ④ 〔建安〕亦汉献帝年号(196—219)。〔许下〕指许都。曹操于建安元年迎汉献帝都许,改名许昌(今河南许昌)。 ⑤ 〔达〕到。〔颍川〕郡名。许昌在颍川郡。 ⑥ 〔阴怀一刺〕怀中藏一名刺。意为祢衡有拜谒时人之意。阴,暗暗地。 ⑦ 〔无所之适〕无可往处。之,适,皆往意。 ⑧ 〔漫灭〕(名刺久在怀中以致字迹)模糊脱落。极言其目中无人。 ⑨ 〔盍(hé)〕何不。〔从〕追随。〔陈长文〕陈群,字长文。〔司马伯达〕司马朗,字伯达。二人皆当时名人。 ⑩ 〔屠沽儿〕卖肉、卖酒家之子。形容甚鄙贱。 ⑪ 〔荀文若〕荀彧(yù),字文若,曹操之谋士。〔赵稚长〕不知其名,曾官荡寇将军。〔云何〕(为人)怎么样。 ⑫ 〔借面吊丧〕意为荀彧空有外貌,宜于代人吊丧。 ⑬ 〔监厨〕赵腹大,善吃肉,故宜于监厨。二句极言祢衡言语刻薄。 ⑭ 〔善〕友好,交好。〔鲁国孔融〕见本册《论盛孝章书》。国,与郡同级之行政区划,直属中央曰郡,封与王侯曰国。〔弘农杨修〕见本册《与杨德祖书》。 ⑮ 〔称〕颂扬。〔大儿〕意为年纪大些的,下文"小儿"意为年纪小些的。此乃祢衡自认为更成熟。 ⑯ 〔余子〕其他人。〔碌碌〕平庸无能。 ⑰ 〔莫足数(shǔ)〕不值得算在内。 ⑱ 〔弱冠(guàn)〕二十岁左右。《礼记·曲礼上》:"二十曰弱,冠。"冠,行冠(戴帽)礼。

荐之①。

先介绍祢衡的出身和为人，是传记的通常写法。
引具体事例突出其恃才傲物，引起下文。

融既爱衡才，数称述于曹操②。操欲见之，而衡素相轻疾③，自称狂病④，不肯往，而数有恣言⑤。操怀忿⑥，而以其才名，不欲杀之。闻衡善击鼓，乃召为鼓史⑦，因大会宾客⑧，阅试音节⑨。诸史过者，皆令脱其故衣⑩，更著岑牟、单绞之服⑪。次至衡⑫，衡方为渔阳参挝⑬，蹀躞而前⑭，容态有异⑮，声节悲壮，听者莫不慷慨⑯。衡进至操前而止，吏诃之曰⑰："鼓史何不改装，而轻敢进乎⑱？"衡曰："诺⑲。"于是先解袒衣⑳，次释余服㉑，裸身而立㉒，徐取岑牟、单绞而著之，毕㉓，复参挝而去，颜色不怍㉔。操笑曰："本欲辱衡，衡反辱孤㉕。"

————

① 〔上疏（旧读 shù）〕向皇帝陈述意见。〔荐之〕推荐他。 ② 〔数（旧读 shuò）〕屡次。下文"数有"之"数"同。 ③ 〔素相轻疾〕平素轻视并憎恨（曹操）。 ④ 〔狂病〕有疯病。 ⑤ 〔恣（zì）言〕放纵之言。指攻击曹操之言。 ⑥ 〔忿（fèn）〕愤怒。 ⑦ 〔鼓史〕击鼓之小史。史，小官名。 ⑧ 〔因〕于是。 ⑨ 〔阅试音节〕听听音乐。阅试，检阅考查。 ⑩ 〔故衣〕原来之衣。 ⑪ 〔更（gēng）著〕改穿。〔岑牟〕鼓史所戴帽。〔单绞〕苍黄色之单衣。 ⑫ 〔次至〕轮到。 ⑬ 〔方〕正。〔渔阳参挝（zhuā）〕鼓曲名。《世说新语·言语》："（衡）为渔阳参挝，渊渊有金石声，四坐为之改容。" ⑭ 〔蹀（dié）躞（xiè）〕小步走路。 ⑮ 〔有异〕不寻常。 ⑯ 〔慷慨〕感情激动。 ⑰ 〔诃（hē）〕大声斥责。 ⑱ 〔轻敢进〕敢随意上前。 ⑲ 〔诺（nuò）〕答应之声（表同意）。 ⑳ 〔袒（nì）衣〕内衣。 ㉑ 〔释〕脱掉。 ㉒ 〔裸身〕光着身子。此为故作轻慢。 ㉓ 〔毕〕（穿戴）完了。 ㉔ 〔怍（zuò）〕羞惭。 ㉕ 〔孤〕王侯自称。

接着写在曹操处的表现,因傲慢无礼而受辱。受辱而玩世不恭,是突出他个性倔强。

孔融退而数之曰①:"正平大雅,固当尔邪②?"因宣操区区之意③。衡许往④。融复见操,说衡狂疾,今求得自谢⑤。操喜,敕门者有客便通⑥,待之极晏⑦。衡乃著布单衣,疏巾⑧,手持三尺棁杖⑨,坐大营门⑩,以杖捶地大骂⑪。吏白⑫:"外有狂生,坐于营门,言语悖逆⑬,请收案罪⑭。"操怒,谓融曰:"祢衡竖子⑮,孤杀之犹雀鼠耳⑯。顾此人素有虚名⑰,远近将谓孤不能容之⑱,今送与刘表⑲,视当何如。"于是遣人骑送之⑳。临发,众人为之祖道㉑,先供设于城南㉒,乃更相戒曰㉓:"祢衡勃虐无礼㉔,今因其后到㉕,咸当以不起折之也㉖。"及衡至,众人莫肯兴㉗,衡坐而大号㉘。

---

①〔数(shǔ)〕责,列举(罪状)。 ②〔正平大雅,固当尔邪〕您是大雅君子,可以这样吗?邪,同"耶"。 ③〔宣〕表明。〔区区之意〕爱慕思念之心。 ④〔许往〕同意去(见曹操)。 ⑤〔求得自谢〕愿能当面请罪。得,获得。 ⑥〔敕(chì)〕命令。〔门者〕守门人。〔通〕入告。 ⑦〔待之极晏〕等了很长时间。晏,晚。 ⑧〔疏巾〕一种随便之头巾。 ⑨〔棁(tuō)杖〕木杖。 ⑩〔大营〕主帅所在之营房。 ⑪〔捶(chuí)〕打,击。 ⑫〔白〕报告。 ⑬〔悖(bèi)逆〕荒谬违法。意为骂得很难听。 ⑭〔收〕拘捕。〔案罪〕审问治罪。 ⑮〔竖子〕骂人的话。相当于"小子"。 ⑯〔犹雀鼠〕如杀雀鼠之平常。 ⑰〔顾〕只是。 ⑱〔远近〕各地。 ⑲〔刘表〕字景升,时为荆州牧。 ⑳〔人骑(旧读jì)〕人马。 ㉑〔祖道〕送行。古时出行前祭路神,并饮宴,名祖道。祖,祭路神。 ㉒〔供设〕摆设酒食。 ㉓〔更相戒〕又互相告诫。 ㉔〔勃虐〕违背事理,举止乖谬。勃,悖。 ㉕〔因其后到〕借祢衡晚来之时机(送客者先到)。 ㉖〔咸〕全。〔不起〕不立起。〔折之〕挫折他。 ㉗〔兴〕起立。 ㉘〔号(háo)〕哭。

众问其故,衡曰:"坐者为冢①,卧者为尸,尸冢之间②,能不悲乎?"

> 承上段,写本色不改,反而加重。"以杖捶地大骂",既是画形,又是写心。幸而不死,被逐,于送行场所仍不收敛。写祢衡稀有之性格,此段是重点。

刘表及荆州士大夫先服其才名,甚宾礼之③,文章言议④,非衡不定⑤。表尝与诸文人共草章奏⑥,并极其才思⑦。时衡出⑧,还见之,开省未周⑨,因毁以抵地⑩。表忼然为骇⑪。衡乃从求笔札⑫,须臾立成⑬,辞义可观⑭。表大悦,益重之⑮。

> 写在刘表处的表现,重点是才高,其次是难于驾驭。

后复侮慢于表⑯,表耻,不能容,以江夏太守黄祖性急⑰,故送衡与之,祖亦善待焉。衡为作书记⑱,轻重疏密⑲,各得体宜⑳。祖持其手曰:"处士㉑,此正得祖意,如

---

①〔坐者为冢(zhǒng)〕坐而不动,等于坟墓。 ②〔尸冢之间〕在尸冢中间。 ③〔宾礼之〕用宾客之礼待他。 ④〔文章言议〕作文章,讨论事情。 ⑤〔非衡不定〕没有祢衡就不能决定。 ⑥〔草〕起稿。〔章奏〕上呈皇帝之文书。 ⑦〔并极其才思〕都用尽彼之文才。 ⑧〔出〕外出。 ⑨〔开省(xǐng)未周〕打开看,还没看完。省,查看。周,一遍。 ⑩〔抵地〕掷于地。 ⑪〔忼(wǔ)然〕惊奇之状。〔为(wèi)骇〕为之惊讶。 ⑫〔从求〕向之要。〔札〕纸。原指写字用之木简。 ⑬〔须臾〕短时间。 ⑭〔可观〕值得观赏,很好。 ⑮〔益重之〕更加器重他。 ⑯〔侮慢〕侮辱轻慢。 ⑰〔江夏〕郡名,属荆州,今湖北武汉。 ⑱〔书记〕书牍记录一类文章。 ⑲〔轻重疏密〕指文辞之分量、繁简。 ⑳〔各得体宜〕都恰如其分。体,规格。宜,合适。 ㉑〔处士〕对文士之敬称。

祖腹中之所欲言也。"祖长子射为章陵太守①，尤善于衡②。尝与衡俱游，共读蔡邕所作碑文③，射爱其辞，还，恨不缮写④，衡曰："吾虽一览⑤，犹能识之⑥，唯其中石缺二字为不明耳。"因书出之⑦。射驰使写碑⑧，还校⑨，如衡所书，莫不叹伏⑩。射时大会宾客，人有献鹦鹉者，射举卮于衡曰⑪："愿先生赋之⑫，以娱嘉宾⑬。"衡揽笔而作⑭，文无加点⑮，辞采甚丽。

> 最后写在黄祖处，连续表现才高。就文意说是上一段的继续，就章法说是下一段突变的伏笔。

后黄祖在蒙冲船上⑯，大会宾客，而衡言不逊顺⑰。祖惭，乃诃之，衡更熟视曰⑱："死公！云等道⑲！"祖大怒，令五百将出⑳，欲加棰㉑；衡方大骂，祖恚㉒，遂令杀之。祖

---

①〔射〕读yì。〔章陵〕郡名，属荆州，今湖北枣阳一带。 ②〔善于衡〕与祢衡交好。 ③〔蔡邕〕字伯喈(jiē)，东汉末学者。曾任左中郎将。人称蔡中郎。长于写碑文。 ④〔缮〕抄写。 ⑤〔一览〕看一遍。 ⑥〔识(zhì)〕通"志"，记。 ⑦〔因书出之〕于是将碑文写出。 ⑧〔驰使〕派人骑马（去石碑处）。 ⑨〔还校(jiào)〕回来与祢衡所书核对。 ⑩〔伏〕通"服"，佩服。 ⑪〔举卮(zhī)〕举杯。卮，酒器。 ⑫〔赋之〕写一篇（歌咏鹦鹉之）赋。祢衡所作《鹦鹉赋》见《文选》。 ⑬〔以娱嘉宾〕使宾客欢乐。嘉，好。 ⑭〔揽笔〕持笔。 ⑮〔文无加点〕无增添之字，亦无抹去之字。形容文思敏捷，下笔成章。 ⑯〔蒙冲船〕可冲突敌船之狭长战船。 ⑰〔逊顺〕谦逊恭顺。 ⑱〔更〕又。表示用力。〔熟视〕注视。 ⑲〔死公〕该死之公。咒骂语。〔云等道〕这是什么话！当时俗语。 ⑳〔五百〕护卫役卒。非五百人。〔将出〕拉出去。 ㉑〔加棰(chuí)〕用杖打。 ㉒〔恚(huì)〕愤怒。

主簿素疾衡①,即时杀焉②。射徒跣来救③,不及。祖亦悔之,乃厚加棺敛④。衡时年二十六。其文章多亡云⑤。

    平地起波澜,故态复萌,以致顷刻之间丧命。写黄祖悔,写年二十六,表示惋惜之意。

【研读参考】一、《后汉书》旧注本,通行的是唐朝章怀太子李贤和诸儒共注的。清朝惠栋曾作《后汉书补注》。清朝末年王先谦据以前各家注,作《后汉书集解》,是旧注里最详的。但旧注考证性的较多,释义性的很少,初学读它,必须借助词典。

  二、对于祢衡这样的人,范晔没有明显的评论,王先谦《集解》有一段话可供参考。

  然解衵裸立,果大雅所当尔邪?适以长(zhǎng)后进轻狷(juàn,耿介量小)之焰,而授杀士者以口实也。自后史臣载笔,踵(随着作)而弗失,无行才士率(大都)厕(参与)兹传,文人之目(名)遂为世诟(责骂),流宕忘返,君子惧旃(zhān,之)。

说说你自己的看法。

  三、词语可以有歧义,要根据上下文定其确义。下面加点的词语有何歧义?是根据什么上下文知其确义的?

  (1)平原般人也。

---

①〔主簿〕管文书簿记之官。〔素〕平素。〔疾〕憎恨。 ②〔即时〕立刻。 ③〔徒跣(xiǎn)〕赤足步行。形容急迫,来不及穿鞋。徒,步行。跣,光脚。 ④〔厚加棺敛〕用好棺木、好衣服入殓。敛,通"殓"。 ⑤〔亡〕失落,未能流传。

(2) 至于刺字漫灭。

(3) 赵稚长云何。

(4) 顾此人素有虚名。

(5) 犹能识之。

(6) 令五百将出。

二四　恨赋　江淹

【解说】本篇选自《文选》。恨,有愿望不能实现而感到苦恼、遗憾。本册前面已经讲过赋的文体,说汉赋大多写都市、园林等的繁华富丽,铺张堆砌,篇幅冗长,内容比较干燥。三国以后南北朝时期,篇幅短的以咏物言情为主的赋逐渐增多,如《琴赋》《月赋》《思旧赋》《闲居赋》等都是。这类赋词句更加严整,声韵更加和谐,较汉赋富于文学意味。

　　本篇是以"恨"为题材的抒情小赋,其中表现出对人生无常的感叹,这是消极的,不足取的。恨有各种情况,文章逐类点出,加以描画,这还是多方面铺叙的赋的传统写法。文字简练,寥寥几句能够把某种情境表现得鲜明而具有特点。对偶句很多。通篇押韵,多数是一段一韵,少数是一段两韵。这都足以使文章具有音律之美。作者还写过《别赋》,也是文学史上的名篇。

　　作者江淹（444—505）,字文通,南朝济阳考城（今河南兰考）人。年轻时候穷苦好学。仕宋、齐、梁三朝,官至金紫光禄大夫。早年文章写得好,晚年才思稍减。所以传说他曾梦见郭璞（东晋有名的文人、学者）向他说,你借我的五色笔,现在该还我了。江淹把笔拿出来，还了郭璞，从此文章就不如以前了。世称"江郎才尽"。著有《江文通集》。

试望平原①，蔓草萦骨②，拱木敛魂③。人生到此④，天道宁论⑤？于是仆本恨人⑥，心惊不已，直念古者⑦，伏恨而死⑧。

先总说自古以来，许多人有愿望不能实现，含恨而死。这是全篇的引言。

至如秦帝按剑⑨，诸侯西驰⑩，削平天下，同文共规⑪，华山为城，紫渊为池⑫。雄图既溢⑬，武力未毕，方架鼋鼍

---

① 〔试望〕有随便望望之意。 ② 〔萦（yíng）骨〕缠绕枯骨。 ③ 〔拱木〕指墓地之树。拱，两手相合。《左传》僖公三十三年："中寿，尔墓之木拱矣！"〔敛魂〕聚集死人之魂灵。 ④ 〔此〕指以上两句所说死后情况。 ⑤ 〔天道宁论（lún，动词，旧读平声，押韵）〕还讲什么天道呢！古人相信天道是向善的。 ⑥ 〔于是〕和下文至如、若乃、至于、若夫、至乃、及夫皆连接词语，有"说起"之意味。〔仆〕我。谦称。〔恨人〕心中充满愁苦之人。 ⑦ 〔直〕特。 ⑧ 〔伏〕藏着，怀着。 ⑨ 〔秦帝〕秦始皇。〔按剑〕手握剑柄。表示忿怒。 ⑩ 〔西驰〕急趋而西。指西去朝秦。 ⑪ 〔同文共规〕言天下统一。同文，文字统一。共规，指车轨统一。规，规矩，标准。《礼记·中庸》："今天下车同轨，书同文。" ⑫ 〔华（huà）山为城，紫渊为池〕言都城坚固。华山，在今陕西东部，渭水入黄河处。紫渊，在今山西离石。池，护城河。贾谊《过秦论》："然后践华为城，因河为池。" ⑬ 〔雄图〕指统一天下之野心。〔溢〕过多，宏大。

以为梁①,巡海右以送日②,一旦魂断③,宫车晚出④。

含恨而死者包括各类人。这一段说帝王。

若乃赵王既虏⑤,迁于房陵⑥,薄暮心动,昧旦神兴⑦。别艳姬与美女⑧,丧金舆及玉乘⑨,置酒欲饮,悲来填膺⑩。千秋万岁,为怨难胜⑪。

帝王之下,含恨而死者还有诸侯。

至于李君降北⑫,名辱身冤⑬,拔剑击柱⑭,吊影惭魂⑮。情往上郡⑯,心留雁门⑰,裂帛系书⑱,誓还汉恩。朝

---

① 〔架鼋(yuán)鼍(tuó)以为梁〕用鼋鼍架为桥。鼋,鳖。鼍,扬子鳄,古亦称鼍龙。梁,桥。《竹书纪年》卷下周穆王三十七年:"大起九师,东至于九江,架鼋鼍以为梁,遂伐越。" ② 〔巡海右以送日〕巡行海之右岸以送日落。《列子·周穆王》:"(穆王)命驾八骏之乘……乃观日之所入。"以上二句写秦王骄横之极。 ③ 〔魂断〕魂灵消灭,死。 ④ 〔宫车晚出〕晏驾。天子死亡之委婉说法。 ⑤ 〔赵王〕指战国末期赵王赵迁。秦始皇十九年(前228)降秦。 ⑥ 〔迁于房陵〕流放于房陵。房陵在汉中(今湖北房县)。 ⑦ 〔薄暮心动,昧旦神兴〕言终日不安。薄,迫近。昧旦,黎明。神兴,精神波动。 ⑧ 〔姬〕妾。 ⑨ 〔金舆〕金饰之车。〔玉乘(旧读shèng)〕玉饰之车。 ⑩ 〔填〕满。〔膺〕胸。 ⑪ 〔千秋万岁,为怨难胜(shēng)〕直至死,此种愁苦难忍受。千秋,万岁,皆寿终之委婉说法。 ⑫ 〔李君降北〕李陵于汉武帝天汉二年(前99)投降匈奴,全家被杀。 ⑬ 〔身冤〕指效死作战,最后因寡不敌众而投降,欲俟机报国而家属被杀。 ⑭ 〔拔剑击柱〕言怨忿之极。 ⑮ 〔吊影〕见影而伤痛。〔惭魂〕对灵魂而羞愧。总言伤心之极。 ⑯ 〔情往上郡〕心情驰往上郡。上郡,汉时边防重地,今陕北及内蒙古一部分。 ⑰ 〔心留雁门〕身在匈奴而心仍怀念雁门郡。雁门郡亦边防重地,今山西大同一带。两句言念念不忘故国。 ⑱ 〔裂帛系书〕想撕一片帛写信系于雁足以传递信息。《汉书·李广苏建传》记载,苏武被匈奴扣留,囚于北海。汉使者求武,匈奴诡称武等已死。常惠(苏武从者)私教汉使者谓单(chán)于,言天子射上林苑中得雁,足有系帛书,言苏武等在某泽中。匈奴惊,乃归武等。

露溘至①,握手何言②。

诸侯之下有将军。

若夫明妃去时③,仰天太息④,紫台稍远⑤,关山无极⑥。摇风忽起⑦,白日西匿,陇雁少飞⑧,代云寡色⑨。望君王兮何期⑩,终芜绝兮异域⑪。

有宫中美人。

至乃敬通见抵⑫,罢归田里⑬,闭关却扫⑭,塞门不仕⑮。左对孺人⑯,顾弄稚子⑰,脱略公卿⑱,跌宕文史⑲。赍志没地⑳,长怀无已㉑。

有官吏。

---

① 〔朝(zhāo)露溘(kè)至〕言如朝露忽然消失。溘,奄忽。《汉书·李广苏建传》李陵向苏武说:"人生如朝露,何久自苦如此!" ② 〔握手何言〕执手不忍别,又能说什么呢。 ③ 〔明妃〕王昭君,西汉元帝时选入宫,汉与匈奴和亲时嫁与匈奴君主。〔去时〕离开汉宫之时。 ④ 〔仰天太息〕仰面长叹,表示极度伤心。 ⑤ 〔紫台稍远〕意为离汉宫之后北行。紫台,紫宫(汉朝宫名)。 ⑥ 〔关山无极〕许多关,许多山,走不完。极言长途跋涉之辛苦。 ⑦ 〔摇〕同"飘",大风。 ⑧ 〔陇雁少飞〕陇雁栖止不飞。陇,陇山,在陕西、甘肃二省间。 ⑨ 〔代云寡色〕代地云色黯淡。代,代郡,今河北蔚县一带。二句言沿路极荒凉。 ⑩ 〔何期〕言无见期。 ⑪ 〔芜绝〕死亡。芜,荒废。〔异域〕外国。 ⑫ 〔敬通〕冯衍,字敬通,东汉明帝时人。〔见抵〕受排斥。 ⑬ 〔罢〕免官。〔田里〕指故乡。 ⑭ 〔闭关〕闭门(不见宾客)。〔却扫〕退而从事洒扫。意为躬亲劳动。 ⑮ 〔塞门〕闭门,不出门。 ⑯ 〔孺人〕妻。原是命妇(有官职者之妻)之称。 ⑰ 〔稚子〕幼子。 ⑱ 〔脱略公卿〕对公卿亦用简易之礼。脱略,简易。言不行大礼,只以平礼相见。 ⑲ 〔跌宕(dàng)文史〕用力读书。跌宕,放纵驰骋。 ⑳ 〔赍(jī)志没地〕志未遂而死去。赍,带着。没地,埋入土中。 ㉑ 〔长怀无已〕心情永远不能安定。

及夫中散下狱①,神气激扬②,浊醪夕引③,素琴晨张④。秋日萧索⑤,浮云无光,郁青霞之奇意⑥,入修夜之不旸⑦。

有名士。以上是分说,皆举历史人物为例。

或有孤臣危涕,孽子坠心⑧,迁客海上⑨,流戍陇阴⑩。此人但闻悲风汩起⑪,血下沾衿⑫,亦复含酸茹叹⑬,销落湮沉⑭。

这段转为概括说。还有种种苦难中人含恨而死。

若乃骑叠迹⑮,车屯轨⑯,黄尘匝地⑰,歌吹四起⑱,无

---

①〔中散〕嵇(jī)康。曾官中散大夫,后人称为嵇中散。〔下狱〕嵇康与东平吕安友善,吕安以家事系狱,辞涉嵇康。嵇康之妻为曹操曾孙女(曹林之女),时司马氏专政,忌曹氏宗亲,遂借机捕杀康。 ②〔激扬〕振奋。 ③〔浊醪(láo)夕引〕晚上喝浊酒。醪,酒。引,手取。 ④〔素琴〕清雅之琴。〔张〕陈设,即弹奏。嵇康《与山巨源绝交书》:"浊酒一杯,弹琴一曲,志愿毕矣。"二句言虽在狱中而仍甚从容。 ⑤〔秋日〕秋季之阳光。〔萧索〕萧条寂寞。 ⑥〔郁〕郁结而不得发泄。〔青霞之奇意〕清高之志。 ⑦〔入修夜之不旸(yáng)〕言埋入坟墓。修夜,长夜。旸,明。 ⑧〔孤臣危涕,孽子坠心〕此句"危"与"坠"系有意颠倒使用。孤臣,远离国君之臣。孽子,庶子。危心,虑事深远。《孟子·尽心上》:"独孤臣孽子,其操心也危,其虑患也深,故达。" ⑨〔迁客〕泛指被贬谪之人。〔海上〕边远无人之地。 ⑩〔流戍(shù)〕泛指流放充军之人。〔陇阴〕陇西,在今甘肃,亦边远之地。 ⑪〔但〕只要。〔汩(gǔ)起〕骤起。汩,急。 ⑫〔血〕泪血。〔沾〕浸湿。〔衿〕同"襟"。 ⑬〔含酸〕口含辛酸。〔茹叹〕咽下叹息。茹,食。言此人死去,辛酸与悲叹皆未能发泄。 ⑭〔销落〕消失。〔湮(yān)沉〕沉没。皆指死亡。 ⑮〔骑叠迹〕马蹄之迹重叠。形容马之多。 ⑯〔车屯轨〕车聚于一处。形容车之多。屯,聚。轨,车辙。 ⑰〔黄尘匝(zā)地〕尘土飞扬。匝,周遍。形容出游盛况。 ⑱〔歌吹(名词,旧读 chuì)四起〕歌唱与音乐由四面发出。形容宴乐之盛。

不烟断火绝①,闭骨泉里②。

从另一面说,荣华富贵之人到头来也一场空。

已矣哉③!春草暮兮秋风惊,秋风罢兮春草生④,绮罗毕兮池馆尽⑤,琴瑟灭兮丘陇平⑥。自古皆有死,莫不饮恨而吞声⑦。

总结全篇,人生短促,好景不常,莫不含恨而死,与开头呼应。

【研读参考】一、作者的《别赋》,许多选本收了,也可以找来读读。

二、有些词,古今意义像是全同而实际有异,如本篇的"恨"。说说分别是什么。

三、说说各段用韵的情况:一段一韵或两韵,哪些字是押韵字?(古今音不完全一样,要比今音放宽一些。)

---

①〔烟断火绝〕烟消火灭。喻死。 ②〔泉〕黄泉,地下。 ③〔已矣哉〕完结了。 ④〔春草暮兮秋风惊,秋风罢兮春草生〕春去秋来,秋去春来。言光阴易逝。暮,晚,衰老。惊,惊起。罢,停止。 ⑤〔绮罗〕指华丽服装。〔池馆〕指游宴胜地。 ⑥〔琴瑟〕指奏乐声。〔丘陇〕指坟墓。 ⑦〔饮〕含,抱。〔吞声〕呜咽,哭而不出声。

二五　与陈伯之书　丘迟

【解说】本篇选自《文选》。陈伯之，济阴睢（suī）陵（今江苏睢宁）人。南北朝时期的军阀。流氓出身，小时候惯于偷盗。南朝齐末积战功，官至江州刺史。梁武帝萧衍起兵反齐，他先是抵抗，后看大势已去，归顺梁武帝，仍任江州刺史，封丰城县公。以后听部下的谗言，又反梁，被王茂打败，投奔北魏。北魏任他为散骑常侍、平南将军，封曲江县侯，率军镇守寿阳（今安徽寿县）。梁武帝天监四年（505）令临川王萧宏北伐，其时丘迟任临川王的记室（相当于后代的秘书），所以萧宏让丘迟写了这封劝降的信。据《南史·陈伯之传》说："伯之得书，乃于寿阳拥众八千归降。"其后梁朝又任他为平北将军、西豫州刺史，封永新县侯。很久才死在家里。

　　南北朝时期，社会混乱，政权不统一，凡是有兵权的人都可以用兵力作本钱，换取高官厚禄，所以南人降北、北人归南是常有的事。陈伯之由齐而梁，由梁而魏，又由魏而梁，反反复复，也正是这时期许多人见利忘义的典型表现。丘迟写这封信，绝大部分是从利害方面说，推想其时陈伯之也正有此想法，所以能够投合其意，发生效力。就信的立意和文辞说，也确是写得好，有大义，有私情，严正恳切，并且通篇以骈俪出之，就声调说也很优美。

作者丘迟（464—508），字希范，南朝吴兴乌程（今浙江湖州）人。齐时曾任殿中郎等官。入梁以后，任散骑侍郎、中书侍郎等官。天监三年（504）任永嘉太守。天监四年萧宏北伐，他从军，任谘议参军、记室。归，以有功官司空从事中郎。他有才，能诗文，传说八岁就能写文章。著有《丘司空集》。

迟顿首①，陈将军足下：无恙②，幸甚幸甚⑧③。将军勇冠三军④，才为世出⑤，弃燕雀之小志⑥，慕鸿鹄以高翔。昔因机变化⑦，遭遇明主，立功立事⑧，开国称孤⑨，朱轮华毂⑩，拥旄万里⑪，何其壮也⑫！如何一旦为奔亡之虏⑬，闻鸣镝而股战⑭，对穹庐以屈膝⑮，又何劣邪！

---

① 〔顿首〕叩头。表示恭恭敬敬写信。 ② 〔无恙〕（祝愿你）健康无病。恙，疾病。 ③ 〔幸甚幸甚〕太好了。 ④ 〔冠（guàn）〕在……之上。〔三军〕古大国有三军，后世以三军代全军。 ⑤ 〔才为世出〕才能是当代仅见的。 ⑥ 〔燕雀之小志〕言只顾目前苟安而无高远志向。《史记·陈涉世家》："燕雀焉知鸿鹄之志哉！" ⑦ 〔因机变化，遭遇明主〕指陈伯之原是南齐江州刺史，后归顺梁武帝萧衍。因，借，乘。变化，改变处境。 ⑧ 〔事〕事业。 ⑨ 〔开国称孤〕封为王侯。王侯各有封地，号为一国，自称曰"孤"。指陈伯之归梁后受封为丰城县公。 ⑩ 〔朱轮华毂（gǔ）〕言乘王侯之车，其车轮红色，其轮心有文饰。 ⑪ 〔拥旄（máo）〕拥有雄兵。旄，指军旗，旗上以旄牛尾为饰。〔万里〕极言统辖区域之广。 ⑫ 〔壮〕雄伟。 ⑬ 〔如何〕怎么。〔一旦〕言短时间内。〔奔亡〕奔走逃亡。〔虏〕当时称北方异族。 ⑭ 〔鸣镝（dí）〕响箭。指胡人之箭。〔股战〕腿颤抖。形容胆怯、恐惧。 ⑮ 〔穹（qióng）庐〕穹形屋舍。指帐篷，胡君所居。穹，圆形下覆之状。〔屈膝〕下跪行礼。

开头即以陈伯之昔荣今辱对比,点明目前之处境为大失策。

寻君去就之际①,非有他故,直以不能内审诸己②,外受流言③,沉迷猖獗④,以至于此。圣朝赦罪责功⑤,弃瑕录用⑥,推赤心于天下⑦,安反侧于万物⑧,将军之所知,不假仆一二谈也⑨。朱鲔涉血于友于⑩,张绣剚刃于爱子⑪,汉主不以为疑⑫,魏君待之若旧⑬;况将军无昔人之罪⑭,而勋重

---

①〔寻〕探求。〔去就〕去此就彼。〔际〕交界。②〔直〕只,仅。〔内审诸己〕对内审察自己(正确认识自己)。③〔外受流言〕对外听信流言。流言,无稽之谈。指听下属之言反梁。④〔沉迷〕不辨是非。〔猖獗〕放肆颠狂。⑤〔圣朝〕尊称本朝。〔赦罪责功〕赦既往之罪,责未来之功。责,求。⑥〔弃瑕(xiá)〕免去罪过。瑕,玉上斑点。〔录用〕任用有功。⑦〔推赤心于天下〕以赤诚之心对天下之人。《后汉书·光武帝纪》:"推赤心置人腹中。" ⑧〔安反侧于万物〕安抚众人中之反侧者,使所有反侧之人得以安定。反侧,动摇不定。《后汉书·光武帝纪》:"令反侧子自安。" ⑨〔假〕借。〔一二谈〕一件件说,细说。⑩〔朱鲔(wěi)〕王莽末年绿林军将领,曾劝更始帝刘玄杀光武帝之兄。光武攻洛阳,朱鲔坚守,光武许以保留官职,乃降。〔涉(dié)血〕血流满地。言杀人甚多。涉,同"喋"。〔友于〕兄弟。此处指光武帝之兄刘伯升。《尚书·周书·君陈》:"友于兄弟。" ⑪〔张绣〕汉末董卓部将张济之侄。张济据宛(今河南南阳),济死,张绣继之。曹操征宛,绣降,又叛,曹操仓皇败走,长子曹昂被害。以后张绣又降曹操,封列侯。〔剚(zì)刃〕用刀刺。⑫〔汉主〕指光武帝。〔不以为疑〕仍容纳而信任。⑬〔魏君〕指曹操。⑭〔昔人〕指朱鲔、张绣。

于当世①? 夫迷涂知返②,往哲是与③;不远而复④,先典攸高⑤。主上屈法申恩⑥,吞舟是漏⑦;将军松柏不剪⑧,亲戚安居⑨。高台未倾⑩,爱妾尚在⑪,悠悠尔心,亦何可言⑫。

> 承上段,先说失策之原因为不明形势,然后说明梁朝气度宏大,若弃暗归来,一定受到优遇。

今功臣名将,雁行有序⑬,佩紫怀黄⑭,赞帷幄之谋⑮,乘轺建节⑯,奉疆埸之任⑰,并刑马作誓⑱,传之子孙⑲。将

---

①〔勋重于当世〕功勋见重于当代。指助梁武帝平齐。 ②〔迷涂知返〕《楚辞·离骚》:"回朕车以复路兮,及行迷之未远。"涂,同"途"。 ③〔往哲〕往昔贤明之人。〔与〕许,赞许。 ④〔不远而复〕错误未甚而改正。复,回复。 ⑤〔先典攸高〕古代经典所重。先典指《易经》。《易经·复》爻辞:"不远复,无祗(qí)悔,元吉。"言失之未远,能复于善,不大悔,最善。攸,所。高,重,贵。 ⑥〔主上〕指梁武帝。〔屈法申恩〕使法缓而使恩明。言对臣民以恩为主,不严刑峻法。 ⑦〔吞舟是漏〕言法网宽,鱼可漏网。吞舟,指大鱼之能吞船者,喻罪行极大之人。《盐铁论·刑德》:"明王茂其德教而缓其刑罚也,网漏吞舟之鱼。" ⑧〔松柏不剪〕祖坟未被挖掘。松柏,墓地所植。剪,斩伐。 ⑨〔亲戚〕家族。 ⑩〔高台未倾〕言住宅仍保留。 ⑪〔尚在〕仍在家中。言未被掠夺。 ⑫〔悠悠尔心,亦何可言〕你仔细想想,还有什么可说呢。悠悠,深远之状。 ⑬〔雁行(háng)〕如雁阵之行列整齐(指上朝排班)。 ⑭〔佩紫怀黄〕佩紫绶,怀金印。绶,系印之带。 ⑮〔赞〕助。〔帷幄(wò)之谋〕军事计谋。帷幄,军中帐幕。指有军权。 ⑯〔乘轺(yáo)建节〕乘坐轺车,竖立符节。轺车,轻车,使臣所乘。节,古代使臣执以示信之物。 ⑰〔奉〕承受。〔疆埸(yì)〕国境。埸,田畔。大界曰疆,小界曰埸。〔任〕守边境之重任。 ⑱〔刑马作誓〕杀马盟誓。此处指与功臣约。古代盟誓,多用白马。 ⑲〔传之子孙〕世袭爵位。

军独觍颜借命①,驱驰毡裘之长②,宁不哀哉③!夫以慕容超之强④,身送东市⑤;姚泓之盛⑥,面缚西都⑦。故知霜露所均⑧,不育异类⑨;姬汉旧邦⑩,无取杂种⑪。北虏僭盗中原⑫,多历年所⑬,恶积祸盈⑭,理至燋烂⑮。况伪孽昏狡⑯,自相夷戮⑰,部落携离⑱,酋豪猜贰⑲,方当系颈蛮邸⑳,悬首藁街㉑。而将军鱼游于沸鼎之中㉒,燕巢于飞幕之上㉓,不亦惑乎㉔?

---

① 〔觍(tiǎn)颜借命〕面带惭色,苟且偷生。借命,言命不由己,似借来(随时可能被索还)者。 ② 〔驱驰毡裘之长(zhǎng)〕为毡裘之长而驰驱。毡裘之长,胡人国君。毡裘,胡人衣着。 ③ 〔宁〕岂。 ④ 〔慕容超〕鲜卑族酋长,南燕皇帝。东晋末,刘裕北伐,擒超,送建康(今江苏南京)斩之。 ⑤ 〔东市〕刑场。汉朝杀人在长安东市。 ⑥ 〔姚泓(hóng)〕羌(qiāng)族酋长,后秦皇帝。东晋末,刘裕北伐,泓迎降,送建康斩之。 ⑦ 〔面缚西都〕被缚于西都。面缚,缚手于背而面向前。西都,长安(今陕西西安)。 ⑧ 〔霜露所均〕霜露分布之地,指中原。均,言普受沾润。 ⑨ 〔异类〕指外族。 ⑩ 〔姬汉旧邦〕指中原国家。姬,周天子之姓,代周朝;汉即汉朝。 ⑪ 〔无取〕不收。〔杂种〕指外族。与"异类"同属对少数民族之侮辱性称呼。 ⑫ 〔北虏〕指北魏。〔僭(jiàn)盗〕霸占。僭,以下拟上,超过制度。指公元386年道武帝拓跋珪建立北魏。 ⑬ 〔年所〕年数。所,许,表约数。 ⑭ 〔恶积祸盈〕罪恶积累,灾殃盈满。言理应灭亡。 ⑮ 〔理至燋(jiāo)烂〕照理说一定毁灭。燋,焦,烧干。 ⑯ 〔伪孽(niè)〕伪朝妖孽。指当时北魏国君宣武帝。孽,同"孽"。〔昏狡〕糊涂狡诈。 ⑰ 〔夷戮〕残杀。指宣武帝先后杀咸阳王元禧和北海王元祥。 ⑱ 〔携离〕离心,携贰。 ⑲ 〔酋豪〕部族首领。〔猜〕猜忌。〔贰〕不同心。 ⑳ 〔方当〕正要。〔蛮邸〕外族使者所居之宅舍。 ㉑ 〔藁(gǎo)街〕汉长安城街名,外国来朝者居之。以上二句言北魏国君即将被擒往梁朝受戮。 ㉒ 〔沸鼎〕开水锅。 ㉓ 〔燕巢于飞幕〕语出《左传》襄公二十九年。以上二句比喻处境危险。 ㉔ 〔惑〕糊涂。

以陈伯之现时处境与功臣名将对比,指明从逆不只是大辱,而且将有灭亡之祸。

暮春三月,江南草长,杂花生树,群莺乱飞。见故国之旗鼓,感生平于畴日,抚弦登陴,岂不怆恨①?所以廉公之思赵将②,吴子之泣西河③,人之情也,将军独无情哉?想早励良规④,自求多福⑤。

说江南,说昔日,这是动之以情,像是闲话,却有很大力量。

当今皇帝盛明,天下安乐,白环西献⑥,楛矢东来⑦。

---

①〔见故国之旗鼓……岂不怆(chuàng)恨(liàng)〕言阵前遇梁军,念及昔日为梁将,必致痛心。旗鼓,军中旗鼓。生平,一生经历。畴日,昔日。抚弦,手按弓弦(准备作战)。登陴(pí),登上城墙。陴,城上短墙。怆恨,悲伤,怅惘。《文选》李善注引袁宏《汉献帝春秋》臧洪报袁绍书:"每登城勒兵,望主人之旗鼓,感故交之绸缪,抚弦搦(nuò,按下)矢,不觉涕流之覆面也。" ②〔廉公〕廉颇。〔思赵将〕仍愿为赵国将帅。《史记·廉颇蔺相如列传》记载,廉颇于战国赵惠文王时屡立战功,位为上卿。后被废,逃于魏。秦复侵赵,赵王召颇,颇虽老,仍有再为赵将之心。 ③〔吴子〕吴起。〔泣西河〕《吕氏春秋·长见》篇记载,吴起为战国魏西河守,被谗解职,离西河时,望西河而泣,知去后西河必没于秦。 ④〔想〕揣想。〔早励良规〕早日决定最好的规划。励,勉力。 ⑤〔自求多福〕意为自己拿主意弃暗投明。 ⑥〔白环西献〕西方献白玉环来。《竹书纪年》卷上帝舜九年:"西王母之来朝,献白环玉玦(jué)。" ⑦〔楛(hù)矢东来〕肃慎氏自东方进贡楛矢。楛,荆类植物,其茎可制箭杆。肃慎,古国名,在今吉林一带,周武王时曾贡楛矢。《国语·鲁语下》:"肃慎氏贡楛矢石砮(nǔ),其长尺有咫。"

夜郎滇池①，解辫请职②；朝鲜昌海③，蹶角受化④。唯北狄野心⑤，掘强沙塞之间⑥，欲延岁月之命耳⑦。中军临川殿下⑧，明德茂亲⑨，总兹戎重⑩，吊民洛汭⑪，伐罪秦中⑫。若遂不改⑬，方思仆言⑭，聊布往怀⑮，君其详之⑯。丘迟顿首。

最后说明应决然悔改归来，万万不可错过时机。

【研读参考】一、本篇是六朝骈体的名文，尤其"暮春三月，江南草长，杂花生树，群莺乱飞"几句是历代传诵的名句。说说这一段的内容和写法有什么优点。

二、下面是《南史·陈伯之传》里的话：

年十三四，好着獭皮冠，带刺刀，候邻里稻熟，辄偷刈之。……及年长，在钟离（地名）数为劫盗。……伯之不识书，

---

①〔夜郎〕古国名，在今贵州桐梓一带。〔滇（diān）池〕在今云南昆明。战国时曾建国曰滇，汉武帝时降中国。夜郎、滇二国皆在西南边远地区。②〔解辫请职〕改易服装请求委任官职。③〔昌海〕即今新疆维吾尔自治区罗布泊，亦称蒲昌海。④〔蹶角〕叩头。蹶，颠倒。角，额角。〔受化〕接受教化。以上四句乃用典故表示四方归顺。⑤〔北狄〕称北魏。⑥〔掘强（jiàng）〕同"倔强"，执拗不驯。〔沙塞〕沙漠与边塞。泛指北方。⑦〔岁月〕言为时无几。⑧〔中军〕全军统帅。春秋时诸侯强大，建三军，军设将、佐各一人。凡全军出征，俱听命于中军将。〔临川殿下〕临川王萧宏，梁武帝之弟，天监元年（502）封临川郡王，三年加侍中，进号中军将军。殿下，对王侯之尊称。⑨〔明德〕德行昭明。〔茂亲〕至亲。茂，美，盛。⑩〔总〕总揽。〔兹〕此。〔戎重〕军事重任。⑪〔吊〕慰问。〔洛汭（ruì）〕洛水之曲折处。指洛阳地区。⑫〔秦中〕陕西中部。指西安一带。⑬〔遂〕卒，终。⑭〔方思仆言〕（至受惩罚时）方后悔未听我今日之言。⑮〔聊布往怀〕姑且陈述夙昔之怀。往，昔。⑯〔其〕助词，表希望。〔详〕仔细考虑。

及还江州,得文牒(文件)辞讼,唯作大诺(在文件之尾画行)而已。……伯之愚暗。……伯之败走,间道亡命,……入魏。

像这样一个人,见一封信就弃魏归梁,究竟他是怎样想的?读史,自己要有辨明真相的见识。就这件事说说你的看法。

三、归梁好,恋魏不好,本篇共说了哪些理由?用提纲形式写出来。

四、骈体文又称四六文,因为多用四字句对偶和六字句对偶,或四字句对偶接六字句对偶、六字句对偶接四字句对偶。从本篇中各找一些例。

二六　物色　刘勰

【解说】本篇选自《文心雕龙》。物色，外界事物的性质和状貌。以物色名篇，意在说明物色与人的心情的关系，以及与描画景物的作品的关系。《文心雕龙》是我国最早的体系完整、内容全面、道理精深、文字优美的文学理论名著。书名的意义，作者在书最后一篇《序志》里说："夫文心者，言为文之用心也。……古来文章，以雕缛（rù，重彩）成体，岂取驺（zōu）奭（shì）之群言雕龙也？"据《史记·孟子荀卿列传》，驺奭是战国时齐国人，立说、为文好夸大粉饰，齐国人称（群言）他为雕龙奭。可见《文心雕龙》的意思是研讨文章的精雕细琢。书十卷，五十篇，就内容的性质可以分为四部分：一、总论，包括《原道》《征圣》等四篇；二、文体论，包括《辨骚》《明诗》等二十一篇；三、创作论，包括《神思》《体性》等十八篇；四、鉴赏论，包括《总术》《时序》等六篇；最后一篇《序志》是自序性质，说明作此书的用意。他说，从三国以来，论文的著作不少，如曹丕、曹植、应玚（yáng）、陆机、挚虞、李充，还有桓谭、刘桢、应贞、陆云，都曾谈论文章，可是都有缺点，主要是浅而不周，所以他想著书，深入研讨文章的各方面。于是就写成这部大著作。

本篇写诗人辞人写景状物的由来,以及历代写法的特点和得失,观察细密,见解高超。全篇用骈体,文字很优美,值得反复诵读,深入体会。

作者刘勰(xié)(约465—约532),字彦和,南朝齐梁间东莞(guǎn)莒(jǔ)(今山东莒县)人。幼年丧父,养母读书,因家贫,不能娶妇。年二十余,往建业(南朝都城,今江苏南京)定林寺,助名僧僧祐校定佛教经典。齐末年,刘勰三十余岁,开始写《文心雕龙》,大致经三四年,齐将亡之时写成。入梁,武帝时曾任太末令、东宫通事舍人、步兵校尉等官。他精通儒释经典,能文,当时许多碑文出于他之手,昭明太子萧统很器重他。晚年出家,法名慧地。有文集,可惜没传下来。

春秋代序①,阴阳惨舒②,物色之动③,心亦摇焉④。盖阳气萌而玄驹步⑤,阴律凝而丹鸟羞⑥,微虫犹或入感⑦,四

――――――

①〔春秋代序〕四时依次相代,光阴时时在变动。春秋,指春夏秋冬。序,次序。 ②〔阴阳惨舒〕阴惨阳舒。逢阴则凄凉,逢阳则舒畅。古代以阴阳代表事物之相对两面,如白天为阳,夜里为阴,春为阳,秋为阴,日为阳,月为阴,等等。 ③〔物色之动〕景物变动。 ④〔摇〕受感而动。 ⑤〔阳气萌〕春日。旧说冬至节阳气始生。〔玄驹〕蚁。〔步〕行走。《大戴礼记·夏小正》:"十有二月……玄驹贲(在地下走动)。" ⑥〔阴律凝〕秋日。阴律,阴气(对偶避免重字)。律,古以黄钟、大吕等十二律配十二月。凝,结,不舒展。旧说夏至节阴气始生。〔丹鸟羞〕萤吃蚊蚋(ruì)。《大戴礼记·夏小正》:"八月……丹鸟羞白鸟。"丹鸟,萤;另一说,螳螂。羞,进献食物,吃。白鸟,蚊蚋。 ⑦〔犹或〕尚且有时。〔入感〕受到(四时变化之)感召。

时之动物深矣①。若夫珪璋挺其惠心②，英华秀其清气③，物色相召，人谁获安④？是以献岁发春⑤，悦豫之情畅⑥；滔滔孟夏⑦，郁陶之心凝⑧；天高气清⑨，阴沉之志远⑩；霰雪无垠⑪，矜肃之虑深⑫。岁有其物⑬，物有其容；情以物迁⑭，辞以情发⑮。一叶且或迎意⑯，虫声有足引心⑰。况清风与明月同夜⑱，白日与春林共朝哉⑲！

先写外界事物之性状能使人心感动，出现不同的情怀。

是以诗人感物⑳，联类不穷㉑，流连万象之际㉒，沉吟视

---

①〔动物〕影响万物。动，动词。 ②〔若夫〕用在一段话开头，引起论述。下文"至如""若乃"同。〔珪璋〕两种玉器。〔挺其惠心〕表现其温润之美。挺，发出。惠心，温和之品质。 ③〔英华〕花。英，花。华，同"花"。〔秀其清气〕表现清幽之美。秀，动词，开花，放出。 ④〔人谁获安〕谁能不受感动？安，静，止。 ⑤〔是以〕所以。〔献岁〕进入新年。献，进。〔发春〕春气生发。《楚辞·招魂》："献岁发春兮，汩（yù，急速之状）吾南征（远行）。" ⑥〔悦豫〕愉快。 ⑦〔滔滔〕盛大之状。〔孟夏〕初夏，阴历四月。《楚辞·九章·怀沙》："滔滔孟夏兮，草木莽莽（茂盛）。" ⑧〔郁陶〕感情愤发。〔凝〕深厚。 ⑨〔天高气清〕秋天。 ⑩〔阴沉之志〕深思之心境。〔远〕亦深厚之意。 ⑪〔霰（xiàn）雪无垠（yín）〕冬天。霰，雪粒。垠，边际。《楚辞·九章·涉江》："霰雪纷其无垠兮，云霏霏而承宇。" ⑫〔矜肃〕端庄严肃。〔虑〕心思。 ⑬〔岁有其物〕不同时间有不同之物。岁，时。 ⑭〔情以物迁〕心情随景物的不同而变化。以，因。 ⑮〔辞以情发〕文辞随感情之波动而产生。 ⑯〔一叶且或迎意〕一片树叶有时也能引起心情波动。《淮南子·说山训》："见一叶落而知岁之将暮。" ⑰〔有足引心〕又能引起心情波动。 ⑱〔清风与明月同夜〕指美好之秋夜。 ⑲〔白日与春林共朝〕指美好之春晨。二句言对此春秋美景，更不能无动于衷。 ⑳〔诗人〕指《诗经》所收诗篇之作者。 ㉑〔联类〕触不同类之物而生不同类之感情。 ㉒〔流连〕游赏不舍。〔万象〕一切景物。〔际〕边，处所。

听之区①。写气图貌②,既随物以宛转③;属采附声④,亦与心而徘徊⑤。故灼灼状桃花之鲜⑥,依依尽杨柳之貌⑦,杲杲为出日之容⑧,瀌瀌拟雨雪之状⑨,喈喈逐黄鸟之声⑩,喓喓学草虫之韵⑪。皎日、嘒星⑫,一言穷理⑬;参差、沃若⑭,两字穷形:并以少总多⑮,情貌无遗矣⑯。虽复思经千载⑰,

---

①〔沉吟〕深思。〔视听〕指可看可听之景物。〔区〕地域。 ②〔写气图貌〕描写形神。 ③〔宛转〕曲折变化。言能描画细致入微。 ④〔属(zhǔ)采附声〕既表现颜色又表现声音。亦描画入微之意。属,联缀。附,依循。 ⑤〔与心而徘徊〕与心情活动一致。 ⑥〔灼(zhuó)灼状桃花之鲜〕以灼灼描画桃花之美。灼灼,鲜明之状。状,描摹。《诗经·周南·桃夭》:"桃之夭夭,灼灼其华。" ⑦〔依依〕轻柔之状。〔尽〕意为表现得恰好。《诗经·小雅·采薇》:"昔我往矣,杨柳依依。" ⑧〔杲(gǎo)杲〕明亮之状。《诗经·卫风·伯兮》:"其雨其雨,杲杲日出。" ⑨〔瀌(biāo)瀌〕雨雪盛大之状。〔拟〕仿,描写。《诗经·小雅·角弓》:"雨雪瀌瀌,见晛(xiàn,日气)曰消。" ⑩〔喈(jiē)喈〕鸟鸣声。〔逐〕追寻,跟踪。《诗经·周南·葛覃》:"黄鸟于飞,集于灌木,共鸣喈喈。" ⑪〔喓(yāo)喓〕虫叫声。〔韵〕声音。《诗经·召(shào)南·草虫》:"喓喓草虫,趯(tì)趯阜螽(zhōng)。" ⑫〔皎(jiǎo)〕洁白光明。皎,同"皦"。《诗经·王风·大车》:"谓予不信,有如皦日。"〔嘒(huì)星〕小星。《诗经·召南·小星》:"嘒彼小星,维参(shēn)与昴(mǎo)。" ⑬〔一言〕一个字,指"皎""嘒"。〔穷理〕尽其神理。 ⑭〔参(cēn)差(cī)〕不齐之状。《诗经·周南·关雎(jū)》:"参差荇(xìng)菜,左右流之。"〔沃若〕肥厚之状。《诗经·卫风·氓》:"桑之未落,其叶沃若。" ⑮〔并〕俱。指前所举《诗经》各句。〔以少总多〕用字少而能尽物之状。 ⑯〔情貌无遗〕精神形状都表现出来。 ⑰〔思经千载〕这种修辞想法经过后人长期用心。

将何易夺①？及《离骚》代兴②，触类而长③，物貌难尽，故重沓舒状④，于是嵯峨之类聚⑤，葳蕤之群积矣⑥。及长卿之徒⑦，诡势瑰声⑧，模山范水⑨，字必鱼贯⑩，所谓诗人丽则而约言，辞人丽淫而繁句也⑪。

　　承上段物色感人，写文人竭尽才思描画景物。描画景物的手法不同：《诗经》精练，《楚辞》雕饰，汉赋繁缛。

　　至如《雅》咏棠华，或黄或白⑫；《骚》述秋兰，绿叶紫茎⑬。凡摘表五色，贵在时见⑭，若青黄屡出⑮，则繁而不珍。

----

①〔将何易夺〕将无法改换。易，改换。夺，取代。 ②〔《离骚》代兴〕《离骚》代《诗经》而兴起。此乃用《离骚》赅括《楚辞》。 ③〔触类而长（zhǎng）〕遇到同类事物，（在描写方法上）又有发展。意为《楚辞》更进一步。 ④〔重（chóng）沓（tà）舒状〕用重复类似之字描写物象。下文"嵯（cuó）峨""葳（wēi）蕤（ruí）"即其例。舒，展开，即写出。 ⑤〔嵯峨〕山高峻之状。 ⑥〔葳蕤〕枝叶繁盛之状。 ⑦〔长（zhǎng）卿之徒〕指汉朝之辞赋家。长卿，司马相如，字长卿，西汉辞赋大家。 ⑧〔诡（guǐ）势瑰（guī）声〕以奇妙文字描画形貌声音。诡，多变。瑰，奇异。 ⑨〔模山范水〕形象地描画山水。 ⑩〔字必鱼贯〕用一连串类似之字形容一种事物。如司马相如《上林赋》用许多水旁字形容水，许多山旁字形容山。 ⑪〔诗人丽则而约言，辞人丽淫而繁句〕《诗经》作者有其法度，用语简约，辞赋家贪富丽，词句繁复。丽则，美而有法。约，简。丽淫，美而放纵。扬雄《法言·吾子》："诗人之赋丽以则，辞人之赋丽以淫。" ⑫〔《雅》咏棠华，或黄或白〕《诗经·小雅·裳裳者华》："裳裳者华，或黄或白。"棠华，棠棣（木名）之花。 ⑬〔《骚》述秋兰，绿叶紫茎〕《楚辞·九歌·少司命》："秋兰兮青青，绿叶兮紫茎。" ⑭〔摘（chī）表五色，贵在时见〕描画颜色，应在必要时出现，才显得可贵。摘，铺陈。表，表露。五色，指文采。时见，适时见到。 ⑮〔青黄屡出〕反复描画景物颜色。

评论描画景物的手法，繁不如精。

自近代以来①，文贵形似②，窥情风景之上，钻貌草木之中③。吟咏所发④，志惟深远⑤；体物为妙⑥，功在密附⑦。故巧言切状⑧，如印之印泥⑨，不加雕削⑩，而曲写毫芥⑪。故能瞻言而见貌⑫，即字而知时也⑬。然物有恒姿⑭，而思无定检⑮，或率尔造极⑯，或精思愈疏⑰。且《诗》《骚》所标⑱，并据要害⑲，故后进锐笔⑳，怯于争锋㉑。莫不因方以借巧，即势以会奇㉒，善于适要㉓，则虽旧弥新矣㉔。是以四序纷回，而入兴贵闲㉕；物色虽繁，而析辞尚简㉖：使味飘

————

①〔近代〕指南朝宋、齐。 ②〔文贵形似〕指描画景物成为风气。 ③〔窥情风景之上，钻貌草木之中〕即用大力探索景物之神情状貌。 ④〔吟咏所发〕诗歌所表现。 ⑤〔志惟深远〕感情深邃细致。 ⑥〔体物为妙〕长于观察景物之神情状貌。 ⑦〔功在密附〕妙在能与实物密切相合。 ⑧〔巧言〕精妙之辞藻。〔切〕切合。 ⑨〔印之印泥〕以印印于泥上。古代简函用绳穿连，绳端结合处用泥封闭，泥上加盖印章，以防偷拆。其泥称为封泥，非现代盖印章之印泥。 ⑩〔雕削〕修润。 ⑪〔曲写毫芥〕细致地写清微细之处。毫，细毛，芥，小草，皆极微小之物。 ⑫〔瞻言而见貌〕看到文字就能见景物之形。 ⑬〔即字而知时〕就文字而能知所写之季节。 ⑭〔恒姿〕常态。 ⑮〔定检〕一成不变之法度。 ⑯〔率尔造极〕不经意而写得很好。造极，至最高点。 ⑰〔精思愈疏〕用力思索反而没写好。疏，粗。 ⑱〔所标〕所表出。 ⑲〔据要害〕占有重要之处。意为写景物造诣至高。害，致命之处。 ⑳〔后进〕后代文人。〔锐笔〕高妙之笔。 ㉑〔怯于争锋〕不敢与《诗》《骚》争胜。 ㉒〔因方以借巧，即势以会奇〕就着前人之（描写）方法而袭用其巧妙，就着前人（所写）之情状而集合其神奇。即取法于前人。 ㉓〔适要〕合于采取精华之理。 ㉔〔弥〕更加。 ㉕〔四序纷回，而入兴(xìng)贵闲〕四时变化纷纭，诗人之心情宜宁静。兴，感触。 ㉖〔析辞尚简〕措辞宜于简洁。析，分辨，选定。

飘而轻举①,情烨烨而更新②。古来辞人,异代接武③,莫不参伍以相变④,因革以为功⑤,物色尽而情有余者,晓会通也⑥。若乃山林皋壤,实文思之奥府⑦,略语则阙⑧,详说则繁。然屈平所以能洞监《风》《骚》之情者⑨,抑亦江山之助乎⑩。

> 末尾正面论述描画景物之法,既要取法前人,又要推陈出新。成功之道是"晓会通",并亲身体察物色及其引起之情怀。

赞曰⑪:山沓水匝,树杂云合⑫。目既往还,心亦吐纳⑬。春日迟迟,秋风飒飒⑭。情往似赠,兴来如答⑮。

> 以赞语总说物色与心情的关系,表明文意,作结。

---

①〔味飘飘而轻举〕文意清丽而不板滞。②〔情烨(yè)烨而更(gēng)新〕感情鲜明而新颖。烨烨,光明之状。③〔接武〕接踵。武,步。④〔参伍以相变〕错杂地运用以求变化。参伍,同"三五",三而五或五而三。⑤〔因革〕前后相承和破旧创新。因,沿袭。⑥〔晓会通〕懂得相合与相通。⑦〔山林皋壤,实文思之奥府〕大自然为文章之府库。皋,高地。壤,平地。奥,秘。⑧〔略语则阙(quē)〕写得过简不好。阙,同"缺"。⑨〔屈平〕屈原,名平。〔洞监(jiàn)〕透彻地领会。监,同"鉴",照。〔《风》〕《诗经·国风》。⑩〔抑亦……乎〕恐怕也是……吧。意为受风土影响,亦即物色之力。⑪〔赞〕《文心雕龙》每篇后皆有"赞",用以统括全篇大意。⑫〔山沓水匝(zā),树杂云合〕总写自然景物繁多。匝,周遍。杂,多种多样。合,聚拢。⑬〔目既往还,心亦吐纳〕遇物即看,看则受感。吐,注意。纳,接受。⑭〔春日迟迟,秋风飒(sà)飒〕意为春秋多佳日。迟迟,舒缓。《诗经·豳(bīn)风·七月》:"春日迟迟,采蘩(fán,植物名)祁祁(多)。"飒飒,风声。⑮〔情往似赠,兴来如答〕作者既寄情于景物,景物就会给作者以灵感。

【研读参考】一、《文心雕龙》作者生在骈俪盛行的南朝，精通佛理，又因为研讨的是精微的文理，所以文字大多深奥玄远，比较难读。旧注本流行的有清朝黄叔琳注、纪昀（yún）评本；新注本有范文澜的《文心雕龙注》和周振甫的《文心雕龙注释》（皆人民文学出版社），周注释本较简明，便于初学。书的四部分，以论创作的那些篇最值得借鉴，可以先读。

二、用简明的话总括本篇大意，可不按照原文的次序。

三、对偶或排比句，位置相同之处忌用同字（虚字例外），如"悦豫之情""郁陶之心""阴沉之志""矜肃之虑"，"情""心""志""虑"四个字意义相类，只是为了避重复，所以分别用四个。知道这种情况，可以比较容易地讲解一些句子。本篇中还有这种写法吗？指出来。

四、骈体文比较难译。试试把第一段译为现代语。

二七　与阳休之书　祖鸿勋

【解说】本篇选自《北齐书·祖鸿勋传》。阳休之，字子烈，北朝末期右北平无终［今天津市蓟（jì）州区］人。他父亲阳固是北魏的名人，官至北平太守、前军将军，人刚正，能文。所以阳休之从小就读了不少书。成年以后，以能文著名。他生在频繁改朝换代的时期，却始终没有离开官场，北魏时官至中书侍郎，北齐时官至吏部尚书，北周时任和州刺史。一直活到隋朝初年，死时七十四岁。《北齐书》，正史的一种，记北朝齐国（高洋继东魏立国）史事的纪传体史书，五十卷，唐李百药撰。南朝还有齐国（萧道成继宋立国），其国史名《齐书》。为了避免混淆，通称南朝的为《齐书》，北朝的为《北齐书》。

祖鸿勋卒于北齐立国之初，比阳休之大三四十岁，信中称阳休之为"阳生""大弟"（习惯称行辈小的人），推想二人大概有师生关系。南北朝是社会动乱的时代，尤其北朝末期，先是北魏分裂为东西魏，不久又成为北齐、北周，统治者内争外战。士的处境自然很危险，有些人放弃仕途，过隐居生活以保身。祖鸿勋就属于这一类。阳休之走的是另一条路，为了荣华富贵，尽力在官场挣扎。祖鸿勋当然不赞成他这样，所以写了这封劝告的信。

信中对比两种生活方式，也就是两种生活态度，内容鲜明具体，文字精练优美。看来作者知道二人道不同，可是旧交关系深，知而不言不义；说了多半不能生效，但又不可不期望于万一：可谓严正而委婉。当然，作者这种知难而退、明哲保身的生活态度，在乱世虽情有可原，但终归是消极的，我们应该批判地对待。

作者祖鸿勋（？—551？），北魏涿郡范阳（在今河北涿州）人。他父亲祖慎在北魏官至咸阳太守、金紫光禄大夫。他青年时好学，能写文章。曾任州主簿、司徒法曹参军等中下级官。后来辞去，回乡隐居，本篇即作于此时。东魏晚年又出仕，任高阳太守，清廉，当时人很尊重他。因为能文，《北齐书》入《文苑传》。

阳生大弟：吾比以家贫亲老①，时还故郡②。在本县之西界，有雕山焉。其处闲远③，水石清丽④，高岩四匝⑤，良田数顷。家先有野舍于斯⑥，而遭乱荒废，今复经始⑦。即石成基⑧，凭林起栋⑨。萝生映宇⑩，泉流绕阶。月松风草⑪，

----

① 〔比〕近日。〔以〕因。 ② 〔时还故郡〕及时返回故乡。时，适时。 ③ 〔闲远〕言人迹罕至。 ④ 〔水石清丽〕水石皆美。 ⑤ 〔匝（zā）〕环绕。 ⑥ 〔家〕我家。〔野舍〕别墅。〔斯〕此（处）。 ⑦ 〔经始〕开始经营。《诗经·大雅·灵台》："经始灵台，经之营之。" ⑧ 〔即石成基〕就现有之山石做成房基。 ⑨ 〔凭〕靠着。〔起栋〕造房。栋，屋脊。 ⑩ 〔萝〕松萝，女萝。〔映宇〕意为屋前生满。宇，檐下。 ⑪ 〔月松风草〕月下之松，风中之草。

缘庭绮合①；日华云实②，傍沼星罗③。檐下流烟④，共霄气而舒卷⑤；园中桃李，杂椿柏而葱蒨⑥。时一褰裳涉涧⑦，负杖登峰⑧，心悠悠以孤上⑨，身飘飘而将逝⑩，杳然不复自知在天地间矣⑪。若此者久之⑫，乃还所住⑬。孤坐危石⑭，抚琴对水⑮，独咏山阿⑯，举酒望月⑰。听风声以兴思⑱，闻鹤唳以动怀⑲。企庄生之逍遥⑳，慕尚子之清旷㉑。首戴萌蒲㉒，身衣缊被㉓，出艺粱稻㉔，归奉慈亲㉕。缓步当车，无事为

---

① 〔缘〕循，沿着。〔绮（qǐ）合〕组合如绮。极言其美。绮，素色丝织品，花纹多而错杂。 ② 〔日华〕日光下之花。或谓花之一种。〔云实〕云影下之果。或谓云实即"员实"，见《本草》。 ③ 〔傍沼星罗〕在池水旁罗列如星。极言其多。 ④ 〔流烟〕飘动如流之烟。 ⑤ 〔霄气〕云气。〔舒卷〕既开又合。言时时变化。 ⑥ 〔杂〕伴同。〔葱蒨（qiàn）〕青绿繁茂。葱，青绿色。蒨，草木茂盛。 ⑦ 〔时〕有时。〔褰（qiān）裳涉涧〕提衣步行过水。褰，提起。涉，徒步渡水。 ⑧ 〔负杖〕倚杖，拄杖。 ⑨ 〔悠悠〕闲暇之状。〔孤上〕独上（指清高思想）。 ⑩ 〔将逝〕意为忘掉为尘世。逝，往，去。 ⑪ 〔杳（yǎo）然〕深远之状。〔不复自知在天地间〕心清意远，忘怀尘世。 ⑫ 〔若此者久之〕这样游乐过了好久。 ⑬ 〔所住〕住处。即前文所说"野舍"。 ⑭ 〔危石〕高石。危，高。 ⑮ 〔抚琴〕弹琴。 ⑯ 〔独咏山阿（ē）〕独自在山边吟咏。山阿，山曲。 ⑰ 〔举酒〕举杯饮酒。 ⑱ 〔兴思（sì）〕与下句"动怀"，皆动心怀之意。 ⑲ 〔唳（lì）〕鹤鸣。 ⑳ 〔企〕提踵而望，希求，期盼。〔庄生〕庄周。所著《庄子》中有《逍遥游》。 ㉑ 〔慕〕羡慕。〔尚子〕尚平。皇甫谧（mì）《高士传》作向长，字子平。汉朝隐士。王莽时不仕，说"富不如贫，贵不如贱"。晚年游名山，不知所终。〔清旷〕淡泊旷达。 ㉒ 〔萌蒲〕簦（dēng）笠。簦，笠之有柄可手执以行者，如伞。 ㉓ 〔缊（yùn）被（bó）〕雨衣，蓑衣。 ㉔ 〔出艺粱稻〕出门种植庄稼。艺，种。粱，一种谷。 ㉕ 〔慈亲〕母亲。

贵①，斯已适矣②，岂必抚尘哉③。

先写自己辞官回乡里，纵情山水，寄兴田园。既表明自己的志趣，又为下文劝阳休之退隐作伏笔。

而吾生既系名声之缰锁④，就良工之剞劂⑤，振佩紫台之上⑥，鼓袖丹墀之下⑦。采金匮之漏简⑧，访玉山之遗文⑨，敝精神于丘坟⑩，尽心力于河汉⑪。摘藻期之磐绣⑫，发议必在芬香⑬。兹自美耳⑭，吾无取焉⑮。

---

①〔缓步当车，无事为贵〕《战国策·齐策四》记颜斶（chù）的话："斶愿得归，晚食以当肉，安步以当车，无罪以当贵，清净贞正以自虞（娱）。"无事，无罪过。 ②〔适〕合意。 ③〔抚尘〕堆积砂土之游戏。疑用以比喻费力经营，不能持久。另一说，尘（塵）当作"麈"（zhǔ），抚麈即持麈尾而清谈（南朝士族之爱好）。麈，似鹿而大。 ④〔吾生〕你。前加"吾"，表亲切。〔系名声之缰（jiāng）锁〕为名声所羁绊，不得摆脱。缰，系马首之绳。 ⑤〔就良工之剞（jī）劂（jué）〕靠近良工之曲刀。言甘受高级人物之摆布。剞劂，雕刻所用之弯刀。 ⑥〔佩〕佩玉。〔紫台〕紫宫（代朝廷）。全句意为在朝为官。 ⑦〔鼓袖〕舞动袍袖。〔丹墀（chí）〕宫殿阶上地，涂以红色。全句言在皇帝跟前山呼礼拜。 ⑧〔金匮（guì）〕藏书籍文献之器。〔漏简〕遗漏之书简。指金匮未收之文献。简，竹片。古无纸，书写于竹简之上。 ⑨〔玉山〕册府，往古帝王藏书之府。《穆天子传》卷二："至于群玉之山……先王之所谓册府。"〔遗文〕残存之文献。 ⑩〔敝精神〕耗尽精力。〔丘坟〕三坟、五典、八索、九丘，皆远古典籍名。 ⑪〔河汉〕银河。指高远而不切实际之言论。《庄子·逍遥游》："吾惊怖其言，犹河汉而无极也。" ⑫〔摘（chī）藻期之磐（pán）绣〕写文章力求辞藻华美。摘藻，铺陈辞藻，修辞。期，希求。磐绣，带上绣花。磐，带子。扬雄《法言·寡见》："绣其磐帨（shuì，佩巾）。" ⑬〔发议〕发议论。〔必在芬香〕一定要求华美。 ⑭〔兹自美耳〕此（指上述官场生活）自以为美而已。 ⑮〔无取〕不赞成，不爱好。

转到写阳休之在仕途劳顿，与自己之闲适大异。

　　尝试论之①：夫昆峰积玉②，光泽者前毁③；瑶山丛桂④，芳茂者先折。是以东都有挂冕之臣⑤，南国见捐情之士⑥。斯岂恶粱锦、好蔬布哉⑦，盖欲保其七尺、终其百年耳⑧。今弟官位既达⑨，声华已远⑩，象由齿毙⑪，膏用明煎⑫。既览老氏谷神之谈⑬，应体留侯止足之逸⑭。若能翻然清尚⑮，解佩捐簪⑯，则吾于兹⑰，山庄可办⑱。一得把臂入林⑲，挂

----

①〔尝试论之〕曾经议论这方面之事，我认为。②〔昆峰〕昆山，在今新疆维吾尔自治区和田县，产玉。③〔光泽者前毁〕光辉而润泽之玉先被毁坏（采掘）。④〔瑶山〕传说中之仙山，上生桂树。⑤〔东都〕洛阳。〔挂冕之臣〕弃官退隐之臣。指汉朝逢（páng）萌。冕，冠。《后汉书·逸民传》："逢萌，字子庆……王莽杀其（指王莽）子宇，萌谓友人曰：'三纲绝矣，不去，祸将及人。'即解冠挂东都城门，归，将家属浮海，客于辽东。"⑥〔南国〕楚国。〔捐情之士〕弃世情之人。指屈原。屈原不忍以清白之身久居浊世，自沉于汨（mì）罗江。⑦〔恶（wù）粱锦、好蔬布〕厌恶锦衣玉食，喜好布衣蔬食。⑧〔七尺〕躯体。〔百年〕寿命。⑨〔达〕通，如意。即做高官。⑩〔声华〕声誉。〔远〕播及远方。⑪〔象由齿毙〕象因齿之珍贵而死亡。⑫〔膏用明煎〕油因能照明而烧尽。用，因。以上二句言位高者身危。⑬〔览〕读过。〔老氏〕老子。〔谷神之谈〕谷神之说法。谷神，无形的玄妙之处。《老子》第六章："谷神不死。"⑭〔体〕体会。〔留侯止足〕张良知道引退。《史记·留侯世家》记载，张良佐汉高祖平定天下以后，说："愿弃人间事，欲从赤松子游耳。"张良封留侯。止，停止；足，满足。《老子》第四十四章："知足不辱，知止不殆。"〔逸〕安逸，安闲。⑮〔翻然清尚〕翻然悔悟，转为清高。⑯〔解佩捐簪〕解下玉佩，捐弃簪缨。言弃去官职。⑰〔兹〕此。指退隐。⑱〔山庄可办〕山中可为阳休之安置一住处。⑲〔一得〕一旦能够。〔把臂〕握手（同行）。

巾垂枝①，携酒登巘②，舒席平山③，道素志④，论旧款⑤，访丹法⑥，语玄书⑦，斯亦乐矣，何必富贵乎！

> 承上两段，评论两种生活态度的得失：隐居安适，出仕危险。并劝说应及早觉悟。

去矣阳子⑧！途乖趣别⑨，缅寻此旨⑩，杳若天汉⑪。已矣哉⑫，书不尽意。

> 知对方无隐退之志，所以最后表示惋惜。

【研读参考】一、我们连续读了三篇骈体文。骈体文表达方法有特点，四六对偶，平仄协调，因而声音优美。《文选》收了不少骈体文，但所收并不全是。全收骈体文的选本，通行的有清李兆洛的《骈体文钞》，量比较多，不便初学。又有许梿（liǎn）的《六朝文絜（洁）》，量少，并且有黎经诰（gào）作注，初学如果想多读些骈体文，可以用此书（有上海古籍出版社新印本）。

二、信的开头说"家贫"，可是下面写自己的生活情况是"良田数顷"，"抚琴对水"，"举酒望月"，等等，似很不协调。你对这种写法是怎么看的？

---

①〔挂巾垂枝〕挂头巾于下垂之枝条。表示悠闲随便。 ②〔巘（yǎn）〕山峰，小山。 ③〔舒席〕铺席（而坐）。舒，展开。〔平山〕山上平坦之处。 ④〔道素志〕谈论平生之志愿。 ⑤〔旧款〕往昔之友情。款，诚，恳切之情。 ⑥〔丹法〕炼丹之法。道家炼丹，言服之可以成仙。 ⑦〔玄书〕谈玄之书。指道家文献。 ⑧〔去矣〕去吧。意为选择自己的道路吧。 ⑨〔途乖趣别〕路途相反，趋向不同。途，人生之路。趣，同"趋"，趋向。 ⑩〔缅寻此旨〕深思此知止、知足之旨趣。缅，细。 ⑪〔杳（yǎo）若天汉〕意为感到茫茫然。杳，深远。天汉，天河，银河。 ⑫〔已矣哉〕算了吧。有遗憾之意。

三、从信中能看出作者对阳休之失望的情绪吗?说说看。

四、同一词语可以表不同的意义,某处表某义,常常要靠上下文来决定。以本篇中"风声"、"鹤唳"(联系《淝水之战》的"风声鹤唳")、"河汉"、"天汉"为例,说说这种道理。

二八 《文选》序 萧统

【解说】本篇选自《文选》。《文选》是南朝梁时期编的一部诗文选集,本册《风赋》的解说已经介绍过。本篇是选编之后,编者为全书写的序。《文选》所收诗文,上起先秦,下至梁武帝普通七年(526)以前。内容繁富,按体裁分为赋、诗、骚、七、诏、册等共三十八类(详见前面《风赋》的解说);其中赋和诗又因题材、内容的不同再分为小类,赋十五类,诗二十三类。这样一部内容繁富的书,编选的意图、原则、体例等都需要说明,本篇就是应这种需要而写的。

序谈到几个方面:一、缘起和意图("余监抚余闲"一段);二、入选的标准("能文","篇章","篇翰","综缉辞采","错比文华","事出于沉思,义归乎翰藻"等);三、入选诗文的类别、源流、性质等(由赋、骚、诗、颂至碑、碣、志、状);四、不选的文体及不选的原因("若夫姬公之籍"一段的大部分);五、编排体例(末段)。写这样复杂的内容,所用文字并不很多。除简练之外,条理清楚,行文典雅(多用骈体,引经据典),立论有理有据,也值得注意。

作者萧统(501—531),字德施,小字维摩,南朝梁南兰陵

(今江苏常州西北)人。梁武帝萧衍的长子。天监元年(502),他两岁就立为太子。据说五岁就读完五经,以后博览群书,并喜欢搜求典籍,藏书至三万多卷。在东宫,招纳不少文学之士,共同研讨学问文章。他能诗文,好著书,除编《文选》以外,还编著《正序》《古今诗苑英华》等。因为荡舟落水得中风病,早死,才三十一岁。谥昭明,所以人称昭明太子。著有文集二十卷,早佚,今所传为辑本。

　　式观元始,眇觌玄风[1],冬穴夏巢之时,茹毛饮血之世[2],世质民淳[3],斯文未作[4]。逮乎伏羲氏之王天下也[5],始画八卦[6],造书契[7],以代结绳之政[8],由是文籍生焉[9]。

---

[1]〔式观元始,眇(miǎo)觌(dí,旧读入声,算仄声字,普通话无入声,可读dì)玄风〕意为远古之时。用意相类之对称句以表达一义,为骈体文之常例。式,用在语句开头之助词。元始,原始时代。元,首。始。眇,远。觌,见。玄风,幽远之生活情况。 [2]〔冬穴夏巢之时,茹(rú)毛饮血之世〕未开化之时,冬居穴,夏居巢,生吃鸟兽肉。茹,食。《礼记·礼运》:"昔者先王未有宫室,冬则居营窟,夏则居橧(zēng)巢(聚柴木为巢);未有火化,食草木之实,鸟兽之肉,饮其血,茹其毛。" [3]〔世质民淳〕社会质朴,人民淳厚。 [4]〔斯文未作〕无文章。斯文,此文。作,兴起。《论语·子罕》:"天之将丧斯文(泛指文明之事物)也,后死者不得与于斯文也。" [5]〔逮乎〕到。逮,及。乎,助词。〔伏羲氏〕传说中之古帝王。〔王(旧读wàng)天下〕君临(统辖)天下。 [6]〔八卦〕《易经》中之八种基本符号,即:☰(乾,qián)、☷(坤)、☳(震)、☴(巽,xùn)、☵(坎)、☲(离)、☶(艮,gèn)、☱(兑)。 [7]〔书契〕文字。书,写成文字;契,刻成文字。 [8]〔结绳〕用绳打结以记事。〔政〕治事之法。 [9]〔文籍〕文章典籍。以上自"伏羲氏"至"生焉"见《尚书序》:"古者伏犧氏之王天下也,始画八卦,造书契,以代结绳之政,由是文籍生焉。"

《易》曰:"观乎天文,以察时变;观乎人文,以化成天下①。"文之时义远矣哉②!若夫椎轮为大辂之始③,大辂宁有椎轮之质④?增冰为积水所成⑤,积水曾微增冰之凛⑥。何哉?盖踵其事而增华,变其本而加厉⑦。物既有之,文亦宜然⑧,随时变改,难可详悉⑨。

　　由远古之文写起:文有本原,并随时代之演进而由质朴变为繁缛。内容复杂,(因选文不录)不详说。

尝试论之曰⑩:《诗序》云⑪:"诗有六义焉⑫:一曰风,二曰赋,三曰比,四曰兴,五曰雅,六曰颂。"至于今之作者,异乎古昔,古诗之体,今则全取赋名⑬,荀、宋表之于

---

① 〔《易》〕《易经》。〔观乎天文,以察时变;观乎人文,以化成天下〕见《易经·贲(bì)》象(tuàn)辞。大意为,观天文可以知季节变化,观人文可以教化平定天下。天文,日月星辰。人文,诗书礼乐。化成,教化成功。 ② 〔时义〕适时而起作用之意义。〔远〕深远。 ③ 〔若夫〕至于。引起下文之语。以下"若其"同。〔椎(chuí)轮为大辂(lù)之始〕意为先有椎轮(简陋之车),后有大辂(华贵之车)。 ④ 〔宁有〕岂有,哪里有。〔质〕质朴(无华)。 ⑤ 〔增(céng)冰〕厚冰。增,通"层"。 ⑥ 〔曾(zēng)微〕乃无。〔凛(lǐn)〕寒冷。 ⑦ 〔踵其事而增华,变其本而加厉〕意为发展变化使然。踵,继续。华,文饰。变其本,循其本而变化。加厉,加甚。 ⑧ 〔宜然〕当如此。 ⑨ 〔悉〕知。 ⑩ 〔试〕表谦逊之说法。 ⑪ 〔《诗序》〕亦称《毛诗序》或《诗大序》,即《诗经》第一篇《关雎(jū)》之序。 ⑫ 〔六义〕指下文之风、赋、比、兴(xìng)、雅、颂。风(民歌)、雅(朝廷乐歌)、颂(宗庙祭祀之乐歌)为体裁,赋(直述)、比(比喻)、兴(以他事物引起情意)为作法。 ⑬ 〔古诗之体,今则全取赋名〕意为古诗原有六体,今则流行之文体名为赋。

前①,贾、马继之于末②。自兹以降③,源流实繁④,述邑居则有"凭虚""亡是"之作⑤,戒畋游则有《长杨》《羽猎》之制⑥。若其纪一事⑦,咏一物,风云草木之兴⑧,鱼虫禽兽之流⑨,推而广之,不可胜载矣⑩。

论赋:由战国起,盛于汉以后,体裁甚多。

又楚人屈原⑪,含忠履洁⑫,君非从流⑬,臣进逆耳⑭,深思远虑⑮,遂放湘南⑯。耿介之意既伤⑰,壹郁之怀靡诉⑱,

---

①〔荀、宋〕荀况(亦称荀卿或荀子),宋玉。〔表之于前〕先有此体之作。表,发,显露。《汉书·艺文志》著录荀卿赋十篇,宋玉赋十六篇。②〔贾、马〕贾谊,司马相如。〔继之于末〕《汉书·艺文志》著录贾谊赋七篇,司马相如赋二十九篇。末,后。③〔自兹以降〕自此以后。兹,指荀、宋、贾、马之时代。④〔源流〕流派,体制。⑤〔邑居〕都城。〔凭虚〕指张衡所作《西京赋》,文中有凭虚公子。〔亡(wú,无)是〕指司马相如所作《上林赋》,文中有亡是公。⑥〔畋(tián)游〕打猎。〔《长杨》《羽猎》〕指扬雄所作《长杨赋》《羽猎赋》。⑦〔纪〕通"记"。⑧〔兴(xìng)〕因景生情(而作赋)。⑨〔流〕类。⑩〔推而广之,不可胜(shēng)载〕题材扩大,不能详说。胜,尽。《文选》所收有各种题材之赋。⑪〔屈原〕楚国大诗人,作《离骚》《九歌》等。⑫〔含忠履洁〕心(对君)忠,行洁(不同流合污)。含,内有。履,行事。⑬〔君非从流〕君(楚怀王)非从善(纳谏)如流之君。如流,如流水之速。《左传》成公八年:"从善如流,宜哉!"⑭〔臣进逆耳〕屈原屡进逆耳之言(忠言)。逆耳,不顺耳。《史记·留侯世家》:"忠言逆耳利于行,毒(厉害)药苦口利于病。"⑮〔深思远虑〕指忧虑国事。⑯〔放〕流放。〔湘南〕湘水之南。⑰〔耿介〕守正不阿。⑱〔壹郁〕忧闷。壹,通"抑"。〔靡诉〕无处告诉。靡,无。

临渊有《怀沙》之志①,吟泽有"憔悴"之容②,骚人之文,自兹而作③。

论骚体的起源。

诗者,盖志之所之也,情动于中而形于言④。《关雎》《麟趾》,正始之道著⑤;桑间濮上,亡国之音表⑥。故风雅之道,粲然可观⑦。自炎汉中叶⑧,厥涂渐异⑨,退傅有"在

---

①〔临渊有《怀沙》之志〕在水边欲抱石自沉。《史记·屈原贾生列传》:"屈原至于江滨,……乃作《怀沙》之赋。……于是怀石,遂自投汨罗以死。"《怀沙》,《楚辞·九章》之一篇。 ②〔吟泽有"憔悴"之容〕在水边吟诗,面容憔悴。《楚辞·渔父》:"屈原既放,游于江潭,行吟泽畔,颜色憔悴,形容枯槁。" ③〔骚人之文,自兹而作〕从此以后,骚体就兴起。骚人,仿骚体之作者,如宋玉、贾谊等。 ④〔诗者,盖志之所之也,情动于中而形于言〕诗为情意之所向,心中有情则表现为语言文字。志,心意。所之,所往。《毛诗序》:"诗者,志之所之也,在心为志,发言为诗,情动于中而形于言。" ⑤〔《关雎》《麟趾》,正始之道著〕《诗经·周南》中《关雎》《麟趾》,明白表现了正本以齐家治国之大道。著,明。《关雎》为《周南》之首篇,《麟趾》为末篇,即代表全部《周南》。《毛诗序》:"《周南》《召(shào)南》正始之道,王化之基。" ⑥〔桑间濮(pú)上,亡国之音表〕桑间濮上之音,表露了亡国之音。《礼记·乐记》:"桑间濮上之音,亡国之音也。"注:"濮水(在卫国)之上,地有桑间者,亡国之音于此之水出也。" ⑦〔风雅之道,粲然可观〕意为《诗经》之成就甚高。风雅,国风,大雅,小雅。粲然,鲜明之状。 ⑧〔炎汉〕即汉朝。汉以火德王,故称炎汉。古代有"五德"(水、火、木、金、土,亦称"五行")生克之迷信说法,帝王受命正值火运,称为火德。〔中叶〕中世。 ⑨〔厥涂渐异〕诗之演进途径逐渐变化。厥,其。涂,通"途"。

邹"之作①,降将著"河梁"之篇②,四言五言,区以别矣③。又少则三字,多则九言④,各体互兴⑤,分镳并驱⑥。颂者,所以游扬德业,褒赞成功⑦,吉甫有"穆若"之谈⑧,季子有"至矣"之叹⑨。舒布为诗,既言如彼⑩;总成为颂,又亦若此⑪。次则箴兴于补阙⑫,戒出于弼匡⑬,论则析理精微⑭,铭则序事清润⑮,美终则诔发⑯,图像则赞兴⑰。又诏

---

①〔退傅有"在邹"之作〕西汉韦孟曾作四言诗。韦孟曾为楚元王、夷王、王戊三代之傅,退职后居邹,故称退傅。在邹之作,指韦孟居邹后所作讽谏王戊之四言诗。 ②〔降将著"河梁"之篇〕西汉李陵曾作五言诗。李陵与匈奴作战,力竭而降于匈奴,其《与苏武》诗有"携手上河梁(河桥)"之句。 ③〔四言五言,区以别矣〕意为汉诗有四言、五言之别。区以别,分为各类。《论语·子张》:"譬诸草木,区以别矣。" ④〔少则三字,多则九言〕魏晋间有三言诗、九言诗。 ⑤〔各体〕指诗句字数不同之体。 ⑥〔分镳(biāo)并驱〕体制不同而并行前进。镳,马嚼子。驱,行进。 ⑦〔颂者,所以游扬德业,褒赞成功〕颂是用来表扬道德事业,赞美功绩的。游扬,宣扬。褒赞,称赞。《毛诗序》:"颂者,美盛德之形容,以其成功告于神明者也。" ⑧〔吉甫有"穆若"之谈〕吉甫,尹吉甫,周宣王之臣,《诗经·大雅·烝(zhēng)民》是他所作,其中有"吉甫作诵,穆如清风"之句。穆,和。若,如。《烝民》是一首颂诗。 ⑨〔季子有"至矣"之叹〕季子,春秋时吴公子季札。《左传》襄公二十九年记他出使鲁国,听到"颂"诗,赞叹说:"至矣哉!……盛德之所同也。"至矣,好极了。 ⑩〔舒布为诗,既言如彼〕抒发情意为诗,就像韦孟、李陵所写。舒布,伸展。 ⑪〔总成为颂,又亦若此〕总括美德而称赞为颂,就如吉甫所作,季札所叹。 ⑫〔箴(zhēn)兴于补阙〕箴体始于弥补缺漏。阙,通"缺"。 ⑬〔戒出于弼匡〕戒体始于辅助及纠正。《文选》目录无"戒"之名,当是指谏净文字。 ⑭〔论〕亦文体名。〔析理〕辨明事理。〔精微〕精密深入。 ⑮〔铭〕亦文体名,多刻于器物上,以称扬、警戒为主旨。〔序事清润〕叙事简明温雅。 ⑯〔美终则诔(lěi)发〕赞美死者诔体就产生。 ⑰〔图像则赞兴〕有画像于是赞体出现。图,动词,画。

诏诰教令之流①,表奏笺记之列②,书誓符檄之品③,吊祭悲哀之作④,答客指事之制⑤,三言八字之文⑥,篇辞引序⑦,碑碣志状⑧,众制锋起⑨,源流间出⑩。譬陶匏异器⑪,并为入耳之娱⑫;黼黻不同⑬,俱为悦目之玩。作者之致⑭,盖云备矣⑮。

总论选文的各种体裁:诗、颂、箴、戒、论、铭等,其来源、性质及变化。

余监抚余闲⑯,居多暇日⑰,历观文囿⑱,泛览辞林⑲,

---

① 〔诏诰教令〕四种文体名,皆上告下之文,泛称诏令。〔流〕类。 ② 〔表奏笺记〕四种文体名,皆臣对君、下对上之文,泛称章奏。〔列〕类。 ③ 〔书誓符檄(xí)〕四种文体名。书,信。誓,誓师之文。符,传达命令之文。檄,征召、声讨之文。〔品〕类。 ④ 〔吊祭悲哀〕三种文体名。吊,吊文。祭,祭文。悲哀,哀文。皆吊慰死者及丧家者。 ⑤ 〔答客〕答人问难之文,如东方朔《答客难》。〔指事〕言事以启发人之文,即"七"体,如《七发》之类。〔制〕体。 ⑥ 〔三言八字之文〕三言,指汉武帝《秋风辞》;八字,指魏文帝乐府诗。 ⑦ 〔篇辞引序〕四种文体名。如曹植作《白马篇》,汉武帝作《秋风辞》,班固作《典引》,孔安国作《尚书序》。 ⑧ 〔碑碣(jié)志状〕四种文体名,皆记死者经历之文。碑,碑文。碣,圆形或柱形之碑。志,墓志。状,行状,记死者行谊生卒年月等。 ⑨ 〔锋起〕同"蜂起",群起。 ⑩ 〔间(jiàn)出〕先后交错出现。 ⑪ 〔陶〕陶土制之乐器,指埙(xūn)。〔匏(páo)〕笙竽之属,以匏(葫芦)为座,故名。〔异器〕非相同之乐器。 ⑫ 〔入耳之娱〕悦耳之音。 ⑬ 〔黼(fǔ)黻(fú)〕古礼服上刺绣之花纹,白与黑相间曰黼,黑与青相间曰黻。 ⑭ 〔致〕情趣。 ⑮ 〔盖云备矣〕可以说是完备了。 ⑯ 〔监抚〕监国与抚军,皆太子职。君主外出,太子留守为监国;君主出征,太子从征为抚军。《左传》闵公二年:"从曰抚军,守曰监国。"〔余闲〕处理公事之剩余时间。 ⑰ 〔居〕平时。 ⑱ 〔历观〕普遍观览。〔文囿(yòu)〕文章园地。 ⑲ 〔泛览〕广泛阅读。〔辞林〕文章之林。极言其多。

未尝不心游目想①，移晷忘倦②。自姬汉以来③，眇焉悠邈④，时更七代⑤，数逾千祀⑥。词人才子，则名溢于缥囊⑦；飞文染翰⑧，则卷盈乎缃帙⑨。自非略其芜秽⑩，集其清英⑪，盖欲兼功⑫，太半难矣⑬。

说明编《文选》的起因及意图。

若夫姬公之籍，孔父之书⑭，与日月俱悬⑮，鬼神争奥⑯，孝敬之准式⑰，人伦之师友⑱，岂可重以芟夷⑲，加之剪截？老、庄之作，管、孟之流⑳，盖以立意为宗，不以能文为本㉑，今之所撰㉒，又以略诸㉓。若贤人之美辞㉔，忠臣

---

① 〔心游目想〕深入欣赏体会。② 〔移晷（guǐ）〕过了较长时间。晷，日影。③ 〔姬汉〕周朝（姬姓）、汉朝。④ 〔悠邈（miǎo）〕久远。⑤ 〔更（gēng）〕经历。〔七代〕指周、秦、汉、魏、晋、宋、齐。⑥ 〔祀〕年。⑦ 〔溢〕满而外流。极言人数之多。〔缥（piǎo）囊〕青白色帛制之书袋。⑧ 〔飞文染翰〕形容才华高，写作神速。飞文，飞笔成文。染翰，以笔蘸墨。翰，笔。⑨ 〔卷〕书卷。〔盈〕满。〔缃帙（zhì）〕浅黄色帛制之书套。⑩ 〔自非〕如果不是。〔略〕删去。〔芜秽〕田多杂草。指拙劣之文章。⑪ 〔清英〕精华。⑫ 〔兼功〕两方面兼收而得利。⑬ 〔太半〕多半。⑭ 〔姬公之籍，孔父（fǔ）之书〕泛指经书。姬公，周公。孔父，孔子。⑮ 〔与日月俱悬〕与日月同其光辉，普照天下。⑯ 〔鬼神争奥〕与鬼神争其玄妙。极言意义深远。⑰ 〔孝敬之准式〕孝亲敬长等美德之法则。准，准绳。⑱ 〔人伦〕人与人间之合理关系。⑲ 〔岂可重（chóng）以芟（shān）夷〕哪可加以删削。芟夷，原意为除草。以上几句说明经书必须全读，故不选。⑳ 〔老、庄之作，管、孟之流〕泛指诸子。老，老子。庄，庄子。管，管子。孟，孟子。㉑ 〔以立意为宗，不以能文为本〕以建立学说为主，不以辞章优美为重。㉒ 〔撰〕编选。㉓ 〔略诸〕略之，即不选（子书）。㉔ 〔美辞〕善言。

之抗直①，谋夫之话②，辨士之端③，冰释泉涌④，金相玉振⑤，所谓坐狙丘，议稷下⑥，仲连之却秦军⑦，食其之下齐国⑧，留侯之发八难⑨，曲逆之吐六奇⑩，盖乃事美一时⑪，语流千载⑫，概见坟籍⑬，旁出子史⑭。若斯之流，又亦繁博⑮，虽传之简牍⑯，而事异篇章⑰，今之所集，亦所不取。至于记事之史，系年之书⑱，所以褒贬是非，纪别异同⑲，方之篇翰⑳，亦已不同。若其赞论之综缉辞采㉑，序述之错

———————

① 〔抗直〕指坦率耿直之言。 ② 〔谋夫〕出谋划策之士。 ③ 〔辨士〕即辩士，纵横家之流。〔端〕端绪，指言辞。 ④ 〔冰释泉涌〕比喻滔滔不绝。 ⑤ 〔金相（xiāng，实质）玉振〕金质玉声。比喻辞藻华丽铿锵。 ⑥ 〔坐狙（jū）丘，议稷下〕意为逞舌辩之才。狙丘，稷下，皆齐国地名。《史记·鲁仲连列传》注引《鲁连子》："齐辩士田巴，服（说服人）狙丘，议稷下。" ⑦ 〔仲连之却秦军〕可参看本册《鲁仲连论帝秦》。 ⑧ 〔食（旧读 yì）其（旧读 jī）之下齐国〕指郦（lì）食其说服齐王田广归汉刘邦之事。见《史记·郦生陆贾列传》。 ⑨ 〔留侯之发八难（nàn）〕汉高祖用郦食其之计，欲封六国之后以削弱楚势，留侯张良用八事难之，事始作罢。见《史记·留侯世家》。难，驳难。 ⑩ 〔曲逆之吐六奇〕曲逆侯陈平（助刘邦）曾六出奇计。《史记·陈丞相世家》："凡六出奇计，……奇计或颇秘，世莫能闻也。" ⑪ 〔事美一时〕一时成为众所称赞之事。 ⑫ 〔语流千载〕佳话传于后世。 ⑬ 〔概〕大略。〔坟籍〕泛指典籍。坟，三坟，传说伏羲、神农、黄帝之书。 ⑭ 〔旁出子史〕另外见于子书、史书中。 ⑮ 〔繁博〕多而广。 ⑯ 〔简牍〕泛指书籍。 ⑰ 〔事异篇章〕性质不同于美文。以上几句说明不选谋臣辩士之言论。 ⑱ 〔系年之书〕指编年史。 ⑲ 〔纪〕通"记"。 ⑳ 〔方〕比较。〔篇翰〕篇章。以上几句说明不选史书。 ㉑ 〔赞论〕和下句"序述"，指史书中之评语（《文选》标目称"史论"）和赞语（《文选》标目称"史述赞"），多写在纪、传之后。史论是散文，史述赞是四言韵文。〔综缉〕联缀。〔辞采〕美丽之词语。

比文华①，事出于沉思，义归乎翰藻②，故与夫篇什③，杂而集之④。远自周室，迄于圣代⑤，都为三十卷⑥，名曰《文选》云耳。

> 说明选文的范围：经、子等不选及其理由；选文的原则是"事出于沉思，义归乎翰藻"。并说明书名及其规模。

凡次文之体⑦，各以汇聚⑧。诗赋体既不一⑨，又以类分；类分之中，各以时代相次⑩。

> 最后说明编排的体例。

【研读参考】一、最好能找到《文选》，看看目录。知道选文的内容和分类之后，读本篇可以有较清晰的了解。

二、《文选》所谓"文"，范围比较宽，大致相当于现在说的文学作品，所以也选诗。以后诗的数量渐多，地位渐高，成为与文对等的体裁，文选和文集一般就不收诗了。

三、骈体文常常用华丽的辞藻写景物。本篇不然，而是叙事实，写主张。两相比较，你觉得本篇的成就如何？

---

①〔错比〕交错排列。〔文华〕华丽之辞采。②〔事出于沉思，义归乎翰藻〕内容来于深有所感，并表现为藻丽之文字。③〔篇什〕篇章。指其他藻丽之文。什，原指合十篇为一辑。④〔杂而集之〕意为与其他篇什一同选入。⑤〔迄（qì）〕至。〔圣代〕称本朝。⑥〔都〕总共。〔三十卷〕唐李善注本为六十卷。⑦〔凡〕总计。〔次〕编次，排列。⑧〔汇聚〕体裁相同者编在一起。⑨〔体既不一〕体（主要指内容性质，如赋分为京都、郊祀、耕籍等十五类，诗分为补亡、述德、劝励等二十三类）较多。⑩〔以时代相次〕按时代先后编排。

四、如果不通晓历代著作的情况，本篇能够写出来吗？从这里我们可以得到什么启发？

五、骈体文求语句对称，有时候表同类意义而故意用不同的字，如开头的"观"和"觌"。本篇中这类写法还有哪些？

二九　春赋 庾信

【解说】本篇选自《庾（yǔ）子山集》。《春赋》，以春为题材的赋，是作者早年仕南朝梁时写的。赋体的特点，本册《风赋》的解说中已有介绍。赋的题材，到魏晋南北朝，范围扩大，外界景物，人生经历，心情感受，几乎无不可写。风格还是承接旧的传统，铺张，描画，文字尽量求华美，声音尽量求铿锵（多用四六对偶，分段押韵）。这种写法的优点是使表现方法大力向华美处发展，缺点是粉饰太过，难免矫揉造作，华而不实。

作者的作品可分前后二期。前期是南朝时（四十岁以前），在金堂玉殿的环境中，所作多为宫体，绮丽纤巧。后期是流落北朝时，心情郁闷，多有故国之思，作品悲凉慷慨，感情深厚。前后两期相比，当然以后期作品为价值高。这里选他前期的作品，是因为：一、本篇更能代表南北朝时期的文风；二、它是小赋的名篇，作法方面有不少可注意之点。所谓可注意之点是：（1）历代以春为题材的诗文很多，像本篇写得这样美的却少见。（2）材料丰富而条理清楚。（3）文笔细腻，虽然多用典故，却言情写景都能恰到好处；即以起止而论，开头飘然而来，结尾余韵不尽，也足见匠心。（4）对偶、押韵很讲究：全篇绝大部分语句对偶（平仄对，词性对）。押韵分几段：a. 归，衣，飞；b. 树，路，渡；c. 宫，风，红，中；d. 雉，水，美；e. 醅，杯，梅，来；f. 抚，舞，柱，鼓；g. 郎，杨，张，堂，梁，皇；h. 津，神，人，巾；i. 斜，家，花。(5) 赋中杂用五七言诗，大概是新创，对后来有影响，初唐王勃、骆宾王就曾仿效这样作。

作者庾信（513—581），字子山，南北朝南阳新野（今河南新野）人。南朝大官（中书令）著名诗人庾肩吾的儿子。小时候读书很多。早年仕梁，曾任抄撰学士、东宫学士等官。他出入宫廷，长于写艳丽的宫体诗文，与徐陵同为负盛名的大作家，所作诗文，世称徐庾体。侯景叛乱时曾领兵在都城设防，失败。后从梁元帝于江陵，官右卫将军，封武康县侯。出使北朝西魏，赶上江陵被西魏攻陷，流落长安。仕西魏、北周，官至骠骑大将军、开府仪同三司，所以后世称为庾开府。到隋初才死去。著有《庾子山集》。

宜春苑中春已归①，披香殿里作春衣②。新年鸟声千种啭③，二月杨花满路飞④。河阳一县并是花⑤，金谷从来满园树⑥。

---

①〔宜春苑〕秦汉时宫苑名，即唐代之曲江，在今陕西西安南。〔春已归〕春回大地。 ②〔披香殿〕汉朝宫殿名。〔作春衣〕殿中依例制作春衣，为宫中之迎春气象。 ③〔新年〕新的一年，指新春。〔啭（zhuàn）〕鸟啼婉转。 ④〔杨花〕柳絮。 ⑤〔河阳一县并是花〕晋潘岳为河阳令，县中遍种桃树，号河阳满县花。河阳，旧县名，在今河南孟州。 ⑥〔金谷〕晋石崇有金谷园，在洛阳市北。石崇《思归引》序："其制宅也，却阻长堤，前临清渠，百木（各种树）几（jī）于万株。"

一丛香草足碍人，数尺游丝即横路①。开上林而竞入②，拥河桥而争渡③。

> 由春天的环境写起，景物繁荣美丽，引起人的游览兴致。

出丽华之金屋，下飞燕之兰宫④。钗朵多而讶重⑤，髻鬟高而畏风⑥。眉将柳而争绿⑦，面共桃而竞红。影来池里⑧，花落衫中⑨。

> 承上段，写春游华贵人物的娇艳。

苔始绿而藏鱼⑩，麦才青而覆雉⑪。吹箫弄玉之台⑫，鸣

---

① 〔一丛香草足碍人，数尺游丝即横路〕言地有春草，有游丝。横路，碍路。② 〔开〕开放。〔上林〕上林苑。秦时园囿，汉武帝扩建，旧址在今陕西西安周至、鄠（hù）邑一带。 ③ 〔拥〕群集。〔河桥〕晋杜预建，在河南孟州南黄河上。以上二句极言游人之多。 ④ 〔出丽华之金屋，下飞燕之兰宫〕意为后妃等由宫中出来。丽华，汉光武帝后阴丽华。金屋，美女之居处。《汉武故事》载，汉武帝幼年时候，到他姑母馆陶公主家，公主问他，把女儿阿娇嫁给他怎样，他说："若得阿娇作妇，当作金屋贮之也。"阿娇即后来之陈皇后。下，出。飞燕，汉成帝后赵飞燕。兰宫，美丽芳香之宫。⑤ 〔钗朵多而讶重〕花朵形之金钗满头，惊其过重。形容既富丽又娇弱。⑥ 〔髻（jì）鬟（huán）高而畏风〕髻鬟过高，恐风吹坠地。汉时有"城中好高髻，四方高一尺"之谚。髻，束发于顶。环形之髻为鬟。 ⑦ 〔眉将柳而争绿〕意为眉形似柳叶。古时以黛画眉，其色青黑。将，偕，跟。争绿，比绿。 ⑧ 〔影来池里〕人行池畔，倒影水中。⑨ 〔花落衫中〕花瓣落在衣上。极写春花繁茂。⑩ 〔苔〕水苔，生于水面。⑪ 〔雉〕鸟名，俗名野鸡。⑫ 〔弄玉〕秦穆公之女，嫁善吹箫之箫史，穆公为筑凤凰台，后夫妇皆飞升。见《列仙传》。此句言有华丽之楼台。

佩凌波之水①。移戚里而家富②,入新丰而酒美③。石榴聊泛④,蒲桃酸醅⑤,芙蓉玉碗⑥,莲子金杯⑦。新芽竹笋,细核杨梅⑧。绿珠捧琴至⑨,文君送酒来⑩。

接着写春游之乐。这一段着重写酒食。

玉管初调⑪,鸣弦暂抚⑫。阳春渌水之曲⑬,对凤回鸾之舞⑭。更炙笙簧⑮,还移筝柱⑯。月入歌扇⑰,花承节鼓⑱。

这一段着重写音乐。

①〔鸣佩〕腰间佩玉相触发声。〔凌波之水〕原指洛水。曹植《洛神赋》:"凌波微步,罗袜生尘。"凌波,形容美人步履之轻逸。凌,登,乘。此句言有美丽之池沼。 ②〔戚里〕汉代凡与皇帝为姻戚者,皆移居于戚里。此句言所经之处皆富庶。 ③〔新丰〕地名,以产美酒出名。汉高祖建都长安,其父太公为太上皇,不乐居关中而思慕故乡(沛县之丰邑)。高祖为徙其地屠沽商人于今陕西临潼东新建城市,街巷皆依丰邑旧规,名新丰。 ④〔石榴〕石榴酒。〔聊〕姑且。〔泛(fàn)〕用流杯饮酒。 ⑤〔蒲桃〕即葡萄酒。〔酸(pò)醅(pēi)〕再酿之酒曰酸,未滤之浊酒曰醅。全句言再酿之葡萄酒。以上二句言所饮皆佳酿。 ⑥〔芙蓉玉碗〕荷花形之玉碗。芙蓉,荷花。 ⑦〔莲子金杯〕莲子形之金杯。 ⑧〔新芽竹笋,细核杨梅〕皆鲜嫩之佐酒佳肴。 ⑨〔绿珠〕晋石崇之歌妓,貌美,善吹笛。石崇被捕破家,绿珠坠楼死。 ⑩〔文君〕卓文君,寡居,奔司马相如,与相如在临邛〔qióng,今四川邛崃(lái)〕卖酒。 ⑪〔玉管〕精美之管乐器,笙、笛之类。〔初调〕开始演奏。 ⑫〔鸣弦〕发声之弦乐器,琴、筝之类。〔暂〕忽然,即开始之意。〔抚〕弹奏。 ⑬〔阳春渌(lù)水之曲〕指高雅超俗之歌曲。阳春,阳春白雪,楚国歌曲名。渌水,古诗名。 ⑭〔对凤回鸾〕两种舞曲名。 ⑮〔更〕又。〔炙(zhì)笙簧〕烤笙簧(发声之金属片)使暖,则发声清雅。 ⑯〔移筝柱〕拧筝柱以调节弦之松紧,使声音和谐。 ⑰〔月入歌扇〕意为歌者之扇圆如月。 ⑱〔花承节鼓〕承节鼓之架形如花(向四外张开)。节,指挥其他乐器,为声音之节。

协律都尉①,射雉中郎②。停车小苑,连骑长杨③。金鞍始被④,柘弓新张⑤。拂尘看马埒⑥,分朋入射堂⑦。马是天池之龙种⑧,带乃荆山之玉梁⑨。艳锦安天鹿⑩,新绫织凤皇⑪。

这一段着重写骑射。

三日曲水向河津⑫,日晚河边多解神⑬。树下流杯客,沙头渡水人。镂薄窄衫袖⑭,穿珠帖领巾⑮。百丈山头日欲斜⑯,三晡未醉莫还家⑰。池中水影悬胜镜⑱,屋里衣香不

---

①〔协律都尉〕乐官名。汉武帝时李延年曾为协律都尉。 ②〔射雉中郎〕晋潘岳曾作《射雉赋》,曾任虎贲(bēn)中郎将。此二句举二人以代表出色之官员。 ③〔连骑(旧读 jì)长杨〕官员骑马集于长杨宫。长杨,汉宫名,在今陕西周至东南,有长杨榭,皇帝秋冬观猎于此。 ④〔金鞍始被〕金鞍已覆盖于马背。 ⑤〔柘(zhè)弓新张〕柘木之弓新拉开。柘木为制弓之良材。张,拉开弓。以上二句言骑射已准备停当。 ⑥〔拂尘〕驱散马跑荡起之尘土(始能看清马跑),形容马跑之快。〔马埒(liè)〕驰道两旁之界堤。 ⑦〔分朋〕分组,分队。朋,原指贝(钱币)两串。〔射堂〕射箭之大屋。 ⑧〔天池之龙种〕天池所产之骏马。天池在西方。龙种,谓马为良种。 ⑨〔荆山〕在今湖北南漳西,楚卞和得玉处。〔玉梁〕衣带上玉制之饰品。 ⑩〔艳锦安天鹿〕美锦上织有天鹿之花纹。安,放置。 ⑪〔新绫织凤皇〕新绫上织有凤凰之花纹。凰,古写作"皇"。以上数句言骑射时马匹衣饰皆甚贵重豪华。 ⑫〔三日〕阴历三月初三。古习俗此日于水边游春。名修禊(xì),谓可除不祥。〔曲水向河津〕到河津饮曲水流觞(杯)之酒。曲水,在回环之小渠中浮杯下流,杯停处,其人取饮。河津,河边渡口。 ⑬〔解神〕还愿谢神。 ⑭〔镂(lòu)薄窄衫袖〕镂刻金箔为各种物象,置于衣上。薄,通"箔",此处指金片。窄,意为充塞。 ⑮〔穿珠帖领巾〕以串珠挂于紧帖领巾之处。以上二句皆妇女之装饰。 ⑯〔百丈山〕言山高。 ⑰〔晡(bū)〕申时(下午三时至五时)。三晡,申时之末,即近晚。 ⑱〔池中水影悬胜镜〕池水照人,清晰超过明镜。悬,远。

如花①。

最后写三月三日日晚景象，白日将尽而游兴不减，是加重形容春的可爱，文结束而意不尽。

【研读参考】 一、《庾子山集》十六卷，有清倪璠（fán）注本。庾信的诗文，还可以选读的有诗《咏怀》二十七首，赋《枯树赋》《小园赋》《哀江南赋》（较长，较难）。

二、本篇开头和结尾都用了七言诗的形式（不像唐人绝句那样有严格规律），这在赋里是罕见的。这样写比散体的意境如何？凭你的感受说说看。

三、六朝骈体文喜欢用典，以专指代替概说，如"宜春苑"是说园林，"丽华"是说贵妇人。这样写，目的是唤起读者更多的美妙联想。把本篇中同类的写法指出来。

四、骈体文比较难译，为了更能传达原意，常常要变专指为概说。这样试试，改写开头和结尾两段为散文。

---

① 〔衣香不如花〕衣虽熏香，不如室外花香。二句言春光中种种皆胜人工。

三〇　与詹事江总书　陈叔宝

【解说】本篇选自《陈书·陆琰（yǎn）传》附《陆瑜传》。这是悼念陆瑜早死的一封信。陆瑜，南朝陈吴郡（今江苏苏州一带）人。有才能文。仕陈，任东宫学士、东宫管记、太子洗马等官。《陈书》本传说："瑜幼长读书，昼夜不废，聪敏强记，一览无复遗失。尝受《庄》《老》于汝南周弘正，学《成实论》（佛书）于僧滔法师，并通大旨。时太子（陈叔宝）好学，欲博览群书，以子集繁多，命瑜抄撰，未就而卒，时年四十四。太子为之流涕，手令举哀，官给丧事（公家治丧），并亲制祭文，遣使者吊祭。仍（还）与詹（zhān）事江总书。"江总，字总持，南朝济阳考城（今河南兰考）人。聪明，读书很多，善诗文，尤长于五七言诗。仕梁，任丹阳尹、尚书仆射（yè）等官。仕陈，任东宫管记、尚书令等官。陈宣帝（陈叔宝之父）太建年间任太子詹事。江总喜为浮艳诗文，与陈后主情投意合，常常在一起游宴，作艳体诗歌，所以后主视为知音，给他写了表白心情的信。《陈书》，记述南朝陈史实的纪传体史书，正史的一种，三十六卷，唐姚思廉撰。

陈叔宝的为人很像后来的南唐后主李煜（yù），好学，能文,可是做皇帝以后,贪图安逸享乐,不理政事,以致亡国。本篇是他为太子的时候写的,主旨在于爱才重学,感情深挚纯正,与后期写《玉树后庭花》歌曲的情调大不相同。

作者陈叔宝(553—604),字元秀,小字黄奴,南朝陈吴兴长城(今浙江长兴)人。陈宣帝的长子,太建元年(569)宣帝即位,立为皇太子。太建十四年(582)宣帝死,他嗣位为皇帝。在位期间奢侈享乐,政治混乱。隋文帝开皇九年(589),隋军渡过长江,陈都城建康(今江苏南京)城破,他和宠妃张丽华等逃匿井中,被搜出,俘至隋都城长安。做了俘虏之后,还是喝酒混日子,到隋文帝末年死在洛阳。传世有《陈后主集》。

管记陆瑜①,奄然殂化②,悲伤悼惜③,此情何已④。吾生平爱好⑤,卿等所悉⑥。自以学涉儒雅⑦,不逮古人⑧,钦贤慕士⑨,是情尤笃⑩。梁室乱离⑪,天下糜沸⑫,书史残缺⑬,礼乐崩沦⑭,晚生后学⑮,匪无墙面⑯,卓尔出群⑰,斯

---

① 〔管记〕东宫管记,太子东宫掌管文书之官。 ② 〔奄(yǎn)然〕忽然。〔殂(cú)化〕死亡。 ③ 〔悼〕伤痛。 ④ 〔何已〕怎能停止。 ⑤ 〔生平〕平素。 ⑥ 〔卿〕君主对臣下之爱称。〔悉〕知。 ⑦ 〔自以学涉儒雅〕自己认为在高深学问方面。 ⑧ 〔逮〕及,赶上。 ⑨ 〔钦贤慕士〕钦佩爱慕贤人。士,高尚之读书人。 ⑩ 〔是情〕此情。指敬爱贤才之心。〔尤笃〕更加深厚。 ⑪ 〔梁室〕梁朝。〔乱离〕混乱离析。指侯景叛乱之后。 ⑫ 〔糜(mí)沸〕大乱。糜,糜烂。沸,沸腾。 ⑬ 〔书史〕典籍。西魏攻陷江陵,梁元帝毁典籍十余万卷。 ⑭ 〔礼乐〕礼仪教化。〔崩沦〕毁坏。沦,沉没。 ⑮ 〔晚生后学〕后辈学生。 ⑯ 〔匪无墙面〕意为有不少无学之人。匪,通"非"。墙面,面墙而立,目无所见。比喻不学无术。《尚书·周官》:"不学墙面。" ⑰ 〔卓尔出群〕超出众人。卓尔,高超之状。

人而已①。

> 由陆瑜的早死写起,因为他才学出群,所以特别值得惋惜。

吾识览虽局②,未曾以言议假人③,至于片善小才④,特用嗟赏⑤。况复洪识奇士⑥,此故忘言之地⑦。论其博综子史⑧,谙究儒墨⑨,经耳无遗⑩,触目成诵⑪,一褒一贬,一激一扬⑫,语玄析理⑬,披文摘句⑭,未尝不闻者心伏⑮,听者解颐⑯,会意相得⑰,自以为布衣之赏⑱。

> 承上段,进一步说明惋惜陆瑜早死的理由:钦佩其学识,愿引为相知。这是从"理"的方面说。

---

① 〔斯人〕此人。指陆瑜。 ② 〔识览〕所知,见识。〔局〕有限,狭隘。 ③ 〔以言议假人〕随便赞美人。言议,指好评论。假,借与。 ④ 〔片善小才〕小善。 ⑤ 〔特用嗟(jiē)赏〕也特别为此而叹赏。用,因。嗟,赞叹。 ⑥ 〔况复〕何况(他)又是。〔洪识〕见识广博。〔奇士〕才能出众之人。 ⑦ 〔此故忘言之地〕意为心意相合,难以言说。此故,因而是。忘言,无须说。地,境界。《庄子·外物》:"言者所以在意,得意而忘言。" ⑧ 〔论〕谈及。〔博综子史〕通达子书、史书。综,会合,贯通。 ⑨ 〔谙(ān)究儒墨〕精通儒家墨家学说。谙,熟悉。 ⑩ 〔经耳无遗〕听过就不忘。遗,失落。 ⑪ 〔触目成诵〕看到就能记诵。 ⑫ 〔一褒一贬,一激一扬〕(对古典籍、古学派、古作家)评论好坏,取精舍粗。一激一扬,激浊扬清,除恶奖善。激,荡。扬,举。 ⑬ 〔语玄析理〕谈论妙理。 ⑭ 〔披文摘句〕评论文章。披,翻阅。摘,选取。 ⑮ 〔伏〕通"服"。 ⑯ 〔解颐〕下巴放开,即面现笑容。形容特别满意。颐,下巴。 ⑰ 〔会意〕领悟。意为相互理解。〔相得〕情投意合。 ⑱ 〔布衣之赏〕布衣之交,官员、贵族与百姓交友。赏,赏识。

吾监抚之暇①,事隙之辰②,颇用谭笑娱情③,琴樽间作④,雅篇艳什⑤,迭互锋起⑥。每清风朗月,美景良辰,对群山之参差⑦,望巨波之滉瀁⑧,或玩新花⑨,时观落叶,既听春鸟⑩,又聆秋雁⑪,未尝不促膝举觞⑫,连情发藻⑬,且代琢磨⑭,间以嘲谑⑮,俱怡耳目⑯,并留情致⑰。自谓百年为速⑱,朝露可伤⑲,岂谓玉折兰摧⑳,遽从短运㉑,为悲为恨,当复何言。遗迹余文㉒,触目增泫㉓;绝弦投笔㉔,恒有

①〔监抚〕监国与抚军。皆太子之职。②〔事隙〕公事之余。隙,空闲。〔辰〕时光。③〔颇用谭笑娱情〕常借闲谈以取乐。谭,同"谈"。娱情,使心情快乐。④〔琴樽间(jiàn)作〕奏乐并饮酒。指宴集。琴,泛指乐器。樽,酒杯。间作,更迭进行。⑤〔雅篇艳什〕美好之诗作。篇,什,诗篇。⑥〔锋起〕突起。两句是说大家先后写出许多好诗。⑦〔对群山之参(cēn)差(cī)〕对参差之群山。对,面对。参差,高低不齐。⑧〔望巨波之滉(huàng)瀁(yàng)〕望滉瀁之巨波。滉瀁,汪洋,水势盛大。瀁,也写"漾"。⑨〔玩〕观赏。〔新花〕新开之花。⑩〔听春鸟〕听春鸟之啼。⑪〔聆秋雁〕听秋雁之鸣。聆,听。⑫〔促膝〕靠近坐。促,迫近。〔举觞〕饮酒。觞,酒杯。⑬〔连情发藻〕意为有同样情怀,写出有文采之诗句。⑭〔且代琢磨〕又代为修润诗句。琢磨,雕玉磨玉,使成精美器物。比喻修润诗文。⑮〔间(jiàn)以嘲谑(xuè)〕有时也开开玩笑。间,夹着。谑,开玩笑。⑯〔俱怡耳目〕都使耳目快意。怡,喜悦。⑰〔并留情致〕都使人感到有趣。致,趣味。⑱〔自谓百年为速〕心想即使长寿,总是时间太短。百年,一生。⑲〔朝(zhāo)露可伤〕生命短促使人痛心。朝露,晨露。比喻存在时间短促。《汉书·苏建传》附《苏武传》:"人生如朝露。"⑳〔岂谓〕岂料,哪里想到。〔玉折兰摧〕比喻品行高洁之人过早死去。㉑〔遽(jù)〕急,匆忙。〔短运〕短命,早死。运,命运。㉒〔遗迹余文〕遗留之事迹及文章。㉓〔触目增泫(xuàn)〕看到就落泪。增泫,多流泪。㉔〔绝弦〕扯断琴弦。比喻失去知音。《吕氏春秋·本味》:"钟子期死,伯牙破琴绝弦,终身不复鼓琴。"〔投笔〕掷笔。意为文友已逝,自己亦不再有写作之兴致。

酸恨①。以卿同志②，聊复叙怀③。涕之无从④，言不写意⑤。

还是承第一段，进一步说明惋惜陆瑜早死的理由：昔日诗酒流连，情深意厚，一旦失去，悲痛难言。这是从"情"的方面说。

【研读参考】一、本书第二册有《隋灭陈》一篇，记的是陈叔宝亡国前后的表现，可以参看。

二、第一二段由"钦贤慕士""博综子史"方面写哀痛的原由，第三段由"促膝举觞，连情发藻"方面写哀痛的缘由。你觉得哪方面意义深，分量重？为什么？

三、《陈书·后主本纪》后有唐魏徵（当时任监修官）对后主的评论，意思正大，文字典重。下面是其中的一部分，加上标点，并译为现代语（可借助词典）。

后主生深宫之中长妇人之手既属邦国殄瘁不知稼穑艰难初惧阽危屡有哀矜之诏后稍安集复扇淫侈之风宾礼诸公唯寄情于文酒昵近群小皆委之以衡轴谋谟所及遂无骨鲠之臣权要所在莫匪侵渔之吏政刑日紊尸素盈朝耽荒为长夜之饮嬖宠同艳妻之孽危亡弗恤上下相蒙众叛亲离临机不寤

---

①〔恒〕长久。〔酸〕悲痛。 ②〔以〕因。〔同志〕心意相同。 ③〔聊复叙怀〕姑且再述说心情。因已于祭文中言及。 ④〔涕之无从〕不觉泪下。无从，不知从何而来。 ⑤〔言不写（xiè）意〕语言未能说完悲痛之情。写，表出。

三一 滕王阁诗序 王勃

【解说】本篇选自《王子安集》。有的书题目作《秋日登洪府滕王阁饯别序》,一般选本多简称为《滕王阁序》。阁是唐高祖李渊的第二十二子李元婴于唐高宗永徽年间(650—655)任洪州都督时所建,李元婴于唐太宗贞观十三年(639)受封为滕王,所以阁名滕王阁。阁在今江西南昌,面对赣江。王勃的父亲王福畤(zhì)受王勃犯罪的连累,被贬为交趾(县名,在今越南河内以北)令。王勃于高宗上元二年(675)往交趾省亲,路过南昌,正赶上洪州都督阎某〔一说名伯玙(yú)〕在阁上举行宴会,为人(可能是新州刺史宇文氏)饯别。王勃参加了这次宴会,写了诗,并写了这篇序。关于写序的情况,王定保《唐摭(zhí)言》卷五有较详的记载:"王勃著《滕王阁序》,时年十四。都督阎公不之信,勃虽在座,而阎公意属子婿孟学士者为之,已宿构矣。及以纸笔巡让宾客,勃不辞让。公大怒,拂衣而起,专令人伺其下笔。第一报云:'南昌故郡,洪都新府。'公曰:'亦是老生常谈。'又报云:'星分翼轸,地接衡庐。'公闻之,沉吟不言。又云:'落霞与孤鹜齐飞,秋水共长天一色。'公矍然而起,曰:'此真天才,当垂不朽矣。'遂亟请宴所,极欢而罢。"这记载自然是本之传闻,其中难免有夸张失实的地方,如年岁,王勃自己说(《春思赋》序)高宗咸亨二年(671)二十二岁,则上元二年应该是二十六岁。不过无论如何,二十多岁,当场能写成这样富丽的骈文,才与学都是难得的。

这是我国文学史上一篇有名的骈文,除去少数连接词、助词如"嗟乎""所赖""云尔"等以外,通篇用对偶。句法以四字句、六字句为多,都对得很整齐〔意义方面同性质词相对,声音方面不同声调字相对(平对仄,仄对平)〕。几乎通篇用典,这虽然是文人炫学的旧习,但本篇都用得自然、恰当,所以显得典雅而灵巧。全篇的立意和布局也很得体,既写了胜会,又写了个人的抱负和感慨,比一般的应酬文字意境深,能感人。

在会上,王勃也作了七言的四韵(八句)诗,是:"滕王高阁临江渚,佩玉鸣鸾罢歌舞。画栋朝飞南浦云,朱帘暮卷西山雨。闲云潭影日悠悠,物换星移几度秋。阁中帝子今何在?槛外长江空自流。"(这是古体诗,可以换韵:渚、舞、雨押一韵,悠、秋、流押一韵。)

作者王勃(650—676?),字子安,唐朝绛州龙门(今山西河津)人。他是隋朝著名学者王通(文中子)的孙子。聪明有才,传说六岁就能写文章。不到二十岁,对策,取在高等,官朝散郎。沛王李贤(即注《后汉书》的章怀太子)请他做王府修撰,因为作《檄英王斗鸡文》触怒唐高宗,被逐出府。后任虢(guó)州参军,因杀官奴又得罪,被除名,他父亲因此也贬了官。上元二年,他往交趾省亲,传说渡海落水,惊悸而死(有人考证,是几年以后死的)。他能文,与杨炯(jiǒng)、卢照邻、骆宾王合称"初唐四杰"。著有《王子安集》。

南昌故郡，洪都新府①。星分翼轸②，地接衡庐③。襟三江而带五湖④，控蛮荆而引瓯越⑤。物华天宝，龙光射牛斗之墟⑥；人杰地灵，徐孺下陈蕃之榻⑦。雄州雾列⑧，俊彩星

---

①〔南昌故郡，洪都新府〕南昌旧为豫章郡之治所，新为洪州都督府所在地。这是写洪州——滕王阁之所在地。南昌为旧豫章郡之一县。唐朝改豫章郡为洪州，在今江西南昌。南昌非郡名，有的本子作"豫章"。故，旧。②〔星分翼轸（zhěn）〕古人以天上二十八宿（xiù）与地上州之位置对应，说某星在某地之分野。翼与轸皆二十八宿之一，楚地之分野。洪州位于旧楚地，所以说星分翼轸。分，分属于。③〔地接衡庐〕（洪州）地域与衡山、庐山接近。衡山在湖南，庐山在江西。④〔襟三江而带五湖〕以三江为襟，以五湖为带。即处于三江、五湖之间。三江，指荆江、松江、浙江。有异说。五湖，指太湖、鄱阳湖、青草湖、丹阳湖、洞庭湖。亦有异说。⑤〔控蛮荆而引瓯（ōu）越〕控制荆楚，接引瓯越。控，引，皆有引远就近之意。蛮荆，指古代楚地。蛮，古代称南方各民族。瓯越，即东瓯，今浙江永嘉一带。以上由"星分翼轸"起写洪州之地理形势。⑥〔物华天宝，龙光射牛斗之墟〕物之精华，天之珍异，宝剑之光直射牛、斗两星宿之间。这是写洪州有珍奇之物。相传晋朝张华看到牛、斗二星宿间常有紫气，其后在丰城（属洪州）掘出双剑，一名龙泉，一名太阿，紫气就不再出现。后来双剑入水成为双龙（见《晋书·张华传》），所以文中称剑气为龙光。墟，地域。⑦〔人杰地灵，徐孺下陈蕃之榻〕地有灵气而人物高超，徐稚曾受陈蕃之特殊敬重。这句写洪州人物杰出。徐孺，徐稚，字孺子，豫章南昌人，后汉时高士。陈蕃，字仲举，汝南人。为豫章太守，不接待宾客，但为徐稚特设一榻（床），徐稚来则放下，走后则悬起。下，动词，使放下。这里称徐孺子为"徐孺"，以及下文称杨得意为"杨意"，称钟子期为"钟期"，都是因为骈体文要求上下句字数对称。⑧〔雄州雾列〕洪州像雾那样无处不充满（形容繁盛）。雄，雄伟。

驰①。台隍枕夷夏之交②,宾主尽东南之美③。都督阎公之雅望,棨戟遥临④;宇文新州之懿范,襜帷暂驻⑤。十旬休暇⑥,胜友如云⑦;千里逢迎⑧,高朋满座。腾蛟起凤,孟学士之词宗⑨;紫电青霜,王将军之武库⑩。家君作宰,路出名区⑪;童子何知⑫,躬逢胜饯⑬。

----

①〔俊彩星驰〕人才像众星一样流动。俊彩,俊才。 ②〔台隍（huáng）枕夷夏之交〕城池在荆楚和扬州邻接之地。言地处要害。台隍,泛指州城。台,楼阁等建筑物;隍,护城河,有水称池,无水称隍。枕,据。夷,指荆楚地区。夏,华夏地区,这里指扬州一带。 ③〔宾主尽东南之美〕（滕王阁宴会之）宾客及主人囊括东南地区之俊才。尽,动词,都包括。 ④〔都督阎公之雅望,棨（qǐ）戟遥临〕意为阎公自远地而至。唐代,州设都督。阎公,洪州都督府之长官,名字不详。雅望,崇高之名望。棨戟,有衣套之戟,指大官之仪仗。 ⑤〔宇文新州之懿（yì）范,襜（chān）帷暂驻〕意为有美德之新州刺史宇文氏路过此处。宇文,复姓,名字不详。新州,在今广东新兴。古人往往用某人做官之地称呼某人,以表示尊重,宇文氏当做过新州刺史。懿范,美好之风度。襜帷,车上之帷帐,指车马。暂驻,暂时停留。 ⑥〔十旬休暇〕十日一次之休息。旬,十天。唐朝制度,官吏十日休沐一次,曰旬假。暇,闲,无工作。 ⑦〔胜友〕高尚之友人。〔如云〕形容多。 ⑧〔千里逢迎〕迎千里而来之宾客。逢迎,迎接。 ⑨〔腾蛟起凤,孟学士之词宗〕此为赞扬孟学士文采飞扬。腾蛟起凤,形容有高才,能著述。《西京杂记》:"（汉）董仲舒梦蛟龙入怀,乃作《春秋繁露》词。""（汉）扬雄著《太玄经》,梦吐（自口中出）凤皇（凰）集《玄》之上,顷而灭。"学士,官名。词宗,文章大作手。 ⑩〔紫电青霜,王将军之武库〕此为赞扬王将军之武略。紫电,宝剑名。青霜,形容宝剑锋利。《西京杂记》:"（汉）高帝斩白蛇剑,十二年一加磨莹,刃上常若霜雪。"王将军,名字不详。武库,兵器库,这里兼指富于谋略。晋杜预处理国家要事,富谋略,人称杜武库（见《晋书·杜预传》）。 ⑪〔家君作宰,路出名区〕父亲做县官,自己去探望,路过此有名之地。 ⑫〔童子〕王勃自称。自居幼小,乃表示谦逊。 ⑬〔躬〕亲身。〔胜饯〕盛大之饯别宴会。

滕王阁在洪州,所以由洪州写起。写地势好,人才盛,以表明自己参加宴会是幸事。

　　时维九月①,序属三秋②。潦水尽而寒潭清③,烟光凝而暮山紫④。俨骖𬴊于上路⑤,访风景于崇阿⑥。临帝子之长洲⑦,得仙人之旧馆⑧。层峦耸翠⑨,上出重霄⑩;飞阁流丹⑪,下临无地⑫。鹤汀凫渚,穷岛屿之萦回⑬。桂殿兰宫,列冈峦之体势⑭。披绣闼,俯雕甍⑮,山原旷其盈视,川泽纡其骇瞩⑯。闾阎扑地,钟鸣鼎食之家⑰;舸舰弥津,青雀

---

①〔维〕助词。〔九月〕一说当作"九日",指九月九日重阳节。 ②〔序〕时序,季节。〔三秋〕秋季,包括孟秋、仲秋、季秋三个月。 ③〔潦(lǎo)水〕积存之雨水。〔寒潭〕清凉之深水池。 ④〔烟光凝〕烟气不动。 ⑤〔俨骖(cān)𬴊(fēi)于上路〕驾车在高路上走。俨,整治。骖,车辕两旁之马。𬴊,骖旁之马。上路,高阔之路。 ⑥〔访〕寻,观赏。〔崇阿〕山陵。崇,高。 ⑦〔临〕到。〔帝子〕皇帝之子,指滕王。下文"仙人"亦指滕王。〔长洲〕指建滕王阁之地。洲,水中陆地。 ⑧〔得〕得到,见到。〔仙人之旧馆〕指滕王阁。"仙人"一作"天人"。 ⑨〔层峦耸翠〕层叠之峰峦呈现翠色。 ⑩〔上出重(chóng)霄〕伸向高空。霄,天空。 ⑪〔飞阁流丹〕飞举之楼阁(滕王阁)流动着朱红光采。丹,朱砂,指朱漆。 ⑫〔下临无地〕下视不能见地。形容阁之高。 ⑬〔鹤汀(tīng)凫(fú)渚,穷岛屿之萦回〕鹤栖止之、水岸与野鸭聚集之沙洲达到岛屿纡回曲折之极点。汀,水边平地。渚,水中小洲。穷,尽。 ⑭〔桂殿兰宫,列冈峦之体势〕华美之宫殿排列为冈峦起伏之状。桂,桂树,兰,木兰,皆名贵木材。 ⑮〔披绣闼(tà),俯雕甍(méng)〕开彩绘之门,下视精美之屋脊。绣,雕,皆形容彩绘雕饰之精美。闼,阁门。甍,屋脊。 ⑯〔山原旷其盈视,川泽纡其骇瞩(zhǔ)〕山岭、平原辽阔,尽入视野;河流、湖泽纡曲,见之吃惊。盈视,充满视野。纡,曲。骇瞩,看了惊讶。 ⑰〔闾(lú)阎扑地,钟鸣鼎食之家〕房屋遍地,皆富贵人家。闾阎,里巷之门,这里指房屋。扑地,排列满地。钟鸣鼎食,古代高官贵族敲钟奏乐,陈列盛馔而食。鼎,铜铸之烹饪用器,三足两耳。

三一　滕王阁诗序　243

黄龙之舳①。云销雨霁，彩彻区明②。落霞与孤鹜齐飞③，秋水共长天一色④。渔舟唱晚，响穷彭蠡之滨⑤；雁阵惊寒，声断衡阳之浦⑥。

> 由泛写地区之美转到写滕王阁。时节是秋天，近写阁的雄伟华丽，远写眺望时所见。

遥襟甫畅，逸兴遄飞⑦。爽籁发而清风生⑧，纤歌凝而白云遏⑨。睢园绿竹，气凌彭泽之樽⑩；邺水朱华，光照临

---

① 〔舸（gě）舰弥津，青雀黄龙之舳（zhú）〕头作青雀、黄龙形之船塞满渡口。舸，船。舰，战船，这里泛指大船。弥，满。津，渡口。舳，船端。② 〔云销雨霁（jì），彩彻区明〕雨过天晴，阳光普照。销，消散。霁，雨停。彩，指日光。区，区域，指天空。 ③ 〔鹜（wù）〕野鸭。 ④ 〔长天〕辽阔之天空。 ⑤ 〔渔舟唱晚，响穷彭蠡（lǐ）之滨〕渔夫傍晚在渔舟上歌唱，声音一直传至鄱阳湖边。响，指歌声。穷，直达。彭蠡，鄱阳湖之古名。 ⑥ 〔雁阵惊寒，声断衡阳之浦（pǔ）〕雁群怕冷，一路哀鸣飞至衡阳水滨。阵，排列之队形。衡阳，今湖南衡阳，相传雁南飞至此而止。浦，水滨。 ⑦ 〔遥襟甫畅，逸兴（xìng）遄（chuán）飞〕旷远之胸怀开始舒畅，超脱之兴致甚浓。襟，胸怀。甫，刚刚。遄，速。飞，起。 ⑧ 〔爽籁（lài）〕秋天大自然发出的各种声响。 ⑨ 〔纤歌凝而白云遏〕柔细之歌声连绵不断，使白云停止不行。纤，细。遏，止。《列子·汤问》："声振林木，响遏行云。" ⑩ 〔睢（suī）园绿竹，气凌彭泽之樽〕意思是，如梁孝王之睢园集会，宾客皆能文善饮之人。睢园，西汉梁孝王刘武之兔园，在今河南商丘南，园内有竹。气凌彭泽之樽，比陶渊明（曾任彭泽县令）酒量大。气，豪气，指酒量大。凌，压倒。樽，酒器。

川之笔①。四美具②,二难并③,穷睇眄于中天④,极娱游于暇日⑤。天高地迥⑥,觉宇宙之无穷;兴尽悲来,识盈虚之有数⑦。望长安于日下,指吴会于云间⑧;地势极而南溟深,天柱高而北辰远⑨。关山难越⑩,谁悲失路之人⑪?萍水相逢⑫,尽是他乡之客。怀帝阍而不见⑬,奉宣室以何年⑭?

　　转到写人的活动,宴会之乐。紧接着由乐而想到

----

①〔邺(yè)水朱华,光照临川之笔〕这是用曹植和谢灵运比喻座上客皆善于作诗。邺,故城在今河北临漳,为曹魏兴起之地。朱华,荷花。曹植作《公宴诗》,有"朱华冒绿池"之句。临川,指南朝宋诗人谢灵运,他曾任临川(郡名,今江西临川一带)内史。②〔四美〕良辰、美景、赏心(心情欢快)、乐事(欢乐之事)。〔具〕齐备。③〔二难〕指贤主、佳宾。难,难得者。〔并〕皆有。④〔穷睇(dì)眄(miǎn)于中天〕远望天空。穷,尽(目力之所及)。睇,眄,原意皆为斜视。⑤〔极〕尽。〔娱游〕娱乐游赏。⑥〔迥〕远。⑦〔识盈虚之有数〕知道事物变化有定数。盈虚,指盛衰、兴亡、成败等。数,定数。⑧〔望长安于日下,指吴会(kuài)于云间〕远望长安,遥指吴会。言向西向东皆辽阔。长安,唐代京城,今陕西西安。日下,指京师。《世说新语·夙惠》:"举目见日,不见长安。"吴会,吴郡和会稽郡,今江浙一带。云间,旧华亭县(今上海市松江区)之别称。《世说新语·排调》记载:晋文学家陆云(字士龙)对荀隐(字鸣鹤)说,他是"云间陆士龙"。陆云为华亭人,所以称华亭为云间。这里指东南名胜之地。⑨〔地势极而南溟(míng)深,天柱高而北辰远〕地势向南远通南海,向北高接北极星。极,尽,远到。南溟,南方之大海。天柱,古代神话说昆仑山上有铜柱,高耸入天。北辰,北极星。以上分说西东南北,表示天地辽阔,以衬托下文人生不易。⑩〔关山〕关隘山川。〔难越〕难以逾越,行路难。⑪〔悲〕怜悯,同情。〔失路〕不得志。⑫〔萍水相逢〕像浮萍水上飘游,偶然相遇。⑬〔怀〕想念。〔帝阍(hūn)〕帝居,阍,这里指宫门。⑭〔奉宣室以何年〕何时能侍奉皇帝?奉,侍奉。宣室,汉朝未央宫之前殿正室,汉文帝曾在此召见贾谊。此为用贾谊事表达自己想出仕以展雄才。

自己的遇合,"兴尽悲来"。

嗟乎!时运不齐①,命途多舛②。冯唐易老③,李广难封④。屈贾谊于长沙⑤,非无圣主;窜梁鸿于海曲⑥,岂乏明时⑦?所赖君子安贫⑧,达人知命⑨。老当益壮⑩,宁移白首之心⑪?穷且益坚⑫,不坠青云之志⑬。酌贪泉而觉爽⑭,处涸辙以犹欢⑮。北海虽赊,扶摇可接⑯;东隅已逝,桑榆非

---

① 〔时运不齐〕命运不好。不齐,不同,言有好有坏。 ② 〔命途〕生命之路,命运。〔舛(chuǎn)〕逆,乖违。 ③ 〔冯唐易老〕言少壮时期不长。冯唐,西汉人,老年仍做小官。 ④ 〔李广难封〕言难得腾达。李广,西汉抗击匈奴名将,至死未得封侯。 ⑤ 〔屈贾谊于长沙〕委屈贾谊做长沙王太傅。贾谊,汉文帝时人,有才能而不得重用。 ⑥ 〔窜〕使出走。〔梁鸿〕东汉隐士,曾作《五噫歌》,讽刺封建弊政。后改名换姓,与妻逃至齐鲁一带,又移至吴地。〔海曲〕海滨僻远之地。 ⑦ 〔乏〕缺少。〔明时〕政治清明之时。 ⑧ 〔所赖〕所可倚仗的。〔安贫〕安于贫贱之处境。 ⑨ 〔达人〕通晓事理之人,旷达之人。〔知命〕能顺天命。 ⑩ 〔益〕更加。 ⑪ 〔宁移白首之心〕老而不变素志。宁,岂,难道。白首,老年。 ⑫ 〔穷〕境况困厄,不得志。《后汉书·马援传》:"丈夫为志,穷当益坚,老当益壮。" ⑬ 〔不坠〕不失去。〔青云之志〕超卓之志向。 ⑭ 〔酌贪泉而觉爽〕饮贪泉之水,心境仍清明。《晋书·吴隐之传》记载:广州北有贪泉,饮其水则贪多无厌。吴隐之赴广州刺史任,饮其水,到任后操守愈严。 ⑮ 〔处涸(hé)辙以犹欢〕言极端困厄中仍能乐观。涸辙,水已干之车辙。比喻困境。《庄子·外物》篇有涸辙中鲋鱼求斗升之水以活命之寓言。 ⑯ 〔北海虽赊,扶摇可接〕北海虽远,乘风则能到。赊,远。扶摇,旋风,见《庄子·逍遥游》。

晚①。孟尝高洁,空余报国之情②;阮籍猖狂,岂效穷途之哭③?

> 由悲而引出自勉之志。写达观,聊以自解。

勃三尺微命④,一介书生⑤。无路请缨,等终军之弱冠⑥;有怀投笔,慕宗悫之长风⑦。舍簪笏于百龄,奉晨昏

---

①〔东隅(yú)已逝,桑榆非晚〕意为旧日时光虽已逝去,未来仍有希望。《后汉书·冯异传》:"可谓失之东隅,收之桑榆。"东隅,日出之地。桑榆,日落之地。 ②〔孟尝高洁,空余报国之情〕高洁如孟尝,有报国之心而不能用。孟尝,字伯周,东汉人。操行高洁,曾任合浦太守,辞官,后不再被任用。 ③〔阮籍猖狂,岂效穷途之哭〕言不当为失意而悲伤。阮籍,晋朝诗人,字嗣宗。《晋书·阮籍传》记载:他经常坐车出游,不沿道路走,路不通则恸哭而返。猖狂,放纵不拘。效,仿效。 ④〔三尺微命〕绅(衣带)长三尺,官品低微。三尺,指衣带下垂之长度。《礼记·玉藻》:"绅长制:士三尺。"微命,周代任官从一命至九命,一命最低微。 ⑤〔一介〕一个。谦语。 ⑥〔无路请缨,等终军之弱冠(guàn)〕意为我与终军年龄相等,却无请缨报国之机会。请缨,请求赐予杀敌之命令。《汉书·终军传》记载:汉武帝派终军与南越和亲,终军请求汉武帝赐给他长缨,要亲缚南越王而归。等,等于。终军,字子云,西汉人,死时年二十余。弱冠,二十岁。《礼记·曲礼上》:"二十曰弱,冠〔行加冠(guān)礼〕。" ⑦〔有怀投笔,慕宗悫(què)之长风〕羡慕宗悫之壮志,有投笔从戎之心。投笔,弃文就武。《后汉书·班超传》记载,班超家贫,为人抄书度日,曾投笔慨叹:大丈夫当为国立功,岂可终日在笔砚间讨生活!《宋书·宗悫传》记载,宗悫(南朝宋人)少年时曾说:"愿乘长风破万里浪。"

于万里①。非谢家之宝树,接孟氏之芳邻②。他日趋庭,叨陪鲤对③;今晨捧袂④,喜托龙门⑤。杨意不逢,抚凌云而自惜⑥;钟期既遇,奏流水以何惭⑦?

> 转入本题,写自己参与宴会的因缘,以及与他人一起作诗。

---

①〔舍簪(zān)笏(hù)于百龄,奉晨昏于万里〕舍去一生之功名富贵,到万里外去侍奉父亲。簪笏,古代仕宦所用之冠簪及手板,这里指官职。百龄,百年,一生。晨昏,昏定晨省,早晨向父母问安,晚间给父母安放床席。 ②〔非谢家之宝树,接孟氏之芳邻〕意思是,自己不是谢玄那样可以光耀门庭之才子,却有机会结识这些贤德之人。谢家之宝树,指谢玄。《世说新语·言语》篇记载,晋朝谢安问子侄,人何以希望子弟好,侄子谢玄回答:"譬如芝兰玉树,欲使其生于庭阶耳。"因此称谢玄为谢家宝树。孟氏之芳邻,借孟母三迁的故事(见《列女传》),说宴会上结交者皆有贤德之人。 ③〔他日趋庭,叨(tāo)陪鲤对〕意为将到父亲那里听教诲。《论语·季氏》篇记载:孔子站在庭中,他儿子孔鲤从庭前过,父子问答学《诗》学《礼》之事。趋,小步快走。叨陪,惭愧地随着做。谦语。叨,辱承。对,答话。 ④〔捧袂(mèi)〕抬起衣袖。表示谒见时之恭谨。 ⑤〔喜托龙门〕以受接待参与胜会为幸。《后汉书·李膺传》记载:李膺有大名,得其接见称"登龙门"〔传说鲤鱼登龙门(在山西、陕西二省间黄河中)则化为龙〕。这是恭维阎都督。 ⑥〔杨意不逢,抚凌云而自惜〕意为虽有才而无人举荐,空自叹息。《汉书·司马相如传》记载:汉武帝赏识司马相如的《子虚赋》,不知作者就是当代人。邑人杨得意告诉武帝,帝召见相如。后来献《大人赋》,武帝非常高兴,"飘飘有凌云气游天地之间意"。杨意,杨得意,做掌管猎犬之官。抚,抚弄。凌云,明指司马相如《大人赋》,暗指自己之文章。 ⑦〔钟期既遇,奏流水以何惭〕言既遇知音,当大胆作诗作文。《列子·汤问》篇记载,伯牙(春秋时楚国人)鼓琴,想念高山,钟子期说:"善哉!峨峨兮若泰山。"想念流水,钟子期说:"善哉!洋洋兮若江河。"钟子期死后,伯牙不再鼓琴。何惭,有什么惭愧。

呜呼！胜地不常①，盛筵难再②：兰亭已矣③，梓泽丘墟④。临别赠言，幸承恩于伟饯⑤；登高作赋，是所望于群公⑥。敢竭鄙诚⑦，恭疏短引⑧；一言均赋，四韵俱成⑨。请洒潘江，各倾陆海云尔⑩。

最后写自己承担作序，表示谦逊之意。

【研读参考】一、本篇前部和后部，内容不同，情调不同。说说这样写的意义和优点。

二、根据本篇，说说用典表达意义的性质，及其优点缺点。

三、整理一下本篇中对偶的形式，如四（字）对四（字），六对六，四六对四六，等等。

四、对偶还有所谓当句对，就是在一句之中，部分和部分对偶，如"物华"对"天宝"，"襟三江"对"带五湖"，等等。

---

①〔胜地不常〕名胜地（指洪州）不能常游。②〔盛筵〕盛大之宴会。〔再〕第二次。③〔兰亭已矣〕兰亭盛会已成为过去。兰亭，在今浙江绍兴。晋朝群贤曾在此宴集，王羲之作了《兰亭序》。④〔梓（zǐ）泽丘墟〕金谷园已成为废墟。梓泽，在今河南洛阳北，晋朝石崇之金谷园在此。丘墟，荒地。⑤〔临别赠言，幸承恩于伟饯〕这次饯别盛宴，以承阎公之恩而参加为幸。赠言，送别。《说苑·杂言》："子路将行，辞于仲尼。曰：'赠汝以车乎？以言乎？'子路曰：'请以言。'"⑥〔登高作赋，是所望于群公〕至于作诗，此乃在座诸公之事。赋，这里用典，实指作诗。《韩诗外传》卷七："孔子曰：'君子登高必赋。'"⑦〔敢竭鄙诚〕写出鄙陋之心意。敢，大胆地。谦语。⑧〔恭疏短引〕恭敬地写这篇小序。疏，陈述。⑨〔一言均赋，四韵俱成〕并写成四韵八句诗一首。一言，说（请作诗）。均，都。⑩〔请洒潘江，各倾陆海〕意为请（诸公）各展文才，写出好诗。潘，潘岳。陆，陆机。皆晋朝文学家。南朝梁钟嵘《诗品》："陆才如海，潘才如江。"〔云尔〕语气词，表示结束。

把这种对偶都指出来。

五、对偶讲究对得特别工整,即词语的意义相类(如"三江"对"五湖"),声音平仄不同[如"星分翼轸"(平平仄仄)对"地接(旧读仄声)衡庐"(仄仄平平)]。这类对偶,本篇中还有不少,指出一些来。

六、用现代语散体(不用典)写"嗟乎"一段,然后体会一下,两种写法的表达效果有什么不同。

三二　叙事　刘知幾

【解说】本篇节选自《史通》。叙事，论史书记事的要求和得失。《史通》是我国第一部系统严整、内容深刻的史学理论著作，共二十卷。内篇十卷，三十九篇，亡失三篇，存三十六篇，论述史书的源流、体例和编撰方法；外篇十卷，十三篇，论述史官建置沿革和史书得失：共四十九篇。书为唐朝早年刘知幾（jī）所撰，他在序中说："昔汉世诸儒，集论经传，定之于白虎阁［白虎观（guàn）］，因名曰《白虎通》。予既在史馆而成此书，故便以《史通》为目。"可见书名的原意是在史馆作的贯通议论。作者精通史学，主张著史必须具备史才、史学和史识。他自己论史，多处表现出有超人的见识，如在外篇的《疑古》中，他怀疑尧、舜、禹、汤、周公等的美德都是编造出来的"奇说""虚语"，这是一般读书人想也不敢想的。《叙事》篇很长，分四部分：第一部分是"总说"，第二部分是"尚简"，第三部分是"用晦"（书中释"晦"为"省字约文，事溢于句外"），第四部分是"妄饰"（斥不用常语直书）。本篇选的是第二部分"尚简"。

　　文章条理清楚，语句简练，立论明确，有理有据。行文尚沿六朝的遗风，多用偶句，显得整饬而典重。主旨是记事之文应以简为上，即用字不多而内容丰富。这在原则上当然是对的；不过看文中的举例，有的地方就嫌过于强调省字而忽略了修辞的要求。如"齐使跛者逆跛者"那几句，如果照文中所说改为"各以其类逆"，就远不如原写法形象生动。准此理，我们也不能完全同意作者的古简今繁即是古优今劣的观点。

作者刘知幾（661—721），字子玄，唐朝彭城（今江苏徐州）人。二十岁中进士，任获嘉县主簿十九年。武后时历任著作佐郎、左史、著作郎、秘书少监，兼修国史。玄宗时官左散骑常侍，后贬为安州都护府别驾，不久死去。他从幼年即喜读史书，又长时期任修史工作，对于史书的各个方面都看得清楚而深刻，所以能写成论史的伟大著作《史通》。

夫国史之美者①，以叙事为工②，而叙事之工者，以简要为主。简之时义大矣哉③。

历观自古④，作者权舆⑤，《尚书》发踪⑥，所载务于寡事⑦；《春秋》变体⑧，其言贵于省文⑨。斯盖浇淳殊致，前

---

①〔夫〕助词。〔国史〕一国或一朝之历史。〔美〕完善。②〔以叙事为工〕在叙事方面见巧妙。③〔时义〕合于时宜之意义。④〔历观自古〕依次观览自古以来（之史书）。⑤〔作者权舆（yú）〕史家创始之情况。权舆，起始。⑥〔《尚书》发踪〕《尚书》发其端。发踪，原是放猎狗使追踪野兽之意。《史记·萧相国世家》："夫猎，追杀兽兔者狗也，发踪指示者人也。"⑦〔所载务于寡事〕所记之事必求简。务，力求。⑧〔《春秋》变体〕《春秋》变《尚书》之体。《尚书》为记言体（记历史人物之言，或记政令），《春秋》为记事体（记历史事件）。⑨〔贵于省文〕重在节省文辞。前

后异迹①。然则文约而事丰②,此述作之尤美者也③。

　　始自两汉④,迄乎三国⑤,国史之文,日伤烦富⑥。逮晋已降⑦,流宕逾远⑧。寻其冗句,摘其烦词,一行之间,必谬增数字;尺纸之内,恒虚费数行⑨。夫聚蚊成雷⑩,群轻折轴⑪,况于章句不节,言词莫限⑫,载之兼两⑬,曷足道哉⑭!

　　　　开头即点题,说明叙事以简为上。接着说《尚书》《春秋》简而汉以后繁,即古简而今繁。这是总论性质。

　　盖叙事之体,其别有四⑮:有直纪其才行者⑯,有唯书

---

①〔斯盖浇淳殊致,前后异迹〕这大概因为两个时代浇薄(不淳厚)和淳厚之情况有别,两个时代之事迹不同。意为上古社会单纯,所以《尚书》寡事;春秋时代情况已变为复杂,所以贵于省文。斯,此。殊致,情况不同。异迹,事迹不同。 ②〔然则〕那么。〔文约而事丰〕文辞简要而所记之事则多。约,简要。 ③〔述作〕著作。 ④〔两汉〕西汉、东汉。 ⑤〔迄(qì)〕到。〔三国〕魏、蜀、吴。 ⑥〔日伤烦富〕越来越有烦琐冗长之病。日,一天一天地。烦,多。 ⑦〔逮晋已降〕到晋朝以后。逮,到。已,同"以"。降,下。 ⑧〔流宕(dàng)逾远〕(史书之文)漫无检束,距古代著作越来越远。流,散漫。宕,放荡。逾,更加。 ⑨〔寻其冗句,摘其烦词,一行之间,必谬增数字;尺纸之内,恒虚费数行〕意为假如寻其冗句,摘其烦词,就会发现每行中必有多余之数字,尺纸中必有多余之数行。冗,多余的。谬,错误地。恒,常。 ⑩〔聚蚊成雷〕见《汉书·中山靖王传》,许多蚊子聚在一起,发出之声似雷。 ⑪〔群轻折轴〕见《战国策·魏策一》,轻物多会压断车轴。 ⑫〔况于〕何况(意为必更严重)。〔章句不节,言词莫限〕章句和言词不节省不限制。 ⑬〔载之兼两(liàng)〕(多余之文字)要用加倍之车辆装载。兼,加倍。两,同"辆"。《后汉书·吴祐传》:"此书若成,则载之兼两。" ⑭〔曷足道哉〕哪里值得一说呢。曷,同"何"。 ⑮〔别〕类别。 ⑯〔纪〕通"记"。〔才行〕才能和品行。

其事迹者①，有因言语而可知者②，有假赞论而自见者③。

至如《古文尚书》称帝尧之德④，标以"允恭克让⑤"；《春秋左传》言子太叔之状，目以"美秀而文⑥"。所称如此，更无他说，所谓直纪其才行者。

又如左氏载申生为骊姬所谮，自缢而亡⑦；班史称纪信为项籍所围，代君而死⑧。此则不言其节操，而忠孝自彰⑨，所谓唯书其事迹者。

又如《尚书》称武王之罪纣也⑩，其誓曰："焚炙忠良，刳剔孕妇⑪。"《左传》纪随会之论楚也⑫，其词曰：

---

①〔唯〕只。 ②〔因〕靠。 ③〔假〕借。〔赞论〕史传每篇末尾之评论语，或称赞，或称论。 ④〔《古文尚书》〕汉武帝末年鲁恭王（刘余）在孔子住宅壁中发现用科斗古文写之《尚书》，没有流传下来。后之《古文尚书》为东晋时梅赜（zé）所献，据清代学者考证，乃伪作。〔帝尧〕上古帝王。 ⑤〔允恭克让〕信恭能让。允，信实。克，能。语见《尚书·尧典》。 ⑥〔言子太叔之状，目以"美秀而文"〕《左传》襄公三十一年："子大（太）叔美秀而文。"言其貌美，其才秀，又有威仪。目，动词，看作。 ⑦〔左氏〕《左传》。〔申生为骊姬所谮（zèn），自缢（yì）而亡〕申生，晋献公之太子。骊姬，晋献公之宠姬，欲立己子为太子，于是诬陷申生要毒死献公。献公派人责问申生，申生不愿辩解，上吊死了。谮，诬陷人。缢，勒死。事见《左传》僖公四年。 ⑧〔班史〕班固著之史书，即《汉书》。〔纪信为项籍所围，代君而死〕纪信是刘邦部将。刘邦为项羽所围，纪信假充刘邦，从围城出来，声称投降楚军，刘邦乘机从他路逃走。项羽知道受骗，把纪信烧死。事见《汉书·高帝纪》。项籍，即项羽，名籍，字羽。 ⑨〔彰〕明显。 ⑩〔武王之罪纣〕周武王说殷纣王之罪行。 ⑪〔誓〕誓师之辞。〔焚炙（zhì）忠良，刳（kū）剔孕妇〕把忠良之士烧死，把孕妇之腹剖开。炙，烤。刳，割。剔，剥。誓辞见《尚书·泰誓》。 ⑫〔随会〕即士会，春秋时晋国大夫。

"荜辂蓝缕,以启山林①。"此则才行事迹,莫不阙如②,而言有关涉,事便显露,所谓因言语而可知者。

又如《史记·卫青传》后③,太史公曰④:"苏建尝责大将军不荐贤待士⑤。"《汉书·孝文纪》末⑥,其赞曰⑦:"吴王诈病不朝⑧,赐以几杖⑨。"此则传之与纪,并所不书,而史臣发言,别出其事⑩,所谓假赞论而自见者。

然则才行、事迹、言语、赞论,凡此四者⑪,皆不相须⑫,若兼而毕书⑬,则其费尤广。但自古经史,通多此颣⑭,

---

① 〔荜(bì,《左传》作"筚",同)辂(lù,《左传》作"路",同)蓝缕,以启山林〕(楚国先人)乘柴车,穿破衣,辛勤地开辟疆土。荜辂,荆、竹所编之柴车。蓝缕,破衣服。蓝,也写作"褴"。启,开辟。这句话是晋国大夫栾(luán)武子说的,见《左传》宣公十二年,刘知幾误记为随会之言。② 〔阙如〕缺少。阙,同"缺"。如,助词,相当于"然"。《论语·子路》:"子曰:'君子于其所不知,盖阙如也。'" ③ 〔卫青〕汉武帝时大将军,封长平侯。④ 〔太史公〕司马迁自称。⑤ 〔苏建〕汉武帝时从卫青征匈奴有功,封平陵侯。〔责大将军不荐贤待士〕责备卫青(大将军)不能荐举贤者,优待士人。⑥ 〔孝文〕汉文帝刘恒。⑦ 〔赞〕(班固所作之)论赞。⑧ 〔吴王〕吴王濞(pì),汉高祖兄刘仲之子,封吴王。〔诈病不朝〕假称有病不入朝。⑨ 〔赐以几(jī)杖〕(汉文帝)赐给(吴王)几杖。几,可以凭倚。杖,可以扶而行路。赐几杖为对老年人之优待。⑩ 〔别出其事〕另记明这件事。⑪ 〔凡〕总。⑫ 〔不相须〕不必并存。相须,相依,相待,缺一不可。⑬ 〔兼而毕书〕指既述才行,又彰事迹等。⑭ 〔自古经史,通多此颣(lèi)〕原注:"《公》(《公羊传》)、《梁》(《穀梁传》)、《礼》(《礼记》)、《新序》、《说苑》、《战国策》、《楚汉春秋》(已佚)、《史记》,迄于皇家所撰五代史(指贞观中魏徵、令狐德棻等奉诏所修之梁、陈、周、齐、隋五史),皆有之。"通,普遍,一般。颣,缺点。

三二 叙事

能获免者，盖十无一二①。

　　承上段，举例说明叙事之别有四：才行，事迹，言语，赞论。但史臣发言，有一即可，不必兼及。

又叙事之省，其流有二焉②：一曰省句，二曰省字。

如《左传》宋华耦来盟，称其先人得罪于宋，鲁人以为敏③。夫以钝者称敏，则明贤达所嗤④，此为省句也。

《春秋经》曰⑤："陨石于宋五⑥。"夫闻之陨⑦，视之石，数之五⑧，加以一字太详，减其一字太略，求诸折中⑨，简要合理，此为省字也。

其有反于是者，若《公羊》称："郤克眇⑩，季孙行父

―――――

① 〔能获免者，盖十无一二〕原注："唯左丘明、裴子野（南朝梁人，著有《宋略》二十卷）、王劭（隋朝人，著有《北齐志》十六卷）无此也。" ② 〔流〕类别。 ③ 〔宋华耦（ǒu）来盟，称其先人得罪于宋，鲁人以为敏〕华耦，宋国大夫。他到鲁国会盟，鲁君设宴招待他。他说自己的曾祖父华督曾杀死宋殇公，他是有罪人之后嗣，不敢当鲁君之宴，只承受上大夫之宴。《左传》文公十五年在叙述这件事以后说："鲁人以为敏。"杜预（晋朝人，著《春秋经传集解》）《左传》注说："无故扬其先祖之罪，是不敏；鲁人以为敏，明君子所不与（不赞成）也。"鲁人，唐朝孔颖达解释说："鲁人，鲁钝之人。"敏，聪明识时务。 ④ 〔则明贤达所嗤（chī）〕就可表明这是贤达之人所讥笑的。贤达，有才德声望之人。按这里刘知幾从旧说解"鲁"为"鲁钝"是错的。事实是，华耦表示谦逊，鲁国人称赞他聪明知礼。清朝焦循《春秋左传补疏》举证说应解为鲁国之人。 ⑤ 〔《春秋经》〕《春秋》经文。经，对传（左氏，公羊，穀梁）而言。 ⑥ 〔陨（yǔn）石于宋五〕五块陨石落在宋国。陨石，陨星。文见僖公十六年。 ⑦ 〔闻之陨〕所听到者为坠落。 ⑧ 〔数〕读shǔ。 ⑨ 〔诸〕之于。 ⑩ 〔《公羊》〕应作《穀梁》，事见《穀梁传》成公元年。〔郤（xì，《左传》作"郄"，同）克〕晋国大夫。〔眇（miǎo）〕一目失明。

秃①，孙良夫跛②。齐使跛者逆跛者③，秃者逆秃者，眇者逆眇者。"盖宜除跛者已下句，但云"各以其类逆④"。必事加再述，则于文殊费⑤，此为烦句也。

《汉书·张苍传》云⑥："年老口中无齿。"盖于此一句之内，去"年"及"口中"可矣。夫此六文成句⑦，而三字妄加⑧，此为烦字也。

然则省句为易，省字为难。洞识此心⑨，始可言史矣⑩。苟句尽余剩，字皆重复，史之烦芜，职由于此⑪。

> 举例从正反两面说明叙事简有省句和省字之法，并说省句为易，省字为难，史书不简是由于不能省句省字。

盖饵巨鱼者，垂其千钧，而得之在于一筌⑫；捕高鸟者，张其万罝，而获之由于一目⑬。夫叙事者，或虚益散辞⑭，广加闲说⑮。必取其所要⑯，不过一言一句耳。苟能同

---

① 〔季孙行父〕鲁国大夫。〔秃〕无发。 ② 〔孙良夫〕卫国大夫。〔跛（bǒ）〕腿脚有毛病，走路时身体不平衡。 ③ 〔逆〕迎接。 ④ 〔但云〕只说。〔类〕同类。指跛者、秃者、眇者。 ⑤ 〔殊〕很。 ⑥ 〔张苍〕汉文帝时丞相，封北平侯。 ⑦ 〔六文〕六个字。 ⑧ 〔妄加〕不应加而加。妄，胡乱。 ⑨ 〔洞识此心〕彻底理解此省句省字之用心。洞，透彻。 ⑩ 〔史〕指著史书。 ⑪ 〔职由于此〕主要由于这个缺点。职，专，主要。 ⑫ 〔饵巨鱼者，垂其千钧，而得之在于一筌（quán）〕设饵（鱼食）捕大鱼之人，入水许多钓钩，而能捕得鱼者只有少数钓钩。千，许多。钓，鱼钩。一，极少。筌，捕鱼之竹笼，这里指鱼钩。 ⑬ 〔捕高鸟者，张其万罝（jū），而获之由于一目〕捕飞鸟之人，张开许多罗网，而能捉着鸟者只有一个网孔。罝，捕鸟之网。 ⑭ 〔虚益散辞〕空加不必要之言。益，加。散，多余的。 ⑮ 〔闲说〕义同散辞。 ⑯ 〔必〕如果一定。

夫猎者渔者，既执而置钓必收①，其所留者唯一筌一目而已，则庶几骈枝尽去而尘垢都捐②，华逝而实存③，滓去而沈在矣④。嗟乎！能损之又损⑤，而玄之又玄⑥，轮扁所不能语斤，伊挚所不能言鼎也⑦。

  最后说明叙事欲简，就必须去浮辞而留精华，与开头总论照应。

【研读参考】一、《史通》是治我国史学的必读书，但文字简古，比较难读。通用的注本有清朝浦起龙的《史通通释》（有上海古籍出版社新印本），有兴趣可以找来看看。最好能够通读《叙事》篇。

  二、本篇说叙事"以简要为主"。你的看法如何？结合你的读写经验说一说。

  三、"省句为易，省字为难"，写现代文有没有这种情况？

————

①〔既执而置钓必收〕鱼鸟既执，置钓就一定收回来。②〔庶几〕差不多。〔骈枝〕骈拇（脚大指二指并生）、枝指（手上六指，多余之一名枝指），比喻不必要之物。〔尘垢〕比喻芜杂之语句。〔捐〕弃。③〔华〕虚浮。指浮华之语句。④〔滓〕渣滓。〔沈〕汁。指精华。⑤〔损之又损〕语见《老子》第四十八章。损，减少，精简。⑥〔玄之又玄〕语见《老子》第一章。玄，精妙。⑦〔轮扁所不能语斤，伊挚所不能言鼎也〕意为其中奥妙非言语所能说明。轮扁，制轮（指车）之人名扁，春秋时齐国著名造车之人。他曾对齐桓公说："斫轮徐则甘（缓）而不固，疾则苦（急）而不入。不徐不疾，得之于手而应于心，口不能言，有数（术）存焉于其间。"斤，斧头。事见《庄子·天道》。伊挚，商汤谋臣伊尹之名，他曾对商汤说："鼎中之变，精妙微纤，口弗能言，志不能喻。"鼎，古代烹煮用器。事见《吕氏春秋·本味》。

能够说说其中的道理吗？

四、读古籍，不能尽信其所言。从本篇中举证说说这个道理。

三三　与韩荆州书　李白

【解说】本篇选自《李太白全集》。韩荆州，韩朝宗，唐朝京兆长安（今陕西西安）人。官至京兆尹、高平太守。这封信是唐玄宗开元十八年到二十一年（730—733）间写的，其时李白正在湖北一带游历，韩朝宗任荆州长（zhǎng）史。州的长官是刺史，副长官是别驾、长史（有时不设别驾）；习惯尊称州官为某州，这里称韩朝宗为荆州，是表示特别尊重。上书向有地位的人自荐，或送自己的诗文给有文名的人看，以求得到赏识、推举，在唐朝是司空见惯的事。《新唐书·韩思复传》附《韩朝宗传》说："朝宗喜识拔后进，尝荐崔宗之、严武于朝，当时士咸归重之。"李白也想借他的力量以取得名位，所以写了这封自荐信。

信从两方面着笔：韩朝宗一面是有高名大德重位，喜接引后进；自己一面是有大志高才，能文章。在这两种条件之下，李白推想自己受到赏识、推举是必然的，所以文章写得气盛而豪放。行文还带有六朝、初唐的风格，短句多，常用对偶，所以读起来显得声调铿锵。

不过内容难免有不朴实、不平和的缺点。这就是，不论是论韩朝宗还是论自己，有些地方都嫌过于夸大。自己过于自负，关系还比较小；因求人赏识而过于称扬有权位的人，说严重些是阿谀奉承，就牵涉到自己的品格了。我们读本篇，要注意这一点。

作者李白（701—762），字太白，号青莲居士，唐朝的大诗人。与杜甫齐名，合称李杜。他祖籍是陕西成纪（今甘肃静宁西南），生于中亚细亚碎叶城（今吉尔吉斯斯坦北部托克马克附近）。幼年随父亲迁往四川绵州（今四川江油）的青莲乡。他曾寓居山东，所以也称山东人。二十四岁离开四川，到长江、黄河中下游一带游历。唐玄宗天宝初年到国都长安，受到贺知章的赏识，称他为"谪（zhé）仙"，把他推荐给皇帝。玄宗召见，让他做翰林供奉。后来受宦官高力士等排挤，请求还家，皇帝放他离开长安。安禄山叛变之后，他曾做永王李璘（lín）的幕僚。李璘因争帝位犯罪，李白受了连累，被流放夜郎（今贵州桐梓）。走到四川遇赦，回到长江中下游一带。后来死在当涂（今安徽当涂）。李白才高，性情豪放，诗文都热情奔放，语句飘逸雄奇，富有浪漫主义色彩。传世诗近千首，收入《李太白全集》。

白闻天下谈士相聚而言曰①："生不用封万户侯②，但愿一识韩荆州③。"何令人之景慕一至于此耶④！岂不以有周公

①〔白〕李白自称。〔谈士〕士人之喜议论世事者。 ②〔万户侯〕汉制，列侯大者食邑（食用某地租赋）万户。这里比喻品位很高。 ③〔但〕只。〔一识〕一见。 ④〔景慕〕景仰爱慕。〔一至于此〕竟到这等地步。一，乃，竟。

之风①,躬吐握之事②,使海内豪俊奔走而归之③,一登龙门则声誉十倍④,所以龙盘凤逸之士皆欲收名定价于君侯⑤。愿君侯不以富贵而骄之,寒贱而忽之⑥,则三千宾中有毛遂⑦,使白得颖脱而出⑧,即其人焉⑨。

　　写信自荐,依常例,由推崇对方写起,并点明自荐之意。

　　白陇西布衣⑩,流落楚汉⑪。十五好剑术⑫,遍干诸侯⑬;

---

①〔岂不以〕难道不是因为。〔周公之风〕周公之作风。周公,姬姓,名旦,周武王之弟,成王时摄政。 ②〔躬〕亲身。〔吐握之事〕一饭三吐哺,一沐三握发之事。意为急于礼贤纳士。《韩诗外传》卷三说周公"一沐(洗发)三握发,一饭三吐哺(吐出食物),犹恐失天下之士。"三吐哺,三握发,形容短时间内接连有人求见,每次都立即放下日常生活中事接待来客。 ③〔豪俊〕有雄才有作为之士。 ④〔登龙门〕比喻士人谒见名人而获得荣显。《后汉书·李膺传》:"(膺)以声名自高,士有被其容接者,名为登龙门。"龙门,山西、陕西间黄河通过之险峻山峡,传说鱼能登上龙门即化为龙。 ⑤〔龙盘凤逸之士〕比喻怀才待时之士。盘,通"蟠(pán)",伏。逸,飞动。龙盘凤逸,像龙那样潜伏,时机一到,就像凤那样飞起。〔收名定价于君侯〕从您那里得到称赞、评价。君侯,指韩朝宗。侯,尊称地方大官。 ⑥〔不以富贵而骄之,寒贱而忽之〕不因自己富贵而骄慢士人,不因士人寒贱而轻忽他们。 ⑦〔三千宾〕指战国时赵国平原君之门下客。〔毛遂〕平原君门下食客,曾自荐随平原君出使楚国,定从(纵)约,楚出兵解秦国对赵国都城邯郸之围,立了大功。 ⑧〔颖脱而出〕比喻有才能之士一旦有机会就会显露才华。毛遂自荐随平原君出使时曾说:"使遂早得处囊中,乃颖脱而出。"意为锥子在口袋里,锥子尖就会露出来。颖,锥子尖。脱,发出。 ⑨〔即其人焉〕(我)就是(毛遂)那样的人。 ⑩〔陇西〕郡名,李白之祖籍。〔布衣〕无官职之人。 ⑪〔流落〕飘泊于外地。〔楚汉〕古代楚国中心在汉水流域,故称楚汉。这里指荆州。 ⑫〔好(hào)剑术〕喜爱击剑之术。 ⑬〔遍干诸侯〕(以精剑术)拜访众多诸侯。干,接触,谒见。诸侯,指出镇外地之高官。

三十成文章①,历抵卿相②。虽长不满七尺③,而心雄万夫④,王公大人许与气义⑤。此畴曩心迹⑥,安敢不尽于君侯哉⑦?

　　承上段,说自己是特立之才。言外之意是所以敢自荐。

君侯制作侔神明⑧,德行动天地⑨,笔参造化⑩,学究天人⑪。幸愿开张心颜⑫,不以长揖见拒⑬。必若接之以高宴⑭,纵之以清谈⑮,请日试万言,倚马可待⑯。今天下以君侯为文章之司命⑰,人物之权衡⑱,一经品题⑲,便作佳士⑳;而

---

①〔成文章〕写文章有成就。 ②〔历抵卿相〕(以文章)接触众多卿相。历,尽。抵,接触。卿相,指在朝之高官。 ③〔长〕身高。 ④〔心雄万夫〕志向雄于万夫,志向比万夫都高。万夫,众多之人。 ⑤〔王公大人〕指诸侯、卿相。〔许与气义〕赞许(我有)气义。许与,称许。气义,雄伟正大之精神。 ⑥〔畴(chóu)曩(nǎng)〕从前,以往。〔心迹〕志意。 ⑦〔安敢〕怎敢。〔尽〕完全(说给)。 ⑧〔制作〕指建立之功业。末段"至于制作"之"制作"指文章。〔侔(móu)〕等,比。〔神明〕神圣。 ⑨〔动〕震动,影响。 ⑩〔笔参造化〕文章能阐明天地之大道。参,论及。造化,天地,大自然。 ⑪〔学究天人〕学问能研讨天道和人事间精微之理。 ⑫〔幸愿开张心颜〕希望(您)推心相与,和颜相待。开张,展开。 ⑬〔不以长揖见拒〕不因为(我向您)行长揖之礼而拒绝我。长揖,不客气之礼节,比跪拜礼简慢。见,被。 ⑭〔必若〕如果。〔接之以高宴〕用盛宴接待他(李白)。 ⑮〔纵之以清谈〕任他(李白)随意畅谈。纵,放任。清谈,高谈。 ⑯〔请日试万言,倚马可待〕请您一天之内让我写万言长文,短时间内就能完成。倚马可待,形容文思敏捷。晋朝桓温北征,袁宏倚马前草拟文告,顷刻写成七纸,后称文思敏捷为倚马才。事见《世说新语·文学》。 ⑰〔文章之司命〕文章优劣之评定者。司命,星名,即文昌星。迷信说法,文昌星主管世间之文运。 ⑱〔人物之权衡〕人物高下之评定者。权衡,称量器具。权,秤锤。衡,秤杆。 ⑲〔品题〕品评,称赞。 ⑳〔佳士〕德才兼优之人。

君侯何惜阶前盈尺之地①，不使白扬眉吐气②，激昂青云耶③？

> 进一步从人己两方面说：人，有大才，有高名；己，是奇才，能文章。暗示自己必可受到重视。

昔王子师为豫州④，未下车即辟荀慈明⑤，既下车又辟孔文举⑥；山涛作冀州⑦，甄拔三十余人⑧，或为侍中、尚书⑨：先代所美⑩。而君侯亦荐一严协律⑪，入为秘书郎⑫；中间崔宗之、房习祖、黎昕、许莹之徒⑬，或以才名见知⑭，或以清白见赏⑮。白每观其衔恩抚躬⑯，忠义奋发⑰，以此感激⑱，知君侯推赤心于诸贤腹中⑲，所以不归他人，而愿委

---

① 〔盈尺之地〕满一尺之地。言其小。 ② 〔扬眉吐气〕得意之状。 ③ 〔激昂青云〕逞意气于青云之上。意即能尽抒怀抱。激昂，激厉奋发。 ④ 〔王子师〕东汉王允，字子师，汉灵帝时任豫州刺史。〔为豫州〕做豫州刺史。 ⑤ 〔下车〕旧时指官吏到任。〔辟（bì）〕征召。〔荀慈明〕名爽，被征召为州从事。 ⑥ 〔孔文举〕孔融，亦被征召为州从事。 ⑦ 〔山涛〕字巨源，西晋人，竹林七贤之一，曾任冀州刺史。 ⑧ 〔甄（zhēn）拔〕考察选拔。 ⑨ 〔或为侍中、尚书〕（其中）有人官至侍中、尚书。侍中，皇帝近臣，魏晋时相当于宰相。尚书，处理政务之大官。 ⑩ 〔美〕称赏。 ⑪ 〔严协律〕可能指严武，字季鹰。协律，协律郎，掌音乐之官。 ⑫ 〔入〕指入朝任官。〔秘书郎〕秘书省之郎官，掌管图籍。 ⑬ 〔中间〕其中。〔崔宗之〕崔日用之子，袭封齐国公，曾官侍御史。杜甫《饮中八仙歌》称之为潇洒美少年。〔房习祖、黎昕（xīn）、许莹〕皆非知名之士。 ⑭ 〔见知〕被知遇。 ⑮ 〔清白〕人品好。〔见赏〕被赏识。 ⑯ 〔其〕代受知遇之数人。〔衔恩〕感恩。〔抚躬〕省察自己（是否负知遇之恩）。 ⑰ 〔忠义奋发〕意为（彼等皆欲）以奋发之忠义心报答韩朝宗。 ⑱ 〔以此感激〕（我）因此心里感动。 ⑲ 〔推赤心于诸贤腹中〕意为以至诚对待贤人。《后汉书·光武帝纪》："萧王（后为光武帝）推赤心置人腹中，安得不投死（效死力）乎？"

身国士①。傥急难有用②,敢效微躯③。

再进一步,引古事今事,说明韩荆州能礼贤下士,自己来归并非饥不择食。

且人非尧舜④,谁能尽善?白谟猷筹画⑤,安能自矜⑥?至于制作,积成卷轴⑦,则欲尘秽视听⑧,恐雕虫小技⑨,不合大人。若赐观刍荛⑩,请给纸墨,兼之书人⑪,然后退扫闲轩⑫,缮写呈上⑬,庶青萍、结绿⑭,长价于薛、卞之门⑮。幸推下流⑯,大开奖饰⑰,唯君侯图之⑱。

最后说到具体要求:呈献著作,请求品题。这是

---

①〔委身〕把身命托付给……。委,付。〔国士〕国中才德至高之人。指韩朝宗。 ②〔傥(tǎng)急难(nàn)有用〕如有危难需人尽力。傥,同"倘"。 ③〔敢效微躯〕愿意贡献微贱之身。效,献。微躯,谦语。 ④〔尧舜〕皆上古帝王,传说是圣君。 ⑤〔谟(mó)猷(yóu)〕谋划,打算。〔筹画〕计划。指政治方面之才能。 ⑥〔安能自矜〕哪能自夸。 ⑦〔卷轴〕古代文章写在长条纸上,一端有木轴,收藏时以轴为中心卷起来,故称书册为卷轴。 ⑧〔尘秽视听〕意为自己文章不好,会玷污阅者之耳目。谦语。尘,尘土,秽,杂草,引申为脏物。这里作动词用。 ⑨〔雕虫小技〕微不足道之技能。扬雄《法言·吾子》:"或问'吾子少而好赋?'曰:'然。童子雕虫篆刻。'俄而曰:'壮夫不为也。'" ⑩〔赐观刍(chú)荛(ráo)〕肯看不佳之文。刍荛,原意为割草、采薪者,引申为草野之民。这里指自己之文章。《诗经·大雅·板》:"先民有言,询于刍荛。" ⑪〔兼之书人〕还请派给抄写之人。兼,加上。 ⑫〔轩〕小屋。 ⑬〔缮(shàn)〕抄写。 ⑭〔庶〕庶几。表希望。〔青萍〕宝剑名。〔结绿〕美玉名。说青萍、结绿,是李白自负其文可观。 ⑮〔长(zhǎng)价〕增添价值。〔薛、卞〕薛,薛烛,春秋时越国人,善鉴别剑。卞,卞和,春秋时楚国人,善识宝玉。这是推崇韩朝宗有知人之明。 ⑯〔幸推下流〕希望推举我这地位低之人。推,原作"惟",从一般选本。 ⑰〔奖饰〕称誉,赞美。 ⑱〔唯〕助词,表希望语气。〔图〕考虑。

表示自负之言绝非妄语。

【研读参考】 一、李白是大诗人，诗名掩了文名，其实他的文章也写得很好。清朝王琦注本《李太白全集》三十卷，文虽然只占五卷，却也可以显示他的学力和才华。

二、李白晚年还写过一篇《为宋中丞自荐表》，是替御史中丞宋若思写的向唐肃宗推荐自己（李白）的章奏，其中赞扬自己的话有："天宝初，五府交辟，不求闻达。……上皇（唐玄宗）闻而悦之，召入禁掖，既润色于鸿业，或间草于王言，雍容揄扬，特见褒赏。……怀经济之才，抗巢由之节。文可以变风俗，学可以究天人。"可以参看。

三、本篇中赞扬韩朝宗的话，有没有华而不实的地方？如果有，指出来，并说明理由。

四、"识荆"的说法，旧时代常用。读过本篇，你能够写个注解吗？试试看。

五、下面是李白写的《春夜宴从弟桃花园序》，也是人们喜欢读的。试试能不能确切理解（可利用词典）。

夫天地者万物之逆旅也光阴者百代之过客也而浮生若梦为欢几何古人秉烛夜游良有以也况阳春召我以烟景大块假我以文章会桃花之芳园序天伦之乐事群季俊秀皆为惠连（谢惠连）吾人咏歌独惭康乐（谢灵运）幽赏未已高谈转清开琼筵以坐花飞羽觞而醉月不有佳咏何伸雅怀如诗不成罚依金谷酒数（石崇金谷园，不能诗者，罚酒三斗）

三四　祭十二郎文　韩愈

【解说】本篇选自《昌黎先生集》。十二郎，作者的侄子韩老成，大排行（同曾祖的兄弟排次第）第十二，所以呼之为十二郎。郎是青少年男子的通称。韩愈的父亲韩仲卿，曾任武昌令、秘书郎等官，一说有三个儿子，长子韩会，次子韩介，韩愈最小。韩愈自己说有三个哥哥，大概韩会、韩介之外那一个死得过早，不知名。长兄韩会没有儿子，韩介有两个儿子，长百川，次老成，于是把老成过继给韩会，做嗣子。唐代宗大历五年（770），韩愈三岁，父亲死去。其后大哥韩会、大嫂郑氏、二哥韩介和二哥的长子百川相继去世，于是兄弟辈中只剩韩愈一人，子侄辈中只剩韩老成一人。两个人自幼孤苦相依，成年以后别多会少，所以韩老成早死［时为唐德宗贞元十九年（803），韩愈三十六岁，死者更年轻］，韩愈感到异常悲痛，于是写了这篇祭文。

　　文章与一般祭文的写法不同。一般的祭文包括两项内容，一是死者的德行功业，一是致祭者的哀痛。可是有些死者实在无德行功业可言，有的致祭者与死者关系很浅，并没有真挚的哀痛之情，于是就不能不说些虚浮的应酬话。内容不真，自然就没有感人的力量。本篇却专从骨肉情怀方面下笔，事真情挚，思苦语哀，写细节，写幽怀，纡回往复，一字一泪。因为写得如此感人，所以千百年来成为脍炙人口的名篇。

作者韩愈（768—824），字退之，《新唐书》本传说他是邓州南阳（今河南南阳）人，他自己说是河阳（今河南孟州）人。大概祖先曾住昌黎（今河北东北部，一说辽宁义县），所以他自己有时也说是昌黎人；又宋朝元丰年间曾封他为昌黎伯：因此后人常称他为韩昌黎。他三岁丧父，由嫂郑氏抚养。幼年勤苦读书，及长，通六经百家之学。唐德宗贞元八年（792）二十五岁，中进士。二十九岁出外，依节度使董晋、张建封，任推官。后入都，任四门博士、监察御史。上疏指斥各种弊政，触怒了皇帝，被贬为阳山（今广东阳山）令。还朝之后，曾任国子博士、史馆修撰、刑部侍郎等官。宪宗元和十二年（817），他随宰相裴度征讨淮西吴元济，任行军司马。淮西平，任刑部侍郎。元和十四年（819），他反对皇帝迎佛骨入宫，写了有名的《论佛骨表》，险些丧命，被贬为潮州（今广东省潮州市潮安区一带）刺史。以后入朝，曾任国子祭酒、兵部侍郎、吏部侍郎、京兆尹等官。卒年五十七岁，谥文，所以后代称为韩文公。他学问渊博，崇奉儒学，反对佛道，以宣扬圣贤之道为己任。为文反对六朝以来的骈俪文，主张学习秦汉古文，成为古文运动的首领，对后来影响很大。苏轼在《潮州韩文公庙碑》中称赞他说："文起八代之衰，而道济天下之溺。"明朝人选录古文，尊重他和柳宗元等共八人（唐宋八大家），他为八大家之首。他的诗也很有名。著有《昌黎先生集》。

年月日①,季父愈闻汝丧之七日②,乃能衔哀致诚③,使建中远具时羞之奠④,告汝十二郎之灵⑤:

先指出时间、人物、事由,是祭文的正常格式。

呜呼!吾少孤⑥,及长,不省所怙⑦,惟兄嫂是依⑧。中年⑨,兄殁南方⑩,吾与汝俱幼,从嫂归葬河阳⑪,既又与汝就食江南⑫,零丁孤苦,未尝一日相离也。吾上有三兄⑬,皆不幸早世⑭,承先人后者⑮,在孙惟汝⑯,在子惟吾,两世一身⑰,形单影只⑱。嫂常抚汝指吾而言曰:"韩氏两世,惟此而已⑲。"汝时尤小⑳,当不复记忆;吾时虽能记忆,亦未知其言之悲也。

通篇写骨肉之情。先从幼年孤苦相依写起。

---

① 〔年月日〕写此祭文之时间。实际数字存稿从略。 ② 〔季父〕叔父。古以伯、仲、叔、季排兄弟次序,季最小。后来一般称叔父。〔丧(sāng)〕死之事。〔七日〕第七日。 ③ 〔衔哀〕怀着悲痛。衔,含。〔致诚〕表达诚挚之心。 ④ 〔建中〕当是作者之家人名。〔远具〕远道备办。〔时羞〕应时之食品。羞,美好之食品。〔奠〕此处指祭品。 ⑤ 〔灵〕灵柩,灵位。 ⑥ 〔孤〕幼而丧父。 ⑦ 〔省(xǐng)〕知道,记得。〔所怙(hù)〕父亲。怙,依靠。《诗经·小雅·蓼(lù)莪(é)》:"无父何怙。" ⑧ 〔惟兄嫂是依〕惟依兄和嫂。用"是"把宾语提前,是文言中一种特殊句式。兄,韩会;嫂,郑氏。 ⑨ 〔中年〕中间,中途。 ⑩ 〔殁(mò)南方〕死于南方。韩会四十一(或作二)岁卒于韶州(今广东曲江),时任韶州刺史。 ⑪ 〔归葬河阳〕归葬于河阳。 ⑫ 〔既〕(丧葬)完毕。〔就食江南〕就食于江南。就食,到某处生活。江南,指宣州(今安徽宣城),韩氏在其处有田宅。 ⑬ 〔上有三兄〕上边有三个哥哥。上,指兄弟排行在己前者。 ⑭ 〔早世〕早年逝世。世,过完一生。 ⑮ 〔承先人后〕继承祖先,传宗接代。此处先人指韩愈之父。 ⑯ 〔在孙惟汝〕在孙辈中只有你一个。 ⑰ 〔两世一身〕两代都只有一个人。 ⑱ 〔形单影只〕形影都是孤单的。只,单独。 ⑲ 〔此〕指韩愈叔侄二人。 ⑳ 〔汝时尤小〕你当时更年幼。

吾年十九，始来京城①。其后四年，而归视汝。又四年，吾往河阳省坟墓②，遇汝从嫂丧来葬③。又二年，吾佐董丞相于汴州④，汝来省吾。止一岁⑤，请归取其孥⑥。明年，丞相薨⑦，吾去汴州⑧，汝不果来⑨。是年，吾佐戎徐州⑩，使取汝者始行⑪，吾又罢去⑫，汝又不果来。吾念汝从于东⑬，东亦客也⑭，不可以久⑮；图久远者，莫如西归⑯，将成家而致汝⑰。呜呼！孰谓汝遽去吾而殁乎⑱！吾与汝俱少年，以为虽暂相别，终当久相与处⑲，故舍汝而旅食京师⑳，以求斗斛之禄㉑；诚知其如此㉒，虽万乘之公相㉓，吾不以一

---

① 〔京城〕长安（今陕西西安）。② 〔省〕察看，祭扫。③ 〔从嫂丧来葬〕来葬（我的）嫂嫂。言十二郎葬母于祖坟。④ 〔佐董丞相于汴州〕在汴州（今河南开封）辅佐董丞相。董丞相，董晋，贞元十二年（796）为宣武节度使。当时节度使多带原任中央官衔。节度使，唐朝所设高级地方官，总管军政财务。是时韩愈为观察推官。⑤ 〔止〕留居。⑥ 〔取其孥（nú）〕迎取妻子。孥，儿女，妻子儿女。⑦ 〔薨（hōng）〕古时诸侯死曰薨。⑧ 〔去〕离开。⑨ 〔不果〕没实现。⑩ 〔佐戎徐州〕在徐州（今江苏徐州）辅佐军务。董晋死后，韩愈往依武宁节度使张建封，任节度推官。⑪ 〔取汝者〕接你（来徐州）之人。〔始行〕刚刚出发。⑫ 〔罢去〕罢官离开。贞元十六年（800）五月张建封死，韩愈西归洛阳。⑬ 〔念〕考虑。〔从于东〕从我于东。东，指徐州，在故乡之东。⑭ 〔东亦客也〕在东方亦为客居（非故乡）。⑮ 〔久〕久居。⑯ 〔西归〕回河阳。⑰ 〔成家〕安家。〔致汝〕接你来。⑱ 〔孰谓〕谁料。〔遽〕促，突然。⑲ 〔久相与处〕长期和你在一起。⑳ 〔旅食京师〕指在长安任四门博士等官。㉑ 〔斗斛之禄〕微薄之俸禄。意为做小官。斛，十斗。㉒ 〔诚〕果真。〔如此〕指忽然死去。㉓ 〔万乘（旧读 shèng）之公相〕高官。万乘，有一万辆兵车。原指天子，后又指诸侯，此处指公卿，极言其富。公，三公，相，丞相，皆最高之官。

日辍汝而就也①。

> 承上段，写成长之后，别多会少，经营未就而遽成永别。

去年，孟东野往②，吾书与汝曰③："吾年未四十，而视茫茫④，而发苍苍⑤，而齿牙动摇。念诸父与诸兄⑥，皆康强而早世⑦，如吾之衰者，其能久存乎？吾不可去⑧，汝不肯来，恐旦暮死⑨，而汝抱无涯之戚也⑩。"孰谓少者殁而长者存，强者夭而病者全乎⑪？呜呼！其信然邪⑫？其梦邪⑬？其传之非其真邪？信也⑭，吾兄之盛德而夭其嗣乎⑮？汝之纯明而不克蒙其泽乎⑯？少者强者而夭殁，长者衰者而存全乎？未可以为信也⑰。梦也，传之非其真也，东野之书，耿兰之报⑱，何为而在吾侧也？呜呼！其信然矣⑲，吾兄之盛德而夭其嗣矣，汝之纯明宜业其家者不克蒙其泽矣⑳！所谓

---

①〔以〕用。〔一日辍汝〕离开你一天。〔就〕就任（为公相）。 ②〔孟东野〕孟郊，字东野，著名诗人，与韩愈友善。〔往〕往宣州去。时孟郊为溧（lì）阳（今江苏溧阳）尉，距宣州不远。 ③〔书与汝〕写信给你。 ④〔视茫茫〕视力模糊。茫茫，不清楚。 ⑤〔发苍苍〕头发花白。 ⑥〔诸父〕父辈诸人。 ⑦〔康强〕康健。 ⑧〔去〕离开。 ⑨〔旦暮〕旦暮之间。言时间之短。旦，早晨；暮，黄昏。 ⑩〔抱无涯之戚〕含无穷之哀痛。 ⑪〔夭〕早死。〔全〕保存。 ⑫〔其信然邪〕难道是真的吗？其，岂。 ⑬〔其梦邪〕还是做梦呢？其，抑，还是。下句之"其"同。 ⑭〔信也〕如果说是真的吧。 ⑮〔夭其嗣〕使他的嗣子夭折。嗣，后嗣，子孙。 ⑯〔纯明〕德纯而智明。〔不克蒙其泽〕不能受到彼之恩泽。指受父之余荫。 ⑰〔未可以为信〕简直不可信以为真。 ⑱〔耿兰〕人名，当是代宣州韩家写信报丧之人。 ⑲〔其信然矣〕那是真的了。 ⑳〔业其家〕振起家声。业，动词。

天者诚难测,而神者诚难明矣,所谓理者不可推①,而寿者不可知矣②!

> 加深一层,写十二郎之死出人意料,天理人情,皆不可通。

虽然,吾自今年来,苍苍者或化而为白矣。动摇者或脱而落矣,毛血日益衰③,志气日益微④,几何不从汝而死也⑤!死而有知,其几何离⑥;其无知⑦,悲不几时⑧,而不悲者无穷期矣⑨。汝之子始十岁⑩,吾之子始五岁⑪,少而强者不可保,如此孩提者⑫,又可冀其成立耶⑬?呜呼哀哉!呜呼哀哉!

> 由意外之早死想到生者,自己衰老,儿女幼弱,生死无常,更加悲痛。

汝去年书云:"比得软脚病⑭,往往而剧⑮。"吾曰:"是疾也,江南之人常常有之。"未尝以为忧也。呜呼!其竟以此而殒其生乎⑯?抑别有疾而至斯乎⑰?汝之书,六月

---

①〔理〕天理。〔推〕推求。 ②〔寿〕寿命,生命之短长。 ③〔毛血〕指肉体。〔日益衰〕一天比一天微弱。 ④〔志气〕指精神。〔微〕消沉。 ⑤〔几何不从汝而死也〕离跟你死去有多远呢?意为离死不远。几何,多少。意为不多。 ⑥〔其几何离〕相离几何。言相见之期不远。 ⑦〔其无知〕死而无知。 ⑧〔悲不几时〕悲亦无多日。言活着不久。 ⑨〔不悲者无穷期〕言死后永无悲伤。 ⑩〔汝之子〕十二郎有二子,长子韩湘,次子韩滂(pāng),此十岁者当指长子韩湘。 ⑪〔吾之子〕韩昶(chǎng)。 ⑫〔孩提〕幼儿知孩笑可提抱者。孩,幼儿笑。 ⑬〔冀〕希望。〔成立〕长大成人。 ⑭〔比(旧读 bì)〕近来。〔软脚病〕脚气病。 ⑮〔往往〕时常。〔剧〕甚,加重。 ⑯〔殒其生〕丧失生命。 ⑰〔别〕另。〔斯〕此。指死。

十七日也①；东野云汝殁以六月二日②；耿兰之报无月日③。盖东野之使者不知问家人以月日，如耿兰之报不知当言月日④，东野与吾书⑤，乃问使者⑥，使者妄称以应之耳⑦。其然乎⑧？其不然乎⑨？

甚至死的情况也茫然，使人痛心。

今吾使建中祭汝，吊汝之孤与汝之乳母⑩。彼有食可守以待终丧⑪，则待终丧而取以来⑫；如不能守以终丧，则遂取以来⑬。其余奴婢，并令守汝丧⑭。吾力能改葬⑮，终葬汝于先人之兆⑯，然后惟其所愿⑰。

告死者如何善后，勉强求心之所安。

呜呼！汝病吾不知时，汝殁吾不知日，生不能相养以共居，殁不得抚汝以尽哀⑱，敛不凭其棺⑲，窆不临其穴⑳，吾行负神明而使汝夭㉑，不孝不慈，而不得与汝相养以生，

---

① 〔六月十七日〕去年病写信之日。 ② 〔以〕于。〔六月二日〕亦是去年，是死在写信之前，必非事实。 ③ 〔无月日〕未提及何月何日。 ④ 〔如〕而。 ⑤ 〔与吾书〕给我信。 ⑥ 〔乃〕是。 ⑦ 〔妄称〕胡说。〔应之〕应答他（东野）。 ⑧ 〔然〕是这样（对于死亡日期不确之推测）。 ⑨ 〔其〕抑，还是。 ⑩ 〔吊〕吊唁（yàn），慰问死者之家属。〔汝之孤〕你之子。 ⑪ 〔彼〕指孤及乳母。〔有食可守〕有粮可食因而可以守丧。〔终丧〕守足丧期。古礼，子为父服丧三年。 ⑫ 〔取以来〕接到这里来。 ⑬ 〔遂〕就，当下。 ⑭ 〔并令守汝丧〕一概让他们为你守丧。意为不管有食无食，他们可以凭田产过活。 ⑮ 〔力能改葬〕有力量（指财力）为你改葬（迁移坟墓）。 ⑯ 〔先人之兆〕祖宗茔地。 ⑰ 〔惟其所愿〕按照奴婢的心愿安置他们。 ⑱ 〔抚汝以尽哀〕抚尸痛哭，以尽哀思。 ⑲ 〔敛〕装殓，入殓。给死者穿好衣服称小殓，入棺称大殓。〔凭〕傍着。 ⑳ 〔窆（biǎn）〕下葬。〔临〕到跟前。〔穴〕墓穴，圹。 ㉑ 〔行〕行为。〔负神明〕对不起神。〔使汝夭〕贻祸于你，使你早死。

相守以死①，一在天之涯，一在地之角，生而影不与吾形相依②，死而魂不与吾梦相接③，吾实为之，其又何尤④！彼苍者天⑤，曷其有极⑥！

> 总说生离死别的情况以及悔恨的心情。

自今以往⑦，吾其无意于人世矣⑧！当求数顷之田于伊、颍之上⑨，以待余年⑩，教吾子与汝子，幸其成⑪。长吾女与汝女⑫，待其嫁⑬，如此而已。呜呼！言有穷而情不可终，汝其知也邪？其不知也邪⑭？呜呼哀哉！尚飨⑮。

> 写补偿的措施，表面是求得安慰，实际是万念俱灰，悲痛更深。

【研读参考】一、韩愈的文集，马通伯《韩昌黎文集校注》（古典文学出版社）内容丰富翔实，可用。选本有童第德选注《韩愈文选》（人民文学出版社），用现代语注，比较简明，也可用。

二、写祭文，多用四言句，押韵。本篇用散体。这样写有什

---

①〔相守以死〕死时能在一起。②〔影〕身之影。指身。③〔不与吾梦相接〕言梦中亦未曾相见。④〔其〕那。〔何尤〕怨谁。尤，怨。⑤〔彼苍者天〕那苍苍上天。苍，青色。《诗经·秦风·黄鸟》："彼苍者天，歼我良人。" ⑥〔曷其有极〕哪里是个尽头啊。言哀痛后悔将永远刺痛自己。曷，何。极，尽。《诗经·唐风·鸨（bǎo）羽》："悠悠苍天，曷其有极！" ⑦〔以往〕以后。⑧〔其〕殆。〔人世〕指社会活动。⑨〔顷〕一百亩。〔伊、颍〕伊河、颍水，皆在河南。⑩〔以待余年〕以度晚年。余年，剩余之岁月。⑪〔幸其成〕希望他们有成就。韩愈子韩昶中唐穆宗长庆四年（824）进士，十二郎之子韩湘中长庆二年（822）进士。⑫〔长（zhǎng）〕抚养。⑬〔待其嫁〕等待她们出嫁。⑭〔其〕殆。⑮〔尚飨〕还是来享此祭品吧。飨，通"享"。

么好处?如果能找到作者的《祭郑夫人文》(四言,用韵),可以比较,看怎样写更能感人。

三、本篇中疑问句特别多,这有什么作用?

四、把"虽然,吾自今年来"一段译为现代语。

三五　杂文三篇　韩愈

【解说】本篇选自《昌黎先生集》。其中《读荀子》是题跋性质的文章，可是主旨与一般的题跋不同：一般的题跋，重点在于述说所题之事物；本篇则重点在于述说自己的抱负，就是继圣人之志。《题李生壁》是记事性质的文章，只是因为写在壁上，所以称之为"题"。主旨在述说一时的感触。这感触一部分来自与故人的交谊，一部分来自吊古。《祭田横墓文》性质比较特别，一般祭文是吊今人，这是吊古人。为什么要吊古人？显然是借古人之事，写自己的感慨。因为是借他人酒杯浇自己块垒，所以文章有义愤填膺的气氛。

　　选这三篇为一组，意在介绍短文。短文比较难写，因为容易流于单薄。这三篇不然，都写得意义深远，格局曲折，有咫尺千里之势。韩愈文字注重声势，在短文里这种特点更加显著，这也值得注意。

读荀子①

始吾读孟轲书②，然后知孔子之道尊，圣人之道易行③，王易王④，霸易霸也⑤；以为孔子之徒没⑥，尊圣人者，孟氏而已⑦。晚得扬雄书⑧，益尊信孟氏。因雄书而孟氏益尊，则雄者亦圣人之徒欤。

> 由圣道、圣徒说起，提出孟子、扬雄，是下文转到说荀子的引线。

圣人之道不传于世。周之衰⑨，好事者各以其说干时君⑩，纷纷藉藉相乱⑪，六经与百家之说错杂⑫，然老师大儒

---

①〔《荀子》〕先秦诸子中儒家之重要著作，三十二篇。作者荀子，名况，赵人。齐襄王时在齐，为稷下祭酒；避谗适楚，春申君以为兰陵令。春申君死，废而著书，卒于兰陵。荀子学说与孟子大不同者为：人性恶，应法后王。 ②〔孟轲书〕《孟子》。 ③〔圣人之道〕指孔子之道。〔行〕实施，推行。 ④〔王易王（旧读 wàng）〕为王者容易平定天下。（后一）王，为天下之王，即统辖天下。下文"得一士而可王"之"王"同。 ⑤〔霸易霸〕为霸主者容易成霸业（为霸主，率领诸侯尊王攘夷）。 ⑥〔孔子之徒〕指孔子及门弟子颜回、曾参等。〔没〕死亡。 ⑦〔孟氏〕孟子。 ⑧〔扬雄书〕指《法言》。扬雄，字子云，西蜀成都（今四川成都）人，汉末儒者、兼善辞赋。《法言》十三卷，模拟《论语》而作，其中有推崇孟子之言。 ⑨〔周之衰〕指孔子以后，列国争雄，周天子徒具虚名之时。 ⑩〔好事者〕指不甘寂寞之徒。〔说〕学说，主张。〔干〕求。〔时君〕当时之国君。 ⑪〔纷纷〕多。〔藉藉〕混杂。 ⑫〔六经〕六种经典：《诗》《书》《礼》《乐（yuè）》《易》《春秋》。〔百家之说〕各学派之主张。〔错杂〕掺杂在一起。言各种学说使儒家之道不明。

犹在①。火于秦②,黄老于汉③,其存而醇者④,孟轲氏而止耳⑤,扬雄氏而止耳。及得荀氏书,于是又知有荀氏者也。考其辞⑥,时若不粹⑦,要其归⑧,与孔子异者鲜矣⑨,抑犹在轲、雄之间乎⑩。

　　转到本题,说丧乱之后,荀子与孟子、扬雄同有存圣道之功。

孔子删《诗》《书》⑪,笔削《春秋》⑫,合于道者著之⑬,离于道者黜去之⑭,故《诗》《书》《春秋》无疵⑮。余欲削荀氏之不合者,附于圣人之籍⑯,亦孔子之志欤⑰。孟氏,醇乎醇者也⑱;荀与扬,大醇而小疵。

　　末尾写愿学孔子删《诗》《书》之志,删定荀氏书,使之醇而成为儒家巨著。这是间接说自己亦志在存圣人之道。

―――――

①〔老师大儒〕指战国时儒家之年高有成就者。 ②〔火于秦〕在秦时被焚。 ③〔黄老于汉〕到汉朝为黄老学派所曲解。黄,黄帝;老,老子:指道家。 ④〔存而醇(chún)〕保存下来(未绝于秦火)而又纯粹(未受黄老之曲解)。 ⑤〔止〕止于此,无他人。 ⑥〔考其辞〕检查其言辞。 ⑦〔时〕有时。 ⑧〔要其归〕总其主旨。要,总括。 ⑨〔鲜(xiǎn)〕少。 ⑩〔抑〕或者。 ⑪〔删《诗》《书》〕相传《诗经》《尚书》均经孔子删削。 ⑫〔笔削〕修定。笔,记载;削,删除。 ⑬〔著〕标举。 ⑭〔离〕违背。〔黜(chù)〕罢免,除去。 ⑮〔疵(cī)〕病,缺点。 ⑯〔圣人之籍〕儒家之典籍。 ⑰〔孔子之志〕删削使醇。 ⑱〔醇乎醇〕醇而又醇。

题李生壁①

余始得李生于河中②,今相遇于下邳③,自始及今,十四年矣。始相见,吾与之皆未冠④,未通人事⑤,追思多有可笑者,与生皆然也⑥。今者相遇,皆有妻子,昔时无度量之心⑦,宁复可有是⑧?生之为交⑨,何其近古人也⑩!

先写与李生相交之厚。

是来也⑪,余黜于徐州⑫,将西居于洛阳。泛舟于清泠池⑬,泊于文雅台下,西望商丘,东望修竹园,入微子庙,求邹阳、枚叔、司马相如之故文⑭,久立于庙陛间⑮,悲《那》颂之不作于是者已久⑯。陇西李翱、太原王涯、上谷

---

①〔题〕书写。〔李生〕李平。生,泛称读书人。 ②〔得〕得到,认识。〔河中〕唐河中府,今山西永济一带。 ③〔下邳(pī)〕县名,在今江苏睢宁。 ④〔冠(guàn)〕古男子二十而冠,行冠礼,谓之成人。 ⑤〔未通人事〕不懂得世间事务。 ⑥〔与生皆然〕我与李生皆如此(幼稚)。 ⑦〔无度量〕处事无分寸轻重,任意为之。 ⑧〔宁(nìng)复可有是〕岂再有此种情况。 ⑨〔为交〕与朋友交往。 ⑩〔何其〕怎么这样。表示强调。 ⑪〔是来也〕这次来这里。 ⑫〔黜(chù)于徐州〕指在徐州任武宁节度使张建封节度推官,此时离去。 ⑬〔泛舟〕坐船漫游。〔清泠(líng)池〕与以下"文雅台"、"商丘"(指商朝都城遗址之土丘)、"修竹园"、"微子(商纣时忠臣)庙"皆在汉梁孝王城(今河南商丘以南),远在下邳之西。 ⑭〔邹阳、枚叔、司马相如〕皆西汉著名文人,为梁孝王之上客。枚乘(shèng)字叔。司马相(xiàng)如,字长(zhǎng)卿。〔故文〕作品之存于今者。 ⑮〔庙陛(bì)间〕庙宇阶台之间。 ⑯〔《那(nuó)》颂〕《诗经·商颂·那》,祀商汤之乐章。〔不作于是者已久〕于此地(微子庙)久已不奏此乐章。意为宋(商之后)亡国已久。

侯喜实同与焉①。贞元十六年五月十四日②,昌黎韩愈书。

继写来此的原因及过此的心境。

祭田横墓文③

贞元十一年九月,愈如东京④,道出田横墓下⑤,感横义高能得士⑥,因取酒以祭,为文而吊之。其辞曰:

先写祭墓的机缘,以及祭墓的原因为慕义,是下文的总说。

事有旷百世而相感者⑦,余不自知其何心⑧。非今世之所稀⑨,孰为使余歔欷而不可禁⑩?余既博观乎天下⑪,曷有庶几乎夫子之所为⑫?死者不复生,嗟余去此其从谁⑬?当

---

①〔陇西〕郡名,在今甘肃临洮一带。〔李翱(áo)〕字习之,从韩愈学古文,为唐代古文名家。〔太原〕今山西太原。〔王涯〕字广津,唐朝一大官。〔上谷〕郡名,在今河北宣化以南一带。〔侯喜〕字叔起,韩愈之弟子。〔实同与(yù)〕实在是一同参加(游历)。 ②〔贞元〕唐德宗年号。 ③〔田横〕战国末年齐国国王田儋(dān)之从弟,曾一度自立为齐王。刘邦称帝,田横率其徒五百人逃入海中。刘邦令人召之,田横与其客二人行至尸乡(洛阳东三十里),田横自杀。二客亦自杀。海中五百人闻之,亦皆自杀。田横墓在尸乡。 ④〔如〕(由家乡河阳)往。〔东京〕洛阳。 ⑤〔道出〕路上经过。 ⑥〔感〕有感于。 ⑦〔旷〕空阔。引申为隔。〔百世〕极言时间久远。世,三十年。〔相感〕相感应。言感动后人。 ⑧〔不自知其何心〕自己不知为什么为百世以上之人所感动。 ⑨〔非今世之所稀〕如果不是现在所罕见。 ⑩〔孰为〕何为,为什么。〔歔(xū)欷(xī)〕抽泣。〔不可禁(jīn)〕不能自制。 ⑪〔博观〕广泛地观察。 ⑫〔曷有〕哪里有。〔庶几乎〕接近,差不多。〔夫子〕先生。尊称田横。 ⑬〔嗟(jiē)〕叹息声。〔去此〕离开这(人)。〔其〕将。

秦氏之败乱①,得一士而可王,何五百人之扰扰②,而不能脱夫子于剑铓③?抑所宝之非贤④,亦天命之有常⑤?昔阙里之多士⑥,孔圣亦云其遑遑⑦。苟余行之不迷⑧,虽颠沛其何伤⑨?自古死者非一⑩,夫子至今有耿光⑪。跽陈辞而荐酒⑫,魂仿佛而来享⑬。

入正文,极写仰慕和慨叹之情,是暗写自己怀才不遇的愤激。

【研读参考】一、《孟子》与《荀子》相比,前者旗帜鲜明,语言奔放;后者道理深邃,论点、举证都富于逻辑性。韩愈推孟抑荀,主要不是由衡量道理出发,而是由维护儒家正统出发。这种卫道的态度,你觉得有没有缺点?想想看。

二、《题李生壁》里有个问题:看第一段,李生是住在下邳;可是下邳在徐州东南,由徐州往洛阳应该向西走,不必绕道下邳,并且,以下游历的清泠池等地都在商丘,即徐州西方二三百里,似乎李生应该住在商丘。究竟是怎么回事?一种可能,下

---

①〔秦氏之败乱〕指秦始皇死后,秦二世时期。②〔扰扰〕纷乱。言其多。③〔脱〕免除。〔剑铓(máng)〕剑之尖端。此处指自杀而死。④〔抑〕莫非是。〔宝〕爱重,尊敬。〔非贤〕非贤能之士。⑤〔天命之有常〕疑天命有所归,所以田横只能败亡。⑥〔阙里〕孔子生于鲁国昌平乡陬(zōu)邑,后称其故居所在为阙里。此处指孔门。〔多士〕孔子弟子三千,通六艺者七十二人(七十二大贤)。⑦〔孔圣〕孔子。〔云〕是。〔其〕助词。〔遑遑〕不定之状。⑧〔行之不迷〕行为正确。⑨〔颠沛〕跌倒,受挫折。〔何伤〕又有何损。⑩〔自古死者非一〕意为人皆有死,死者已不可胜数。⑪〔耿光〕光明。耿,明亮。⑫〔跽(jì)〕跪。〔陈辞〕献辞。指读此祭文。〔荐酒〕进酒。荐,进献。⑬〔仿佛〕好像。拟度如此。

邳是误字，由于辗转传抄。一种可能，遇李生在下邳，李生的家却在商丘，这是由下邳西行到商丘李生家才题的。如果情况是后者，文章就失之过简，缺少照应。读古人文章，无论是如何大家，也要取其长而不护其短。

三、《祭田横墓文》写得激昂慷慨，能感人。所以有此力量，是因为既写田横，又写自己。写田横，重点在表明什么？写自己，重点在表明什么？

三六　段太尉逸事状　柳宗元

【解说】本篇选自《唐柳先生集》。段太尉，名秀实，字成公，唐朝汧（qiān）阳（今陕西千阳）人。性刚毅沉着，有救国救民的大志。早年在西北一带任军职。其后任泾（jīng）州（今甘肃泾川一带）刺史、泾原（原州，今宁夏回族自治区固原一带）郑（郑州，今河南郑州一带）颍（颍州，今安徽阜阳一带）节度使。官至司农卿。唐德宗建中四年（783），朱泚（cǐ）反，占了都城长安，称帝，强迫段秀实附和他。段秀实大骂他，并用笏（hù）板把他打伤，被杀。德宗兴元元年（784）追赠为太尉，谥忠烈。逸事，散佚未经记载的事迹。状，或称行状，是叙述死者生平事迹，供作史传的人参考采录的一种文体。本篇名逸事状，意思是只记几件逸事，与一般详记生平的行状不同。作者于唐宪宗元和九年（814）在永州写这篇文章，用意当然是表扬刚正爱民的行为。所记逸事虽不多，在旧时代却是难能稀有的，所以教育意义很大。这篇文章送交史馆，宋朝撰《新唐书·段秀实传》完全采录，并在传后论赞中说："唐人柳宗元称，世言段太尉，大抵以为武人一时奋不虑死，以取名，非也。……宗元不妄许人，谅其然邪？"可见古人一直是重视这篇文章的。

作者柳宗元（773—819），字子厚，唐朝河东（今山西永济）人，后人因此称他为柳河东。唐德宗贞元九年（793）进士。任校书郎、蓝田县尉、监察御史等官。唐顺宗即位（805），他参与王叔文的政治革新运动，任礼部员外郎。王叔文等执政不到半年失败，柳宗元受牵连，贬为永州（今湖南零陵）司马（州刺史的辅佐官）。他在永州十年，于宪宗元和十年（815）迁为柳州（今广西壮族自治区柳州市柳江区）刺史，所以后人又称他为柳柳州。四年后死在柳州。柳宗元是唐代杰出的文学家，与韩愈同是古文运动的重要人物，所以后代称为"韩柳"，列入唐宋八大家。他长期过贬谪生活，了解人民疾苦，写文章常常表示反横暴、同情人民疾苦的意见，有强烈的现实意义。文章求古奥精练，用语避熟就生，对后代的古文家有不小的影响。他还是重要的思想家，哲学和政论方面的著作，内容都很深刻。著有《柳河东集》。

太尉始为泾州刺史时①，汾阳王以副元帅居蒲②。王子

---

① 〔太尉始为泾州刺史时〕时为唐代宗广德二年（764）。刺史，州之长官。
② 〔汾阳王〕郭子仪。唐玄宗天宝末年安史之乱起，郭子仪屡立大功，唐肃宗乾元二年（759）进封他为汾阳郡王。〔副元帅〕肃宗至德二年（757）郭子仪为司空、天下兵马副元帅，乾元二年为兴平定国副元帅，广德二年（764）为关内副元帅。〔蒲〕蒲州，唐朝为河东道河中府府治，在今山西永济。

晞为尚书，领行营节度使①，寓军邠州②，纵士卒无赖③。邠人偷嗜暴恶者，率以货窜名军伍中④，则肆志⑤，吏不得问⑥。日群行丐取于市⑦，不嗛⑧，辄奋击⑨，折人手足，椎釜鬲瓮盎盈道上⑩，袒臂徐去⑪，至撞杀孕妇人⑫。邠宁节度使白孝德以王故⑬，戚不敢言⑭。

写逸事之一，由郭晞纵士卒害民，地方官不敢过问叙起。

太尉自州以状白府⑮，愿计事⑯。至则曰："天子以生人

────────

① 〔王子晞（xī）为尚书，领行营节度使〕《新唐书·段秀实传》说是"晞以检校（jiào）尚书领行营节度使"，意思是带着中央"检校尚书"的衔兼任副元帅行营的节度使。郭晞为郭子仪第三子，史称善骑射，从郭子仪，多有战功。官至御史中丞、太子宾客，封赵国公。节度使，地方之军政长官。② 〔寓军〕在辖区之外驻军。〔邠（bīn）州〕今陕西邠县。广德元年（763）邠州曾被吐蕃占据，此时收复不久。 ③ 〔纵士卒无赖〕放任士卒为非作歹。无赖，动词，做强横不法之事。 ④ 〔邠人偷嗜暴恶者〕邠州（那些）狡猾、贪婪、凶横、邪恶的坏分子。偷，巧诈。嗜，贪。〔率以货窜名军伍中〕大都用贿赂在军队里挂上个名字。率，大都。货，财物。指贿赂。窜，藏匿，混入。军伍，军队。 ⑤ 〔肆志〕任意，为所欲为。 ⑥ 〔吏不得问〕官吏不能过问，不敢管。 ⑦ 〔日群行丐取于市〕每天成群结伙在市上强索财物。丐，乞求，此处为"强求"之意。 ⑧ 〔嗛（qiè）〕通"慊"（qiè），满足。 ⑨ 〔辄〕就。〔奋击〕用猛力打人。 ⑩ 〔椎（chuí）釜鬲（lì）瓮（wèng）盎（àng）〕泛指砸碎坛坛罐罐。椎，敲击。釜，锅。鬲，三足锅。盎，瓦盆。〔盈〕满。 ⑪ 〔袒（tǎn）臂〕露着胳膊。表示满不在乎。〔徐〕慢。 ⑫ 〔至〕甚至于。〔杀〕死。 ⑬ 〔白孝德〕广德二年为邠宁（宁州，今甘肃宁县）节度使。〔以王故〕因为汾阳王的关系。白孝德当时归郭子仪节制，因而有顾忌。 ⑭ 〔戚不敢言〕心中忧虑而不敢说。 ⑮ 〔自州以状白府〕从泾州用官文书禀告邠宁节度使衙门。状，文件。白，禀告。 ⑯ 〔愿计事〕说想到节度使衙门来商量公事。

付公理①，公见人被暴害②，因恬然③，且大乱④，若何⑤？"孝德曰："愿奉教⑥。"太尉曰："某为泾州⑦，甚适⑧，少事，今不忍人无寇暴死⑨，以乱天子边事⑩。公诚以都虞候命某者⑪，能为公已乱⑫，使公之人不得害⑬。"孝德曰："幸甚⑭！"如太尉请⑮。

承上段，写段太尉不避艰险，愿为百姓解忧除患。

既署一月⑯，晞军士十七人入市取酒，又以刃刺酒翁⑰，坏酿器⑱，酒流沟中。太尉列卒取十七人⑲，皆断头注槊上⑳，植市门外㉑。晞一营大噪㉒，尽甲㉓。孝德震恐，召太尉曰："将奈何？"太尉曰："无伤也，请辞于军㉔。"孝德

---

① 〔生人〕生民，百姓。因避唐太宗李世民讳，"民"字改用"人"字。〔付公理〕交给您管理。② 〔被暴害〕遭受残害。被，动词。③ 〔因恬然〕仍旧安然无事。④ 〔且大乱〕将起大变乱。⑤ 〔若何〕如何，怎么办。⑥ 〔愿奉教〕愿听您指教。谦语。⑦ 〔某为泾州〕我做泾州刺史。某，代段秀实之名。为，做……官。⑧ 〔甚适〕很安闲。⑨ 〔无寇暴死〕没有变乱而丧命。寇暴，指敌兵或强盗。⑩ 〔边事〕边地之安全。⑪ 〔诚〕如果，果真。〔都虞候〕军中总执法官。〔命某〕任命我来担任。⑫ 〔已乱〕止祸乱。⑬ 〔得〕受。⑭ 〔幸甚〕十分庆幸，很好。⑮ 〔如太尉请〕照段秀实请求的那样办。⑯ 〔既署一月〕（段秀实）已署理（都虞候）一个月。署，署理，暂时担任某一官职。⑰ 〔酒翁〕酿酒之技工。翁不是指老年人。⑱ 〔酿器〕造酒之器皿。酿，制酒。⑲ 〔列卒〕布置士兵。〔取〕捕捉。⑳ 〔注槊（shuò）上〕（把人头）插在长矛上。注，附着。㉑ 〔植市门外〕竖立在市门之外。即枭首示众。㉒ 〔噪（zào）〕吵闹。㉓ 〔尽甲〕全都武装起来。甲，动词，把甲披在身上。下"何甲也"之"甲"同。㉔ 〔无伤也，请辞于军〕没有关系，请让我到军中去说一说。辞，动词，说，讲话。

使数十人从太尉。太尉尽辞去，解佩刀①，选老躄者一人持马②，至晞门下③。甲者出，太尉笑且入④，曰："杀一老卒⑤，何甲也？吾戴吾头来矣⑥。"甲者愕⑦。因谕曰⑧："尚书固负若属耶⑨？副元帅固负若属耶？奈何欲以乱败郭氏⑩？为白尚书⑪，出听我言。"晞出见太尉。太尉曰："副元帅勋塞天地⑫，当务始终⑬。今尚书恣卒为暴⑭，暴且乱⑮，乱天子边，欲谁归罪⑯？罪且及副元帅⑰。今邠人恶子弟以货窜名军籍中，杀害人，如是不止，几日不大乱⑱？大乱由尚书出，人皆曰尚书倚副元帅⑲，不戢士⑳。然则郭氏功名，其与存者几何㉑？"言未毕，晞再拜曰："公幸教晞以道㉒，恩甚大，愿奉军以从㉓。"顾叱左右曰㉔："皆解甲，散还火伍中㉕。敢

---

①〔解〕解下。意为不带武器。 ②〔老躄（bì）者〕年老腿脚不灵便之人。〔持马〕牵马。 ③〔门下〕（军营）门前。 ④〔笑且入〕一面笑一面向里走。 ⑤〔老卒〕自称为老兵。极言无抵抗之力。 ⑥〔吾戴吾头来矣〕意为我自己前来送死。表示无所畏惧。 ⑦〔愕〕惊讶。 ⑧〔因谕曰〕于是晓谕（那些甲者）说。谕，告知。 ⑨〔尚书固负若属耶〕尚书（郭晞）难道对不起你们吗？固，本来。负，辜负。若属，你辈。 ⑩〔败郭氏〕败坏郭家（之功名）。 ⑪〔为白尚书〕为我向尚书说。白，告。 ⑫〔勋塞天地〕功勋充满世间。 ⑬〔当务始终〕应力求全始全终。意为不可中途败坏功名。 ⑭〔恣卒〕放任士兵。 ⑮〔暴且乱〕为凶横之事将发生变乱。 ⑯〔欲谁归罪〕要归罪于谁。 ⑰〔且及〕将牵连到。 ⑱〔几日不大乱〕还能有几天不发生大乱？ ⑲〔倚〕仗恃。 ⑳〔不戢（jí）士〕不管束士兵。 ㉑〔其与存者几何〕还能保存多久？与，助词。 ㉒〔公幸教晞以道〕您以大道理教我，我很幸运。 ㉓〔奉军以从〕率领全军听从您。 ㉔〔顾叱左右〕回头呵叱左右之士兵。 ㉕〔散还火伍中〕散归各自队伍中。唐兵制，十人为火，五人为伍。

哗者死①!"太尉曰:"吾未晡食②,请假设草具③。"既食,曰:"吾疾作④,愿留宿门下⑤。"命持马者去,旦日来⑥。遂卧军中。晞不解衣,戒候卒击柝卫太尉⑦。旦,俱至孝德所,谢不能⑧,请改过⑨。邠州由是无祸。

> 写段太尉不畏强暴,冒死为邠州人民除害,是逸事之一的重点。

先是,太尉在泾州为营田官⑩,泾大将焦令谌取人田⑪,自占数十顷,给与农,曰:"且熟,归我半⑫。"是岁大旱,野无草,农以告谌。谌曰:"我知入数而已⑬,不知旱也。"督责益急⑭。农且饥死,无以偿,即告太尉。太尉判状⑮,辞甚巽⑯,使人来谕谌⑰。谌盛怒⑱,召农者曰:"我畏段某耶?何敢言我⑲!"取判铺背上⑳,以大杖击二十,垂死㉑,

---

①〔敢哗者死〕敢于喧哗闹事的就处死。 ②〔晡(bū)食〕吃晚饭。晡,申时(下午三时至五时)。 ③〔请假设草具〕请给备一餐粗饭。假,借予。设,备办。草具,粗食。 ④〔作〕发作。 ⑤〔留宿门下〕在军中住一夜。表示毫不胆怯。 ⑥〔旦日〕明日。 ⑦〔戒〕饬令。〔候卒〕巡逻兵。〔击柝(tuò)〕打更。柝,巡夜打更之木梆。 ⑧〔谢不能〕道歉说自己无能(未治好军队)。 ⑨〔请改过〕愿意改过。 ⑩〔先是〕此事之前,以前。〔营田官〕唐朝兵制,诸军在万人以上置营田副使一人。段秀实任泾州刺史之前曾署支度、营田副使。 ⑪〔泾大将焦令谌(chén)取人田〕泾州大将焦令谌夺取民田。 ⑫〔且熟,归我半〕庄稼将收成时,一半归我。 ⑬〔入数〕照数收谷。 ⑭〔督责益急〕督促交粮更为急迫。 ⑮〔判状〕批农民交来之状子。 ⑯〔辞甚巽(xùn)〕批词写得很委婉。巽,通"逊"。 ⑰〔使人来谕谌〕派人带去判状告知焦令谌。 ⑱〔盛怒〕大怒。 ⑲〔何敢言我〕怎敢告发我。 ⑳〔取判铺背上〕将有判词之状子摊在(农民)背上。 ㉑〔垂死〕将死。垂,接近。

舆来庭中①。太尉大泣曰："乃我困汝②。"即自取水洗去血，裂裳衣疮，手注善药③，旦夕自哺农者④，然后食。取骑马卖，市谷代偿⑤，使勿知⑥。淮西寓军帅尹少荣⑦，刚直士也，入见谌，大骂曰："汝诚人耶⑧？泾州野如赭⑨，人且饥死，而必得谷，又用大杖击无罪者。段公，仁信大人也⑩，而汝不知敬。今段公唯一马，贱卖市谷入汝⑪，汝又取不耻⑫。凡为人傲天灾⑬，犯大人，击无罪者，又取仁者谷，使主人出无马⑭，汝将何以视天地⑮？尚不愧奴隶耶⑯？"谌虽暴抗⑰，然闻言则大愧，流汗，不能食，曰："吾终不可以见段公⑱。"一夕自恨死⑲。

写逸事之二，段太尉对农民仁厚慈爱，终于折服了贪暴军人焦令谌。

---

①〔舆〕抬。〔庭中〕指营田副使衙门。 ②〔困〕动词，使受困。指受灾祸。 ③〔裂裳衣疮，手注善药〕撕自己衣服裹伤，亲手敷上好药。衣，动词，包扎，裹。注，加上。 ④〔哺〕喂食。 ⑤〔市〕买。〔代偿〕代农民偿还（焦令谌）。 ⑥〔使勿知〕不使（受伤之农民）知。 ⑦〔淮西寓军帅〕从淮西调驻泾州之军队统领。淮西，今河南许昌、信阳一带。 ⑧〔汝诚人耶〕你当真是人吗？ ⑨〔野如赭（zhě）〕原野像赤土。指大旱景象。 ⑩〔仁信大人〕仁惠有信义之长者。 ⑪〔入汝〕（把谷子）交纳给你。 ⑫〔不耻〕不觉得羞耻。 ⑬〔凡为人〕总起来说你之为人。〔傲天灾〕轻视上天降祸。 ⑭〔主人〕指段秀实。段为泾州地方官。 ⑮〔视天地〕见天地，对天地。 ⑯〔愧奴隶〕面对奴隶也该有愧。旧时代认为奴隶（受压迫者）人格低。 ⑰〔暴抗〕凶暴傲慢。 ⑱〔终〕到底。 ⑲〔一夕自恨死〕一夜自我悔恨而死。此乃传闻，实则大历八年（773）焦令谌仍任泾原节度使。

及太尉自泾州以司农征①,戒其族②:"过岐③,朱泚幸致货币④,慎勿纳⑤。"及过,泚固致大绫三百匹⑥。太尉婿韦晤坚拒,不得命⑦。至都,太尉怒曰:"果不用吾言⑧!"晤谢曰⑨:"处贱,无以拒也⑩。"太尉曰:"然终不以在吾第⑪。"以如司农治事堂⑫,栖之梁木上⑬。泚反,太尉终⑭。吏以告泚,泚取视,其故封识具存⑮。

写逸事之三,段太尉有节操,能廉洁。

太尉逸事如右⑯,元和九年月日⑰,永州司马员外置同正员柳宗元谨上史馆⑱。今之称太尉大节者,出入以为武人一时奋不虑死⑲,以取名天下,不知太尉之所立如是⑳。宗

---

① 〔以司农征〕被征召做司农卿。唐德宗建中元年(780),段秀实受召入京任司农卿(主管储粮和供国家用粮之官)。 ② 〔戒其族〕告诫彼之家属。 ③ 〔岐〕岐州,今陕西凤翔,当时称为西京。 ④ 〔朱泚幸致货币〕如果朱泚送给财物。朱泚,当时任凤翔尹,后来反唐称帝,为其部将所杀。幸,承其好意。 ⑤ 〔慎勿纳〕千万不要收受。 ⑥ 〔固致〕强送。〔大绫〕一种丝织品。 ⑦ 〔不得命〕得不到允许。意为推辞不掉。 ⑧ 〔果不用吾言〕果真不照我之言办事。 ⑨ 〔谢〕谢罪,表歉意。 ⑩ 〔处贱,无以拒也〕在卑下之地位,无法拒绝。 ⑪ 〔终不以在吾第〕无论如何不要把大绫留在我家中。终,终究。"以"下省略宾语"之"。第,住宅。 ⑫ 〔以如司农治事堂〕把大绫送往司农卿之办公大厅。如,往。 ⑬ 〔栖之梁木上〕放在屋梁上。 ⑭ 〔终〕死(为朱泚所杀)。 ⑮ 〔故封识(zhì)〕原包装题记。识,记号,指题字。〔具存〕完全存在。 ⑯ 〔如右〕如右文。过去文字自右而左直行书写,先写之部分在右。 ⑰ 〔元和九年月日〕元和九年(814)某月某日。 ⑱ 〔永州司马员外置同正员〕此为柳宗元当时之职位。员外置同正员,定额以外之官员,待遇与正员相同。〔谨上史馆〕谨把段太尉之逸事写出送与史馆。上,上呈。敬语。史馆,国家修史之机构。 ⑲ 〔出入〕大抵,无非。下文"尝出入"之"出入"是"来往"之意。 ⑳ 〔所立〕所树立,实践方面之成就。

元尝出入岐、周、邠、斄间①,过真定②,北上马岭③,历亭障堡戍④,窃好问⑤,老校退卒能言其事⑥。太尉为人姁姁⑦,常低首拱手行步⑧,言气卑弱⑨,未尝以色待物⑩。人视之,儒者也。遇不可⑪,必达其志⑫,决非偶然者⑬。会州刺史崔公来⑭,言信行直⑮,备得太尉遗事⑯,复校无疑⑰。或恐尚逸坠,未集太史氏⑱,敢以状私于执事⑲。谨状。

最后说明写这篇逸事状的目的及其重要意义。

【研读参考】 一、柳宗元的著作,中华书局出版的《柳河东集》有旧集注,可参考。初学,可先读他的游记(如《永州八记》)和寓言(如《三戒》),比较浅近而有风趣。

----

① 〔岐、周、邠、斄(tái)〕岐,岐州。周,指周原,在岐山下,今陕西眉县一带。斄,汉朝县名,在今陕西武功。唐德宗贞元十年(794)作者曾至邠州。 ② 〔真定〕疑为马岭山南地名。 ③ 〔马岭〕山名,在今甘肃庆阳西北。 ④ 〔历〕经过。〔亭障(zhàng)〕边塞之防御建筑。〔堡戍〕士卒驻守瞭望之碉堡或岗楼。 ⑤ 〔窃〕私下。 ⑥ 〔老校退卒〕年老之校尉,退伍之士兵。〔能言其事〕能说太尉之遗事。 ⑦ 〔姁(xǔ)姁〕和善之状。 ⑧ 〔拱手〕两手相抱。表示敬意。 ⑨ 〔言气卑弱〕说话语气谦抑温顺。 ⑩ 〔色〕颜色,指傲慢之神色。〔物〕指人。 ⑪ 〔不可〕不合理之事。 ⑫ 〔必达其志〕一定要达到自己主持正义之目的。 ⑬ 〔决非偶然〕言赋性及生活态度如此。 ⑭ 〔会〕适逢。〔州刺史〕本州(永州)刺史。〔崔公〕崔能,字子才,元和九年来任永州刺史。公,敬称。 ⑮ 〔言信行直〕说话诚信,行为正直。 ⑯ 〔备得〕全部知晓。 ⑰ 〔复校(jiào)无疑〕(两人)核对(上述逸事),没有可疑的。复,再。 ⑱ 〔未集太史氏〕没收集到史官那里。 ⑲ 〔敢以状私于执事〕敢把这些逸事写成行状,私下送给您。敢,敬词。执事,书信中尊称对方,表示不敢面陈,而由执事之人转达。此处指史官韩愈,其时任史馆修撰。

二、逸事共三件，像篇中这样排列，在布局方面有没有理由？如果有，是什么理由？

三、逸事的第二件，文章说焦令谌"一夕自恨死"，如果你没看注解，就完全相信吗？想想看。然后说说"尽信书则不如无书"（《孟子·尽心下》）的道理。

四、下面是《新唐书·段秀实传》记段秀实死难的一段文章，加标点，并译为现代语。

翌日泚召秀实计事源休姚令言李忠臣李子平（四人名，皆泚之党与）皆在坐秀实戎服与休并语至僭位勃然起执休腕夺其象笏奋而前唾泚面大骂曰狂贼可磔万段我岂从汝反邪遂击之泚举臂捍笏中颡流血蔑面匍匐走贼众未敢动而海宾（人名，姓刘，将军，约定共同攻泚者）等无至者秀实大呼曰我不同反胡不杀我遂遇害年六十五

三七　赠序二篇　柳宗元

【解说】本篇选自《唐柳先生集》。序是一种文体，内容可以分为两类：写在某种作品前面，起介绍评论作用的，是"书序"；因有某机缘而赠人以言，起推崇勉励作用的，是"赠序"。这里选的两篇都是赠序。第一篇，送零陵（今湖南零陵，当时属永州）代理县令薛存义，是作者任永州司马时候写的。主旨是当时的大多数官吏都残害人民，不称职，只有薛存义能够努力求尽职。思想严正而深刻，很有教育意义。第二篇是作者贬永州司马以前在京城长安时期写的。元秀才，名公瑾，到京城考进士没录取，将离开长安回故乡，心情难免有些郁闷、颓唐。作者写序赠之以言，主旨在指出，一时的穷达可不必在意，应重视品德学问的修养，安时处顺而待时。这样立言，既劝勉别人，也有自勉之意，可谓得体。

　　文字简练，遣词造语都精琢细磨，务求义深远而气沉厚。这是柳文的特点，值得仔细领会。

送薛存义序

河东薛存义将行①，柳子载肉于俎②，崇酒于觞③，追而送之江之浒④，饮食之⑤。

先写到江边为薛存义送行，是下文议论的引线。

且告曰：凡吏于土者⑥，若知其职乎⑦？盖民之役⑧，非以役民而已也。凡民之食于土者⑨，出其十一佣乎吏⑩，使司平于我也⑪。今我受其直怠其事者⑫，天下皆然⑬。岂唯怠之⑭，又从而盗之。向使佣一夫于家⑮，受若直，怠若事，又盗若货器⑯，则必甚怒而黜罚之矣⑰。今天下多类此，而民莫敢肆其怒与黜罚者何哉⑱？势不同也⑲。势不同而理同，

---

①〔河东〕郡名，今山西永济一带。〔将行〕将离开（零陵）。②〔柳子〕作者自称。子，男子之通称。〔载肉于俎（zǔ）〕把肉放在俎里。俎，古代盛肉器。③〔崇酒于觞（shāng）〕把酒满斟在觞里。崇，充满。觞，一种酒杯。④〔江之浒（hǔ）〕江边。浒，水涯。⑤〔饮（yìn）食（sì）之〕请他喝，请他吃。⑥〔凡〕所有。〔吏于土者〕在地方上做官之人。⑦〔若〕你。〔其〕代"吏于土者"。〔职〕职分。⑧〔役〕名词，仆役。下文"役民"之"役"为动词，意为役使（人民）。⑨〔食于土者〕依靠土地生活的，农民。⑩〔出其十一〕（从土地收入中）拿出十分之一（纳税）。〔佣乎吏〕雇用官吏。意为官吏之俸从赋税中出。乎，助词。⑪〔司平于我〕给我们维持公道。司，管理。平，公平。⑫〔我〕指官吏。〔直〕同"值"，指官吏所得之俸。〔怠其事〕不认真给他们办事。怠，轻忽。⑬〔皆然〕都一样。⑭〔岂唯〕岂止。〔怠之〕这个"之"代"其事"，即民之事。下文"盗之"的"之"代"人民"。⑮〔向使〕假若。〔夫〕壮年男子。⑯〔货器〕财物。⑰〔黜（chù）〕黜退，除。⑱〔肆〕放出，用出。⑲〔势不同也〕官民关系，主仆关系，情势不同。

如吾民何①!有达于理者②,得不恐而畏乎③?

> 论多数官吏不利民而害民,失职背理,故为官者应警惕自勉。这是本篇主旨,并反衬出下文。

存义假令零陵二年矣④。早作而夜思⑤,勤力而劳心,讼者平⑥,赋者均⑦,老弱无怀诈暴憎⑧,其为不虚取直也的矣⑨,其知恐而畏也审矣⑩。

> 赞美薛存义独不如此。

吾贱且辱⑪,不得与考绩幽明之说⑫,于其往也,故赏以酒肉而重之以辞⑬。

> 最后说明饯行赠言的原因。

送元秀才下第东归序⑭

周乎志者⑮,穷踬不能变其操⑯;周乎艺者⑰,屈抑不能

---

① 〔如吾民何〕吾民如何。意为百姓就苦了。 ② 〔达于理〕懂得事理。 ③ 〔得不〕能不。 ④ 〔假令零陵〕代理零陵县令。假,代理。 ⑤ 〔作〕起。 ⑥ 〔讼者平〕打官司之人得到公平处理。 ⑦ 〔赋者均〕纳税之人得到公平分配。 ⑧ 〔老弱无怀诈暴憎〕老弱对薛存义没有内怀欺诈而外露憎恨的。 ⑨ 〔虚〕白白地。〔的〕确实。 ⑩ 〔审〕明白。 ⑪ 〔贱〕指官位低。〔辱〕指被贬斥。 ⑫ 〔不得与(yù)考绩幽明之说〕对考核官吏之治绩,黜退和提升官吏之事,不能参与意见。与,参与。说,议论,意见。《尚书·舜典》:"三载考绩。三考(九年),黜陟(zhì)幽明(黜退昏暗的,提升贤明的)。" ⑬ 〔赏〕赠给。〔重(chóng)之以辞〕加上这些话。指写这篇序。 ⑭ 〔秀才〕尊称读书有成之人。〔下第〕落第,考试未录取。 ⑮ 〔周乎志者〕志向远大之人。周,至。 ⑯ 〔穷踬(zhì)〕困厄失败。踬,绊倒。〔操〕操守。 ⑰ 〔周乎艺者〕道艺精深之人。

贬其名①。其或处心定气②,居斯二者③,虽有穷屈之患,则君子不患矣。

先泛说为人之道,要"周乎志","周乎艺",是下文的理论准备。

元氏之子其殆庶周乎④?言恭而信⑤,行端而静⑥,勇于讲学⑦,急于进业⑧,既游京师⑨,寓居仄陋⑩,无使令之童⑪,阙交易之财⑫,可谓穷踬矣,而操逾厉⑬,志之周也。才浚而清⑭,词简而备⑮,工于言理⑯,长于应卒⑰,从计京师⑱,受丙科之荐⑲,献艺春卿⑳,当三黜之辱㉑,可谓屈抑矣,而名益茂㉒,艺之周也。苟非处心定气㉓,则曷能如此哉㉔?

————

① 〔屈抑〕受屈受压。〔贬〕损,减低。 ② 〔其或〕或者是。〔处(chǔ)心〕安定心意。处,定。〔定气〕精神不旁骛。 ③ 〔居斯二者〕占有这两种(周乎志和周乎艺)。 ④ 〔元氏之子〕元家之年轻人。指元秀才。〔殆庶〕庶几,近似。〔周〕指以上两种"周"。 ⑤ 〔言恭而信〕讲话谦恭诚实。 ⑥ 〔行端而静〕行为端正沉静。 ⑦ 〔讲学〕讲求学问。 ⑧ 〔进业〕要求学业进步。 ⑨ 〔京师〕都城长安。 ⑩ 〔寓居仄(zè)陋〕住处狭小简陋。 ⑪ 〔使令之童〕供使唤之僮仆。 ⑫ 〔阙〕同"缺"。〔交易〕指买用品。 ⑬ 〔逾〕更加。〔厉〕严格。 ⑭ 〔才浚(jùn)而清〕才智深邃高雅。 ⑮ 〔词简而备〕文词简括全面。 ⑯ 〔工〕善。 ⑰ 〔应(yìng)卒(cù)〕应付突然情况,能随机应变。卒,同"猝"。 ⑱ 〔从计京师〕跟随计吏到京师。指赴京城参加进士考试。计,上计簿吏,地方每年遣赴京城呈报情况者。 ⑲ 〔受丙科之荐〕意为参加丙科考试。唐朝考试制度,明经(通晓经术)分甲乙丙丁四科,进士分甲乙两科。 ⑳ 〔献艺春卿〕意为在礼部应试。《周礼》以宗伯为春官,掌邦礼,故称礼部长官为春卿。 ㉑ 〔当三黜之辱〕意为未录取。三黜,用《论语·微子》:"柳下惠为士师(法官),三黜。" ㉒ 〔茂〕盛,美。 ㉓ 〔苟〕假若。 ㉔ 〔曷〕同"何"。

> 紧接上文,说元氏之子即兼具志与艺。

余闻其欲退家殷墟①,修志增艺②,惧其沉郁伤气③,怀愤而不达④,乃往送而谕焉⑤。夫有湛卢、豪曹之器者⑥,患不得犀兕而剸之⑦,不患其不利也⑧。今子有其器⑨,宣其利⑩,乘其时⑪,夫何患焉?磨砺而坐待之可也⑫。遂欣欣而去⑬。

> 说明赠言的原因是唯恐元秀才因失意而郁闷消极,故慰之勉之。

【研读参考】一、赠人以言,重点可以是说理,也可以是言情。这两篇重点是什么?有什么优点?

二、行文古奥沉厚,与用字避熟就生有关,本篇中如"崇酒于觥"之"崇","吏于土者"之"吏","民之役"之"役",都是。能再指出几个吗?故意用生僻说法是柳文特点,也可以算优点吗?说说你的看法。

三、用现代语改写前一篇。

---

①〔退家〕回去住在家乡。〔殷墟〕指殷都城朝(zhāo)歌,今河南淇县。墟,故地。 ②〔修志增艺〕锻炼意志,增长学问。 ③〔惧〕虑。〔沉郁〕抑郁,不愉快。 ④〔达〕达观,看明事理。 ⑤〔谕〕劝解。 ⑥〔湛卢、豪曹〕皆越王勾践之宝剑名。 ⑦〔犀(xī)兕(sì)〕犀牛。兕,雌犀。〔剸(tuán)〕割,刺。 ⑧〔利〕锋利。 ⑨〔有其器〕有锋利之器。意为身怀才艺。 ⑩〔宣〕发挥,利用。 ⑪〔乘其时〕顺应时机。 ⑫〔磨砺〕磨炼,修养。砺,磨刀石。 ⑬〔遂欣欣而去〕(元秀才听了)就高兴地离开。

三八 丰乐亭记 欧阳修

【解说】本篇选自《欧阳文忠公文集》。丰乐亭是作者贬官滁（chú）州（今安徽滁州）时在州城西南琅琊（yá）山幽谷泉（一名紫薇泉）旁建的亭子，取名丰乐，是文中所说"幸其民乐其岁物之丰成"的意思。记是我国中古以来常用的文体，内容可以记事实，可以写景物，一般要表现作者的襟怀。作者在宋仁宗庆历五年（1045）阴历十月到滁州任所，到庆历八年春天离开，中间两年半，于庆历六年写了两篇有名的记。一篇是《醉翁亭记》，大概时间略靠前，一篇就是本篇。两篇都写亭，醉翁亭是原有，丰乐亭是自己建造。写醉翁亭，重在景物优美；写丰乐亭，重在安享太平。由心境方面看，两篇有大分别。写醉翁亭，取名为醉，有得过且过的意思；连行文语句都用"也"字收尾，也表现姑且玩玩的心情。写丰乐亭就变消极为郑重，虽然在贬谪之中，却颂扬时代清平，这是仍想有所作为。因为心境是积极的，所以文章写得气势雄浑，立意正大。怀古感今部分，放眼天下，关怀生民，情挚意深，一唱三叹，尤其值得深入体会。

作者欧阳修（1007—1072），字永叔，晚年号六一居士，宋朝庐陵郡（即吉州）永丰县（今江西永丰）人。四岁丧父，母郑氏教他识字、读书。十岁能作诗赋。仁宗天圣八年（1030）二十四岁,中进士,任将仕郎、试秘书省校书郎等官。其后任监察御史、馆阁校勘等官。仁宗景祐三年（1036）,因为同情范仲淹的遭贬斥,写信切责谏官高若讷（即本书第一册《与高司谏书》）,被贬为夷陵（今湖北宜昌）令。三四年后回朝,任馆阁校勘、太子中允、龙图阁直学士等官。以后又被贬官知滁州,转知扬州等官。以后回朝,任翰林学士、史馆修撰等官。官至枢密副使、参知政事。谥文忠。欧阳修是宋朝的大学者、大文学家,在文学、史学方面贡献很大。他喜欢韩愈的文章,与尹洙(zhū)、梅尧臣、苏舜钦等大力提倡古文,主张文要"明道""致用",反对内容空虚专追纤巧的作风。他是唐宋八大家中的重要作家,文字雅健平易,对后代古文家影响很大。诗也写得好。词学五代,意境柔婉,尤其有名。他还同宋祁等编《新唐书》,自己编《新五代史》。曾著《集古录跋尾》十卷,开创搜集、记录古物（金石学）的风气。

　　修既治滁之明年①,夏,始饮滁水而甘②。问诸滁人③,得于州南百步之近④。其上丰山⑤,耸然而特立⑥;下则幽谷⑦,窈然而深藏⑧;中有清泉,滃然而仰出⑨。俯仰左右⑩,

---

① 〔修〕自称名,表示谦逊。与文中叙及宋太祖有关。〔治滁〕治理滁州。 ② 〔滁水〕指幽谷泉之水。 ③ 〔诸〕之于。 ④ 〔州南〕州城之南。〔百步之近〕距离甚近,约百步。 ⑤ 〔其〕指泉水。〔丰山〕山名,可能是琅琊山一部分。 ⑥ 〔耸然〕直上而高。〔特立〕超群而立。 ⑦ 〔幽谷〕谷名。 ⑧ 〔窈(yǎo)然〕深幽之状。 ⑨ 〔滃(wěng)然〕形容水涌。〔仰出〕向上喷涌而出。 ⑩ 〔俯仰左右〕在附近闲散。俯仰,代日常活动。

顾而乐之。于是疏泉凿石①，辟地以为亭②，而与滁人往游其间。

先写建亭的经过，着重说明景物优美。

滁于五代干戈之际③，用武之地也④。昔太祖皇帝尝以周师破李景兵十五万于清流山下⑤，生擒其将皇甫晖、姚凤于滁东门之外⑥，遂以平滁。修尝考其山川，按其图记⑦，升高以望清流之关，欲求晖、凤就擒之所⑧，而故老皆无在者⑨。盖天下之平久矣⑩。自唐失其政⑪，海内分裂，豪杰并起而争，所在为敌国者何可胜数⑫？及宋受天命⑬，圣人出而四海一⑭，向之凭恃险阻⑮，划削消磨⑯，百年之间，漠然

---

①〔疏泉〕疏浚泉水。〔凿石〕凿平泉旁山石。 ②〔辟〕开辟。即上句凿石之目的。 ③〔五代〕唐宋之间，军阀混战六十余年，共历后梁、后唐、后晋、后汉、后周五个朝代，史称五代。〔干戈之际〕兵乱频仍之时。 ④〔用武〕用兵作战。 ⑤〔太祖皇帝〕宋太祖赵匡胤。〔周师〕后周军队。赵匡胤当时为后周殿前都虞候，为周世宗柴荣手下大将，握有兵权。〔破李景兵〕事在后周世宗显德三年（956）。李景，南唐中主，原名李璟，避后周高祖郭璟讳改为"景"。当时南唐为割据势力中之大国，据今江淮一带，建都南京。〔清流山〕在滁州西北，上有清流关，为江淮地区重要关隘。 ⑥〔皇甫晖〕任南唐北面行营应援使，为此次行军统帅。姚凤任都监。 ⑦〔按〕考查。〔图〕地图。〔记〕文字记载。 ⑧〔就擒〕被捉。 ⑨〔故老〕旧时老年人。 ⑩〔平〕太平。 ⑪〔失其政〕政治败坏，国家衰亡。 ⑫〔所在为敌国者〕各处相争战之武装势力。〔何可胜（shēng）数〕怎么可以数清呢？数不清。 ⑬〔受天命〕指做皇帝。 ⑭〔圣人〕皇帝。旧时代惯用之颂扬称呼。此处指赵匡胤。〔四海一〕天下统一。 ⑮〔向〕从前。〔凭恃险阻〕依靠险要地形（割据一方）。 ⑯〔划（chǎn）削〕除去。〔消磨〕经时间消耗磨灭。

徒见山高而水清①；欲问其事而遗老尽矣②。

<blockquote>撇开一笔，写思古之幽情，是下文转到写今的张本。</blockquote>

今滁介于江淮之间③，舟车商贾、四方宾客之所不至④。民生不见外事⑤，而安于畎亩衣食⑥，以乐生送死⑦，而孰知上之功德⑧，休养生息⑨，涵煦百年之深也⑩！

<blockquote>顺应文理，转为写今，着重抒发怀上德、乐太平的感情。</blockquote>

修之来此⑪，乐其地僻而事简⑫，又爱其俗之安闲。既得斯泉于山谷之间⑬，乃日与滁人仰而望山，俯而听泉，掇幽芳而荫乔木⑭，风霜冰雪⑮，刻露清秀⑯，四时之景无不可爱。又幸其民乐其岁物之丰成而喜与予游也⑰，因为本其山川⑱，道其风俗之美，使民知所以安此丰年之乐者，幸生无

---

①〔漠然〕广漠而沉寂。〔徒见山高而水清〕言恢复自然平静之面貌。徒，只。 ②〔其事〕指战乱时诸事件。〔遗老〕即前文"故老"。 ③〔介〕处于两者中间。 ④〔商贾（gǔ）〕商人。行者曰商，居者曰贾。〔宾客〕指经过或游历之有名人士。 ⑤〔民生不见外事〕人民见不到外界事物。 ⑥〔畎（quǎn）亩〕田地。畎，田间小沟。 ⑦〔乐生〕生得安乐。〔送死〕死得埋葬。 ⑧〔上〕称皇帝。 ⑨〔休养生息〕不劳民力，使之得以安乐而繁殖。息，滋生，繁殖。 ⑩〔涵煦（xù）百年〕抚育人民至百年之久。涵，浸润。言以恩泽涵蓄人民。煦，温暖。言如阳光之温煦人民。"休养生息，涵煦百年"即"上之功德"。 ⑪〔此〕指滁州。 ⑫〔乐〕喜爱。〔僻〕偏僻。〔事简〕官事清闲。 ⑬〔斯泉〕此泉水。即"中有清泉"之泉。 ⑭〔掇（duō）〕采取。〔幽芳〕清幽之芳香。指花。掇幽芳，指春季。〔荫乔木〕荫蔽于大树之下。指夏季。 ⑮〔风霜冰雪〕秋日之风霜，冬日之冰雪。 ⑯〔刻露清秀〕（秋冬景色）显露出清秀之气。刻，深而明。 ⑰〔其民〕指滁人。〔岁物〕指禾稼。〔丰成〕丰熟。 ⑱〔因〕因此。〔为（wèi）〕为滁人。〔本其山川〕述其山川之本（应上文"考其山川"句）。

事之时也①。夫宣上恩德②，以与民共乐，刺史之事也③，遂书以名其亭焉④。

> 归到本题，阐明建亭及写此文的深意。

庆历丙戌六月日⑤，右正言知制诰知滁州军州事欧阳修记⑥。

> 最后写明作记的时间及作者。

【研读参考】一、《欧阳文忠公文集》包括诗、词、文等各种著作，一百几十卷，量太大，初学用杜维沫、陈新选注《欧阳修文选》（人民文学出版社）比较方便。

二、欧阳修是唐宋八大家中宋代几家的领袖人物。他推崇古文是继承唐朝韩柳，但风格与韩柳不同：韩，尤其柳，用力求古奥，避熟就生，有时使人感到佶屈难读；欧阳修虽然也求典重，却重视畅达，所以语句能够平易自然，这就是苏洵说的"容与闲易，无艰难劳苦之态"。就你的所知，说说欧文有什么优点。

三、说说"与民共乐"在本篇中的重要性。

四、"滁于五代干戈之际"一段，清人评论说："数行文字横空而来，兴象超远，气势淋漓，极瞻高眺深之概。"你有这种印象吗？说说看。

---

① 〔幸生无事之时〕幸而生于太平无事之年代（宋朝）。②〔宣〕宣扬。③〔刺史〕本为汉、唐州郡长官。此为用古名。④〔书以名其亭〕写文，采"丰年之乐"之意以名新建之亭。⑤〔庆历丙戌〕庆历六年（1046）。〔日〕本有日期，存稿从略。⑥〔右正言知制诰（gào)〕欧阳修在朝时之官职。〔知滁州军州事〕贬官滁州时之官职。

三九　记旧本韩文后　欧阳修

【解说】本篇选自《欧阳文忠公文集》。旧本，早年雕板印刷的版本。韩文，韩愈的文集，即文中所说《昌黎先生文集》。文章是题跋性质，一般称"跋"或"书后"，是看了某种作品，写下的一些评论、感想之类的文字。本篇所记的内容很重要，我们可以看作从侧面表现的唐宋之间古文运动的情况：古文虽然在唐代有韩柳等人提倡，可是直到宋初，流行的文体还是受六朝骈体影响的华而不实的"西昆体"。事实正是这样，到欧阳修、梅尧臣、苏舜钦等人大力提倡，并以大量朴实明畅的作品为样本，古文作为通行的文体才成为定局。本篇以自己的经历为主线，围绕着旧本《昌黎先生文集》，写了文学史上的大事，却平易自然，毫不费力。

写自己的经历，行文虽然行云流水，却也显示出重点：一是学韩文，主旨在接受其道，并定自己之志；二是在叙事中处处能够表现自己的情怀，亲切感人。此外，文字朴厚而流利，不像韩柳那样有时着意求奇崛，也值得注意。

予少家汉东①,汉东僻陋②,无学者;吾家又贫,无藏书。州南有大姓李氏者③,其子尧辅颇好学,予为儿童时多游其家,见有弊筐贮故书在壁间④,发而视之⑤,得唐《昌黎先生文集》六卷,脱落颠倒无次序⑥。因乞李氏以归⑦。读之,见其言深厚而雄博⑧。然予犹少⑨,未能悉究其义⑩,徒见其浩然无涯⑪,若可爱⑫。

先写得韩文的经过及初读时的粗浅印象。

是时,天下学者杨、刘之作⑬,号为时文⑭,能者取科第⑮,擅名声⑯,以夸荣当世⑰,未尝有道韩文者⑱。予亦方举进士⑲,以礼部诗赋为事⑳。年十有七㉑,试于州㉒,为有司所黜㉓。因取所藏韩氏之文复阅之㉔,则喟然叹曰㉕:"学

---

① 〔少家汉东〕年轻时候住在汉东。汉东,郡名,今湖北随县一带。欧阳修四岁丧父,跟着母亲郑氏住在随州叔父欧阳晔(yè)任所(时任随州推官),到二十岁入京考进士才离开。 ② 〔僻陋〕偏僻而鄙陋。陋,指文化风气闭塞。 ③ 〔大姓〕大族。 ④ 〔弊〕破旧。〔贮〕存放。〔故书〕旧书。 ⑤ 〔发〕打开。 ⑥ 〔脱落〕散失,不完整。〔颠倒〕顺序错误。 ⑦ 〔乞〕乞于,向人乞求。 ⑧ 〔深厚〕指文章内容。〔雄博〕指文字气势。 ⑨ 〔犹〕尚。 ⑩ 〔悉究〕完全探索。 ⑪ 〔徒〕只。〔浩然无涯〕广阔无际。指文章气势雄浑。 ⑫ 〔若〕像是。 ⑬ 〔杨、刘之作〕杨亿、刘筠等人之作品。杨、刘以骈体吟风弄月,多用典,华丽而难解,人称"西昆体"。 ⑭ 〔时文〕应时之文,流行之文。后来专指应科举考试之文,如八股文。 ⑮ 〔能者〕能为时文者。〔取科第〕科举考试及第,取得功名。 ⑯ 〔擅名声〕拥有声誉。擅,专有。 ⑰ 〔夸荣〕显耀。 ⑱ 〔道〕称道。 ⑲ 〔举〕应考。 ⑳ 〔以礼部诗赋为事〕以作礼部所规定之诗赋为务。宋代进士考试由礼部主持。 ㉑ 〔有〕通"又"。 ㉒ 〔试于州〕在本州参加考试。 ㉓ 〔有司〕主持其事者。〔黜(chù)〕罢黜。不入选。欧阳修于宋仁宗天圣元年(1023)应随州州试,因赋卷不合官韵未录取。 ㉔ 〔因〕于是。 ㉕ 〔喟(kuì)然〕叹息之状。

者当至于是而止尔①。"因怪时人之不道。而顾己亦未暇学②,徒时时独念于予心③,以谓方从进士干禄以养亲④,苟得禄矣⑤,当尽力于斯文⑥,以偿其素志⑦。

写当时文风是学西昆体的秾丽,自己亦因致力于科举而未暇研读韩文。

后七年⑧,举进士及第,官于洛阳⑨,而尹师鲁之徒皆在⑩,遂相与作为古文⑪,因出所藏《昌黎集》而补缀之⑫,求人家所有旧本而校定之⑬。其后天下学者亦渐趋于古,而韩文遂行于世。至于今,盖三十余年矣⑭,学者非韩不学也,可谓盛矣。

写韩文经人提倡而大行于世的经过。

呜呼!道固有行于远而止于近⑮,有忽于往而贵于今者⑯。非惟世俗好恶之使然⑰,亦其理有当然者⑱。而孔、孟

---

①〔至于是〕到这种境界。〔尔〕助词。 ②〔顾〕回顾。 ③〔独念于予心〕心中自念(而未学)。 ④〔方〕正在。〔从进士干禄〕由考进士求做官取得俸禄。 ⑤〔苟〕如果。 ⑥〔斯文〕此文。指韩文。 ⑦〔素志〕平素之愿望。 ⑧〔后七年〕欧阳修二十四岁,时为天圣八年(1030)。 ⑨〔官于洛阳〕指官西京留守推官(掌司法)。宋朝建都开封,号东京。以洛阳为西京,用重臣为留守。 ⑩〔尹师鲁〕尹洙(zhū),字师鲁,与欧阳修友善,以古文名于时。〔徒〕辈。指梅尧臣、苏舜钦等人。 ⑪〔相与〕相偕,一起。 ⑫〔补缀〕补其不完,连其断裂。 ⑬〔校(jiào)定〕校正其错误,定于一是。 ⑭〔盖〕大概。 ⑮〔道〕道术。韩愈所宗之道为儒家思想。〔固〕本来。〔行于远〕推行于远方。〔止〕停滞,即受阻挠而不能推行。 ⑯〔忽〕被轻视,不注意。〔往〕昔时。 ⑰〔好(hào)恶(wù)〕喜好,厌恶。〔之〕语气助词。〔使然〕使之如此。然,指上句情况。 ⑱〔理〕事理,事物发展之规律。

惶惶于一时①，而师法于千万世②。韩氏之文没而不见者二百年③，而后大施于今④，此又非特好恶之所上下⑤，盖其久而愈明，不可磨灭，虽蔽于暂而终耀于无穷者⑥，其道当然也⑦。

　　　　分析韩文所以沉埋日久而终于显耀的原因是合于道，道愈久而愈明。

予之始得于韩也⑧，当其沉没弃废之时⑨。余固知其不足以追时好而取势利⑩，于是就而学之⑪，则予之所为者⑫，岂所以急名誉而干势利之用哉⑬？亦志乎久而已矣⑭。故予之仕⑮，于进不为喜、退不为惧者⑯，盖其志先定而所学者宜然也⑰。

　　　　写自己学韩亦志在学道，所以能够志有定而轻名利。

―――――

①〔惶惶〕（因道不行而）不安。②〔师法〕看作楷模。③〔没〕埋没。④〔施〕用。⑤〔非特〕不只。〔上下〕支配。上，抬高；下，贬低。⑥〔蔽于暂〕短时间被遮掩。〔耀〕显耀，放光。⑦〔其道〕他所宣扬之道术（儒术）。⑧〔始得于韩〕开始理解韩文。得，理解其用心。⑨〔沉没弃废之时〕不受世间重视之时。⑩〔追时好（hào）而取势利〕逢迎当世之爱好而取得富贵。势，指做官；利，指发财。⑪〔于是〕在这种情况下。⑫〔所为〕所作，指研究韩文。⑬〔急名誉而干势利〕追求名利。急，以……为急务，极力追逐。⑭〔志乎久〕立志于久远。即不追求目前名利而希望受尊重于将来。⑮〔仕〕做官。⑯〔进〕升官。〔退〕贬官。⑰〔志先定〕"志乎久"之志，已定于出仕之初。〔所学者〕指儒家之道。〔宜然〕应该如此。指不因进退而喜惧。

集本出于蜀①,文字刻画颇精于今世俗本②,而脱谬尤多③。凡三十年间④,闻人有善本者⑤,必求而改正之⑥。其最后卷帙不足⑦,今不复补者⑧,重增其故也⑨。予家藏书万卷,独《昌黎先生集》为旧物也。呜呼!韩氏之文之道,万世所共尊、天下所共传而有也⑩,予于此本,特以其旧物而尤惜之⑪。

最后扣紧题目,写旧本,着重说校订的勤慎和保存原样的用心。

【研读参考】一、古文运动到北宋欧、苏之后,胜利成了定局。此后文人写文章,通常是用古文体,评论文章,讲文体演变,也大多说由骈体变为古文是归入正道,是进步。可是骈体并未完全死灭:(1)六朝以来大量的骈体作品还为人们所喜爱;(2)有些文章,就是唐宋以后的人写,习惯上还是用骈体;(3)就是古文,间或也有一些句子,讲究平仄,讲究对偶,以求文辞美丽多变化。这样看来,说某种文体完美无缺,另一种文体毫无是处,

---

①〔集〕指所得《昌黎先生文集》。〔本〕版本。古时书籍皆刻板印刷,一书常有多种版本。〔蜀〕今四川省。 ②〔文字刻画〕指雕板之字体。〔今世俗本〕当时流行之版本。 ③〔而〕然而。〔脱谬〕缺漏错误。〔尤多〕更多。俗本已多,此书较俗本更多。 ④〔凡〕总共。〔三十年间〕自始得此书至写文之时。 ⑤〔善本〕好版本。指雕板、纸、墨皆精良,校勘亦精细者。 ⑥〔求而改正之〕乞求书主借给书,自己拿书对照,改正自己书上之错误。 ⑦〔卷帙(zhì)不足〕书之卷数不够。言书籍残缺。帙,书衣,书套。 ⑧〔不复补〕不再补其所缺。 ⑨〔重增其故〕不轻易增加篇幅而改变原貌。重,不轻易,难于。 ⑩〔共传而有〕共同传播而享有。 ⑪〔惜〕珍爱。

似乎并不恰当。此中的道理，你能够从内容和表达方面说说怎样看才比较妥善吗？

二、欧阳修推重韩文，是想既学其道，又学其文。这所谓道是什么道？文是什么文？

三、本篇看题，重点是写"旧本韩文"，内容是这样吗？由此，你能体会"同一题而写法千变万化"的道理吗？说说看。

四〇　寄欧阳舍人书　曾巩

【解说】本篇选自《元丰类稿》。欧阳舍（shè）人，欧阳修。舍人，指中书舍人、起居舍人之类的官；称官名是表示尊重。按欧阳修任起居舍人始于宋仁宗庆历八年（1048）闰正月，曾巩的信为庆历七年所写，可能因为欧阳修虽然被贬知滁州，却还带着朝官知制诰的衔，舍人是作制词的皇帝近臣，与知制诰相类，所以这样称呼。曾巩比欧阳修小十二岁，论地位和声名也是后辈，所以很尊重欧阳修。曾巩的祖父曾致尧，字正臣，宋朝初年进士，曾任著作佐郎、秘书丞、知苏州、户部郎中等官。为人刚直，喜上书言事，所以不为当政者所喜，多次受贬黜，抑郁而死。到庆历六年，曾巩给欧阳修写信（《元丰类稿》卷十五《上欧阳舍人书》），其中一小部分说："先祖困以殁，其行事非先生传之不显，愿假辞，刻之神道碑。敢自抚州佣仆夫往伺于门下。伏惟不罪其愚而许之，以永赉（lài，赐）其子孙，则幸甚幸甚。"可见是派专人去求。看来欧阳修接到信后就作了神道碑铭（见《居士集》卷二十一《尚书户部郎中赠右谏议大夫曾公神道碑铭》），并复了一封信（《居士集》卷四十七《与曾巩论氏族书》），说曾巩送来的《先祖述文》一卷，其中所说祖先世次多不合。到第二年，即庆历七年，曾巩写了感谢的信，就是本篇。

文章措辞与一般感谢信不同，不是空泛地从感情方面说，而是从道理方面说。这样，推崇欧阳修为兼具道德文章，百年难遇之人，意义很重却又恰如其分。文章这样立意，很值得我们借鉴。又，布局方面，由泛论铭志性质起，很自然地过渡到欧阳修的为人，有水到渠成之势，也值得注意。

作者曾巩（1019—1083），字子固，建昌南丰（今江西南丰）人，所以人称曾南丰。聪明，喜读书，十二岁能文章。到都城汴京，得到欧阳修的赏识。宋仁宗嘉祐二年（1057）中进士。任馆阁校勘、集贤校理、知洪州、知明州、史馆修撰等职，官至中书舍人。谥文定。他为官清正，能关心百姓。善古文，《宋史》本传说他"本原于六经，斟酌于司马迁、韩愈，一时工作文词者鲜能过也"。后人把他列入唐宋八大家，对后代古文家有不小的影响，如明朝归有光就很推崇他。著有《元丰类稿》等。

巩顿首再拜①，舍人先生：去秋人还②，蒙赐书及所撰先大父墓碑铭③，反复观诵，感与惭并④。

信的重点是赞扬欧阳修所写墓碑铭之能够公与是。由收到墓碑铭，深为感激写起。

---

①〔顿首〕叩头。〔再拜〕再拜，拜两次。再，通"再"。 ②〔去秋〕写信之前一年秋天。〔人还〕派去送信之人回来。 ③〔赐书〕称对方来信之客气语。〔先大父〕已去世之祖父。先，故去的。大父，祖父。〔墓碑铭〕立于墓前之碑文。铭，碑文末之赞语，一般为四言，押韵。 ④〔感与惭并〕又感激，又惭愧。并，兼。

夫铭志之著于世①，义近于史②，而亦有与史异者。盖史之于善恶无所不书③，而铭者，盖古之人有功德材行志义之美者④，惧后世之不知，则必铭而见之⑤，或纳于庙，或存于墓⑥，一也⑦。苟其人之恶⑧，则于铭乎何有⑨？此其所以与史异也。其辞之作⑩，所以使死者无有所憾⑪，生者得致其严⑫，而善人喜于见传则勇于自立⑬，恶人无有所纪则以愧而惧⑭。至于通材达识⑮，义烈节士⑯，嘉言善状⑰，皆见于篇⑱，则足为后法⑲。警劝之道⑳，非近乎史，其将安近㉑？

赞扬须有理由，理由为墓碑铭写得好，所以先阐明作墓碑铭的用意。

及世之衰㉒，人之子孙者一欲褒扬其亲而不本乎理㉓，

---

①〔铭志〕指墓志铭、神道碑铭、墓表之类。〔著〕著称。 ②〔义近于史〕意义和作用近于史书。 ③〔无所不书〕记实，故恶亦书。 ④〔功德材行志义〕功勋、道德、才能、行为、志向、义气。 ⑤〔铭〕动词，写铭志。〔见(xiàn)〕显、彰。 ⑥〔或纳于庙，或存于墓〕有的置于家庙，有的置于坟墓。前者指庙碑，后者指墓志铭、神道碑铭、墓表。纳，放进。 ⑦〔一也〕(作用)是一样。 ⑧〔苟〕假若。 ⑨〔于铭乎何有〕有什么可铭的呢？ ⑩〔其辞〕指铭志之辞。 ⑪〔无有所憾〕善行得留名传世，故无遗憾。 ⑫〔得致其严〕能表达彼之尊敬。 ⑬〔见传〕被传诵。〔勇于自立〕努力向善。 ⑭〔无有所纪〕不能写入铭志。纪，通"记"。〔以愧而惧〕因惭愧而不敢为恶。 ⑮〔通材达识〕有通达之才能及见识之人。 ⑯〔义烈节士〕尚义有气节之士。 ⑰〔嘉言善状〕美善之言辞，良好之事迹。 ⑱〔见〕表现。〔篇〕(铭志之)篇章。 ⑲〔足为后法〕足以为后世之准则。 ⑳〔警劝之道〕警戒劝勉之作用。 ㉑〔非近乎史，其将安近〕不跟史书相近，又跟什么相近呢？ ㉒〔世之衰〕指风气败坏之时。 ㉓〔一〕都，全。〔亲〕指先人。

故虽恶人，皆务勒铭以夸后世①。立言者既莫之拒而不为②，又以其子孙之所请也，书其恶焉则人情之所不得③，于是乎铭始不实④。后之作铭者常观其人⑤，苟托之非人⑥，则书之非公与是⑦，则不足以行世而传后⑧。故千百年来，公卿大夫至于里巷之士莫不有铭⑨，而传者盖少⑩。其故非他⑪，托之非人，书之非公与是故也。

但后代之墓碑铭，内容多不实，即非公与是，故为人所轻而不能传世。

然则孰为其人而能尽公与是欤⑫？非畜道德而能文章者无以为也⑬。盖有道德者之于恶人则不受而铭之⑭，于众人则能辨焉⑮。而人之行⑯，有情善而迹非⑰，有意奸而外淑⑱，有善恶相悬而不可以实指⑲，有实大于名⑳，有名侈于实㉑，犹之用人㉒，非畜道德者恶能辨之不惑㉓，议之不徇㉔？不惑

---

①〔务〕专力做。〔勒〕刻。②〔立言者〕指作铭志之人。〔莫之拒〕不拒绝他（求作墓志者）。③〔人情之所不得〕不合人情。④〔不实〕不合实际，用假话颂扬。⑤〔观其人〕要看作铭志者为何如人。⑥〔托之非人〕所请托之人（写铭志者）不当。⑦〔非公与是〕不公正，不确实。⑧〔行世〕传布于社会。⑨〔公卿大夫〕泛指高官。〔里巷之士〕乡里之人，无官位之人。⑩〔盖〕大概。⑪〔其故非他〕没有另外原因。⑫〔孰〕谁。〔尽〕完全做到。⑬〔畜〕同"蓄"，积，存有。〔无以为〕没法办到。⑭〔不受〕不接受请托。⑮〔于众人则能辨〕对于普通人则能辨其优劣。⑯〔行〕行为。⑰〔情善而迹非〕内心善良而事迹不见得好。非，不佳。⑱〔意奸而外淑〕内心奸恶而外表善良。淑，善。⑲〔善恶相悬而不可以实指〕善恶相差很大，却难于确切指明何者为善何者为恶。悬，悬殊。⑳〔实大于名〕意为人甚好而名声不大。㉑〔侈(chǐ)〕大，过分。㉒〔犹之用人〕譬如用人。㉓〔恶(wū)能〕焉能。〔辨之不惑〕辨别得正确。㉔〔议之不徇(xùn)〕评论得公正。徇，曲从。

不徇，则公且是矣。而其辞之不工①，则世犹不传，于是又在其文章兼胜焉②。故曰，非畜道德而能文章者无以为也，岂非然哉③？

> 转到说作墓碑铭之人，必须畜道德，能文章，所为之墓碑铭始能公与是。

然畜道德而能文章者，虽或并世而有④，亦或数十年或一二百年而有之，其传之难如此⑤，其遇之难又如此⑥。若先生之道德文章⑦，固所谓数百年而有者也⑧。先祖之言行卓卓⑨，幸遇而得铭⑩，其公与是，其传世行后无疑也。而世之学者，每观传记所书古人之事，至其所可感，则往往盅然不知涕之流落也⑪，况其子孙也哉⑫？况巩也哉？其追睎祖德而思所以传之之繇⑬，则知先生推一赐于巩而及其三世⑭，其感与报⑮，宜若何而图之⑯？

> 畜道德、能文章之人稀有难遇，而欧阳修则正是如此之人，其所为墓碑铭又情意甚厚，所以特别值得

————

① 〔辞之不工〕（铭志之）文辞不佳。工，精致。 ② 〔文章兼胜〕文章也好。即道德、文章皆好。兼，并。 ③ 〔岂非然哉〕难道不是这样吗？ ④ 〔并世〕同时代。 ⑤ 〔传之难〕难有道德文章皆好之人。传，继前代而能。 ⑥ 〔遇之难〕难遇道德文章皆好之人。 ⑦ 〔若〕如。 ⑧ 〔固〕真，实在。 ⑨ 〔卓卓〕高超之状。 ⑩ 〔幸遇而得铭〕有幸遇到兼具道德文章之人为作铭志。 ⑪ 〔盅（xì）然〕感伤之状。〔不知〕不觉。〔涕〕泪。 ⑫ 〔其〕指"古人之事"之古人。 ⑬ 〔其〕代上文子孙及巩。〔追睎（xī）〕远想。睎，望。〔繇〕同"由"。 ⑭ 〔推一赐〕给与（作墓碑铭）一次恩惠。推，加恩。〔三世〕从自己到祖父。其，代自己。 ⑮ 〔感与报〕感激与报答。 ⑯ 〔宜若何而图之〕要怎样办呢？言无法表现感激，无法报答。

感激。

抑又思①,若巩之浅薄滞拙而先生进之②,先祖之屯蹶否塞以死而先生显之③,则世之魁闳豪杰不世出之士④,其谁不愿进于门⑤?潜遁幽抑之士⑥,其谁不有望于世⑦?善谁不为?而恶谁不愧以惧?为人之父祖者,孰不欲教其子孙?为人之子孙者,孰不欲宠荣其父祖⑧?此数美者一归于先生⑨。

> 深入一步,写欧阳修所作墓碑铭还有更深的意义,是进善退恶,使世人知所取法。

既拜赐之辱⑩,且敢进其所以然⑪。所谕世族之次⑫,敢不承教而加详焉⑬?愧甚。不宣⑭。巩再拜。

> 最后表示诚挚感激之意,结尾。

[研读参考] 一、曾巩的学问文章,见于他的墓志,其中说:"公

---

① 〔抑〕连词,表推进一层。 ② 〔滞拙〕迂笨。〔进〕促进,勉励。 ③ 〔屯(zhūn)蹶(jué)〕不顺利。屯,《易经》卦名,表示艰难。蹶,跌倒。〔否(pǐ)塞〕不顺利。否,《易经》卦名,表示困顿。塞,不通畅。〔以死〕因此而死。〔显〕表彰。 ④ 〔魁闳(hóng)〕俊伟。魁,闳,都是大。〔不世出〕世所罕见。 ⑤ 〔进于门〕登(公之)门。 ⑥ 〔潜遁〕隐逸。〔幽抑〕不显扬。 ⑦ 〔有望于世〕有志于为世所用。 ⑧ 〔宠荣〕显扬。 ⑨ 〔数美〕指上文反问句所指之事。〔一〕皆。 ⑩ 〔拜赐之辱〕受赐。拜,敬受。赐之辱,辱赐,指为撰墓碑铭。辱,言此赐有辱赐者。谦语。 ⑪ 〔敢〕谦词。〔进〕进言。〔所以然〕为什么如此。指欧阳修值得感激之理。 ⑫ 〔所谕世族之次〕指欧阳修来信所指出之世次紊乱。谕,示。世族,族相传之系统。次,次序。 ⑬ 〔加详〕加审核。详,审。 ⑭ 〔不宣〕不多说。犹如说"书不尽意"。

于经，微言奥旨，多所自得，一不蔽于俗学，随问讲解，以开学者之惑。其议论古今治乱、得失、贤不肖，必考诸道，不少贬以合世。其为文章，句非一律，虽开阖驰骋，应用不穷，然言近指远，要其归必止于仁义。自韩愈氏以来，作者莫能过。"我们现在看，他的文笔确是精练，但嫌用意太过，不像欧阳修、苏轼那样平易自然。你有什么感觉？说说看。

二、作铭志，须兼具道德文章之人。作者是怎样说明这个理由的？你觉得这种看法对吗？并说明理由。

三、下面是《与曾巩论氏族书》的一部分，给加上标点，并述说大意。

近世士大夫于氏族尤不明其迁徙世次多失其序至于始封得姓亦或不真如足下所示云曾元（人名）之曾孙乐为汉都乡侯至四世孙据遭王莽（西汉末年代汉称帝）乱始去都乡而家豫章考于史记皆不合盖曾元去汉近二百年自元至乐似非曾孙然亦当仕汉初则据遭莽世失侯而徙盖又二百年疑亦非四世

四一　论人二篇　王安石

【解说】本篇选自《临川先生文集》。两篇都是"书后"性质的文章。书后，是读完某一著作，把自己的观感写下来。这里读的是一篇传记（《史记·孟尝君列传》）和一部书（《李文公集》）。作者的观感都是评论人的：前一篇评论孟尝君的为人，后一篇评论李文公的为人。孟尝君是战国时齐国的贵族，田氏，名文，封于薛（在今山东滕州），曾任齐相。喜招贤纳士，有食客数千人。与赵国平原君、楚国春申君、魏国信陵君合称"四公子"，是战国时期有名的人物。李文公，李翱（áo），字习之，唐朝成纪（今甘肃静宁西南）人。德宗贞元年间中进士。曾任国子博士、史馆修撰、中书舍人等官。谥文。他好学，能写文章，是与韩愈、柳宗元同时的重要古文家。作者评论这两个人，对孟尝君是贬，对李翱是有褒有贬，而着重于褒。

　　前一篇是古典议论文的名作，特点是简短而转折多，几乎是一句一变，能与人以神出鬼没、愈变愈奇的感觉。后一篇也以多变取胜：看第一段，像是要贬斥李翱的为人；可是第二段忽然一转，变为以刚才所否定者为君子之行，这是小变；第三段还要大变，进一步推崇先所否定之人为贤者。文字也求多变，忽问忽答，忽疑忽信，忽此忽彼，使意宛转而气雄厚。这些都是古文家常用的手法，只是在这两篇中表现得更为突出。

现在看来，这种写法也有可议的一面。一是尽力求声势，以致造作气很重，这与先秦诸子的平实地讲道理相比，就显得浮而不实。二是因为想出奇制胜，就常常只顾说得畅快而忽视事实和情理。举个突出的例子，在战国时期，东方六国真就能够得一士而制服强秦吗？推想作者自己也未必相信。不信而大言惊众，这样发议论是不应该的。三是忽正忽反，求奇求变而有时近于随口肆言，像是故意作翻案文章。这都是写议论文的大忌，可是后来许多文人欣赏这种风格，心模手追，以致很多议论文（尤其史论）华而不实，念着像是理直气壮，深入思索却内容空空，漏洞百出。我们读唐宋以来的议论文，要多注意，取其所长而舍其所短。

作者王安石（1021—1086），字介甫，号半山，宋朝临川（今江西临川）人。年轻时候勤学，能诗文。论事多特见，自信心强。仁宗庆历二年（1042）进士。任知鄞（yín）县、通判舒州等官。任度支判官时曾上万言书，表现了矫世变俗的大志。英宗治平年间曾知江宁府。神宗熙宁二年（1069）任参知政事（副宰相职），设"制置三司条例司"，推行变法主张。熙宁三年（1070）任同中书门下平章事（宰相职），仍推行新法。在他主张变法及与其他反对变法的保守派的斗争中，他一再被罢相又起用。晚年退居金陵，不再问政事。曾封舒国公，改荆国公，所以人称王荆公。谥文。他是宋朝著名的古文家，唐宋八大家之一，为文学韩愈，力求曲折奇崛。诗也很有名。著有《周官新义》《字说》等。

读《孟尝君传》

世皆称孟尝君能得士①,士以故归之②,而卒赖其力以脱于虎豹之秦③。嗟乎④!孟尝君特鸡鸣狗盗之雄耳⑤,岂足以言得士⑥?不然,擅齐之强⑦,得一士焉,宜可以南面而制秦⑧,尚何取鸡鸣狗盗之力哉⑨!夫鸡鸣狗盗之出其门⑩,此士之所以不至也。

驳孟尝君能得士的俗见,理由是所得者为鸡鸣狗盗之徒,不是士,所以不能成抗秦的大业。

---

①〔世〕世人。〔称〕称道,说。〔得士〕招来有才能之人。士,包括文士、武士以及有某种技艺之人,如下文所说鸡鸣狗盗之徒。 ②〔以故〕因此。〔归〕投奔。 ③〔卒〕终。〔其〕指所养之士。〔脱〕逃离。〔虎豹之秦〕像虎豹一样凶残之秦国。《史记·孟尝君列传》记载,孟尝君在秦国被秦昭王扣留,有被杀的危险。他的门客有一个会狗盗,到秦王宫中偷出他送与秦王之狐白裘,贿赂秦王爱姬,因而得释。释放后他急忙逃走,到函谷关正值夜间,依秦法,鸡鸣始开关。门客中有一人会学鸡叫,以鸡叫声引其他鸡亦叫,于是关门提早开了,孟尝君遂得脱险。 ④〔嗟乎〕叹息声。 ⑤〔特〕只是。〔雄〕首领。 ⑥〔岂足以言〕哪里谈得上。 ⑦〔擅(shàn)〕独占,凭借。 ⑧〔南面而制秦〕面向南制服秦国。南面,处于王者之地位,使秦国北面而朝。 ⑨〔何取〕何必采用。 ⑩〔出其门〕在他家。

书《李文公集》后

　　文公非董子作《仕不遇赋》[①]，惜其自待不厚[②]。以予观之[③]，《诗》三百[④]，发愤于不遇者甚众[⑤]。而孔子亦曰："凤鸟不至，河不出图，吾已矣夫[⑥]！"盖叹不遇也[⑦]。文公论高如此[⑧]，及观于史[⑨]，一不得职，则诋宰相以自快[⑩]。今吾于人也，听其言而观其行[⑪]，言不可独信久矣[⑫]。

[①]〔非〕以之为非，认为不对。〔董子〕西汉大儒董仲舒。景帝时曾为博士，武帝时曾为江都相、胶西相。病休家居，以修学著书为事。〔仕不遇赋〕仕通"士"。不遇，不为君主所重用。原文大意是生不逢时，才不得展，但仍坚守正道，不屈意从人。 [②]〔自待不厚〕对待自己不严。非董子事，见李翱《答独孤舍人书》："仆尝怪董生大贤，而著《仕不遇赋》，惜其自待不厚。" [③]〔以予观之〕我看，我的看法是。 [④]〔《诗》三百〕《诗经》收诗三百零五篇，此为举其成数。 [⑤]〔发愤于不遇〕因不遇而发出愤激之情。 [⑥]〔凤鸟不至，河不出图，吾已矣夫〕见《论语·子罕》。意为世运不佳，我无能为力了。凤，古人传为祥瑞之鸟，舜时出现，文王时鸣于岐山。图，亦名河图，传说伏羲时龙马负之出现于黄河。二者皆圣王在位之象。已，止，道不能行。 [⑦]〔盖叹不遇也〕大致是慨叹生不逢时。 [⑧]〔论〕指非董子之论。 [⑨]〔观于史〕看史事。指《唐书·李翱传》所记。 [⑩]〔一不得职，则诋（dǐ）宰相以自快〕《唐书·李翱传》："翱自负辞艺，以为合（应任）知制诰，以久未如志，郁郁不乐，因入中书（中书省）谒宰相，面数（shǔ，列举）李逢吉之过失。"职，指知制诰。诋，毁，称说缺点。宰相，指李逢吉。 [⑪]〔听其言而观其行〕意为人之言行未必能一致。《论语·公冶长》："子曰：'始吾于人也，听其言而信其行；今吾于人也，听其言而观其行。'" [⑫]〔言不可独信〕不可不察其行而只信其言。〔久矣〕意为古已如此。

评李文公,先指出缺点,在对待士不遇的问题上,能责人而不能律己。

虽然①,彼宰相名实固有辨②。彼诚小人也③,则文公之发为不忍于小人④,可也⑤;为史者独安取其怒之以失职耶⑥?世之浅者固好以其利心量君子⑦,以为触宰相以近祸⑧,非以其私则莫为也⑨。夫文公之好恶⑩,盖所谓皆过其分者耳⑪。

转而写另一面,文公诋宰相,是想明是非,不是逞私愤,虽然未免过分,但本心是好的。

方其不信于天下⑫,更以推贤进善为急⑬。一士之不显⑭,至寝食为之不甘⑮,盖奔走有力⑯,成其名而后已⑰。

――――――

①〔虽然〕即使如此。 ②〔名实固有辨〕意思是,为人究竟如何,尚须辨明,所以诋之未必非。 ③〔诚〕如果,当真。 ④〔发〕指愤而面数其过。〔不忍于小人〕不能容忍小人(之过失)。 ⑤〔可也〕(这样)是对的。 ⑥〔为史者〕指撰《唐书》之人,五代后晋刘昫(xù)等。〔独安取其怒之以失职〕为什么偏偏说他(李翱)因为发怒而丢官呢。独,单单。安,何。取,着重指出。失职,失掉官位。 ⑦〔浅者〕庸俗之人。〔好(hào)〕喜欢。〔以其利心量君子〕用他自己之私心推断君子(之公心)。 ⑧〔触〕冒犯。〔近祸〕指不久之后免官出为庐州刺史。 ⑨〔非以其私则莫为〕如果不是出于为私利就不会做(冒犯宰相之蠢事)。 ⑩〔好(hào)恶(wù)〕爱与憎。 ⑪〔过其分(fèn)〕超过应有之程度。 ⑫〔方〕当。〔不信(shēn)于天下〕不得志于世间。信,通"伸"。 ⑬〔推贤进善〕推荐贤才善士。〔为急〕看作重要之事。 ⑭〔显〕显达,做较高之官。 ⑮〔寝食为之不甘〕睡不安定,吃不香甜。 ⑯〔奔走有力〕到有力之人那里去请托。奔走,努力营求。有力,指有地位有实权者。《李文公集》中收荐贤信不少。 ⑰〔成其名〕使之成名。其,指不显之士。

士之废兴①,彼各有命②。身非王公大人之位③,取其任而私之④,又自以为贤,仆仆然忘其身之劳也⑤,岂所谓知命者耶⑥?《记》曰⑦:"道之不行,贤者过之⑧,不肖者不及也⑨。"夫文公之过也⑩,抑其所以为贤欤⑪?

> 承上段,加深一层写,文公同情其他士之不遇,尽力推贤进善,这是知其不可而为,所以是贤者。

【研读参考】一、本册选了《孟子》和《韩非子》的文章,那也是议论文。与本篇相比,先秦是重在明理,怎样说明白易解就怎样说,不多在表达方式方面下功夫。本篇是这样吗?如果有不同,不同点是什么?怎么样更好?

二、写文章,文字过于板滞不好,但也不宜于为求奇崛而故意多变化。你能从"形式应为内容服务"这个角度说说这种道理吗?

三、这两篇的论点各是什么?用哪些论据来证明的?分成条目写一写。

四、你新读过什么,想想有什么观感,试试写一两篇书后。

---

①〔废兴〕指不得志与得志。 ②〔彼〕指或兴或废之士。 ③〔身〕自己。指李翱。〔非王公大人之位〕无任官之权。 ④〔取其任而私之〕取王公大人之任为己之任。私,占为己有。 ⑤〔仆仆然〕劳苦之状。 ⑥〔知命〕知天命,信天命。 ⑦〔《记》〕指《礼记·中庸》,原作:"子曰:'道之不行也,我知之矣,知者过之,愚者不及也。道之不明也,我知之矣,贤者过之,不肖者不及也。'" ⑧〔过之〕超越中和之正。 ⑨〔不肖(xiào)者〕不贤之人。肖,似(其先人)。 ⑩〔文公之过〕谓文公之行动超过中和。 ⑪〔抑其所以为贤欤〕或者这正是他为贤者之原因吧?这是肯定李翱为贤者之委婉说法。

四二　留侯论　苏轼

【解说】本篇选自《苏东坡集》。留侯论，论留侯，谈对于留侯的一些看法。留侯，张良，字子房，汉高祖刘邦的重要谋士。汉五年封留侯，留是县名，在今江苏省沛县东南。据《史记·留侯世家》记载，他是战国末年韩国的贵族。秦始皇十七年（前230），韩为秦所灭。他想报仇，用家财求得力士，乘秦始皇出游的机会，在博浪沙（在今河南原阳）用大铁锤袭击秦始皇，打在副车上。秦始皇下令搜捕刺客，张良逃到下邳（pī，县名，在今江苏睢宁），在桥上遇见一个老人（黄石公）。老人故意把鞋掉在桥下，叫张良去拾并给他穿上。张良忍耐着做了。老人过一会儿说："孺子可教矣。"并约张良五日后会面。张良两次都去晚了，第三次见到，老人送他一部书（《太公兵法》），说："读此则为王者师矣。"本篇主要是根据这些事，论说张良之所以能助汉高祖成大业，是因为能忍；老人指导张良，主要也是要求他忍小事而成大谋。

对于这篇议论文，过去的评论不外是意思深刻，气势雄浑，文笔奇纵。我们今天看来，行文重气势，以多变化求奇纵，是唐宋以来古文家的共同点，可以不谈。至于内容，似乎应该从两方面着眼。（1）文人写史论，经常是以古喻今，字面是写古人，实际是写现在，写自己。本篇是作者早年所写，可能自己年少气盛，有时因锋芒太露而受到挫折，所以感到须忍以成就大事，于是借张良的经历来表明自己的认识。如果是这样，有所为而发，即使道理不完全对也未可厚非。（2）专就古事说，认为能忍是大德，张良的成就完全由于能忍，都带有片面性。对于古人的这类议论，我们要批判地看。

作者苏轼（1037—1101），字子瞻，号东坡居士，宋朝眉山（今四川眉山）人。聪明，有才，小时候就读书很多，通经史，能诗文。宋仁宗嘉祐二年（1057）中进士，文章受到主考欧阳修的赏识。开始入仕途，任河南府福昌县主簿、凤翔府签判等官。后入朝任职，因不同意王安石推行新法，出为杭州通判，后改为知密州、知徐州、知湖州。宋神宗元丰二年（1079），因被人告发作诗讽刺新法，被捕入狱，这就是"乌台诗案"。幸而未死，被贬到黄州做团练副使。宋哲宗元祐元年（1086），反变法派司马光为相，他再入朝，任中书舍人、翰林学士、知制诰等官。哲宗绍圣年间，变法派再上台，他又被贬，先到惠州（今广东惠阳），后到琼州（今海南岛）。宋徽宗即位（1100）后赦还，第二年死在常州。谥文忠。他是宋代最有才华的作家，诗、文都以雄放流利见长。他自己说："作文章，意之所到，则笔力曲折，无不尽意。"词也很有名，创豪放一派，与辛弃疾合称"苏辛"。书法自成一家，与黄庭坚、米芾（fú）、蔡襄合称"宋代四大家"。他与父亲苏洵、弟弟苏辙合称"三苏"，都列入唐宋八大家。著有《东坡乐府》《东坡志林》《仇（qiú）池笔记》《易传》等。

古之所谓豪杰之士者,必有过人之节①。人情有所不能忍者②:匹夫见辱③,拔剑而起,挺身而斗④,此不足为勇也⑤;天下有大勇者⑥,卒然临之而不惊⑦,无故加之而不怒⑧,此其所挟持者甚大⑨,而其志甚远也。

> 先泛论必须有过人的修养始能成为豪杰,建大功业。这是全文的立论基础。

夫子房受书于圯上之老人也⑩,其事甚怪⑪,然亦安知其非秦之世有隐君子者⑫,出而试之⑬?观其所以微见其意者⑭,皆圣贤相与警戒之义⑮,而世不察⑯,以为鬼物⑰,亦已过矣⑱。且其意不在书⑲。当韩之亡、秦之方盛也⑳,以刀锯鼎镬待天下之士㉑,其平居无罪夷灭者不可胜数㉒,虽有

---

①〔节〕气节,操守。 ②〔人情有所不能忍者〕人之情,有些事是不能忍受的。 ③〔匹夫〕庶人,平民。〔见〕被。 ④〔挺身〕挺起身子。 ⑤〔不足〕算不上。 ⑥〔大勇〕超常之勇气。 ⑦〔卒(cù)然临之〕突然到身边。卒,同"猝"。之,代大勇者。下句同。 ⑧〔无故加之〕无原因地来侵犯。加,施。 ⑨〔挟持〕怀抱,抱负。 ⑩〔圯(yí)〕桥。 ⑪〔其事甚怪〕《史记·留侯世家》太史公曰:"至如留侯所见老父予书,亦可怪矣。" ⑫〔安知〕怎么知道。〔隐君子〕隐居之士。 ⑬〔出而试之〕出来考验他(张良)。指叫张良拾鞋、纳履及责备张良践约迟误之事。 ⑭〔微见(xiàn)其意〕隐约表示其用意。指黄石公说"孺子可教"。见,同"现"。 ⑮〔相与警戒〕相互劝勉。 ⑯〔察〕考查,明辨。 ⑰〔鬼物〕灵怪之事物。 ⑱〔过矣〕错了。 ⑲〔其意不在书〕他(黄石公)的主要用意不在授书(在教以能忍)。 ⑳〔方〕正。 ㉑〔以刀锯鼎镬(huò)待天下之士〕用严刑峻法对待天下士。刀,锯,鼎,镬,皆刑杀之具。鼎,镬,烹煮之器。 ㉒〔平居〕平时,平素。〔夷灭〕诛杀全家。〔不可胜(shēng)数〕数不过来。

贲、育①，无所复施②。夫持法太急者③，其锋不可犯④，而其势未可乘⑤。子房不忍忿忿之心⑥，以匹夫之力而逞于一击之间⑦。当此之时，子房之不死者，其间不能容发⑧，盖亦已危矣。千金之子不死于盗贼⑨，何者？其身之可爱，而盗贼之不足以死也。子房以盖世之才⑩，不为伊尹、太公之谋⑪，而特出于荆轲、聂政之计⑫，以侥幸于不死⑬，此圯上老人之所为深惜者也。是故倨傲鲜腆而深折之⑭，彼其能有所忍也⑮，然后可以就大事⑯，故曰："孺子可教也。"

　　承上段，转为具体说留侯的修养。圯上老人教育他，是想使他变不能忍为能忍。

---

①〔贲（bēn）、育〕孟贲，夏育，传说中之古代勇士。 ②〔无所复施〕没办法。 ③〔持法太急〕执行严刑峻法，绝不宽容。 ④〔锋〕指严刑峻法之暴力。 ⑤〔其势未可乘〕指统治力量坚固，无可乘之机。 ⑥〔忿忿〕怒气。 ⑦〔以匹夫之力而逞于一击之间〕指用力士狙击秦始皇。逞于一击，以一击为快意。 ⑧〔其间（jiàn）不能容发〕意为死与不死之间隙甚微。间，空隙。发，头发丝。 ⑨〔千金之子〕贵家子弟。《史记·货殖列传》："千金之子，不死于市。" ⑩〔盖世〕超出世上。 ⑪〔伊尹、太公之谋〕指建国大业。伊尹，商朝开国之臣。太公，姜姓，名尚，周朝开国之臣。 ⑫〔荆轲、聂政之计〕指用行刺以报仇。荆轲，受燕太子丹派遣刺秦始皇。聂政，受韩卿严遂派遣刺杀韩相侠累。皆见《史记·刺客列传》。 ⑬〔侥幸于不死〕不死乃侥幸。意谓死之危险甚大。 ⑭〔倨傲〕傲慢自大。〔鲜腆（tiǎn）〕不客气。鲜，少。腆，美，善。〔深折之〕深深压抑他（张良）。 ⑮〔彼其能有所忍〕如果他能忍耐。其，助词。 ⑯〔就〕成就。

楚庄王伐郑，郑伯肉袒牵羊以逆①。庄王曰："其君能下人②，必能信用其民矣③。"遂舍之④。勾践之困于会稽，而归臣妾于吴者，三年而不倦⑤。且夫有报人之志⑥，而不能下人者，是匹夫之刚也。夫老人者，以为子房才有余，而忧其度量之不足，故深折其少年刚锐之气，使之忍小忿而就大谋。何则？非有平生之素⑦，卒然相遇于草野之间，而命以仆妾之役⑧，油然而不怪者⑨，此固秦皇之所不能惊⑩，而项籍之所不能怒也⑪。

> 深入一步，引古事以说明能忍的重要；并再说圯上老人之事，以证明留侯能忍。

观夫高祖之所以胜⑫，而项籍之所以败者，在能忍与不能忍之间而已矣⑬。项籍唯不能忍⑭，是以百战百胜而轻用其锋⑮。高祖忍之，养其全锋以待其弊⑯，此子房教之也。

---

① 〔楚庄王伐郑，郑伯肉袒（tǎn）牵羊以逆〕楚庄王攻打郑国，郑国国君袒衣露体牵羊以请罪求降。事在宣公十二年（前597）。楚庄王，春秋时楚国国君。郑，春秋时郑国。郑伯，郑襄公。肉袒，脱去上衣，裸露肢体，表示甘受刑罚。逆，迎。 ② 〔下人〕屈从于人。 ③ 〔信用其民〕为民所信，能用其民。 ④ 〔舍之〕指楚庄王不再攻郑而与之讲和。 ⑤ 〔勾践之困于会（kuài）稽，而归臣妾于吴者，三年而不倦〕越王勾践被吴王夫差（chāi）打败，退居会稽山，投降后到吴国做奴仆，三年而不倦怠。归，往（吴国）。臣妾，做奴仆。臣，指男；妾，指女。 ⑥ 〔报人〕报复人。 ⑦ 〔素〕指旧交。 ⑧ 〔仆妾之役〕指拾鞋、纳履。役，驱使。 ⑨ 〔油然〕和缓之状。〔怪〕怪罪。 ⑩ 〔固〕正是。〔秦皇之所不能惊〕秦始皇不能震慑他。 ⑪ 〔项籍之所不能怒〕项羽不能激怒他。项籍，字羽。 ⑫ 〔高祖〕汉高祖刘邦。 ⑬ 〔间〕二者之间，区别。 ⑭ 〔唯〕只因。 ⑮ 〔轻用其锋〕轻率地使用精锐之军力。 ⑯ 〔弊〕疲乏，缺漏。

当淮阴破齐而欲自王,高祖发怒,见于词色①,由此观之,犹有刚强不忍之气,非子房其谁全之②?

留侯能忍的效果是助汉高祖成帝王大业。

太史公疑子房以为魁梧奇伟,而其状貌乃如妇人女子,不称其志气③。呜呼!此其所以为子房欤④!

最后引司马迁的评论,以加重说明留侯有能忍的超人修养。

【研读参考】一、《苏东坡集》兼收文、诗、词,量太多,不便初学。宋人编《经进东坡文集事略》只收文,有简注(有文学古籍刊行社新印本),也嫌量多,如有兴趣读苏轼文,可以从中选一部分。刘乃昌选注《苏轼选集》(齐鲁书社)也可用。王水照著《苏轼》(上海古籍出版社),介绍苏轼的为人及文学成就,简明扼要,读读,对于了解苏轼有帮助。

二、《史记·留侯世家》记黄石公事颇有神秘色彩,如赠书之后老人还说:"后十年兴(指遇刘邦)。十三年,孺子见我济北谷城山下,黄石即我矣。"《世家》末尾还记载:"子房始所见

---

①〔淮阴破齐而欲自王,高祖发怒,见(xiàn)于词色〕《史记·淮阴侯列传》记载:刘邦被项羽围困在荥阳,韩信得齐地,派人请求刘邦封他为假王。刘邦大怒,想拒绝,张良用脚点了他一下,并小声告诉他不可触犯韩信。刘邦醒悟,于是封韩信为齐王,后来才得以借韩信之力,打败项羽。淮阴,淮阴侯,韩信。见,同"现"。词色,言辞、面容。 ②〔全〕成全。指避免错误。 ③〔太史公……志气〕《史记·留侯世家》太史公曰:"余以为其人计(大概是)魁梧奇伟,至见其图(画像),状貌如妇人好(美)女。"魁梧,身体高大。不称(chèn)其志气,与他的志向气度不相称。 ④〔此其所以为子房欤〕意为状貌如妇人好女,正表示有能忍之节。

下邳圯上老父与太公书者,后十三年,从高帝过济北,果见谷城山下黄石,取而葆(珍藏)祠(祭祀)之。"本篇不取神怪之说,为什么?这好不好?

三、支持本篇论点的论据都有什么?排排看。

四三　赤壁赋　苏轼

【解说】本篇选自《苏东坡集》。赤壁，地名，著名的有两处：一处在湖北嘉鱼东北长江南岸，是周瑜打败曹操的地方，靠西；另一处即苏轼游历的地方，又名"赤鼻矶"，在湖北黄冈长江边，靠东。因为两地都名赤壁，所以苏轼联想到三国时期的历史人物，以抒发思古之幽情。这是借题发挥，意在述怀，所以没有重视史实的考证。

宋神宗元丰二年（1079），作者因"乌台诗案"入狱，阴历年底得释，贬官黄州（今湖北黄冈），任团练副使。次年二月到黄州，生活很苦，心情自然很郁闷。到元丰五年（1082），他两次游赤壁，一次是阴历七月，写了本篇，一次是十月，写了《后赤壁赋》。两篇都是排遣郁闷的作品，虽然有随缘应世、自乐其乐的消极色彩，但这种不为险恶遭遇所屈，处逆境仍能旷达、乐观的生活态度，也自有可取的一面。况且苏轼以文字获罪，为文自多讳忌。他曾将第一篇赋写给友人，于篇末写道："轼去岁作此赋，未尝轻出以示人，见者盖一二人而已。"写这么一篇未透露一点牢骚的文字，还是如此战战兢兢，足见其处境的艰难和心情的危苦了。

在表达技巧方面,本篇有很多优点。篇幅不长而内容丰富,布局巧妙而自然。今古融合,情景融合,都写得很美。文字清新流利,不像汉赋那样艰涩沉郁。因为有高度的艺术性,所以成为历代人们喜读的名文。

壬戌之秋①,七月既望②,苏子与客泛舟游于赤壁之下③。清风徐来④,水波不兴⑤。举酒属客⑥,诵明月之诗⑦,歌窈窕之章⑧。少焉⑨,月出于东山之上,徘徊于斗牛之间⑩。白露横江⑪,水光接天⑫。纵一苇之所如⑬,凌万顷之茫然⑭。浩浩乎如冯虚御风⑮,而不知其所止;飘飘乎如遗世独立⑯,羽化而登仙⑰。

赋因游赤壁而作,所以先写游的时间、地点,以

---

①〔壬戌〕宋神宗元丰五年(1082)。 ②〔既望〕阴历每月十六日。十五日为望,十六日为既望。 ③〔苏子〕作者自称。〔泛舟〕水上行舟。 ④〔徐来〕缓缓(吹)来。徐,缓慢。 ⑤〔兴〕起。 ⑥〔属(zhǔ)客〕劝客人。属,通"嘱"。 ⑦〔明月之诗〕指《诗经·陈风·月出》篇。 ⑧〔窈(yǎo)窕(tiǎo)之章〕指《月出》篇中《月出皎兮》一章,诗中有"舒窈纠(jiǎo)兮"之句。"窈纠"意同"窈窕"。 ⑨〔少焉〕过一会儿。 ⑩〔徘徊于斗牛之间〕在南斗星和牵牛星之间移动。徘徊,盘桓不进。 ⑪〔白露横江〕白茫茫一片水汽笼罩在江面上。 ⑫〔水光接天〕水上浮光远接天边。 ⑬〔纵一苇之所如〕让一片苇叶似的小船任意漂去。纵,任。如,往。《诗经·卫风·河广》:"谁谓河广?一苇杭(航)之。" ⑭〔凌万顷之茫然〕浮在茫茫无际之江面上。凌,在其上。万顷,形容江面广阔。茫然,旷远之状。 ⑮〔浩浩乎如冯(píng)虚御风〕浩浩然像在天空中驾风飞行。冯虚,凌空。冯,通"凭"。御风,乘风。 ⑯〔飘飘乎如遗世独立〕飘飘然像脱离了人间,无牵无挂。 ⑰〔羽化而登仙〕成了神仙,飞升仙境。羽化,道家称飞升成仙。登,升。

及江上的美景和泛舟的乐趣。

于是饮酒乐甚，扣舷而歌之①。歌曰："桂棹兮兰桨②，击空明兮溯流光③。渺渺兮予怀④，望美人兮天一方⑤。"客有吹洞箫者⑥，倚歌而和之⑦。其声呜呜然⑧，如怨如慕，如泣如诉⑨；余音袅袅，不绝如缕⑩；舞幽壑之潜蛟⑪，泣孤舟之嫠妇⑫。

由乐而歌，由歌而兴感。这一段起承上启下的作用。

苏子愀然⑬，正襟危坐而问客曰⑭："何为其然也⑮？"客曰："'月明星稀，乌鹊南飞⑯'，此非曹孟德之诗乎⑰？西

---

①〔扣舷（xián）〕敲着船边（打节拍）。 ②〔桂棹（zhào）兮兰桨〕桂木制的棹啊，木兰制的桨。桂棹，兰桨，皆形容划船用具之美。棹，桨，皆船之附件，用来拨水行船。 ③〔击空明兮溯（sù）流光〕拍击着一片空明之江水啊，在月光浮动之水面上逆流而上。空明，映着月光之清澄水面。溯，逆流而上。流光，水面浮动之月光。 ④〔渺渺兮予怀〕多么渺远啊，我之怀想。予怀，我之心情。 ⑤〔望美人兮天一方〕遥望我心上之人啊，却在远远之另一边。美人，怀想之人，不一定指美女。 ⑥〔洞箫〕箫管直通，故称洞箫。 ⑦〔倚歌而和（hè）之〕按着歌声来伴奏。和，同声相应。 ⑧〔其声〕指箫声。 ⑨〔如怨如慕，如泣如诉〕像怨恨，像思慕，像抽泣，像诉说。 ⑩〔余音袅（niǎo）袅，不绝如缕〕尾声宛转，细得像丝缕那样不断地摇曳着。袅袅，形容音音不断。 ⑪〔舞幽壑（hè）之潜蛟〕（箫声）使潜伏在深渊之蛟龙听了舞动起来。舞，和下句"泣"皆使动用法。幽壑，深谷，深渊。 ⑫〔泣孤舟之嫠（lí）妇〕使孤独小舟上之寡妇听了伤心落泪。嫠妇，寡妇。 ⑬〔愀（qiǎo）然〕忧郁之状。 ⑭〔正襟危坐〕整理衣襟，端正（严肃）地坐着。危，高。 ⑮〔何为其然也〕（箫声）为什么这样（悲凉）呢？ ⑯〔月明星稀，乌鹊南飞〕曹操《短歌行》："月明星稀，乌鹊南飞。绕树三匝，何枝可依。" ⑰〔曹孟德〕曹操，字孟德。

望夏口①，东望武昌②，山川相缪③，郁乎苍苍④，此非孟德之困于周郎者乎⑤？方其破荆州⑥，下江陵⑦，顺流而东也，舳舻千里⑧，旌旗蔽空⑨，酾酒临江⑩，横槊赋诗⑪，固一世之雄也⑫，而今安在哉？况吾与子渔樵于江渚之上⑬，侣鱼虾而友麋鹿⑭，驾一叶之扁舟⑮，举匏尊以相属⑯，寄蜉蝣于天地⑰，渺沧海之一粟⑱。哀吾生之须臾⑲，羡长江之无穷⑳。挟飞仙以遨游㉑，抱明月而长终㉒。知不可乎骤得㉓，托遗响

---

① 〔夏口〕在今湖北武汉。② 〔武昌〕今湖北鄂城。③ 〔山川相缪（liáo）〕山和水互相连接。缪，通"缭"。④ 〔郁乎苍苍〕一片苍翠。郁，郁郁，草木茂盛。⑤ 〔此〕这地方。〔困于周郎〕为周瑜所败。周瑜为中郎将时二十四岁，时人称之为周郎。⑥ 〔方〕当。〔破荆州〕曹操于汉献帝建安十三年（208）七月南攻荆州，时荆州刺史刘表已死，刘表之子刘琮（cóng）投降曹操。荆州州治在襄阳（今湖北襄阳），破荆州，占领襄阳。⑦ 〔下江陵〕攻下江陵（今湖北江陵）。下，攻占。曹操破荆州之后，又于当阳之长坂击败刘备，进兵江陵。⑧ 〔舳（zhú）舻（lú）〕长方形大船。〔千里〕千里不断。⑨ 〔旌旗蔽空〕旗帜遮蔽天空。⑩ 〔酾（shī）酒临江〕面对大江豪饮。酾，斟酒。⑪ 〔横槊（shuò）赋诗〕横执长矛高声吟诗。⑫ 〔固〕本是。〔一世之雄〕一时代之英雄。⑬ 〔渔樵于江渚（zhǔ）之上〕在江中沙洲上打渔砍柴。渚，水中小洲。⑭ 〔侣鱼虾〕以鱼虾为伴侣。〔友麋（mí）鹿〕以麋鹿为朋友。麋，鹿之一种。侣，友，皆意动用法。⑮ 〔驾一叶之扁（piān）舟〕驾着像一片叶子那样的小船。扁，小。⑯ 〔举匏（páo）尊以相属（zhǔ）〕举酒相劝。匏（葫芦），尊，皆酒器，这里指酒。⑰ 〔寄蜉蝣于天地〕像蜉蝣那样暂时寄生于天地之间。蜉蝣，一种小飞虫，夏秋之交生于水滨，只能存活几小时。⑱ 〔渺沧海之一粟〕像大海中一粒小米那样渺小。沧海，大海。⑲ 〔哀吾生之须臾（yú）〕哀叹生命短暂。须臾，片刻。⑳ 〔羡长江之无穷〕羡慕长江流水无穷无尽。㉑ 〔挟飞仙以遨游〕同神仙结伴遨游太空。挟，带。㉒ 〔抱明月而长终〕抱着明月同它永远不离。㉓ 〔骤得〕常常得到。骤，屡次。《楚辞·九歌·湘夫人》："时不可兮骤得。"

于悲风①。"

　　承上写悲伤：发思古之幽情，感人生之短促。这是以下写旷达的衬笔。

　　苏子曰："客亦知夫水与月乎②？逝者如斯，而未尝往也③；盈虚者如彼，而卒莫消长也④。盖将自其变者而观之，则天地曾不能以一瞬⑤；自其不变者而观之，则物与我皆无尽也⑥，而又何羡乎！且夫天地之间⑦，物各有主⑧，苟非吾之所有，虽一毫而莫取。惟江上之清风，与山间之明月，耳得之而为声⑨，目遇之而成色⑩，取之无禁，用之不竭，是造物者之无尽藏也⑪，而吾与子之所共适⑫。"

　　写旷达：变之物亦未尝不可视为永在；应及时欣赏大自然的景色。这是全文的正意，肯定宴游之乐。

　　客喜而笑。洗盏更酌⑬。肴核既尽⑭，杯盘狼藉⑮。相与

---

①〔托遗响于悲风〕在悲风中借箫之余音传达我之愁绪。悲风，悲凉之秋风。　②〔夫〕助词。〔水与月〕水与月之理。　③〔逝者如斯，而未尝往也〕流去之（水）像这样（不断地流去），而实在没有流去。意为变与不变等同。这是庄子齐物之唯心思想。以下说月同。逝，往。斯，此，指水流。《论语·子罕》："逝者如斯夫，不舍昼夜。"　④〔盈虚者如彼，而卒莫消长也〕时圆时缺像那个（月亮），可是到底没有增减啊。盈，满（月）。虚，无，指不满。卒，终。　⑤〔天地曾（zēng）不能以一瞬〕宇宙存在之时间竟不到一瞬。曾，乃。瞬，眨眼。　⑥〔物与我皆无尽〕万物和自身都永存。　⑦〔且夫〕表示说话另起一端。　⑧〔物〕指财物之类。　⑨〔耳得之而为声〕指清风。　⑩〔目遇之而成色〕指明月。　⑪〔造物者〕天，自然界。〔无尽藏（zàng）〕无穷无尽之宝库。藏，储宝物之处所。　⑫〔共适〕共同享用。　⑬〔洗盏更酌〕洗酒杯，又喝酒。　⑭〔肴（yáo）核既尽〕菜肴果品都已吃光。肴，荤菜。核，果品。　⑮〔狼藉（jí）〕凌乱。

枕藉乎舟中①，不知东方之既白②。

　　补充上段的意思，以乐作结，余韵不尽。

【研读参考】一、读文章，评论文章，先要了解作者的身世。以本篇为例，说说这种道理。

二、用问答的方式讲道理，述胸怀，是古赋中常用的手法。本篇也用这种手法，你觉得有什么好处？

三、用三五句话，说说主客的心情和生活态度有什么不同。

四、下面是《后赤壁赋》，分段，加上标点，读几遍。

是岁十月之望步自雪堂（苏轼住屋名）将归于临皋（地名）二客从予过黄泥之坂霜露既降木叶尽脱人影在地仰见明月顾而乐之行歌相答已而叹曰有客无酒有酒无肴月白风清如此良夜何客曰今者薄暮举网得鱼巨口细鳞状似松江之鲈顾安所得酒乎归而谋诸妇妇曰我有斗酒藏之久矣以待子不时之需于是携酒与鱼复游于赤壁之下江流有声断岸（水边峭壁）千尺山高月小水落石出曾日月之几何而江山不可复识矣予乃摄衣而上履巉岩披蒙茸（草木盛）踞虎豹（怪石之形）登虬龙（老树之形）攀栖鹘（鸟名）之危巢俯冯夷（水神）之幽宫盖二客不能从焉划然长啸草木震动山鸣谷应风起云涌予亦悄然而悲肃然而恐凛乎其不可留也反而登舟放乎中流听其所止而休焉时夜将半四顾寂寥适有孤鹤横江东来翅如车轮玄裳缟衣（上白下黑）戛然长鸣掠予舟而西也须臾客去予亦就睡梦一道士羽衣蹁跹（轻飘之状）过临皋之下揖予

────────

①〔相与枕藉（jiè）〕互相枕着睡觉。藉，垫，坐卧其上。②〔既白〕已经发白（天亮）。

而言曰赤壁之游乐乎问其姓名俯而不答呜呼噫嘻我知之矣畴昔之夜飞鸣而过我者非子也耶道士顾笑予亦惊寤（醒）开户视之不见其处

四四　上枢密韩太尉书　苏辙

【解说】本篇选自《栾城集》。枢密，枢密使，是宋朝掌管军政的大官。韩太尉是韩琦，字稚圭（guī），相州安阳（今河南安阳）人。北宋著名的大臣，与范仲淹齐名，并称"韩范"。宋仁宗嘉祐元年（1056），韩琦以检校（jiào）太傅任枢密使，掌管军政，与秦汉时期的太尉（也掌管军政）相当，所以本篇称之为太尉。这封信是嘉祐二年，苏辙中进士之后写的，目的只是希望与声望高的韩琦结识，以"尽天下之大观"。

信写得与一般的请托书札不同。一是立意正大，想谒见名人，不是干禄，是为学文须先养气。这是立身的大事，所以值得加重说。二是虽有所求，却处处表现得理直气壮，不失雍容典重的风度。此外，行文夹叙夹议，引古证今，寓情于理，能够雄放而自然，就一个不满二十岁的青年说，也是造诣很高的。

作者苏辙（1039—1112），字子由，号颖滨遗老，宋朝眉山（今四川眉山）人。苏洵的儿子，苏轼的弟弟。早慧，读书多，有学问，能诗文。十九岁与苏轼同中进士。曾任中书舍人、尚书右丞、门下侍郎等官。晚年遭贬谪，到汝州、雷州、岳州等地做地方官。在散文方面有成就，被列入唐宋八大家。著有《栾城集》等。

太尉执事①：辙生好为文，思之至深②，以为文者气之所形③，然文不可以学而能④，气可以养而致⑤。孟子曰："我善养吾浩然之气⑥。"今观其文章，宽厚宏博⑦，充乎天地之间⑧，称其气之小大⑨。太史公行天下⑩，周览四海名山大川⑪，与燕、赵间豪俊交游⑫，故其文疏荡⑬，颇有奇气。此二子者⑭，岂尝执笔学为如此之文哉⑮？其气充乎其中而溢乎其貌⑯，动乎其言而见乎其文⑰，而不自知也⑱。

> 首先泛论自己对文章的体会：文章是气的表现，作文章当从养气入手。

辙生十有九年矣⑲。其居家所与游者⑳，不过其邻里乡

---

① 〔执事〕左右侍奉之人。称"执事"，意为请执事之人代为传达。 ② 〔思之〕思考为文之理。 ③ 〔气〕指品德修养。气无形，表现为文而有形。〔形〕动词，体现。 ④ 〔文不可以学而能〕意为不可离气而专学文。 ⑤ 〔气可以养而致〕气可以由修养而得。 ⑥ 〔我善养吾浩然之气〕见《孟子·公孙丑上》。浩然，广大深厚之状。 ⑦ 〔宽厚宏博〕意深气壮。 ⑧ 〔充乎〕充满于。乎，于。 ⑨ 〔称(chèn)〕相当。 ⑩ 〔太史公〕司马迁。〔行天下〕周游天下。 ⑪ 〔周览〕遍观，《史记·太史公自序》："迁生龙门……二十而南游江、淮，上会稽，探禹穴，窥九疑，浮于沅、湘，北涉汶、泗，讲业齐、鲁之都，观孔子之遗风，乡射邹峄，厄困鄱、薛、彭城，过梁、楚以归。" ⑫ 〔燕(yān)、赵间豪俊〕指徐乐、主父偃等。燕、赵，燕国，赵国，今河北、山西一带。 ⑬ 〔疏荡〕自然生动。 ⑭ 〔二子〕指孟子、司马迁。 ⑮ 〔如此之文〕指孟子之宽厚宏博，司马迁之疏荡有奇气。 ⑯ 〔中〕内心。〔溢乎其貌〕表现于外。 ⑰ 〔动乎其言〕发于言。〔见(xiàn)〕表现。 ⑱ 〔而不自知〕自己不觉得。意为非有意作。 ⑲ 〔有〕通"又"。 ⑳ 〔所与游者〕交往之人。

党之人①；所见不过数百里之间，无高山大野可登览以自广②；百氏之书虽无所不读③，然皆古人之陈迹④，不足以激发其志气⑤。恐遂汩没⑥，故决然舍去⑦，求天下奇闻壮观⑧，以知天地之广大。过秦、汉之故都⑨，恣观终南、嵩、华之高⑩，北顾黄河之奔流，慨然想见古之豪杰⑪。至京师⑫，仰观天子宫阙之壮⑬，与仓廪、府库、城池、苑囿之富且大也⑭，而后知天下之巨丽⑮。见翰林欧阳公⑯，听其议论之宏辩⑰，观其容貌之秀伟⑱，与其门人贤士大夫游⑲，而后知天下之文章聚乎此也⑳。

　　转而叙述自己的经历以及为养气而图扩大眼界的办法：由山川、历史而宫阙、人物。所见甚多而不及太尉，以引起下文。

---

①〔邻里乡党〕附近。《周礼·地官·遂人》以五家为一邻，五邻为一里。《周礼·地官·大司徒》注以五百家为党，一万二千五百家为乡。　②〔大野〕广阔之地。〔自广〕开阔自己之胸襟。　③〔百氏之书〕指诸子。　④〔陈迹〕陈旧之事物。　⑤〔激发〕鼓荡。　⑥〔汩（gǔ）没〕埋没。言不能有成就而沦为凡人。　⑦〔决然〕断然。〔舍去〕抛开。　⑧〔壮观〕雄伟之景色。　⑨〔秦、汉之故都〕秦之咸阳，西汉之长安，东汉之洛阳。　⑩〔恣（zì）观〕尽情看。〔终南〕终南山，在长安南。〔嵩〕嵩山，五岳中之中岳，在洛阳南。〔华（huà）〕华山，西岳，在长安东。　⑪〔慨然〕心情激动。　⑫〔京师〕京都，汴京（今河南开封）。　⑬〔宫阙〕宫殿。阙，宫门两旁之楼。　⑭〔仓廪（lǐn）〕粮仓。〔府库〕储藏财货之处。〔池〕护城河。〔苑囿（yòu）〕皇帝游猎之处。　⑮〔巨丽〕大而华美。　⑯〔翰林欧阳公〕欧阳修。欧阳修曾官翰林学士。苏辙中进士之时，欧阳修为主考官。　⑰〔宏辩〕博大而善于说理。　⑱〔秀伟〕清华俊伟。　⑲〔其门人贤士大夫〕指梅尧臣、苏舜钦、曾巩等。　⑳〔聚乎此〕聚于欧阳修处。

太尉以才略冠天下①，天下之所恃以无忧②，四夷之所惮以不敢发③，入则周公、召公④，出则方叔、召虎⑤，而辙也未之见焉。且夫人之学也，不志其大⑥，虽多而何为？辙之来也⑦，于山见终南、嵩、华之高，于水见黄河之大且深，于人见欧阳公，而犹以为未见太尉也⑧。故愿得观贤人之光耀⑨，闻一言以自壮⑩，然后可以尽天下之大观而无憾者矣⑪。

说到本题，必须见太尉以成其最大者。

辙年少，未能通习吏事⑫。向之来⑬，非有取于斗升之禄⑭，偶然得之，非其所乐。然幸得赐归待选⑮，使得优游数年之间⑯，将归益治其文⑰，且学为政。太尉苟以为可教而辱教之⑱，又幸矣⑲。

最后说明谒见太尉并无干禄之心，只希望得到教

---

① 〔才略〕治国之才能，用兵之谋略。〔冠（guàn）天下〕为天下第一。 ② 〔天下〕指全国。〔无忧〕无内乱外患。 ③ 〔四夷〕四方之敌国。指契丹、西夏等。〔惮（dàn）〕畏惧。〔发〕发动（战争）。 ④ 〔入〕在朝。与"出"相对，出则在外地。〔周公、召（shào）公〕周公名旦，周武王之弟。召公名奭（shì），周之同姓。武王死后，成王幼弱，周公与太公夹辅王室，召公治理西方，兆民以和。 ⑤ 〔方叔、召（shào）虎〕皆周宣王时名臣。召虎为召公奭之后人。方叔北征狝（xiǎn）狁（yǔn），召虎东讨淮夷，俱建功绩。 ⑥ 〔志〕追求，立志取得。 ⑦ 〔来〕指自故乡来京师。 ⑧ 〔犹以为未见太尉也〕犹以未见太尉为憾也。 ⑨ 〔光耀〕光彩。指容貌。 ⑩ 〔自壮〕充实自己。 ⑪ 〔大观〕最值得看之事物。 ⑫ 〔吏事〕官吏之职事。 ⑬ 〔向〕往昔。 ⑭ 〔有取〕有所希求。〔斗升之禄〕微薄之俸禄，即做小官。 ⑮ 〔赐归待选〕允许回故乡等待朝廷选拔。 ⑯ 〔优游〕从容地（研读）。 ⑰ 〔益治〕更加研习。 ⑱ 〔辱教之〕不以教导我为辱而教导我。辱，谦词。 ⑲ 〔又幸矣〕更是（我之）幸运。

诲，以便学能更进。

【研读参考】一、本篇与本册选的李白《上韩荆州书》是同样性质的信，可是内容（包括立论、措辞、态度等）有不小的差异。说说有什么重要的不同，并评论其高下。

二、对于增广见识以养气，以学文，你有什么看法？说说你的体会。

三、最后一段的措辞，你觉得巧妙得体吗？为什么？

四五 《金石录》后序 李清照

【解说】本篇选自《金石录》。《金石录》是赵明诚著的记录他收藏的金石刻辞的书,共三十卷,前十卷是金石目录,后二十卷是说明、考辨的题跋。金指古青铜器,石指碑碣(jié)之类。赵明诚著录、考释的是金石拓片的文字。赵明诚,字德父(fǔ),也写"德甫"或"德夫",北宋末密州诸城(今山东诸城)人。宋徽宗时宰相赵挺之的儿子,李清照的丈夫。因为《金石录》书前有赵明诚自己写的序,李清照写序放在书之后,所以称后序。

这篇后序重点不是谈《金石录》这部书,而是谈他们夫妇搜集书籍、金石、书画的经过,以及由聚而散的颠沛流离的悲惨遭遇。事写得细致,情写得恳挚,国破家亡之痛充满于字里行间,有强大的感人力量。由此可见,文章写个人经历以及身边琐事,只要意思纯正,感情真挚,同样可以感人。

作者李清照(1084—约1151),号易安居士,著名学者李格非之女,北宋末济南人(据近年发现的碑刻,李格非是章丘县明水镇人,籍贯随父,李清照应也是山东章丘人),最著名的女词人。经历见本篇自述,最后死在浙江金华。她才高,读书多,诗，文，尤其词，写得很好。曾著《词论》，对北宋著名词人晏殊、欧阳修、苏轼、柳永等都有批评。作品大部分散落，传世有《漱玉词》。

　　右《金石录》三十卷者何①？赵侯德父所著书也②。取上自三代③，下迄五季④，钟、鼎、甗、鬲、盘、匜、尊、敦之款识⑤，丰碑、大碣、显人、晦士之事迹⑥，凡见于金石刻者二千卷⑦，皆是正讹谬⑧，去取褒贬⑨，上足以合圣人之道⑩，下足以订史氏之失者⑪，皆载之⑫，可谓多矣。
　　为《金石录》作后序，先概述《金石录》是什么书，何人所作，以及著书的旨趣。

---

①〔右〕右边，以上。旧时文字自右而左直行书写，《金石录》正文在《后序》之前，故说"右"。②〔赵侯德父〕赵明诚。侯，古时尊称州郡地方官。赵明诚曾做州官。③〔三代〕夏、商、周。④〔五季〕五代：后梁、后唐、后晋、后汉、后周。⑤〔钟、鼎、甗（yǎn）、鬲（lì）、盘、匜（yí）、尊、敦（duì）〕皆古青铜器。钟，乐器。鼎，炊器。甗，炊器。鬲，鼎类。盘、匜，盛水舀水器。尊，酒器。敦，食器。〔款识（zhì）〕指铜器上铸刻之文字。⑥〔丰碑〕刻有纪念文字之大碑。〔碣（jié）〕圆顶之碑。〔显人〕显贵有名之人。〔晦士〕名不见史传之人。⑦〔凡〕总。〔卷〕指"幅"或"件"，即拓（tà）片。与上文"三十卷"之"卷"不同。⑧〔是正讹（é）谬（miù）〕订正错误。是正，动词，校正。⑨〔去取褒贬〕选择评价。⑩〔上足以合圣人之道〕从大的方面说，（刻辞）可以与圣人之道相合。⑪〔下足以订史氏之失〕其次可以校正史书记载之错误。⑫〔载〕记录。

呜呼！自王播、元载之祸，书画与胡椒无异①；长舆、元凯之病，钱癖与《传》癖何殊②：名虽不同③，其惑一也④。

好古是惑，因惑而有种种悲惨遭遇。这是全文大意的总说。

余建中辛巳始归赵氏⑤。时先君作礼部员外郎⑥，丞相作吏部侍郎⑦，侯年二十一，在太学作学生⑧。赵李族寒⑨，素贫俭⑩，每朔望谒告出⑪，质衣取半千钱⑫，步入相国寺⑬，

---

①〔王播、元载之祸，书画与胡椒无异〕意为无论收藏什么皆为身外之累，会招来祸患。王播（唐代大官），当是作者笔误。应为王涯，字广津，唐朝人，官至同中书门下平章事（宰相职）。他收藏许多名贵书画，后因谋诛宦官事败被杀，书画全部丧失。元载，字公辅，唐朝人，官至中书侍郎。因贪婪专横，皇帝命令他自杀，抄没家产时，胡椒有八百石之多。 ②〔长舆、元凯之病，钱癖与《传》癖何殊〕意为无论嗜好什么都是病。长舆，晋朝和峤（qiáo），字长舆，晋惠帝时为太子太傅。他富而吝啬，当时人说他有"钱癖"。元凯，晋朝杜预，字元凯，晋武帝时为镇南大将军。他精研经籍，著有《春秋经传集解》《春秋长历》等书。《晋书·杜预传》："预常称（王）济有马癖，（和）峤有钱癖。武帝闻之，谓预曰：'卿有何癖？'对曰：'臣有《左传》癖。'"癖，嗜好。何殊，有什么不同。 ③〔名〕所好物之名（指书画、胡椒、钱、《左传》）。 ④〔惑〕迷惑沉溺。〔一〕相同。 ⑤〔建中辛巳〕宋徽宗建中靖国元年（1101）。〔归〕嫁。 ⑥〔先君〕称死去之父亲（李格非，字文叔）。 ⑦〔丞相〕称赵明诚之父（赵挺之，字正夫），宋徽宗时官至尚书右仆射（yè）（宰相职）。 ⑧〔太学〕国学，最高学府。 ⑨〔族寒〕家族门第寒微。非望族。 ⑩〔素〕向来。 ⑪〔朔望〕阴历初一日及十五日。〔谒告〕请假。指依例休假。〔出〕由太学出。 ⑫〔质衣〕以衣为质到当铺去借钱。〔半千钱〕五百枚铜钱。 ⑬〔相（xiàng）国寺〕北宋都城汴京（今河南开封）之大寺，每月有五次庙会。

市碑文①、果实归，相对展玩咀嚼②，自谓葛天氏之民也③。后二年，出仕宦④，便有饭蔬衣练⑤，穷遐方绝域，尽天下古文奇字之志⑥。日就月将⑦，渐益堆积⑧。丞相居政府⑨，亲旧或在馆阁⑩，多有亡诗逸史，鲁壁、汲冢所未见之书⑪，遂尽力传写，浸觉有味⑫，不能自已⑬。后或见古今名人书画，一代奇器，亦复脱衣市易⑭。尝记崇宁间，有人持徐熙牡丹图⑮，求钱二十万⑯。当时虽贵家子弟，求二十万钱岂

---

①〔市〕买。〔碑文〕碑文拓片。 ②〔展玩〕展开（碑文）观赏。〔咀（jǔ）嚼〕品味。 ③〔自谓〕自己认为。〔葛天氏之民〕葛天氏，传说中之古帝王。陶渊明《五柳先生传》："衔觞赋诗，以乐其志，无怀氏（亦传说中之古帝王）之民欤？葛天氏之民欤？" ④〔仕宦〕做官。 ⑤〔饭蔬衣练（shū）〕吃蔬菜，穿布衣。即节衣缩食。练，一种粗布。 ⑥〔穷遐方绝域，尽天下古文奇字〕搜尽各地之古文奇字。穷，尽，找遍。遐方绝域，极远处。遐，远。古文，指秦以前文字。奇字，古文别体字。 ⑦〔日就月将〕日日月月积累。就，成就。将，进。《诗经·周颂·敬之》："日就月将，学有缉熙于光明。" ⑧〔渐益堆积〕越积越多。 ⑨〔政府〕指中书省，为国家政令所由出。宋徽宗崇宁二年（1103），赵挺之为中书侍郎。 ⑩〔亲旧〕亲戚故交。〔馆阁〕宋朝以史馆、昭文馆、集贤院为三馆，又有秘阁、龙图阁、天章阁、宝文阁等，统称馆阁。馆阁中藏有典籍、书画、宝玩等。 ⑪〔多有亡诗逸史，鲁壁、汲冢所未见之书〕意为多有比世人所藏更为珍秘之文物。亡诗，《诗经》三百零五篇以外之诗，这里泛指遗逸之古籍。逸史，失传之史书。鲁壁，指汉朝鲁共王在孔子故宅壁中发现之古文经书。汲冢，汲郡（今河南卫辉）之古墓。晋太康二年（281）汲郡人不（biāo，姓）准（名）盗魏襄王墓〔或言为魏安釐（xī）王墓〕，得竹书（写在竹简上之书）数十车，世称汲冢书。 ⑫〔浸（jìn）〕渐，愈。 ⑬〔自已〕自行停止。 ⑭〔脱衣市易〕解衣典卖换取（书画奇器）。 ⑮〔徐熙〕南唐著名画家，善画花木草虫。 ⑯〔求钱〕要价。

易得耶？留信宿①，计无所出而还之②，夫妇相向惋怅者数日③。

从此段起，按时间顺序记叙与好古有关的生活。先写搜集。

后屏居乡里④，仰取俯拾⑤，衣食有余。连守两郡⑥，竭其俸入以事铅椠⑦。每获一书，即同共勘校⑧，整集签题⑨。得书画彝鼎⑩，亦摩玩舒卷⑪，指摘疵病。夜尽一烛为率⑫。故能纸札精致⑬，字画完整⑭，冠诸收书家⑮。余性偶强记⑯，每饭罢，坐归来堂⑰，烹茶，指堆积书史，言某事在某书某卷第几叶第几行，以中否角胜负⑱，为饮茶先后。中即举杯大笑，至茶倾覆怀中，反不得饮而起。甘心老是乡矣⑲！故

---

① 〔信宿〕两夜。再宿曰"信"。 ② 〔计无所出〕拿不出办法来。无法筹措二十万钱。 ③ 〔惋怅〕惋惜惆怅，感到遗憾。 ④ 〔屏（bǐng）居〕退隐。〔乡里〕指青州（今山东青州），时赵挺之已移家青州。 ⑤ 〔仰取俯拾〕谓谋生，凡可用之物皆不放弃。《汉书·货殖传·鲁人丙氏传》："俯有拾，仰有取。" ⑥ 〔连守两郡〕后来赵明诚先后做莱州（今山东莱州）、淄州（今山东淄博）知州。 ⑦ 〔竭其俸入以事铅椠（qiàn）〕把全部薪俸用在校勘书籍上。事，从事。铅，铅粉，用以改正误字。椠，尚未写字之书版。 ⑧ 〔勘校〕校对核定。 ⑨ 〔整集〕整理。〔签题〕加上书签，题写书名。 ⑩ 〔彝（yí）鼎〕泛指古代青铜器。彝，酒器。 ⑪ 〔摩玩〕摩挲把玩。〔舒卷〕展开又卷起。 ⑫ 〔夜尽一烛为率（lǜ）〕每天夜里花点完一支蜡烛之时间。为率，为常。 ⑬ 〔纸札〕指书籍之纸张。 ⑭ 〔字画〕文字笔画。 ⑮ 〔冠（guàn）诸收书家〕超过其他藏书家。冠，居第一。 ⑯ 〔性偶强（qiǎng）记〕记性好。偶，偶然。谦词。 ⑰ 〔归来堂〕赵明诚青州住宅中之书斋名。 ⑱ 〔中（zhòng）否〕说得对不对。〔角〕竞，争。 ⑲ 〔老是乡〕终老于此乡。此乡，指这种生活。

虽处忧患困穷而志不屈①。

收书既成②,归来堂起书库大橱③,簿甲乙,置书册④。如要讲读,即请钥上簿,关出卷帙⑤。或少损污,必惩责揩完涂改⑥,不复向时之坦夷也⑦,是欲求适意而反取僇栗⑧。余性不耐⑨,始谋食去重肉⑩,衣去重采⑪,首无明珠翡翠之饰⑫,室无涂金刺绣之具⑬,遇书史百家字不刓缺、本不讹谬者辄市之⑭,储作副本⑮。自来家传《周易》《左氏传》,故两家者流文字最备⑯。于是几案罗列,枕席枕藉⑰,意会

---

① 〔处忧患困穷〕指赵挺之死后受宰相蔡京诬陷,被追夺官衔等事。② 〔收书既成〕意为收书规模已有可观。成,完成。③ 〔起〕兴建。〔书库大橱〕藏书之大橱。库,藏物之处。④ 〔簿甲乙,置书册〕编为甲乙次序,按次序装上书。簿,编号。甲乙,排为甲乙丙丁等次第。⑤ 〔请钥上簿,关出卷帙(zhì)〕索取钥匙,(把要取之书)登记在簿上,然后找出书籍。请,索取。上,登记。关出,查出。卷帙,指书籍何部与几卷。⑥ 〔惩责〕责备。〔揩完涂改〕意为除去书上污迹,使其完好。⑦ 〔不复向时之坦夷〕(心情)不像往时那样平定。夷,平,安定。⑧ 〔适意〕愉快自得。〔僇(liáo)栗〕忧虑,心不安。⑨ 〔性不耐〕不耐于上述请钥上簿乃至惩责之烦。所以下面接上说买副本。⑩ 〔食去重(chóng)肉〕吃的除去重复肉菜。重,两种或以上。⑪ 〔衣去重(chóng)采〕穿的除去多种文采之衣服。⑫ 〔翡翠〕一种名贵之玉,多绿色。〔饰〕装饰品。⑬ 〔涂金刺绣之具〕表面涂金粉或有雕绣花纹之用具。⑭ 〔字不刓(wán)缺〕字不残缺。刓,(印书木板)削去边角。〔本不讹(é)谬〕书中文字没有错误。本,版本。市,买。⑮ 〔储作副本〕收藏作为另本(次本)。⑯ 〔者流〕一类,一派。〔文字〕指解释《易经》《左传》之各种注疏书。〔备〕完备。⑰ 〔枕席枕藉(jiè)〕意为枕席之上放满书籍。枕藉,本指枕和席,用来表示彼此叠压。

心谋,目往神授①,乐在声色狗马之上②。

继写好古之乐及收藏古物之法。以上写聚写乐,可以看作下文写散写悲的衬笔。

至靖康丙午岁③,侯守淄川④。闻金人犯京师⑤,四顾茫然⑥,盈箱溢箧⑦,且恋恋,且怅怅⑧,知其必不为己物矣⑨。建炎丁未春三月⑩,奔太夫人丧南来⑪。既长物不能尽载⑫,乃先去书之重大印本者⑬,又去画之多幅者⑭,又去古器之无款识者,后又去书之监本者⑮,画之平常者,器之重大者。凡屡减去,尚载书十五车。至东海⑯,连舻渡淮⑰,又渡江⑱,至建康。青州故第尚锁书器什物⑲,用屋十余间,期明年春再具舟载之⑳。十二月㉑,金人陷青州,凡所谓十

---

①〔意会心谋,目往神授〕意为用志不移。意与书合,心与书合,目注于书,神注于书。 ②〔声色狗马〕音乐,女色,猎狗,良马,古时皆为玩好之物。 ③〔靖康丙午岁〕宋钦宗靖康元年(1126)。 ④〔淄川〕县名,淄州州治所在地。 ⑤〔金人犯京师〕金国军队攻汴京(十二月攻破)。 ⑥〔四顾茫然〕形容不知所措。 ⑦〔盈箱溢箧(qiè)〕意为书籍古器物触目皆是。盈、溢,满。箧,小箱子。 ⑧〔且恋恋,且怅怅〕又舍不得,又烦恼。 ⑨〔不为己物〕被夺,失落。 ⑩〔建炎丁未〕宋高宗建炎元年(1127)。这一年徽宗、钦宗父子被金人掳去,高宗在南京(今河南商丘)即位,建立南宋王朝。 ⑪〔太夫人〕赵明诚之母。死在建康(今江苏南京),故由山东南行奔丧。 ⑫〔长(旧读zhàng)物〕多余之物。指非生活必需品。 ⑬〔去〕抛弃。〔重大印本〕部头大(本数多)、本头大(开本大)之书。 ⑭〔画之多幅者〕几幅画合为一套,如条屏。 ⑮〔监本〕国子监所刻之书,平常,不名贵。 ⑯〔东海〕东海郡(今江苏东海)。 ⑰〔连舻(lú)〕几只船。舻,舳(zhú)舻,大船。〔淮〕淮河。 ⑱〔江〕长江。 ⑲〔故第〕旧宅(赵挺之移此)。〔什物〕日用杂器物。 ⑳〔期〕拟定。〔具舟〕备船。 ㉑〔十二月〕据《宋史》,陷青州在次年正月。

余屋者已皆为煨烬矣①。

有外患,只能南运建康一部分。这是初步散失。

建炎戊申秋九月②,侯起复③,知建康府④。己酉春三月罢⑤,具舟上芜湖⑥,入姑孰⑦,将卜居赣水上⑧。夏五月至池阳⑨,被旨知湖州⑩,过阙上殿⑪,遂驻家池阳,独赴召⑫。六月十三日,始负担舍舟⑬,坐岸上,葛衣岸巾⑭,精神如虎⑮,目光烂烂射人⑯,望舟中告别。余意甚恶⑰,呼曰:"如传闻城中缓急,奈何⑱?"戟手遥应曰⑲:"从众⑳。必不得已,先弃辎重㉑,次衣被,次书册卷轴,次古器;独所谓宗器者可自负抱㉒,与身俱存亡,勿忘之!"遂驰马去。涂中奔驰㉓,冒大暑,感疾㉔,至行在㉕,病痁㉖。七月末,书

---

①〔煨(wēi)烬(jìn)〕烧之灰。 ②〔建炎戊申〕建炎二年。 ③〔起复〕服丧期被任用。 ④〔知建康府〕做建康府知府。 ⑤〔己酉〕建炎三年(1129)。〔罢〕罢官,去职。 ⑥〔上芜湖〕逆江流西行往芜湖(今安徽芜湖)。 ⑦〔姑孰〕今安徽当涂。 ⑧〔卜居〕选择住所。〔赣(gàn)水上〕指赣江流域。 ⑨〔池阳〕今安徽贵池。 ⑩〔被旨〕受诏。〔知湖州〕做湖州(今浙江湖州)知府。 ⑪〔过阙(què)上殿〕入朝朝见皇帝。过,经过。阙,泛指皇帝住所。 ⑫〔独赴召〕赵明诚一人应诏前往。 ⑬〔负担舍舟〕带行装离开李清照送行之船。 ⑭〔葛衣〕穿葛布衣服。〔岸巾〕头巾高耸。 ⑮〔精神如虎〕雄壮豪迈。 ⑯〔烂烂〕明亮。 ⑰〔余意甚恶〕我心情很坏(有预感不祥之意)。 ⑱〔如传闻城中缓急,奈何〕假如听到池阳城中情势紧急(指敌人攻城),怎么办?缓急,指紧急。 ⑲〔戟手〕以手指人,其形如戟(古代兵器)。形容激动。 ⑳〔从众〕同大家一样。 ㉑〔辎(zī)重〕行李。 ㉒〔独〕只有。〔宗器〕宗庙祭器。 ㉓〔涂〕通"途"。 ㉔〔感疾〕得病。 ㉕〔行在〕皇帝临时停驻之地。指建康。 ㉖〔病痁(shān)〕患疟疾。

报卧病①。余惊怛②,念侯性素急,奈何病痁,或热必服寒药,疾可忧。遂解舟下③,一日夜行三百里。比至④,果大服柴胡、黄芩药⑤,疟且痢,病危在膏肓⑥。余悲泣仓皇⑦,不忍问后事⑧。八月十八日遂不起⑨,取笔作诗,绝笔而终⑩,殊无分香卖履之意⑪。

葬毕,余无所之⑫。朝廷已分遣六宫⑬,又传江当禁渡⑭。时犹有书二万卷,金石刻二千卷,器皿茵褥可待百客⑮,他长物称是⑯。余又大病,仅存喘息。事势日迫,念侯有妹婿任兵部侍郎⑰,从卫在洪州⑱,遂遣二故吏先部送行李往投之⑲。冬十二月⑳,金人陷洪州,遂尽委弃㉑,所谓连舻渡江之书又散为云烟矣㉒。独余少轻小卷轴书帖㉓,写

---

①〔书报〕来信告知。 ②〔怛(dá)〕心里难受。 ③〔解舟下〕开船东行。 ④〔比至〕及到。 ⑤〔柴胡、黄芩(qín)〕均中药名,有清热作用。 ⑥〔膏肓(huāng)〕病危。古医学称心尖脂肪为膏,心脏和隔膜之间为肓,为药力不能达之处。 ⑦〔仓皇〕慌张。 ⑧〔后事〕指遗嘱。 ⑨〔不起〕不可救。 ⑩〔绝笔〕止笔不书。 ⑪〔殊无分香卖履之意〕意为未谈及家中事如何处置。陆机《吊魏武帝文》引曹操遗令:"余香(香料)可分与诸夫人。诸舍中(姬妾住处)无所为,学作履组(编织鞋)卖也。" ⑫〔无所之〕没有地方可去。 ⑬〔分遣六宫〕建炎三年七月,隆祐太后率六宫往洪州(今江西南昌)。分遣,送到都城之外。六宫,指住宫中之皇帝眷属、宫女等。 ⑭〔江当禁渡〕长江上要禁止通行(移动将不易)。 ⑮〔茵褥〕铺垫之具。〔待百客〕招待一百客人之用。 ⑯〔称(chèn)是〕数量相当于此。 ⑰〔念〕考虑到。 ⑱〔从卫〕随从护卫(隆祐太后)。 ⑲〔故吏〕以前赵明诚之属下。〔部送〕护送。部,部署。 ⑳〔十二月〕《宋史》作十一月。 ㉑〔委弃〕抛弃。 ㉒〔云烟〕云雾和烟气。比喻毫无存留。 ㉓〔少〕少数。

本李、杜、韩、柳集①,《世说》②,《盐铁论》③,汉唐石刻副本数十轴④,三代鼎、鼐十数事⑤,南唐写本书数箧⑥,偶病中把玩⑦,搬在卧内者⑧,岿然独存⑨。

丈夫病故,洪州陷落,古物丧失大部分。这是第二次散失。

上江既不可往⑩,又虏势叵测⑪,有弟远任敕局删定官⑫,遂往依之。到台⑬,守已遁⑭。之剡⑮,出睦⑯,又弃衣被。走黄岩⑰,雇舟入海奔行朝⑱。时驻跸章安⑲,从御舟海道之温⑳,又之越㉑。庚戌十二月㉒,放散百官㉓,遂之衢㉔。

---

①〔写本〕手抄本。〔李、杜、韩、柳集〕李白、杜甫、韩愈、柳宗元之诗文集。 ②〔《世说》〕《世说新语》。 ③〔《盐铁论》〕汉桓宽著。 ④〔石刻副本〕指与上文"金石刻二千卷"中某些拓本重复之本。 ⑤〔鼐(nài)〕大鼎。〔十数事〕十几件。 ⑥〔南唐〕五代时李昪(biàn)在江南建立之政权,为宋所灭。 ⑦〔偶〕偶然。〔把玩〕拿着赏玩。 ⑧〔卧内〕寝室。 ⑨〔岿(kuī)然〕独立之状。 ⑩〔上江〕指今安徽一带。江苏一带为"下江"。 ⑪〔叵(pǒ)测〕不可预测。叵,不可。 ⑫〔远(háng)〕李清照之弟李远。〔敕(chì)局〕枢密院中一机构。〔删定官〕主管编辑诏旨之官。 ⑬〔台〕台州(治今浙江临海)。时朝廷逃至此。 ⑭〔守〕知州。建炎四年(1130)正月,台州守晁公为弃城逃走。 ⑮〔之〕往。〔剡(shàn)〕今浙江嵊(shèng)县。 ⑯〔出〕经过。〔睦〕睦州(今浙江建德)。 ⑰〔走〕奔往。〔黄岩〕今浙江黄岩。 ⑱〔行朝〕同"行在"。 ⑲〔驻跸(bì)〕皇帝出行暂驻。〔章安〕今浙江临海。 ⑳〔从〕随从。〔御舟〕皇帝所乘船。〔温〕温州(今浙江温州)。同年二月宋高宗至温州。 ㉑〔越〕越州(今浙江绍兴)。同年四月宋高宗至越州。 ㉒〔庚戌〕建炎四年。 ㉓〔放散百官〕建炎四年(1130)十一月,宋高宗下诏,令除侍从人员、谏官以外,百官可自安置,俟春暖来归。 ㉔〔衢(qú)〕衢州(今浙江衢州)。

绍兴辛亥春三月①，复赴越。壬子②，又赴杭。先侯疾亟时③，有张飞卿学士携玉壶过视侯④，便携去，其实珉也⑤。不知何人传道⑥，遂妄言有颁金之语⑦，或传亦有密论列者⑧。余大惶怖，不敢言，遂尽将家中所有铜器等物，欲赴外廷投进⑨。到越，已移幸四明⑩。不敢留家中，并写本书寄剡。后官军收叛卒，取去⑪，闻尽入故李将军家⑫，所谓岿然独存者，无虑十去五六矣⑬。惟有书、画、砚、墨可五七簏⑭，更不忍置他所，常在卧榻下，手自开阖⑮。在会稽⑯，卜居土民钟氏舍⑰，忽一夕穴壁负五簏去⑱。余悲恸不已⑲，重立赏收赎⑳。后二日，邻人钟复皓出十八轴求赏，故知其盗不远矣。万计求之，其余遂不可出㉑。今知尽为吴说运使贱价得之㉒。所谓岿然独存者乃十去其七八。所有一二残零不成部帙书册㉓，三数种平平书帖㉔，犹复爱惜如护

---

① 〔绍兴辛亥〕宋高宗绍兴元年（1131）。 ② 〔壬子〕绍兴二年（1132）。 ③ 〔先〕以前。〔疾亟（jí）〕病重。亟，急。 ④ 〔过〕来访。 ⑤ 〔珉（mín）〕似玉之石头。言非真玉。 ⑥ 〔传道〕流传而说。 ⑦ 〔妄言〕造谣。〔颁金〕不详。一说，赠与金人，即通敌。 ⑧ 〔有密论列者〕有人暗中向皇帝报告弹劾。 ⑨ 〔外廷〕收受奏章、传宣诏令之处。〔投进〕呈献。 ⑩ 〔幸〕皇帝到某处曰幸。〔四明〕今浙江宁波。 ⑪ 〔官军收叛卒，取去〕疑为官军借搜查叛卒之名，将古器物抢走。 ⑫ 〔故李将军〕曾为将军之李某。 ⑬ 〔无虑〕差不多。 ⑭ 〔可〕大约。〔五七〕五六或六七。〔簏（lù）〕竹箱。 ⑮ 〔手自开阖（hé）〕亲手检视。 ⑯ 〔会（kuài）稽〕今浙江绍兴。 ⑰ 〔土民〕本地居民。 ⑱ 〔穴壁〕挖墙洞。 ⑲ 〔悲恸（tòng）〕极悲痛。恸，大哭。 ⑳ 〔重（zhòng）立赏收赎〕悬重赏赎买（被盗之物）。 ㉑ 〔不可出〕（被盗之物）不再有人拿出。 ㉒ 〔吴说（yuè）运使〕转运使吴说，善书法。 ㉓ 〔不成部帙〕不成部，不成套。 ㉔ 〔平平〕普普通通。

头目,何愚也耶!

各处流离,遭明夺暗盗,古物丧失殆尽。这是最后一次散失。

今日忽阅此书①,如见故人。因忆侯在东莱静治堂②,装卷初就③,芸签缥带④,束十卷作一帙,每日晚吏散⑤,辄校勘二卷,跋题一卷⑥。此二千卷,有题跋者五百二卷耳,今手泽如新⑦,而墓木已拱⑧,悲夫!

回到说《金石录》,怀想当年著书的情况,有无限感慨。

昔萧绎江陵陷没,不惜国亡,而毁裂书画⑨;杨广江都倾覆,不悲身死,而复取图书⑩:岂人性之所著⑪,死生不能忘之欤?或者天意以余菲薄⑫,不足以享此尤物耶⑬?抑亦死者有知,犹斤斤爱惜⑭,不肯留在人间耶?何得之艰而

---

① 〔此书〕指《金石录》。 ② 〔东莱〕今山东莱州。〔静治堂〕赵明诚在莱州做州官时之书斋名。 ③ 〔装卷〕装成卷轴或帙。〔初就〕刚完成。 ④ 〔芸签〕贴在卷帙上之名签:古时藏书用芸香驱虫,故书签称芸签。〔缥(piǎo)带〕浅青色缚卷帙之带。 ⑤ 〔吏散〕下班离衙。 ⑥ 〔跋题〕写题跋(书籍、拓片等后面评价、鉴定、考释之类文字)。 ⑦ 〔手泽〕手汗之痕迹。一般指逝者遗留之手迹。 ⑧ 〔墓木已拱(gǒng)〕坟墓上之树已长到两手合围那么粗了。《左传》僖公三十二年:"中寿,尔墓之木拱矣。" ⑨ 〔萧绎(yì)江陵陷没,不惜国亡,而毁裂书画〕南朝梁元帝(萧绎)承圣三年(554),西魏攻梁,包围都城江陵,元帝聚古今图书十四万卷焚之。 ⑩ 〔杨广江都倾覆,不悲身死,而复取图书〕唐人杜宝《大业幸江都记》(宋王明清《挥麈(zhǔ)后录》引)说:"隋炀帝(杨广)聚书至三十七万卷,皆焚于广陵。其目中盖无一帙传于后代。"复取图书,(临死)还要带走(指焚烧)图书。 ⑪ 〔著〕附着,心所系念。 ⑫ 〔菲薄〕少福分。 ⑬ 〔尤物〕珍贵之玩好物品。尤,特出。 ⑭ 〔斤斤〕留心琐细之状。

失之易也?呜呼!余自少陆机作赋之二年①,至过蘧瑗知非之两岁②,三十四年之间,忧患得失,何其多也?然有有必有无,有聚必有散,乃理之常。人亡弓,人得之③,又胡足道④!所以区区记其终始者⑤,亦欲为后世好古博雅者之戒云⑥。

最后又想到古物及一生因古物而受的困苦。以得失无所谓自慰,更足以表现心情的悲苦。

绍兴二年玄黓岁壮月朔甲寅⑦,易安室题⑧。

写明作此文的时间,结束。

【研读参考】 一、李清照的作品,中华书局编辑的《李清照集》比较完备,其中并附《赵明诚、李清照夫妇年谱》,可以参考。初

---

① 〔少陆机作赋之二年〕比陆机作《文赋》之二十岁少两年,意为十八岁。此沿旧说。陆机作《文赋》时已三十余。陆机,字士衡,晋文学家。② 〔过蘧(qú)瑗(yuàn)知非之两岁〕意为五十二岁。蘧瑗,字伯玉,春秋时卫国大夫。《淮南子·原道训》:"蘧伯玉年五十而知四十九年之非。" ③ 〔人亡弓,人得之〕意为己物为他人所得亦无妨。亡,失掉。《孔子家语·好生》篇记载,楚王出游,丢掉弓,跟随之人要寻找,楚王说不必找,因为是楚人失弓,楚人得之。孔子听到说:"惜乎其不大(气量小)也。亦不曰'人遗弓,人得之'而已,何必楚也?" ④ 〔胡足道〕有什么值得说的。胡,何。 ⑤ 〔区区〕爱慕不舍。 ⑥ 〔博雅者〕渊博雅正之人。 ⑦ 〔绍兴二年〕公元1132年。近人考证,多认为作后序之时为绍兴四年。〔玄黓(yì)岁〕壬年。玄黓,天干壬之别称。《尔雅·释天》:"太岁在壬曰玄黓(yān)逢(péng),……在壬曰玄黓。"〔壮月〕八月。《尔雅·释天》:"八月为壮。"〔朔甲寅〕习惯说"甲寅朔",初一日为甲寅。这里文字或有缺误,绍兴二年八月初一为戊子,甲寅为二十七日。 ⑧ 〔易安室〕李清照之书斋名。此处表示"易安室主人"之意。

学想读李清照的作品，可用刘忆萱《李清照诗词选注》（上海古籍出版社）。

二、本篇为书写后序，写法与一般的序跋很不同。主要的不同点是什么？为什么这样写？这样写有什么优点？

三、根据本篇，写一篇小文，介绍李清照。

四、用现代语改写"昔萧绎江陵陷没"一段。

四六　上丞相留忠斋书　谢枋得

【解说】本篇选自《谢叠山集》，有删节。留忠斋，留梦炎，号忠斋，南宋末年人。中进士，恭帝时官至左丞相。宋朝灭亡，降元，又做了大官。谢枋得于宋理宗宝祐四年（1256）与文天祥同榜中进士（文是一甲第一，状元，他是二甲第一）。那一科留梦炎是考官，照旧习惯，考中后要拜考官，称老师，所以信中自称为老门生。元朝初年，为了统辖汉民族，几次征召有才能、有名望的宋遗民出来做官。留梦炎很器重谢枋得，所以举荐他。谢枋得坚决拒绝，这就是为了表白心愿，写给留梦炎的信。

信写得恳挚，刚强，沉痛，字里行间处处显露眷恋故国、坚守气节、宁死不屈的高尚品格。俗语说，文如其人，本篇正是这样的文字，所以千载之下我们读它，仍然感到生气勃勃。原信相当长，我们把叙事而关系不太大的几处删去了。

作者谢枋得（1226—1289），字君直，号叠山，信州弋（yì）阳（今江西弋阳）人。读书多，有学问。为人刚直，重气节。曾为考官，抨击奸相贾似道，被免官。后曾任江东提刑、江西招谕使、知信州等官。率兵抗元，兵败，变姓名逃往建宁（今福建建瓯）。元世祖至元二十五年（1288），福建地方官魏天祐强迫他应征,把他送到大都(元都城,今北京市),住在悯忠寺(今北京外城法源寺),绝食而死。门人私谥文节。诗文都有名,并编有《文章轨范》。

七月吉日①,门生衰绖谢枋得谨斋沐裁书百拜托友人吴直夫献于内相尚书大丞相国公忠斋先生钧座②:惟天下之仁人能知天下之仁人③,惟天下之义士能知天下之义士。贤者不相知多矣④,能灼见三俊之心者必圣人也⑤。某自壬戌以后⑥,小夫笇牍不至门墙者二十七年⑦,孰不以为简⑧?先生曰:"斯人也⑨,非简我也,必爱我也⑩。"今天下能知某之心者,孰有过于先生乎?事有当言而不言,则非所以待知

①〔吉日〕泛指某日。阴历每月初一亦称吉日。②〔门生〕学生。〔衰(cuī)绖(dié)〕丧服,服丧。谢枋得此时母丧未葬。衰,粗麻衣。绖,麻布腰带。〔斋沐〕斋戒沐浴。如此说表示恭敬。〔裁书〕犹言修书,写信。〔百拜〕表示极恭敬。〔吴直夫〕不详。〔内相〕称任职翰林院之人。〔尚书、大丞相〕皆官名。大,尊称。〔国公〕爵名,在王之下。〔钧座〕对高官之敬称。钧,重大。③〔惟〕只有。④〔贤者不相知〕意为贤者志未必同。暗指留梦炎甘心事元而己宁死不事元。⑤〔灼(zhuó)见〕洞见。灼,明。〔三俊〕三位有才德之人。或指《论语·微子》所说之"殷有三仁"(微子、箕子、比干)。⑥〔某〕信上写枋得,草稿用某字。〔壬戌〕宋理宗景定三年(1262),作者因团聚民兵军费核实事得罪。⑦〔小夫笇牍〕常人作书札。笇牍,用竹简写信。《庄子·列御寇》:"小夫之知(智),不离苞(包)苴(jū,衬垫)(包装)笇牍。"意为凡庸之人,其思虑所及无非以礼物相馈赠,以书札相问讯。〔不至门墙〕(书札)不到夫子之门。门墙,指师门。《论语·子张》:"夫子之墙数仞,不得其门而入,不见宗庙之美,百官之富。"⑧〔简〕怠慢失礼。⑨〔斯人〕这个人。指谢枋得。⑩〔爱〕爱护。

己，某敢不避诛斥而僭言之①。君子之所为，必非众人之所识。汤可就②，桀亦可就③，必道义如伊尹者能之④，伯夷、柳下惠不能也⑤；佛肸召可往⑥，公山弗扰召可往⑦，必神圣如孔子者能之，曾、颜、闵不能也⑧。传曰⑨："人各有能有不能。"先生之所能⑩，某自知某必不能矣。

　　先写相知故敢于尽言，并暗示绝不仕元的气节。

某江南一愚儒耳⑪，自景定甲子以虚言贾实祸⑫，天下号为风汉⑬，先生之所知也。昔岁程御史将旨招贤⑭，亦在物色中⑮，既披肝沥胆以谢之矣⑯。朋友自大都来，乃谓先生以贱姓名荐⑰，朝廷过听⑱，遂烦旌招⑲。某乃丙辰礼闱一

----

①〔敢〕大胆。〔诛〕加罪。〔斥〕斥责。〔僭（jiàn）〕超越本分。②〔汤可就〕可以到商汤（圣君）那里去。③〔桀〕夏末暴君。④〔伊尹〕夏末贤人，曾仕桀，后相商汤灭夏。⑤〔伯夷〕参看本册《伯夷列传》。〔柳下惠〕即展禽，春秋时鲁国贤大夫。⑥〔佛（bì）肸（xī）〕晋国大夫赵氏之中牟宰，以中牟叛。《论语·阳货》："佛肸召，子（孔子）欲往。"⑦〔公山弗扰〕鲁国大夫季氏宰，与阳货共执季桓子，据邑以叛。《论语·阳货》："公山弗扰以费（地名）畔（叛），召，子欲往。"⑧〔曾、颜、闵〕曾参（shēn）、颜回、闵损。皆孔子之优秀弟子。⑨〔传（zhuàn）〕指《左传》。引文见定公五年。⑩〔所能〕指不顾君臣之义，投降新朝为高官。⑪〔江南〕谢枋得的故乡在长江之南。⑫〔景定甲子〕宋理宗景定五年（1264）。〔以虚言贾（gǔ）实祸〕因推想之言而惹来灾祸。指彗星出东方，作者为考官时攻击奸相贾似道，被免职流放。贾，买。⑬〔风汉〕疯汉。⑭〔程御史〕程文海，字巨夫，号雪楼，仕元，官至御史中丞。〔将〕持。〔旨〕（元朝）皇帝诏。⑮〔亦在物色中〕我亦在被察访之数。物色，寻求。⑯〔披肝沥（lì）胆〕言开诚相见，竭诚。披，开。沥，滴。〔谢〕谢绝。⑰〔以贱姓名荐〕推荐我。贱，谦词。⑱〔过听〕错误地听信。⑲〔烦〕烦劳。〔旌（jīng）招〕以朝廷名义招贤。旌，旗。

老门生也①,先生误以忠实二字褒之②。入仕二十一年③,居官不满八月④,断不敢枉道随人⑤,以辱大君子知人之明⑥。今年六十三矣,学辟谷养气已二十载⑦,所欠惟一死耳,岂复有他志?自先生过举之后⑧,求得道高人者物色之⑨,求好秀才者物色之⑩,求艺术过人者物色之⑪,奔走逃遁,不胜其苦⑫。

> 写自己的为人和却聘的事实,以及此时避征的痛苦。

某断不可应聘者,其说有三⑬:

一曰老母年九十三而终⑭,殡在浅土⑮,贫不能备礼⑯,则不可大葬⑰。妻子爨婢以某连累死于狱者四人⑱,寄殡丛

---

① 〔丙辰〕宋理宗宝祐四年。〔礼闱〕礼部试场。科举时代会试由礼部主持,考中者由皇帝赐进士。 ② 〔误〕错误地。谦词,表示不敢受此赞誉。 ③ 〔入仕〕进入仕途。 ④ 〔居官〕做官,实际任职。 ⑤ 〔断〕断然,绝对。〔枉道随人〕违背道义,随从别人。枉,弯曲,不直。 ⑥ 〔辱大君子知人之明〕有损于您的知人之明。 ⑦ 〔辟(bì)谷养气〕不吃饭,做定心功夫。这是道教修行之法。辟,排除。谷,谷类食物。 ⑧ 〔过举〕错误地举荐。 ⑨ 〔得道高人〕有品德之人。这句是说元朝诏书求得道高人、好秀才、艺术过人者,各地分头去寻找这几类人。 ⑩ 〔好秀才〕有才能之人。 ⑪ 〔艺术过人〕擅长诗文、书画之类。 ⑫ 〔不胜(shēng)〕不堪,不能忍受。 ⑬ 〔说〕解说,缘由。 ⑭ 〔终〕终命,死去。 ⑮ 〔殡(bìn)〕浅埋。〔在浅土〕土才掩棺。 ⑯ 〔备礼〕备办丧葬所需。 ⑰ 〔大葬〕深葬,正式葬。对殡在浅土而言。 ⑱ 〔妻子爨(cuàn)婢以某连累死于狱者四人〕宋恭帝德祐元年(1275),叛将吕文焕自荆州东下。次年正月,谢枋得(时知信州)引兵逆战,兵败,变姓名负母走匿山中,元兵悉捕其妻子弟侄送建康(今南京)狱。妻李氏自经死,女及二婢皆死狱中。爨婢,管烹饪之使女。

冢十一年矣①，旅魂飘飘②，岂不怀归③？弟侄死国者五人④，体魄不可不寻⑤，游魂亦不可不招也⑥。凡此数事⑦，日夜关心，某有何面目见先生乎⑧？此不可应聘者一也。

分条述说不能应聘的理由。一是有家难。

二曰有天下英主，必能容天下之介臣⑨，微介臣不能彰英主之仁⑩，微英主不能成介臣之义。某在德祐时为监司⑪，为帅臣⑫，尝握重兵当一面矣⑬。蒯通对高祖曰⑭："彼时臣但知有齐王韩信⑮，不知有陛下也⑯。"滕公说高祖曰⑰："臣各为其主，季布为项羽将而尽力⑱，乃其职耳，项氏臣可得而尽诛耶？"某自丙子以后⑲，一解兵权，弃官远遁，即不曾降附⑳。先生出入中书省㉑，问之故府㉒，宋朝文臣降附表

---

①〔寄殡〕暂时浅埋。〔丛冢〕公用之坟地，乱葬冈。②〔旅魂〕未得还乡埋葬之灵魂。③〔怀归〕想回故乡。④〔死国〕为国而死。〔五人〕指弟禹、君烈等。⑤〔体魄〕尸体。⑥〔游魂〕在异乡漂泊之灵魂。⑦〔凡〕总。⑧〔有何面目见先生乎〕言家难未宁，无面目见先生。⑨〔介臣〕节义之臣。⑩〔微〕非，无。〔彰〕显，明。⑪〔监司〕指"提点刑狱公事"（简称"提点刑狱"或"提刑"）。此职兼有监察一路（地方行政区划）官吏之责，故亦称监司。⑫〔帅臣〕统兵之臣。⑬〔握〕统率。〔当一面〕独辖某一地区。⑭〔蒯（kuǎi）通〕秦末汉初人，有权变，曾为韩信出谋定齐地（今山东一带）。〔对〕回答。〔高祖〕汉高祖刘邦。⑮〔齐王韩信〕韩信以平齐功封齐王。⑯〔陛（bì）下〕尊称皇帝。⑰〔滕公〕夏侯婴，秦末汉初人，随刘邦征战有功，封滕公。〔说（旧读 shuì）〕劝说。⑱〔季布〕秦末楚人，曾数困刘邦。项羽败死，季布逃匿游侠朱家之家，朱家请求汝阴侯滕公劝说（刘邦）赦免季布。⑲〔丙子〕宋端宗景炎元年（1276）。⑳〔降附〕投降。㉑〔出入中书省〕言在中书省任职。中书省，唐宋时代均为最高政务机关。㉒〔故府〕原藏文卷档案之府库。

即无某姓名①,宋朝帅臣监司寄居官员降附状即无某姓名②,诸道路县所申归附人户即无某姓名③。如有一字降附,天地神祇必殛之④,十五庙祖宗神灵必殛之⑤。甲申岁⑥,大元降诏,赦过宥罪⑦,如有忠于所事者⑧,八年罪犯悉置不问⑨,某亦在恩赦放罪一人之数。夷、齐虽不仕周⑩,食西山之薇,亦当知武王之恩⑪,四皓虽不仕汉⑫,茹商山之芝⑬,亦当知高帝之恩,况羹藜含粝于大元之土地乎⑭?大元之赦某屡矣,某受大元之恩亦厚矣,若效鲁仲连蹈东海而死则不可⑮。今既为大元之游民也⑯,庄子曰⑰:"呼我为马者,应之以为马,呼我为牛者,应之以为牛。"世之人有呼我为宋

---

① 〔文臣降附表〕宋朝文官投降元人之表章。 ② 〔帅臣监司寄居官员降附状〕地方文武官员降表。寄居官员,非本地官员而暂时留住者。状,上呈之一种文体。 ③ 〔道、路、县〕各级地方政区名称。〔申〕申详,申报。 ④ 〔天地神祇(qí)〕天神地祇。祇,地神。〔殛(jí)〕杀死。 ⑤ 〔十五庙〕北宋自太祖至钦宗凡九帝,南宋自高宗至度宗凡六帝,共十五帝。度宗之后,恭帝、端宗、帝昺(bǐng)皆在元兵追逼中流离逃亡,故不计。 ⑥ 〔甲申岁〕元世祖忽必烈至元二十一年(1284)。其时南宋灭亡已七年。 ⑦ 〔赦过宥(yòu)罪〕赦免饶恕既往之罪过。宥,宽饶。 ⑧ 〔忠于所事〕忠于自己之职分。 ⑨ 〔八年罪犯〕自南宋灭亡后至今之罪犯。即南宋抗元官民。〔悉〕全。〔置〕搁置,不再追究。 ⑩ 〔夷、齐〕伯夷、叔齐兄弟二人。〔不仕周〕不做周朝之官。参看本册《伯夷列传》。 ⑪ 〔当知武王之恩〕这是表面恭顺、内心刚强之愤激语。 ⑫ 〔四皓(hào)〕汉初四名隐士,年老,须发尽白,故称四皓(白)。其名为东园公、绮里季、夏黄公、甪(lù)里先生。四人隐于商山,采芝为食,高祖招之不至。 ⑬ 〔茹〕食。 ⑭ 〔羹藜含粝(lì)〕以藜为羹,粗米为饭。藜,野草名,可食。含,吞食。粝,粗米。 ⑮ 〔鲁仲连〕战国时齐之高士。参看本册《鲁仲连论帝秦》。 ⑯ 〔游民〕游散无业之人。 ⑰ 〔庄子曰〕见《庄子·天道》。原作:"昔者子呼我牛也而谓之牛,呼我马也而谓之马。"

逋播臣者亦可①，呼我为大元游惰民者亦可，呼我为宋顽民者亦可②，呼我为元之逸民者亦可③。为轮为弹，与化往来；虫臂鼠肝，随天付予④。若贪恋官爵，昧于一行⑤，纵大元仁恕⑥，天涵地容⑦，哀怜孤臣，不忍加戮，某有何面目见大元乎？此不可应聘者二也。

二是忠于前朝，虽不事新朝，应获得谅解。

某受太母之恩亦厚矣⑧。谏不行、言不听而不去⑨，犹愿勉竭驽钝以报上也⑩。……闻太母上仙久矣⑪，北向长号⑫，恨不即死。然不能寄一功德疏如任元受故事⑬，今日

---

① 〔宋逋（bū）播臣〕宋朝逃亡之臣。《尚书·大诰》有"殷逋播臣"之语。 ② 〔宋顽民〕宋朝顽固之民。《尚书·多士·序》有"殷顽民"之语。 ③ 〔逸民〕遁世隐居之人。 ④ 〔为轮为弹，与化往来；虫臂鼠肝，随天付予〕意为一切任天随化。化，造化。《庄子·大宗师》："浸假（逐渐）而化余（子舆，有病）之右臂以为弹，余因以求鸮（xiāo，猫头鹰）炙（zhì，烤肉）；浸假而化余之尻（kāo，臀部）以为轮，以神（精神）为马，予因而乘之，岂更驾哉（不用另备车了）？……造化又将奚以汝（子来，亦有病）为？将奚以汝适（往）？以汝为鼠肝乎？以汝为虫臂乎?" ⑤ 〔昧于一行〕冒昧应聘而行。 ⑥ 〔纵〕即使。 ⑦ 〔天涵地容〕像天地一样包容我。 ⑧ 〔太母〕指理宗谢皇后，名道清，度宗时尊为皇太后，恭帝时掌政，尊为太皇太后。宋亡，入元，七年后死于大都，年七十四。 ⑨ 〔谏不行〕谏诤不听从。〔言不听〕建议不采纳。〔不去〕不辞职离开。 ⑩ 〔勉〕勉力。〔竭〕尽。〔驽钝〕驽马，钝刀，比喻才力之弱。〔上〕指皇室。 ⑪ 〔上仙〕死亡。道家称人死为上升仙界。 ⑫ 〔北向〕向北方（大都）。〔号〕哭叫。 ⑬ 〔不能寄一功德疏（旧读 shù）如任元受故事〕意为尚未作悼念文字追荐太母。任尽言，字元受，南宋初年进士。闻钦宗（为金人虏去）死，作悼念疏文二篇〔见岳珂《桯（tīng）史》卷十五"献陵疏文"条〕，率缙绅在佛寺追荐。功德疏，祝死者上升天界之疏文。故事，旧行事。

有何面目捧麦饭酒太母之陵乎①？此不可应聘者三也。

三是感前朝太后之恩，义不容变节。

今朝廷欲根寻好人、不亏面皮正当底人②，某决不敢当此选。先生若以三十年老门生不悖负师门为念③，特赐仁言④，为某陈情⑤，使江浙行省参政管公愿移关诸道路县及道录司⑥，不得纵容南人贪酷吏多开骗局，胁取银钞⑦，重伤国体⑧，大失人心，俾某与太平草木同沾圣朝之雨露⑨，生称善士，死表于道曰"宋处士谢某之墓⑩"，虽死之日，犹生之年。感恩报德，天实临之⑪。

对朝廷征召坚决推却，希望对方能够体谅、协助。

---

① 〔麦饭〕上坟祭品。宋时风俗，寒食酒麦饭以祭先人。 ② 〔根寻〕细找，认真找。〔不亏面皮〕不丢脸，有操守。〔正当底人〕正派的人。底，的（宋人语录中常用）。 ③ 〔若以……为念〕如果顾念……。悖（bèi）负，违背，辜负。 ④ 〔赐仁言〕说好话（开脱）。 ⑤ 〔为某陈情〕替我说情。 ⑥ 〔江浙行省〕江浙等处行中书省，大地区名。〔参政管公〕参知政事（行省之中上级官）管如德。据《新元史·行省宰相年表》，是时管如德任左丞（比参知政事高一级）。〔移关诸道路县及道录司〕行文给下属各官衙。关，一种文书（件）。道录司，掌道教之官。 ⑦ 〔不得纵容南人贪酷吏多开骗局，胁取银钞〕当时求贤之事，往往为贪酷官吏弄权作弊造机会，希望管如德下令禁止。纵容，听凭做坏事。南人，南方投降新朝之官吏。胁，逼迫。银钞，银钱。钞，纸币。 ⑧ 〔重伤国体〕严重破坏法制。 ⑨ 〔俾(bǐ)〕使。〔太平草木〕太平世道之花草树木。〔圣朝〕尊称元朝。此乃依例，非本心。〔雨露〕比喻恩惠。 ⑩ 〔表于道〕立表记于神道，表记，多是碑。神道，墓前通墓门之道。〔宋处士〕自称宋人，表示不忘故国。处士，隐居不仕之高士。 ⑪ 〔临〕居上视下，指天为证之意。

司马子长有言①:"人莫不有一死,死或重于太山,或轻于鸿毛。"先民广其说曰②:"慷慨赴死易③,从容就义难④。"先生亦可以察某之心矣⑤。干冒钧严⑥,不胜恐惧战栗之至⑦。

最后表示宁死不屈的决心。

【研读参考】 一、《谢叠山集》中还有一篇《上程雪楼御史书》,一篇《与参政魏容斋书》,也是坚决拒绝征聘,性质与本篇相类,如果能找到,也值得读一读。

二、读文章要注意言外之意,就是本意与字面未必一致。不一致有各种情况:有的有文字之外的意思,有的言在此而意在彼,有的甚至是反话正说。本篇中都有哪类情形?仔细体会之后说说看。

三、不可应聘的理由二是重点,写得理严正而意沉痛。用现代语改写一下,可以简化,但要保存原作的精神。

---

① 〔司马子长〕司马迁。引文见《报任安书》,原作:"人固有一死,或重于泰山,或轻于鸿毛。" ② 〔先民〕古人。指何人不详。〔广其说〕推广此说。 ③ 〔慷慨赴死〕激昂慷慨地去死。如战斗,可一怒而忘生。 ④ 〔从容就义〕心中平静地去死。如生死可以选择时舍生而取义。 ⑤ 〔可以察某之心〕可以由我引用之古语了解我之决心。意为若逼我应召我就死。 ⑥ 〔干冒〕干犯。〔钧严〕您的尊严。 ⑦ 〔不胜(shēng)恐惧战栗之至〕对高官之文件中常用,以表示恭谨。至,极。

四七　送秦中诸人引　元好问

【解说】本篇选自《遗山先生文集》。秦中，指现在陕西一带，古代是秦国的疆域。引，就是"序"，宋朝苏洵的父亲名序，为避家讳，苏洵写文章称"序"为"引"，如《送石昌言使北引》。后来的文人也有沿用这种写法的。序有书序，有赠序，本篇是赠序。大概在金哀宗正大二年（1225，即金亡国之前十年），作者在河南一带居住的时候，有些友人将西行回秦中，他写了这篇赠序，由秦中的风土人情，以及自己对秦中的怀念，对田园生活的向往，说明了归秦中的乐趣及深远意义。其时是金朝灭亡的前夕，所以文中也表现了厌世的颓唐情绪。

作者元好问（1190—1257），字裕之，号遗山，金朝太原秀容（今山西忻州）人。他是北魏拓跋氏的后代，所以姓元（北魏孝文帝迁都洛阳，改鲜卑姓"拓跋"为汉姓"元"）。七岁就能作诗。十四岁，从当时著名学者郝天挺研习经传百家之学。二十岁以后出游，写《箕山》《琴台》等诗，受到礼部侍郎赵秉文的赏识。金宣宗兴定五年（1221）中进士，曾多次任县令，并入翰林，为知制诰。金亡以后，他不再做官，从事著述。蒙古宪宗七年卒于获鹿寓舍，年六十八。他是金末元初的大作家，诗尤其有名。著有《遗山集》《中州集》《壬辰杂编》等。

关中风土完厚①，人质直而尚义②，风声习气③，歌谣慷慨④，且有秦汉之旧⑤。至于山川之胜⑥，游观之富⑦，天下莫与为比。故有四方之志者多乐居焉⑧。

> 文章是送诸人归秦中，所以先从秦中山川人物之美写起。

予年二十许时⑨，侍先人官略阳⑩，以秋试留长安中八九月⑪。时纨绮气未除⑫，沈涵酒间⑬，知有游观之美而不暇也⑭。长大来，与秦人游益多，知秦中事益熟，每闻谈周、汉都邑及蓝田、鄠、杜间风物⑮，则喜色津津然动于颜间⑯。

----

① 〔关中〕函谷关以西之地，今陕西省。旧说，东自函关，西至陇关，谓之关中。〔风土完厚〕气候良好，土地肥美。风土，指气候、物产。 ② 〔质直〕质朴、爽直。〔尚义〕崇尚义气。 ③ 〔风声习气〕（能感染人之）风教及习俗。 ④ 〔歌谣慷慨〕唱歌，情调激昂慷慨。歌谣，民间歌辞。 ⑤ 〔且〕并且。〔秦汉之旧〕秦汉之遗风。 ⑥ 〔山川之胜〕指华山、终南山、泾河、渭河等。胜，优美之景物。 ⑦ 〔游观〕游览观赏，这里作名词，指古迹、名胜。〔富〕多。 ⑧ 〔四方之志〕离家创业之志。《左传》僖公二十三年："子有四方之志。" ⑨ 〔许〕表约数之词，左右。 ⑩ 〔侍先人官略阳〕陪侍在略阳做官之已故父亲。（元好问父亲名格。本生父为元德明，自幼过继为叔父元格后。）略阳，即陇城县，在今甘肃秦安境内。 ⑪ 〔秋试〕科举时代秋季举行之乡试。每三年一次，考中者称"举人"。 ⑫ 〔纨绮气〕富贵人家子弟之习气。含贬义。纨，绢。绮，有花纹之丝织品。纨绮，指华美之服装。 ⑬ 〔沈涵酒间〕沉溺于饮酒。 ⑭ 〔不暇〕无空闲。 ⑮ 〔周、汉都邑〕西周时国都镐（hào）京，在今陕西西安西南；西汉时国都长安，在今西安一带。〔蓝田〕今陕西蓝田。〔鄠（hù）〕今陕西鄠邑，在西安西南。〔杜〕指杜陵，在今陕西西安，汉宣帝葬此。鄠、杜之间有杜曲、杜陵等名胜古迹。〔风物〕一方特有之景物。 ⑯ 〔津津然〕高兴之状。〔颜间〕面孔。

二三君多秦人①,与余游②,道相合而意相得也③。常约近南山寻一牛田④,营五亩之宅⑤,如举子结夏课时⑥,聚书深读⑦,时时酿酒为具⑧,从宾客游,伸眉高谈⑨,脱屣世事⑩,览山川之胜概⑪,考前世之遗迹,庶几乎不负古人者⑫。然予以家在嵩前⑬,暑途千里⑭,不若二三君之便于归也。清秋扬鞭⑮,先我就道⑯;矫首西望⑰,长吁青云⑱。

> 承上段,说自己与秦中的关系:先是知有游观之美而未游;其后是爱其地,想置身其间,而未能与诸人同往。这是阐明送行之情。

今夫世俗惬意事⑲,如美食大官,高赀华屋⑳,皆众人

---

①〔二三君〕诸位。即"秦中诸人"。 ②〔游〕交游。 ③〔道相合〕志同道合。〔意相得〕情投意合。得,适合。 ④〔南山〕终南山,在西安南。〔寻一牛田〕寻求一条耕牛所能耕种之田地。意为不求多。 ⑤〔营〕营造。〔五亩之宅〕五亩之家园。《孟子·梁惠王上》:"五亩之宅,树之以桑,五十者可以衣帛矣。" ⑥〔如举子结夏课时〕如未考中进士之举人,结合一同赴试之人作"夏课"之情况。《南部新书》:"长安举子,自六月以后,落第者不出京,谓之'过夏'。多借净坊庙院及闲宅居住,作新文章,谓之'夏课'。" ⑦〔深读〕认真读。深,深入,精细。 ⑧〔酿酒为具〕造酒并备食品。具,供具,指酒肴等。 ⑨〔伸眉〕扬眉。表示兴趣高。 ⑩〔脱屣(xǐ)世事〕摆脱世事之困扰。脱屣,原意为脱弃敝履。屣,鞋。 ⑪〔胜概〕佳妙之景象。 ⑫〔庶几乎〕或者能够。〔古人〕指有高风亮节之古人。 ⑬〔嵩前〕嵩山之南。嵩山,五岳中之中岳,在今河南登封北。元好问于金宣宗兴定二年(1218)移家登封。 ⑭〔暑途千里〕在夏日之征途上行千里路。登封距长安约千里。文章当为夏日所写,故云。 ⑮〔清秋〕清爽之秋季。〔扬鞭〕举鞭,骑马上路。 ⑯〔先我就道〕比我先走上旅途。 ⑰〔矫首西望〕举头西望(秦中)。矫,举。 ⑱〔长吁(xū)青云〕望青云而长声叹息。意为望见青云而思念远方。吁,叹气。 ⑲〔惬(qiè)意〕快意,满意。 ⑳〔高赀(zī)〕钱多。赀,资,钱财。〔华屋〕华贵之居室。

所必争而造物者之所甚靳①,有不可得者。若夫闲居之乐,淡乎其无味②,漠乎其无所得③,盖自放于方之外者之所贪④,人何所争⑤,而造物者亦何靳耶?行矣诸君⑥,明年春风,待我于辋川之上矣⑦。

最后由说理方面着笔,说秦中生活有高尚价值,送人,自己也将前往,立意更深一层。

【研读参考】 一、本篇的优点是:(1)内容的组织得体;(2)叙述、描写的辞章好。如果你同意这样的评论,请说明所以这样评论的理由。

二、文中多有好古的感情,向往隐居的感情,这同作者的学问、境遇有没有关系?说说看。

三、本篇中"风声""习气""无味",意义与现在的用法不尽同。说说分别是什么。

---

① 〔造物者〕上天。古人认为上天为万物之主宰。〔靳(jìn)〕吝惜,舍不得(给人)。 ② 〔淡乎其无味〕清淡无味。指闲居之人弃绝名利。 ③ 〔漠乎其无所得〕平淡无奇,什么都得不到。 ④ 〔自放〕放任不拘。〔方之外〕世外。《庄子·大宗师》:"彼游方之外者也。"〔贪〕求。 ⑤ 〔人何所争〕意思是,对"淡乎其无味,漠乎其无所得"之生活,人没有什么要争的。 ⑥ 〔行矣〕走吧。 ⑦ 〔辋(wǎng)川〕水名,在蓝田南。唐朝诗人王维曾筑别墅于此,有华子冈、欹(qī)湖、竹里馆、柳浪、辛夷坞等名胜。

四八　小简五篇　归有光

【解说】本篇选自《震川先生别集》。小简,意思是短的书札。写信,都是有所为而发。所为的事,有大有小,有多有少;内容多当然要写得长,如万言书,内容少就要写得短。这样看,好像短的书札都可以称为小简。其实不是这样。小简就篇幅说是短的书札,就内容和写法说又不只是短的书札,而是随笔式的书札。这种体裁起源于晋人的清谈,三言两语,写到纸上,语高雅而意深远。传世的晋人杂帖就是这样的作品。这类随笔式的小文,简练含蓄,语妙情挚,最能显示作者的个性。所以读了会感到亲切,韵味无穷。六朝以后,文人用这种写法的不少,如宋朝的苏轼和黄庭坚就是这方面的高手(本书第二册选他们写的《小简四篇》,可以参看)。明朝长于写这类小简的也有一些,比较有名的是归有光。这里选五篇,内容各式各样,但有个共同点:笔调灵活,语句简而淡,都是轻轻点染,就把胸怀画到纸上,使读者如闻其声,如见其人。写文章,灵活多变、言简意深是个较高的境界,读名作家的小简应该多多体会这一点。

作者归有光(1507—1571),字熙甫,号震川,明朝昆山(今江苏昆山)人。年轻时候刻苦读书,学问渊博,能诗文。可是科举考试一直不顺利,到明世宗嘉靖十九年(1540),三十五岁才考中举人(第二名)。以后连续八次(三年一次)考进士没录取,到第九次(嘉靖四十四年,1565),他近六十岁,才考中。中举人以后,移居嘉定(今上海市嘉定区)安亭镇,读书讲学,从学者很多。中进士以后,任长兴(今浙江长兴)知县,后改顺德府通判、南京太仆寺丞。归有光生当后七子提倡复古文风(文必秦汉,诗必盛唐)的时期,他却推崇唐宋,与后七子中有大名的王世贞对抗。他长于写抒情散文,能够以清淡朴实的文笔写琐屑事物,感情深挚,形象生动。在明朝后期,他是特出的散文大家。著有《震川先生集》《三吴水利录》等。

与沈敬甫①

甫里阻风②,不得入城③,径还安亭④。世事无可言者⑤,暂投永怀寺避岁⑥,灯前后可入城也⑦。曾见顾恭人寿文否⑧?敬甫试取评骘⑨,不知于曾子固何如⑩。一笑⑪。

----

①〔沈敬甫〕沈孝,字敬甫,昆山人。归有光之弟子。 ②〔甫里阻风〕舟行至甫里,为风所阻。甫里,今苏州市东南甪(lù)直镇之古名,唐朝诗人陆龟蒙曾隐居于此。 ③〔城〕疑指昆山。 ④〔径〕一直。 ⑤〔世事无可言者〕意为皆很糟。 ⑥〔投〕奔往。〔永怀寺〕安亭一寺名。〔避岁〕躲避过年时之繁杂交往。 ⑦〔灯〕灯节,阴历正月十五,亦称元宵节。 ⑧〔顾恭人〕顾家老夫人。恭人,妇人封赠之号。明清时四品官之妻封恭人。〔寿文〕祝寿之文,一般称寿序(此文不见文集中)。 ⑨〔评骘(zhì)〕评定好坏。骘,定。 ⑩〔于曾子固何如〕比曾子固之寿文怎样?曾子固,曾巩,见本册《寄欧阳舍人书》。 ⑪〔一笑〕意为所说只是一句笑话,并非真要比较。如此说为表谦逊。

先写近日行止、心境，然后请评论近作。

又

仆文何能为古人①！但今世相尚，以琢句为工②，自谓欲追秦汉③，然不过剽窃齐梁之余④，而海内宗之⑤，翕然成风⑥，可谓悼叹耳⑦。区区里巷童子强作解事者⑧，此诚何足辨也⑨？

评论当时文人标榜复古之病。

与吴刑部维京⑩

昨者得从诸乡老获侍清诲⑪，不谓亟承超拜⑫，攀留无

---

① 〔仆文何能为古人〕我的文章怎能与古人并列。② 〔以琢句为工〕把修饰字句作为工巧。意为不问内容。工，巧，好。③ 〔欲追秦汉〕明朝复古派主张"文必秦汉，诗必盛唐"。④ 〔剽（piāo）窃〕抄袭。剽，掠夺。窃，偷。〔齐梁〕南朝齐梁两朝，为骈文鼎盛时期。〔余〕残余，意为糟粕。⑤ 〔海内〕四海之内，全国。〔宗〕尊崇，效法。⑥ 〔翕（xī）然〕相合，一致。〔成风〕成为风气。⑦ 〔谓〕通"为"。〔悼叹〕伤痛、叹气。⑧ 〔区区〕小小的。〔里巷童子〕普通人家之幼童。意含轻蔑（没见过世面）。〔强（qiǎng）作解事〕不知而冒充知道。⑨ 〔此〕指复古派之兴盛。〔何足辨〕有什么值得分辨？不值得分辨。⑩ 〔吴刑部维京〕任刑部官之吴维京，事迹不详。旧时代习惯称在中央某部任中级官吏（郎中、员外郎、主事等）之人为某部，表示尊重。⑪ 〔昨者〕几天前。〔乡老〕同乡前辈。〔获侍清诲〕得与您见面。侍，侍奉。客气语。清诲，教诲。敬语。⑫ 〔不谓〕想不到。〔亟承超拜〕很快升官（将离开）。亟，急。承，受到。超拜，得较高任命。

计①,徒切怅仰而已②。鄙人为县无状③,顾不敢鄙夷其民④,童子妇人所知。虽谤讟烦兴⑤,而公论犹有十八九⑥,田野之谣当亦流传于苕霅百里间也⑦。去冬遣人北行,乞解官⑧,第诸老相知者多移书劝勉⑨,暂为治行⑩,可谓进退次且矣⑪。

写宦途波折及引退之志,重点表白自己一贯有爱民之心。

与王子敬⑫

南还,与旌旆差池仅旬日⑬,恨不一会⑭。仆以二月十

---

①〔攀留无计〕欲挽留而没办法。 ②〔徒切怅仰〕只深深地感到遗憾和思念。 ③〔鄙人〕我。谦称。〔为县〕做(长兴县)县官。〔无状〕不好,没有个样子。谦语。 ④〔顾〕但。〔鄙夷〕蔑视。 ⑤〔谤讟(dú)〕说坏话。讟,怨言。〔烦〕多。〔兴〕起。 ⑥〔十八九〕十分之八九。 ⑦〔田野之谣〕民间歌谣(指评论政务者)。〔苕(tiáo)霅(zhá)〕皆水名,在浙江北部,至吴兴县汇而为一,流入太湖。长兴与吴兴接壤,苕霅百里间指长兴一带。 ⑧〔解官〕解除官职。 ⑨〔第〕但。〔相知者〕有朋友关系者。〔移书〕寄信。〔劝勉〕劝不解官,仍任职。 ⑩〔治行〕整治行装,做离去准备。 ⑪〔次且〕同"趑(zī)趄(jū)",忽进忽退,犹豫不定。 ⑫〔王子敬〕王执礼,字子敬,昆山人。归有光之学生,与归有光同年中进士。 ⑬〔南还〕(自北京)回南方。指中进士后回江南,然后往长兴县上任。〔与旌旆(pèi)差(cī)池〕没遇见您。旌、旆,皆旗类。指仪仗。此为尊称有官位之人。差池,参差不齐,相错。言我走你来,未能相逢。〔旬日〕十天。 ⑭〔一会〕见一次面。

二之任①。山乡久不除令②,告讦成风③,犴狱常满④,治文书至夜不得息⑤,殊违所性⑥。所幸士民信其一念之诚⑦,儿童妇女皆知敬慕,深愧无以使之不失望耳。每一听断⑧,以诚心求之⑨,此心自觉豁然清明⑩,仕与学信非二事也⑪。如是行之无倦⑫,知古人不难为矣⑬。

写做县令的劳苦以及自己忠于职守的苦心,并从而领悟学与仕的关系,以诚心自勉。

与沈敬甫

城市中耳目日非⑭,来此虽极荒绝⑮,能令人生道气也⑯。《游山记》殊有兴致⑰,略看一过⑱,僭抹数行⑲,不知何如。因泪多伤目⑳,不耐久看文字,极困闷也㉑。旧与

---

①〔二月〕嘉靖四十五年(1566)二月。〔之任〕赴任,上任。之,动词,往。 ②〔山乡〕长兴县多山,故云。〔久不除令〕好久未委派县令。除,任命官员。 ③〔告讦(jié)〕告发他人。讦,攻人之短。 ④〔犴(àn)〕牢狱。 ⑤〔治文书〕处理公牍(诉讼案卷)。 ⑥〔殊违所性〕甚与自己性情不合。所性,秉赋于天之性质。 ⑦〔其〕指作者自己。 ⑧〔听断〕听讼断案。 ⑨〔求之〕求公平合理。 ⑩〔豁然〕明朗之状。 ⑪〔仕与学〕做官和求学。《论语·子张》有"仕而优则学,学而优则仕"之语,是说仕与学互相补充。所以这里说"信非二事"。优,有余力之意。〔信〕确实。 ⑫〔无倦〕不懈怠,不停止。 ⑬〔古人不难为〕不难成为古人(修养高之人)。 ⑭〔耳目日非〕所闻所见一天比一天坏。 ⑮〔此〕疑指安亭。〔荒绝〕甚荒僻。 ⑯〔道气〕重修养,远世俗之心情。 ⑰〔《游山记》〕当为沈敬甫所作。山,疑指昆山北之马鞍山。 ⑱〔一过〕一遍。 ⑲〔僭(jiàn)抹〕擅自改动。僭,超越本分。谦词,表示自己不配。抹,删去。 ⑳〔泪多伤目〕或因丧子而哭泣。 ㉑〔困闷〕困顿烦闷。

纯甫游此山①,山北破龙涧下抵白龙寺尤奇胜②。有泉一道③,从破石间下流可一里④。相传有白龙破此山而去,其形势真如劈破。幽泉乱石相触,淙淙有声⑤。旁多珊瑚瑶草⑥,石隙间时有积雪⑦。贤昆玉不曾到此也⑧。读记⑨,因怀纯甫,为之惘然耳⑩。

　　写由修改《游山记》而怀念旧游之地和同游之人。

【研读参考】 一、书札是一种常用的文体,也是值得重视的文体。写起来不像命题作文那样受限制,而且多是述怀抱,表情思,所以最容易使读者感到有情趣。可以找这类作品多读一些,练习写。叶幼明等《历代书信选》(湖南人民出版社)可以参考。

　　二、本篇中几封信,开头都没有称呼对方,结尾自己没有署名,这是为了避免千篇一律,编文集时删去的。如果补上,应当怎样写?试补一下。

　　三、用现代语写一两则小简,要求字数不多而意义深远。

----

①〔纯甫〕吴中英,字纯甫,昆山人。归有光之好友。〔此山〕《游山记》所记之山。 ②〔下〕往下。 〔抵〕到达。 〔尤〕特别。 〔奇胜〕美好。 ③〔道〕条。 ④〔可〕约。 ⑤〔淙(cóng)淙〕流水声。 ⑥〔珊瑚瑶草〕光采如珊瑚之仙草。极言水草之美。瑶草,仙草。瑶,美玉。 ⑦〔隙〕缝。 ⑧〔昆玉〕尊称他人兄弟。指沈敬甫兄弟。 ⑨〔记〕《游山记》。 ⑩〔惘(wǎng)然〕怅惘若有所失之状。

四九　答茅鹿门知县书　唐顺之

【解说】本篇选自《荆川先生文集》。茅鹿门，名坤，字顺甫，号鹿门，明朝归安（今浙江吴兴）人。明世宗嘉靖十七年（1538）进士。有名的古文家，曾选编《唐宋八大家文钞》。他中进士之后曾任青阳（今安徽青阳）和丹徒（今江苏丹徒）知县，所以题目称他为知县。信当是唐顺之罢官后住在阳羡（今江苏宜兴）、茅坤任丹徒知县时期（嘉靖二十几年）写的，所以信里提到茅坤东归（往吴兴）、西上（往丹徒）从阳羡经过。

信是谈论文章的工拙高下的。当时垄断文坛的是复古派，即以李攀龙、王世贞为首的后七子。他们主张学秦汉，为文讲究义法，重复古人腔调。唐顺之反对这种专重形式的复古的文风。在这封信里，他大声疾呼，冷嘲热讽，宣扬文章的高下并不取决于表达方面的种种规格，而取决于有没有好内容，即独特的见识。这种重内容、轻形式的文论，不只在当时有进步意义，就是在今天也值得借鉴。

文字奔放自然，正如信中所说，是"信手写出"，"如写家书"，还间或用一些白话，显得情意真挚，毫无拘束之态。这也值得注意。

作者唐顺之（1507—1560），字应德，又字义修，人称荆川先生，明朝武进（今江苏常州）人。聪慧，读书多。嘉靖八年（1529）会试第一（会元），进士二甲第一。任兵部主事，转吏部，入翰林。嘉靖十八年（1539）后削籍（革职），住阳羡十几年。因倭寇扰沿海一带，他以郎中衔率军抵御，亲身泛海攻敌，屡立战功。升右佥都御史，巡视各地，死在任上。他通天文、地理、兵法、乐律等学问。为文学唐宋，雄健委曲，人称为唐宋派的大作家。著有《荆川先生文集》《两汉解疑》等。

熟观鹿门之文，及鹿门与人论文之书①，门庭路径②，与鄙意殊有契合③；虽中间小小异同，异日当自融释④，不待喋喋也⑤。至如鹿门所疑于我本是欲工文字之人而不语人以求工文字者⑥，此则有说⑦。

先说明写信的来由：论文章高下的根本。

鹿门所见于吾者，殆故吾也⑧，而未尝见夫槁形灰心之吾乎⑨？吾岂欺鹿门者哉！其不语人以求工文字者，非谓一

---

① 〔书〕信。② 〔门庭路径〕所作与所向。指对诗文之主张。③ 〔鄙意〕己见。鄙，不通达高雅。谦词。〔殊有〕甚有。〔契合〕相符。④ 〔异日〕他日，以后。〔融释〕化开。⑤ 〔不待〕不用，不必。〔喋（dié）喋〕多说。⑥ 〔不语（旧读 yù）人〕不告诉人。〔求工文字〕应着重修饰文辞。⑦ 〔有说〕有可说之理由。⑧ 〔殆〕大概是。〔故吾〕昔日之我。指自己过去之论文观点。⑨ 〔槁（gǎo）形灰心〕身体如枯木，心灵如冷灰。比喻因看清世事而超脱。槁，干枯。《庄子·齐物论》："形固可使如槁木，而心固可使如死灰乎？"

切抹煞①,以文字绝不足为也②;盖谓学者先务③,有源委本末之别耳④。文莫犹人,躬行未得⑤,此一段公案姑不敢论⑥。只就文章家论之,虽其绳墨布置⑦,奇正转折⑧,自有专门师法⑨;至于中一段精神命脉骨髓⑩,则非洗涤心源⑪,独立物表⑫,具今古只眼者⑬,不足以与此⑭。今有两人:其一人心地超然⑮,所谓具千古只眼人也,即使未尝操纸笔⑯,呻吟学为文章⑰,但直据胸臆⑱,信手写出,如写家书,虽或疏卤⑲,然绝无烟火酸馅习气⑳,便是宇宙间一样绝好文字㉑;其一人犹然尘中人也㉒,虽其专专学为文章㉓,其于所

---

① 〔一切抹煞(shā)〕皆不计较。抹煞,扫灭勾销。煞,同"杀"。② 〔不足〕不值得。③ 〔先务〕应先从事者。④ 〔源委本末〕意为重要者与不重要者。源,水流所自来。委,水之下游。本,树根。末,树梢。⑤ 〔文莫犹人,躬行未得〕意为文章与修养孰轻孰重乃老问题。《论语·述而》:"子曰:'文莫吾犹人也,躬行君子,则吾未之有得。'"文莫,旧无确解,据后人考证,同"黾(mǐn)勉",即努力之意。躬行,亲身做合理之事。⑥ 〔公案〕事件。指品行修养与文章比较轻重。〔姑〕暂且。⑦ 〔绳墨〕木工打线之工具,引申为规则。〔布置〕指文章组织。⑧ 〔奇正转折〕指行文变化。正,平铺直叙。与正相反为"奇"。⑨ 〔师法〕有传授,有讲究。⑩ 〔中〕文字所含之内容。〔精神命脉骨髓〕皆比喻文章内容(文字如形体、外表)。⑪ 〔洗涤心源〕使心底明净。即不为外界杂说所扰。⑫ 〔独立物表〕在物之外、物之上。即有独特高超之见识。⑬ 〔具今古只眼〕有超出古今之独立见解。只,独特。⑭ 〔不足以与(yù)此〕谈不上这个。与,参与。⑮ 〔心地〕内心,心里。⑯ 〔操〕持。⑰ 〔呻吟〕指吟哦文句。有斟酌之意。〔为〕作。⑱ 〔但〕只。〔直据胸臆〕直接按自己之想法。胸臆,指心。臆,胸。⑲ 〔疏卤(lǔ)〕粗疏草率。⑳ 〔烟火酸馅习气〕庸俗迂腐之老调。烟火,近于世俗,不高雅。酸馅,低劣食品之味。习气,习惯之坏作风。㉑ 〔一样〕一种。㉒ 〔犹然〕仍然。〔尘中人〕世俗中人。㉓ 〔专专〕形容甚用心。

谓绳墨布置则尽是矣①,然翻来复去,不过是这几句婆子舌头语②,索其所谓真精神③,与千古不可磨灭之见,绝无有也,则文虽工而不免为下格④。此文章本色也⑤。即如以诗为谕⑥,陶彭泽未尝较声律⑦,雕句文⑧,但信手写出,便是宇宙间第一等好诗。何则?其本色高也。自有诗以来,其较声律,雕句文,用心最苦而立说最严者无如沈约⑨,苦却一生精力,使人读其诗,只见其捆缚龌龊⑩,满卷累牍⑪,竟不曾道出一两句好话⑫。何则?其本色卑也。本色卑,文不能工也,而况非其本色者哉?

承上段,说明文章好坏,主要决定于是否有真实高超的内容,而不决定于表达方面的技巧。

且夫两汉而下⑬,文之不如古者,岂其所谓绳墨转折之精之不尽如哉?秦汉以前,儒家者有儒家本色⑭,至如老庄家有老庄本色⑮,纵横家有纵横本色⑯,名家、墨家、阴阳

---

① 〔尽是〕都对。 ② 〔婆子舌头语〕喻啰唆无意味之言谈。 ③ 〔索〕求。 ④ 〔下格〕下品,下等。 ⑤ 〔本色〕本质,重要之性质。 ⑥ 〔谕〕比喻。 ⑦ 〔陶彭泽〕陶渊明。他曾为彭泽令。〔较〕衡量,用心。〔声律〕音韵,格律。 ⑧ 〔雕句文〕雕琢文句。 ⑨ 〔立说〕创立(声律)学说。〔沈约〕字休文,南朝宋人。创四声(平、上、去、入)八病(平头、上尾、蜂腰、鹤膝、大韵、小韵、旁纽、正纽)说,作诗重声律。 ⑩ 〔捆缚〕限制多。〔龌(wò)龊(chuò)〕拘谨局促。 ⑪ 〔满卷累牍〕意同"连篇累牍",形容作品多。牍,古人写字之木简。 ⑫ 〔好话〕有好内容之言。 ⑬ 〔两汉〕西汉、东汉。 ⑭ 〔儒家〕孔子之学派。 ⑮ 〔老庄家〕道家,以老子、庄子为代表之学派。下文称"老家"同。 ⑯ 〔纵横家〕战国时以游说之士(如苏秦、张仪)为代表之学派。

家皆有本色①,虽其为术也驳②,而莫不皆有一段千古不可磨灭之见。是以老家必不肯剿儒家之说③,纵横必不肯借墨家之谈,各自其本色而鸣之为言④。其所言者,其本色也,是以精光注焉⑤,而其言遂不泯于世⑥。唐宋而下,文人莫不语性命⑦,谈治道⑧,满纸炫然⑨,一切自托于儒家⑩。然非其涵养畜聚之素⑪,非真有一段千古不可磨灭之见,而影响剿说⑫,盖头窃尾⑬,如贫人借富人之衣,庄农作大贾之饰⑭,极力装做,丑态尽露,是以精光枵焉⑮,而其言遂不久湮废⑯。然则秦汉而上,虽其老、墨、名、法、杂家之说而犹传⑰,今诸子之书是也;唐宋而下,虽其一切语性命、谈治道之说而亦不传,欧阳永叔所见唐四库书目百不存一

---

①〔名家〕战国时以惠施、公孙龙为代表之学派。〔墨家〕战国时墨子之学派。〔阴阳家〕战国时以邹衍为代表之学派。 ②〔术〕道术(理论及实践)。〔驳〕杂,不纯。 ③〔剿(chāo)〕抄袭。 ④〔鸣之为言〕说出成为言论。 ⑤〔精光注焉〕充满深微之光采。注,贯注。 ⑥〔泯〕消失。 ⑦〔性命〕人性、天命之哲理。 ⑧〔治道〕治国平天下之道。治,与"乱"相对,指政治清明,社会安定。 ⑨〔炫然〕光亮耀目。 ⑩〔一切〕指所有谈论。〔自托〕自己认为本于。托,寄托。 ⑪〔涵养畜聚〕(学问品德之)修养及积累。〔素〕平素,本来所有。 ⑫〔影响〕如影随形,如响应声。意为人云亦云。 ⑬〔盖头窃尾〕剽窃以为己有。盖头,蒙头(怕人认出)。 ⑭〔大贾(gǔ)〕富商。 ⑮〔枵(xiāo)〕空虚。 ⑯〔湮(yān)废〕埋没不存。 ⑰〔法〕法家,以商鞅等为代表之学派。〔杂家〕合儒、墨、名、法诸家之说者,如《吕氏春秋》《淮南子》等。

焉是也①。后之文人欲以立言为不朽计者②,可以知所用心矣。然则吾之不语人以求工文字者,乃其语人以求工文字者也,鹿门其可以信我矣。

> 举历史事实,从另一个角度,更进一步发挥上一段的主张。

虽然,吾槁形而灰心焉久矣,而又敢与知文乎?今复纵言至此③,吾过矣④,吾过矣。此后鹿门更见我之文⑤,其谓我之求工于文者耶,非求工于文者耶?鹿门当自知我矣。一笑⑥。

> 用几句谦逊的话总括以上的意思,与开头"此则有说"呼应。

鹿门东归后⑦,正欲待使节西上时得一面晤⑧,倾倒十年衷曲⑨;乃乘夜过此,不已急乎?仆三年积下二十余篇文字债,许诺在前,不可负约⑩,欲待秋冬间病体稍苏⑪,一切涂抹⑫,更不敢计较工拙,只是了债⑬。此后便得烧却毛

---

① 〔欧阳永叔〕欧阳修,字永叔。〔所见唐四库书目百不存一〕欧阳修编《新唐书》,在《艺文志》序中说,志中所载及唐以前所著录之书共八万余卷,已大半亡佚。四库,经、史、子、集。 ② 〔立言〕写文章,著述。《左传》襄公二十四年:"大(太)上有立德,其次有立功,其次有立言,虽久不废,此之谓不朽。"〔计〕打算。 ③ 〔纵言〕放言。 ④ 〔过矣〕错了。 ⑤ 〔更〕再。 ⑥ 〔一笑〕意为以上所说惹人发笑。旧时书信于率直言之后常用,以表谦逊。 ⑦ 〔东归〕或指由丹徒往故乡吴兴。下文"西上"指由吴兴往丹徒(途中经过阳羡)。 ⑧ 〔使节〕尊称有公职出行之人。节,出使所持之凭证。 ⑨ 〔倾倒(dào)〕吐出来,倒出来。指畅谈。〔衷曲〕心怀。曲,深微之情。 ⑩ 〔负约〕失信。 ⑪ 〔苏〕恢复。 ⑫ 〔涂抹〕随便写。谦词。 ⑬ 〔了债〕完债。

颖①，碎却端溪②，兀然作一不识字人矣③。而鹿门之文方将日进而与古人为徒④，未艾也⑤。异日吾倘得而观之，老耄尚能识其用意处否耶⑥？并附⑦，一笑。

   末尾写二人的文字交往，略述互相勉励之意，作结。

【研读参考】一、读过上一篇《小简五篇》和本篇，再联系本册前面的十几封信，你能不能从内容和写法的灵活自由方面说说书信这种体裁的特点？

  二、本篇论文章高下，举出两种相反的态度。这两种态度各是什么？并评论其得失。

  三、把最后一段译为现代语，要求不失原文神采。

---

①〔毛颖〕毛笔。韩愈曾作《毛颖传》。 ②〔端溪〕指砚。广东高要之端溪产砚石，称端砚，为名品。 ③〔兀（wù）然〕昏沉之状。 ④〔与古人为徒〕赶上古人。徒，同类之人。 ⑤〔艾〕止。 ⑥〔老耄（mào）〕老年人。作者自称。耄，八十上下。〔用意处〕主旨所在或得意之笔。 ⑦〔并附〕也附带说了。

五〇　论文上　袁宗道

【解说】本篇选自《白苏斋集》。论文，关于文章的议论。文分上下两篇，这里选的是上篇。下篇是批评后七子中重要人物李攀龙和王世贞的仿古理论，说他们无识。我们知道，六朝的文风是推重秾丽的骈体文，到唐朝中年，以韩愈、柳宗元等为代表，掀起古文运动，主张模仿秦汉，宣扬圣贤之道。经过宋朝欧阳修、苏轼等的继续努力，古文运动得到彻底胜利。这种文风延续到明朝，不只没有变化，反而变本加厉，成为机械的模仿。代表人物是以李梦阳、何景明为代表的前七子和以李攀龙、王世贞为代表的后七子。他们主张文必秦汉，诗必盛唐，并认为秦汉以后无文，盛唐以后无诗。可是他们的作品都是模拟古人的外貌，既缺乏内容，更无自己的个性。这种盲目复古的文风当然会遭到反对。这反对的力量，有委婉的，如归有光、唐顺之、王慎中等唐宋派就是，他们还是推崇古文，但不一定是秦汉。稍后，一股强大的反对力量兴起，主张不必模拟古人，应该直写胸臆，这就是文学史上说的公安派。创始的是袁宗道、袁宏道和袁中道兄弟三人，他们是湖北公安（今湖北公安）人，所以人称公安派。他们的作品浅易清新，敢于写自己的思想感情，有时甚至不避俚俗，杂以嬉笑。这种新文风对后来的影响不小，如明清之际的张岱，清朝的李渔、郑燮等，写文章都少道学气，就是这新流派的遗风。

本篇主要是阐明文章和语言的关系。它指出文章的好坏，在于"达"与"不达"，不在于"古"与"不古"。今人向古人学写文章，应该学古人的精神，求达，不应该只学古文的外貌。这种重内容、求通达的文论，在当时有进步意义，现在也还值得借鉴。

作者袁宗道（1560—1600），字伯修，号石浦。明神宗万历十四年（1586）会试第一（会元），二甲第一名进士。授庶吉士，进编修，终右庶子。为人清廉淡泊，中年学道学禅，注重养生。在唐宋诗人中，他特别喜欢清新流利风格的白居易和苏轼，所以名书斋为"白苏斋"。他能诗能文，都以浅显自然见长。著有《白苏斋集》。

　　口舌代心者也①，文章又代口舌者也，展转隔碍②，虽写得畅显③，已恐不如口舌矣，况能如心之所存乎④？故孔子论文曰："辞达而已⑤。"达不达，文不文之辨也⑥。

　　　　开头提出论点：写文章，最重要的是求"达"。

　　唐、虞、三代之文⑦，无不达者。今人读古书不即通

---

①〔口舌〕指说话。〔心〕心中所想，即思想感情。 ②〔展转隔碍〕一层一层地阻隔障碍。指意转为话，话转为文。 ③〔畅显〕流畅明白。 ④〔心之所存〕意。 ⑤〔辞达而已〕言辞能达意即可。意为不必求华丽古奥。《论语·卫灵公》："辞达而已矣。" ⑥〔文不文之辨〕文章好不好之区别。 ⑦〔唐〕上古之朝代，尧所建。〔虞〕上古之朝代，舜所建。〔三代〕夏、商、周。

晓①,辄谓古文奇奥②,今人下笔不宜平易③。夫时有古今,语言亦有古今,今人所诧谓奇字奥句④,安知非古之街谈巷语耶⑤?《方言》谓楚人称"知"曰"党"⑥,称"慧"曰"诿"⑦,称"跳"曰"跐"⑧,称"取"曰"挻"⑨,余生长楚国,未闻此言,今语异古,此亦一证。故《史记》五帝三王纪改古语从今字者甚多⑩:"畴"改为"谁"⑪,"俾"为"使"⑫,"格奸"为"至奸"⑬,"厥田""厥赋"为"其田""其赋"⑭,不可胜记⑮。

证明以上论点,举古人文章皆平易求达,《史记》并改古从今为例。

左氏去古不远⑯,然《传》中字句未尝肖《书》也⑰;

---

①〔不即通晓〕不能立即明白。 ②〔辄〕就,总是。〔奇奥〕奇异深奥(难解)。 ③〔不宜平易〕不应平实易解。意为应如古文之奇奥。 ④〔诧〕惊异。 ⑤〔街谈巷语〕指口头语言。 ⑥〔《方言》〕汉扬雄著,全名为《輶(yóu)轩使者绝代语释别国方言》。书中汇集古今各地同义词语,注明通行范围,可见汉代语言分布状况,为研究古代词汇之珍贵资料。〔楚人〕泛指春秋、战国时楚地(今湖北一带)之人。〔称〕说。 ⑦〔诿〕读 tuó。 ⑧〔跐〕读 chì。 ⑨〔挻〕读 yán。 ⑩〔《史记》五帝三王纪〕《史记》之《五帝本纪》及《夏本纪》《殷本纪》《周本纪》。〔从〕依照。 ⑪〔"畴"改为"谁"〕如《尚书·尧典》之"畴咨",《史记·五帝本纪》改为"谁可"。 ⑫〔"俾"为"使"〕如《尚书·尧典》之"有能俾(bǐ)乂(yì)",《史记·五帝本纪》改为"有能使治者"。 ⑬〔"格奸"为"至奸"〕如《尚书·尧典》之"不格奸",《史记·五帝本纪》改为"不至奸"。 ⑭〔"厥田""厥赋"为"其田""其赋"〕如《尚书·禹贡》之"厥田惟上中,厥赋中中",《史记·夏本纪》改为"其田上中,赋中中"。 ⑮〔不可胜(shēng)记〕记不过来。胜,禁得住。 ⑯〔左氏〕左丘明。〔去〕离。 ⑰〔《传》〕《左传》。〔肖(xiào)〕像。〔《书》〕《尚书》。

司马去左亦不远①，然《史记》句字亦未尝肖《左》也。至于今日，逆数前汉②，不知几千年远矣，自司马不能同于左氏，而今日乃欲兼同左、马，不亦谬乎③？中间历晋、唐，经宋、元，文士非乏④，未有公然挦撦古文⑤，奄为己有者⑥。昌黎好奇⑦，偶一为之，如《毛颖》等传⑧，一时戏剧⑨，他文不然也。空同不知⑩，篇篇模拟，亦谓反正⑪。后之文人遂视为定例，尊若令甲⑫，凡有一语不肖古者，即大怒，骂为野路恶道⑬。不知空同模拟，自一人创之，犹不甚可厌；迨其后以一传百⑭，以讹益讹⑮，愈趋愈下⑯，不足观矣⑰。

> 仍是证明开头的论点，举古人文章不模仿前代为例，并批判复古主义者的一味模拟。

且空同诸文，尚多己意，纪事述情，往往逼真，其尤可取者，地名官衔俱用时制⑱。今却嫌时制不文，取秦汉名

---

① 〔司马〕司马迁。 ② 〔逆数（shǔ）前汉〕倒着往上数年代，数到西汉。 ③ 〔谬〕荒唐。 ④ 〔乏〕缺少。 ⑤ 〔挦（xún）撦（chě）〕剥取。指写作中割裂文义，剽窃词句。 ⑥ 〔奄（yǎn）为己有〕全部据为己有。奄，覆盖。 ⑦ 〔昌黎〕韩愈。 ⑧ 〔《毛颖》〕假托之人名，指毛笔。韩愈所作《毛颖传》为寓言，结构仿《史记》。 ⑨ 〔戏剧〕动词，耍戏。 ⑩ 〔空同〕李梦阳号"空同子"，著有《空同集》。〔不知〕不了解这一点。 ⑪ 〔亦谓反正〕还说是返回正道（复古）。 ⑫ 〔令甲〕第一号政令。令，诏令。汉朝保存皇帝诏令，按发布时间先后编为令甲、令乙等。 ⑬ 〔野路恶道〕非正路正道。 ⑭ 〔迨（dài）〕及，到了。 ⑮ 〔以讹益讹〕错上加错。讹，错误。益，增加。 ⑯ 〔愈趋愈下〕越来越糟。趋，前行。 ⑰ 〔不足观〕不值得看。 ⑱ 〔官衔〕官职名称。衔，官阶称号。〔时制〕现时之规定。

衔以文之①,观者若不检《一统志》②,几不识为何乡贯矣③。且文之佳恶,不在地名官衔也。司马迁之文,其佳处在叙事如画,议论超越。而近说乃云④:"西京以还⑤,封建宫殿⑥,官师郡邑⑦,其名不驯雅⑧,虽子长复出⑨,不能成史⑩。"则子长佳处,彼尚未梦见也⑪,而况能肖子长也乎?

进一步批判复古主义者的盲目仿古主张及做法,说他们见解糊涂,且每况愈下。

或曰:"信如子言⑫,古不必学耶?"余曰:古文贵达,学达即所谓学古也。学其意,不必泥其字句也⑬。今之圆领方袍⑭,所以学古人之缀叶蔽皮也⑮;今之五味煎熬⑯,所以学古人之茹毛饮血也⑰。何也?古人之意,期于饱口腹⑱,蔽形体,今人之意,亦期于饱口腹,蔽形体,未尝异也。彼摘古字句入己著作者,是无异缀皮叶于衣袂之中⑲,投毛

---

① 〔文〕使之典雅。如称"南京"为"金陵","知府"为"太守"。
② 〔检〕翻阅。〔《一统志》〕指《明一统志》,官修记古今舆地之书。
③ 〔乡贯〕籍贯。 ④ 〔近说〕今之议论。 ⑤ 〔西京以还〕西汉以来。西汉都长安,东汉迁都洛阳以后,长安称为西京。 ⑥ 〔封建〕封爵建藩(藩国)。 ⑦ 〔官师〕百官(名称)。〔郡邑〕州郡(名称)。 ⑧ 〔驯雅〕典雅。也写"雅驯"。 ⑨ 〔子长〕司马迁,字子长。 ⑩ 〔成史〕写成史书。 ⑪ 〔尚未梦见〕意为全不知晓。 ⑫ 〔信如子言〕果真如你所说。信,诚,真。 ⑬ 〔泥(nì)〕拘泥。 ⑭ 〔圆领方袍〕当时通行之外衣。如后来之道士装。 ⑮ 〔缀叶蔽皮〕缀树叶、蒙兽皮以蔽体。缀,连缀。 ⑯ 〔五味〕甜酸苦辣咸多种滋味。〔煎熬〕烹调。 ⑰ 〔茹毛饮血〕生吃禽兽。茹毛,连毛一起吃。茹,食。《礼记·礼运》:"未有火化,食草木之实,鸟兽之肉,饮其血,茹其毛。" ⑱ 〔期于〕希望在于。 ⑲ 〔衣袂(mèi)〕衣袖。

血于骰核之内也①。大抵古人之文，专期于"达"；而今人之文，专期于"不达"。以"不达"学"达"，是可谓学古者乎②？

> 用设问写法，从正面阐述，学古应取其精神，即学"达"而不拘泥于字句。

【研读参考】一、写文章，应不应学古人，如学，怎样学是对，怎样学是不对，这类问题，你是怎么看的？说说看。

二、本篇中作者的主张是什么？是怎样证明的？

三、本篇的理论，与前面读过的《五蠹》有相通的地方没有？比较一下。

四、给下面两段文字加上标点，然后逐句释义（借助词典）。

（1）爇（ruò）香者沉则沉烟檀则檀气何也其性异也奏乐者钟不借鼓响鼓不假钟音何也其器殊也文章亦然有一派学问则酿出一种意见有一种意见则创出一般言语无意见则虚浮虚浮则雷同矣故大喜者必绝倒大哀者必号痛大怒者必叫吼动地发上指冠惟戏场中人心中本无可喜事而欲强笑亦无可哀事而欲强哭其势不得不假借模拟耳（袁宗道《论文下》）

（2）盖诗文至近代而卑极矣文则必欲准于秦汉诗则必欲准于盛唐剿袭模拟影响步趋见人有一语不相肖者则共指以为野狐外道曾不知文准秦汉矣秦汉人曷尝字字学六经欤诗准盛唐矣盛唐人曷尝字字学汉魏欤秦汉而学六经岂复有秦汉之文盛唐而学汉魏岂复有盛唐之诗（袁宏道《叙小修诗》）

---

① 〔骰（yáo）核〕食物。骰，同"肴"，荤菜。核，果品。 ② 〔是〕此。

五一　晚明小品三篇

【解说】本篇中"小洋"选自《游唤》,"《虎井诗》自题"选自《谭友夏合集》,"极乐寺"选自《帝京景物略》。晚明,明朝晚年。小品,这名称起始于六朝的译佛经,大部头经,全译是大品,略译是小品。到晚明,一些人写散文,曾自称为小品,如王思任有《文饭小品》,陈继儒有《晚香堂小品》,等等。他们所谓小品,是对古文家的宣扬圣贤之道的严正著作而言。这区别,表现为小品的特点是:内容多是个人的身边琐事;态度不拘谨,想到什么写什么,甚至杂以嬉笑怒骂;如果说也求好,那追求的是抒写性情、清新活泼的美。上一篇所选《论文上》,以及本书第一册所选《西湖游记》、第二册所选《西山游记三则》,所谓公安派的文章,就是这种风格的作品。公安派的文章求浅易自然,时间长了也产生流弊,是轻浮近于俚俗。于是有竟陵(今湖北天门)人钟惺、谭元春等起来矫正,办法是变浅率为幽深冷涩,成为竟陵派。因为用意避浅率,于是矫枉过正,常常故意求生僻,结果成为险怪、晦涩,读起来很别扭。这里所选三篇竟陵派的文章都是比较平易流利的。但也可看出有不少故意求生僻的写法,如"以棹歌赠"的"赠","逗出缥天"的"逗","天为山欺"、"辞山而平",等等。但从另一面看,写文章用意避免常调,于生涩中表现幽深曲折的意境,也不无可取的地方。作为文学史上一个流派,我们略微体察一下他们的风格还是应该的。

作者王思任(1575—1646),字季重,别号谑庵,明末山阴(今浙江绍兴)人。明神宗万历二十三年(1595)进士。曾任知县、九江佥事等小官。南明鲁王监国时任礼部右侍郎。清兵占浙东,绝食而死。著有《王季重杂著》等。谭元春(1586—1637),字友夏,明末人。明熹宗天启年间第一名举人。竟陵派的重要作家。著有《谭友夏合集》。刘侗(约1594—约1637),字同人,号格庵,明末麻城(今湖北麻城)人。明思宗崇祯七年(1634)进士。授吴县知县,未到任死在扬州。著有《韬光三十二义》等。于奕正(1597—1636),初名继鲁,字司直,明末宛平(今北京)人。多财,好游,能诗。著有《天下金石志》等。

小 洋[①]　王思任

由恶溪登括苍[②],舟行一尺,水皆汗也[③]。天为山欺[④],水求石放[⑤],至小洋而眼门一辟[⑥]。

先写行舟,引出小洋。

[①]〔小洋〕推测是恶溪中间一片开阔的水面。　[②]〔恶溪〕浙江南部由北向南流经丽水之河流。今名好溪。〔括苍〕浙江南部之大山名。　[③]〔舟行一尺,水皆汗也〕极言行舟之艰难。当是逆水北行,故船夫费力流汗。　[④]〔天为山欺〕山刺天。形容山高。　[⑤]〔水求石放〕言溪涧多石,水流难畅。放,放行。　[⑥]〔眼门一辟〕眼界骤然开阔。

吴闳仲送我①，挈睿孺出船口②，席坐引白③，黄头郎以棹歌赠之④。低头呼卢⑤，俄而惊视，各大叫⑥，始知颜色不在人间也⑦。又不知天上某某名何色⑧，姑以人间所有者仿佛图之⑨：落日含半规⑩，如胭脂初从火出⑪。溪西一带山⑫，俱似鹦绿鸦背青⑬。上有猩红云五千尺⑭，开一大洞，逗出缥天⑮，映水如绣铺赤玛瑙⑯。日益昒⑰，沙滩色如柔蓝懈白⑱。对岸沙则芦花月影⑲，忽忽不可辨识⑳。山俱老瓜皮色㉑。又有七八片碎剪鹅毛霞㉒，俱金黄锦荔㉓；堆出两朵云㉔，居然晶透葡萄紫也㉕。又有夜岚数层斗起㉖，如鱼肚白

---

① 〔吴闳仲〕事迹不详。 ② 〔挈（qiè）〕带领。〔睿（ruì）孺〕人名，事迹不详。〔船口〕船舱口。 ③ 〔席坐〕席地而坐。〔引白〕喝酒。引，举。白，酒杯。 ④ 〔黄头郎〕船夫。汉代管船之吏员戴黄帽。〔棹歌〕行船时之歌。〔赠〕助兴。 ⑤ 〔呼卢〕做掷骰（tóu）子一类游戏。可能用此赌喝酒。卢，赌具上之一种标记。 ⑥ 〔俄而〕一会儿之后，忽然间。〔视〕看四外景色。 ⑦ 〔颜色不在人间〕言为大自然所有，非人工。 ⑧ 〔某某〕某种景色。〔名何色〕叫作什么颜色。 ⑨ 〔姑〕暂且。〔仿佛图之〕大致相似地描画它。图，动词，画。 ⑩ 〔含半规〕没了半个，剩下半个。规，圆。 ⑪ 〔如胭脂初从火出〕意为红色衬托着红色，火红一片。 ⑫ 〔溪〕指恶溪。 ⑬ 〔鹦绿鸦背青〕鹦鹉绿，鸦背青，皆颜色名。 ⑭ 〔猩红〕深红。猩红指猩猩血之色。 ⑮ 〔逗出缥（piǎo）天〕露出淡青色之天。逗，招惹，勾引。 ⑯ 〔绣铺赤玛瑙〕锦绣上铺陈赤色玛瑙。玛瑙，石英类矿物，色浓艳。 ⑰ 〔昒〕更加。〔昒（hū）〕昏暗。 ⑱ 〔柔蓝懈白〕淡蓝色和淡白色。柔，懈（倦怠），皆不浓之意。 ⑲ 〔沙〕指沙地上。〔芦花〕苇花。白色。 ⑳ 〔忽忽〕恍惚，不清晰。 ㉑ 〔老瓜皮色〕青带黄色。 ㉒ 〔碎剪鹅毛霞〕霞状如剪碎之鹅毛，轻而碎。 ㉓ 〔锦荔〕锦织之荔草。荔，草名，似蒲而小。 ㉔ 〔堆出〕集中成为。 ㉕ 〔晶透葡萄紫〕如透明水晶之光泽，葡萄紫色。 ㉖ 〔夜岚（lán）〕夜间之山气。〔斗起〕高高升起。斗，通"陡"，高耸之状。

穿入出炉银红中①，金光煜煜不定②。盖是际天地山川③，云霞日采，烘蒸郁衬④，不知开此大染局作何制⑤。意者妒海蜃⑥，凌阿閦⑦，一漏卿丽之华耶⑧？将亦谓舟中之子⑨，既有荡胸决眦之解⑩，尝试假尔以文章⑪，使观其时变乎⑫？何所遘之奇也⑬！

> 写小洋景色，极力渲染大自然之繁富多变。这是本文的重点。

夫人间之色仅得其五⑭，五色互相用⑮，衍至数十而止⑯，焉有不可思议如此其错综幻变者？曩吾称名取类⑰，亦自人间之物而色之耳⑱；心未曾通⑲，目未曾睹，不得不

---

① 〔鱼肚白穿入出炉银红中〕形容红白二色交错动荡，以状晚霞夜岚之变幻。鱼肚白，如鱼腹之白色。穿，穿过。入出，出入。炉银红，炉中烧炼之银红。银红，银朱，一种红色颜料。 ② 〔煜（yù）煜〕闪耀。 ③ 〔是际〕此时。 ④ 〔烘蒸〕如火烘烤，指日光照耀；如热气蒸腾，指岚气。〔郁衬〕深厚而互相衬托。 ⑤ 〔开此大染局〕开设此宏大之染坊。极言颜色之繁杂。〔作何制〕染什么。制，名词。 ⑥ 〔意者〕想来是。〔妒海蜃（shèn）〕嫉妒海市蜃楼，欲与海市蜃楼比美。 ⑦ 〔凌阿閦〕超越佛世界。阿閦，疑为"阿閦（chù）"，佛名。此处指佛世界。 ⑧ 〔一漏〕显示一下。〔卿丽之华〕光彩美丽之光华。卿，颜色艳丽。 ⑨ 〔将亦谓〕还是意在。〔舟中之子〕舟中人。 ⑩ 〔荡胸决眦（zì）之解〕欣赏美景之胸怀。杜甫《望岳》："荡胸生曾（层）云，决眦入归鸟。"见层云生而心胸动荡，睁大眼睛而望见飞鸟归巢。决，裂开。眦，眼眶。解，领悟。 ⑪ 〔尝试〕试。〔假尔以文章〕将文章借与你。李白《春夜宴从弟桃花园序》："阳春召我以烟景，大块假我以文章。"文章，指地面景物，包括山水动植。 ⑫ 〔观其时变〕观赏自然之随时变化。 ⑬ 〔遘（gòu）〕遇。 ⑭ 〔仅得其五〕仅有五种：青、黄、赤、白、黑。 ⑮ 〔用〕此处指掺和。 ⑯ 〔衍〕延展。 ⑰ 〔曩（nǎng）〕昔，从前。〔称名取类〕举物名，分类别。 ⑱ 〔自人间之物而色之〕以人间物之色而名其颜色。 ⑲ 〔心未曾通〕指心未曾透彻了解之事物。

以所睹所通者达之于口而告之于人①。然所谓仿佛图之②，又安能仿佛以图其万一也？嗟乎！不观天地之富③，岂知人间之贫哉？

补充上段意思，由道理方面述说小洋景色之繁富多变，作结。

《虎井诗》自题④ 谭元春

客南中一园⑤，其东数十武⑥，土人言有虎井⑦。爱其名，披榛往寻⑧。上无石栏木榦⑨，中无长绠⑩，旁无车马溲溺⑪，汲不数家⑫，家不数瓮。亲汲之⑬，其味甘冽⑭，与河水泉水相乱⑮，日煮一瓶以试客⑯，客即韵⑰，不辨也⑱。茶罢辄有远思⑲，以诗为清课⑳，井盖有微助焉㉑，题曰《虎井诗》㉒。

先写虎井诗的由来。

①〔达之于口〕以言语表达。 ②〔所谓仿佛图之〕指上文"姑以人间……"句。 ③〔天地之富〕自然景物无奇不有。 ④〔题〕题跋，一种文体，为诗文书画等所写之评价。 ⑤〔客南中一园〕在南方某园做客。 ⑥〔武〕步。 ⑦〔土人〕当地人。 ⑧〔披榛（zhēn）〕分开榛莽。榛，丛生草木。 ⑨〔上〕井上。〔栏〕井栏。〔榦（hán）〕井上木栏。 ⑩〔中〕井中。〔绠（gěng）〕汲水之绳。 ⑪〔车马溲（sōu）溺（niào）〕牛马粪溺。溲，大小便。溺，同"尿"。 ⑫〔汲不数家〕汲食此井水者没有几家。 ⑬〔亲〕（作者）亲自。 ⑭〔甘冽（liè）〕甜而清凉。 ⑮〔相乱〕分不清。言极相似。 ⑯〔试客〕请客人尝。 ⑰〔客即韵〕客人即使风雅不俗。 ⑱〔不辨〕不能辨明非井水泉水。 ⑲〔罢〕毕，止。〔远思〕旷远之思绪。 ⑳〔清课〕高雅之作业。 ㉑〔井〕即虎井。〔微助〕微小之助力。言井水助诗思。 ㉒〔题〕标题。

物固有不可忘者。古来胜迹①，常因一人得名。后世或有知予诗者，过虎井而指曰："谭子名诗者即此也②。"余报虎井矣③。

末尾点明本意，希望自己姓名能与虎井并传。

极乐寺　刘侗　于奕正

高梁桥水来西山涧中④，去此入玉河⑤。辞山而平⑥，未到城而净⑦，轻风感之⑧，作青罗、纹纸痕⑨。两水夹一堤，柳四行夹水。松之老也秃⑩，梅之老也秃，柳之老也，逾细叶而长丝⑪。高梁堤上柳高十丈，拂堤下水⑫，尚可余四五尺。岸北数十里⑬，大抵皆别业、僧寺⑭，低昂疏簇⑮。绿树渐远，青青漠漠⑯，间以水田界界⑰，如云脚下空⑱。

由城中往极乐寺，先到高梁桥，所以先写高梁河水，作引线。

---

①〔胜迹〕名胜古迹。②〔名诗〕为诗题名。③〔报〕报答，酬谢。④〔高梁桥〕在北京西直门外北侧，玉泉山水自动物园后东流穿此桥入城内。〔西山〕泛指北京西、西北一带连山。⑤〔去此〕流过高梁桥。〔玉河〕城内穿过宫苑之水。⑥〔辞山而平〕（在山间流急）离开山，水势平缓。⑦〔净〕清澈。⑧〔感〕吹动。⑨〔作〕形成。〔青罗〕绉纱。〔纹纸〕有纹之纸。〔痕〕指水痕，即波纹。⑩〔也〕表句中停顿之语气词。〔秃〕枝叶稀疏。⑪〔逾（yú）〕越发。〔长丝〕长柳条。⑫〔拂堤下水〕擦过堤下水面。⑬〔数十里〕指西山至桥之距离。⑭〔大抵〕大致。〔别业〕别墅。⑮〔低昂〕或低或高。〔疏簇（cù）〕或稀或密。⑯〔青青漠漠〕青色广远之状。⑰〔间（jiàn）以水田界界〕夹杂若干方形水田。界界，一块一块。⑱〔云脚下空〕低垂之云自空而下。

距桥可三里为极乐寺址①。寺，天启初年犹未毁也②。门外古柳，殿前古松，寺左国花堂牡丹③，西山入座④，涧水入厨⑤。神庙四十年间⑥，士大夫多暇，数游寺⑦，轮蹄无虚日⑧，堂轩无虚处⑨。袁中郎、黄思立云⑩，小似钱塘西湖然⑪。

　　入正题，写寺，突出两点：遗留景色值得欣赏，及游人之盛。

【研读参考】一、本书选了不少古文家的文章，也选了些公安派的文章，这里选的三篇是竟陵派的文章。你读过之后，觉得在内容和表达方面各有什么特点？大致说一说。

　　二、《小洋》写日落时的景色，用力渲染，有些地方近于夸张，可是能予人以繁富、清晰、深刻的印象。在写法方面，你觉得哪些是值得借鉴的？

　　三、《〈虎井诗〉自题》，哪些句子有士大夫气？这是不是缺点？为什么？

　　四、译《极乐寺》一篇为现代语，着重体会原文有些地方故意求生涩。

----

①〔可三里〕约三里。极乐寺在高梁桥西。〔址〕遗址。表示已毁坏。②〔天启〕明熹宗年号（1621—1627）。　③〔国花堂〕寺东偏之建筑，堂前种牡丹。　④〔西山入座〕言西山风光即在目前。　⑤〔涧水入厨〕言厨中可近取涧水。　⑥〔神庙〕明神宗，年号万历（1573—1619）。神是庙号。〔四十年〕取其大数，实为四十七年。　⑦〔数（旧读 shuò）〕屡次。⑧〔轮蹄〕车马。〔无虚日〕未曾空一天。　⑨〔堂轩〕坐息饮宴之处。〔无虚处〕坐满。　⑩〔袁中郎〕袁宏道。〔黄思立〕事迹不详。　⑪〔小似〕有些像。〔钱塘西湖〕杭州之西湖。钱塘，旧县名，在杭州。〔然〕那样。

五二 《天工开物》序 宋应星

【解说】本篇选自《天工开物》。天工,自然的创造,巧妙的工艺。开物,通晓外界事物。语本《易经·系辞上》:"夫易,开物成务。"《天工开物》是我国明朝末年一部讲饮食、衣服、染色、制陶、采矿、冶炼、兵器、舟车、纸墨、珠玉等事物的生产和制造的书,共十八卷。作者是重实际、喜研究、有科学头脑的人。他经过仔细观察,总结了劳动人民在工农业生产方面的丰富而宝贵的经验。对于各种劳动生产,都先用文字解说原料的品种、用量、产地、工具构造和工艺操作过程,然后按生产程序画图多幅,帮助说明。所介绍的知识,绝大多数翔实正确,有实用价值。我国过去一贯尊重士大夫,轻视劳动生产,大多数读书人不辨菽麦,因而工农业的生产知识不易流传下来。在那样的风气之下,作者写出这样性质的书,价值是非常高的。

本篇强调两点:一是认识各种事物的重要;二是各种事物之中,首先应认识实用的。在"万般皆下品,唯有读书高"的旧时代,能有这种见识是很可钦佩的。全篇文字求雅驯,多用典,这是写序文常用的格调。

作者宋应星(1587—?),字长庚,明末奉新(今江西奉新人。明神宗万历年间举人。曾任分宜教谕、汀州府推官、亳（bó）州知州等官。明思宗崇祯末年还乡。约死于清朝初年。著有《天工开物》《野议》《说天》等。

天覆地载①，物数号万②，而事亦因之③，曲成而不遗④，岂人力也哉？事物而既万矣，必待口授目成而后识之⑤，其与几何⑥？万事万物之中，其无益生人与有益者，各载其半⑦，世有聪明博物者⑧，稠人推焉⑨。乃枣梨之花未赏⑩，而臆度楚萍⑪；釜鬵之范鲜经⑫，而侈谈莒鼎⑬。画工好图鬼

——————

① 〔天覆地载〕天之下，地之上。世间。《礼记·中庸》："天之所覆，地之所载。" ② 〔号万〕号称万种。谓常语"万物"。 ③ 〔事亦因之〕事亦照样（号万）。因，依照。之，代"物数号万"。 ④ 〔曲成而不遗〕用各种方式成就而不遗漏。曲，委曲，通过多种阻碍。《易经·系辞上》："曲成万物而不遗。" ⑤ 〔口授〕口头传授，听人讲说。〔目成〕亲眼看见。本谓以目光表示相悦，《楚辞·九歌·少司命》："满堂兮美人，忽独与余兮目成。" ⑥ 〔其与几何〕所识能有多少？与，相与，相偕。《国语·周语上》："若壅其口，其与能几何？" ⑦ 〔载〕居，有。 ⑧ 〔博物〕多识事物。 ⑨ 〔稠人〕众人。稠，多。〔推〕赞许。 ⑩ 〔乃〕可是。〔枣梨之花未赏〕言极常见者尚不知。赏，欣赏，熟识。 ⑪ 〔臆度（duó）楚萍〕主观地猜测楚萍。臆，胸，心。楚萍，极少见之物。《孔子家语·致思》："楚王渡江，江中有物，大如斗，圆而赤，直触王舟，舟人取之。王大怪之，遍问群臣，莫之能识。王使使聘于鲁，问于孔子。子曰：'此所谓萍实者也，可剖而食之，吉祥也，唯霸者为能获焉。'" ⑫ 〔釜鬵（xín）之范〕冶铸锅类之模子。鬵，大锅。〔鲜（xiǎn）〕少。〔经〕经历，指见过。 ⑬ 〔侈谈〕高谈阔论。〔莒（jǔ）鼎〕莒国之宝器。莒，春秋时小国，在今山东诸城、莒县一带。鼎，古代重器，青铜铸成。《左传》昭公七年："韩子祀夏郊，晋侯有间，赐子产莒之二方鼎。"

魅而恶犬马①,即郑侨、晋华②,岂足为烈哉③?

物类甚繁,难于遍识,人应由切身之事物认起,而不须好高骛远。

幸生圣明极盛之世④,滇南车马⑤,纵贯辽阳⑥,岭徼宦商⑦,衡游蓟北⑧,为方万里中⑨,何事何物不可见见闻闻⑩?若为士而生东晋之初⑪,南宋之季⑫,其视燕、秦、晋、豫

---

① 〔画工〕画师。〔图鬼魅(mèi)〕画鬼怪。〔恶(wù)犬马〕不愿画狗马。《韩非子·外储说左上》:"客有为齐王画者。齐王问曰:'画孰最难者?'曰:'犬马最难。''孰易者?'曰:'鬼魅最易。夫犬马,人所知也,旦暮罄(见)于前,不可类(相似)之,故难。鬼魅,无形者,不罄于前,故易之也。'"《后汉书·张衡传》:"譬犹画工,恶图犬马而好作鬼魅,诚以实事难形而虚伪不穷也。" ②〔即〕即使。〔郑侨〕春秋时郑国大夫公孙侨,字子产。他知识广博,多知神异。《史记·郑世家》:"郑使子产于晋,问平公疾。……平公及叔向(晋国大夫)曰:'善!博物君子也。'"〔晋华〕晋朝人张华,字茂先,范阳方城(今河北固安)人。他以博学著名,著有《博物志》十卷,记异物异闻、神仙方术等。 ③〔岂足为烈〕不足为烈,算不了什么。烈,功绩。 ④〔幸〕有幸,有福气。〔圣明〕颂扬皇帝之词。〔极盛〕指国势强大。亦颂词,实则明末已日益衰微。 ⑤〔滇(diān)南〕云南。滇,古代国名,其地有滇池。 ⑥〔纵贯辽阳〕由南至北可一直穿行至辽阳。辽阳在东北,云南在西南,相隔甚远,极言国土广阔。辽阳,在今辽宁。 ⑦〔岭徼(jiào)〕五岭以南。徼,边界。五岭(越城、都庞、萌渚、骑田、大庾)在两广与江西、湖南交界处。〔宦商〕官吏、商人。 ⑧〔衡〕通"横"。〔蓟(jì)北〕指北京及其以东一带。蓟,古燕国国都,在今北京一带。 ⑨〔为方万里中〕指全国。方万里,方形每边万里。 ⑩〔何事何物不可见见闻闻〕言可见可闻之事物极多。见见闻闻,见闻。 ⑪〔东晋之初〕东晋初年。其时江淮之北俱沦于北方各族,国土狭窄。 ⑫〔南宋之季〕南宋末年。其时情势同于东晋。

方物①，已成夷产②，从互市而得裘帽③，何殊肃慎之矢也④？且夫王孙帝子⑤，生长深宫，御厨玉粒正香⑥，而欲观耒耜⑦，尚宫锦衣方剪⑧，而想象机丝⑨，当斯时也⑩，披图一观⑪，如获重宝矣。

统一盛世，辨识万物远比偏安时为方便。贵族欲知生产，亦可览图而识，故图之作用甚为重要。

年来著书一种，名曰《天工开物卷》⑫。伤哉贫也⑬！欲购奇考证⑭，而乏洛下之资⑮；欲招致同人⑯，商略赝真⑰，而缺陈思之馆⑱。随其孤陋见闻，藏诸方寸而写之⑲，岂有

---

①〔燕、秦、晋、豫方物〕北方之物产。燕、秦、晋，皆周朝之诸侯国，分别在今河北、陕西、山西三省；豫，豫州，九州之一，在今河南。方物，地方特产。 ②〔夷产〕异国之产物，外国货。夷，原称东方各民族，后泛称外族。 ③〔互市〕国际间之贸易。〔裘帽〕皮衣皮帽。 ④〔何殊肃慎之矢〕与肃慎氏之箭有何不同？肃慎，古国名，商、周时在东北地区，武王克商后，肃慎贡楛（hù）矢（见《国语·鲁语下》）。此处言裘帽与肃慎之矢同为罕见之物。 ⑤〔王孙帝子〕泛指贵族子弟。帝子，皇帝之儿女。 ⑥〔御厨〕皇帝之厨房。〔玉粒〕精美之饮食。 ⑦〔耒（lěi）耜（sì）〕皆农具，翻土用。 ⑧〔尚宫〕女官名，为宫官之长。 ⑨〔机丝〕织机上之丝线。 ⑩〔斯时〕此时。指王孙帝子欲见耒耜机丝（富贵人所未见）之时。 ⑪〔披〕展开。 ⑫〔《天工开物卷》〕书之原名。卷，书篇。 ⑬〔伤哉贫也〕《礼记·檀弓下》："子路曰：'伤哉贫也，生无以为养，死无以为礼也！'" ⑭〔购奇考证〕购买奇书籍以供考核。 ⑮〔洛下之资〕洛阳〔多富豪，如石崇、王恺（kǎi）等〕之财富。 ⑯〔招致同人〕延请同好（hào）。同人，指有共同志趣之人。 ⑰〔商略赝（yàn）真〕讨论真假。略，谋划。赝，假。 ⑱〔陈思〕曹植，字子建，封陈王，谥思，后人称陈思王。好养士，三国时文士丁仪、杨修等皆其宾客。〔馆〕馆舍，招待宾客食宿之处。 ⑲〔诸〕之于。〔方寸〕心。〔写〕此处为记录之意。

当哉①！吾友涂伯聚先生②，诚意动天，心灵格物③，凡古今一言之嘉④，寸长可取⑤，必勤勤恳恳而契合焉⑥。昨岁《画音归正》⑦，繇先生而授梓⑧。兹有后命⑨，复取此卷而继起为之⑩，其亦夙缘之所召哉⑪。卷分前后⑫，乃贵五谷而贱金玉之义⑬。《观象》《乐律》二卷⑭，其道太精⑮，自揣非吾事⑯，故临梓删去⑰。丐大业文人⑱，弃掷案头⑲，此书于功名进取毫不相关也⑳。

　　叙述成书过程：写作、困难、编排、剪裁以及刊印经过。

----

①〔当（dàng）〕适当，正确。②〔涂伯聚〕名绍煃（kuǐ），江西新建（县名，今属南昌市）人。万历进士。曾任四川按察司副使。③〔格〕研究。④〔一言之嘉〕一句话说得好。嘉，美。⑤〔寸长〕一点点长处。言长处甚小。⑥〔契合〕相合。此处有赞助意。⑦〔昨岁〕去年。〔《画音归正》〕此书失传。⑧〔繇（yóu）〕通"由"。〔授梓（zǐ）〕刻板付印。古代印书先刻板，板多用梓木及枣、梨等木。⑨〔兹〕此（时）。〔后命〕后来之命。指《画音归正》付印之后，又索新作。⑩〔此卷〕指《天工开物》稿本。⑪〔其〕那。指再印新书。〔夙缘〕旧日之缘分。夙，早先。〔召〕致。⑫〔卷分前后〕《天工开物》分上、中、下三部：上部饮食、衣服、器物；中部陶瓷、冶炼；下部五金、珠玉。⑬〔贵五谷而贱金玉〕以五谷为贵而以金玉为贱。此由排列先后可见。晁错《论贵粟疏》："是故明君贵五谷而贱金玉。"〔义〕意思。⑭〔《观象》〕天文知识。〔《乐律》〕音乐知识。⑮〔道〕道理。〔精〕精微，深奥。⑯〔揣〕估计。〔非吾事〕非我所能之事。⑰〔临梓〕临刻板。⑱〔丐〕请求。〔大业文人〕志在成就大事业之文人。《汉书·董仲舒传赞》："潜心大业。"⑲〔弃掷案头〕扔在桌边。意即不必看。⑳〔于〕与，和。〔功名〕科举中取得之头衔，如举人、进士等。〔进取〕指做官。

时崇祯丁丑孟夏月①，奉新宋应星书于家食之问堂②。

依一般习惯，最后写明写作的时间和地点。

【研读参考】一、讲工农业生产的著作，六朝时期还有一部很有名的，是北魏贾思勰（xié）作的《齐民要术》。这类书虽然缺少文学气味，可是文字朴实，图写形貌清楚确切，可以当作说明文读，还可以获得不少博物知识。有兴趣可以找来看看。

二、作者为什么要写这样一部书？由序中哪些话可以看出来？

三、指出本篇中的对偶句，并译成现代语。

————

① 〔崇祯丁丑〕崇祯十年（1637）。〔孟夏月〕阴历四月。旧时每年四季，每季三月，分别以孟、仲、季称之。 ② 〔家食之问堂〕作者书室名。家食之问，问的是家食之事。家食，吃自家饭。意为未做官，不吃俸禄。《易经·大畜》："不家食，吉。"

五三　原臣　黄宗羲

【解说】本篇选自《明夷待访录》。原，推求本原。原臣就是研求合理的为臣之道。《明夷待访录》是作者于清朝康熙二年（1663）写的政治论文集，包括《原君》《原臣》《原法》《置相》《学校》等共二十一篇。"明夷"是《易经》的卦名，卦中"象辞"有"明夷，君子以莅（lì，临，治理）众，用晦而明"的话，意思是，现在虽然还晦暗（夷），但可以转为光明，君子就是用这种信念来治理政务的。这样，"明夷待访"，意思就是，这是留待将来利用的治世之道。书中讲的道理深刻而切实，正如顾炎武给作者的信所说："读之再三，于是知天下之未尝无人，百王之敝可以复起，而三代之盛可以徐还也。天下之事，有其识者未必遭其时，而当其时者或无其识，古之君子所以著书待后，有王者起，得而师之。"作者有民主思想，在《原君》（语文课本已选）《原臣》两篇里，讲道理，举证据，大胆地抨击君主家天下的封建专制制度，就是今天看来，也还觉得有强烈的战斗精神。在"君王明圣""君辱臣死"谬说流行的时代，能够写出这样反叛性的文章，是非常难得的。

作者黄宗羲（1610—1695），字太冲，号梨洲，又号南雷，明末清初余姚（今浙江余姚）人。我国著名的思想家和历史学家。他父亲黄尊素是明末著名的东林党人，被魏忠贤阉党杀害。明亡以后，他参加孙嘉绩、熊汝霖的抗清队伍，在浙东一带活动。南明鲁王监国时曾授左副都御史。以后隐居著述，清政府逼他出来做官，参加修《明史》，他坚辞不就。他精通各种学问，在哲学和社会学方面都重实际，反对唯心的说法。著有《宋元学案》《明儒学案》《南雷文定》等。

有人焉①，视于无形，听于无声②，以事其君③，可谓之臣乎？曰：否。杀其身以事其君④，可谓之臣乎？曰：否。夫视于无形，听于无声，资于事父也⑤，杀其身者，无私之极则也⑥，而犹不足以当之⑦，则臣道如何而后可⑧？曰：缘夫天下之大⑨，非一人之所能治，而分治之以群工⑩。故我之出而仕也⑪，为天下⑫，非为君也；为万民，非为一姓也⑬。吾以天下万民起见，非其道⑭，即君以形声强我⑮，未之敢从也⑯，况于无形无声乎？非其道，即立身于其朝⑰，

————

① 〔有人焉〕假设有如此之人。 ② 〔视于无形，听于无声〕意为不待表示即能体察出来。形容尽力侍奉。《礼记·曲礼上》："听于无声，视于无形。" ③ 〔事〕侍奉。 ④ 〔杀其身〕牺牲己之生命。 ⑤ 〔资于事父〕用侍奉父亲之道（以事君）。资，取用。《礼记·丧服四制》："资于事父以事君，而敬同。" ⑥ 〔极则〕最高之准绳。 ⑦ 〔当〕充任。 ⑧ 〔臣道〕为臣之道。道，正当之行事办法。 ⑨ 〔缘〕因为。 ⑩ 〔群工〕百官。工，有专长者。 ⑪ 〔仕〕做官。 ⑫ 〔为〕读wèi。 ⑬ 〔一姓〕一朝代，皇室。 ⑭ 〔道〕合理之事。 ⑮ 〔即〕即使。〔形声〕指君明白表示。〔强（qiǎng）〕逼迫做。 ⑯ 〔未之敢从〕未敢从之（君）。 ⑰ 〔立身于其朝〕在其朝廷为官。

未之敢许也①，况于杀其身乎？不然，而以君之一身一姓起见，君有无形无声之嗜欲，吾从而视之听之，此宦官宫妾之心也②；君为己死而为己亡③，吾从而死之亡之，此其私昵者之事也。是乃臣不臣之辨也④。

  以设问起，说明出仕为臣，是为天下万民的福利，不是为君主一人一姓的福利。这是说，理应如此。

世之为臣者昧于此义⑤，以谓臣为君而设者也⑥，君分吾以天下而后治之，君授吾以人民而后牧之⑦，视天下人民为人君橐中之私物⑧。今以四方之劳扰⑨，民生之憔悴⑩，足以危吾君也⑪，不得不讲治之牧之之术⑫；苟无系于社稷之存亡⑬，则四方之劳扰，民生之憔悴，虽有诚臣⑭，亦以为纤芥之疾也⑮。

  今之为臣者只顾君主之私利而不顾人民之困苦，是不合理。

夫古之为臣者，于此乎？于彼乎⑯？

---

①〔许〕应允（做官）。　②〔宦官〕侍奉皇帝之太监。〔宫妾〕宫女。　③〔君为己死而为己亡〕非为天下万民而死而亡。亡，出奔。《左传》襄公二十五年："故君为社稷死则死之（为君而死），为社稷亡（出奔）则亡之（从之出奔）。若为己死（为私利而死）而为己亡，非其私昵（nì，个人所亲爱），谁敢任之（担当，去做）？"　④〔臣〕名副其实之臣。〔辨〕区别。　⑤〔昧〕不明白。　⑥〔以谓〕以为。　⑦〔牧〕统治。　⑧〔橐（tuó）〕口袋。　⑨〔劳扰〕劳苦扰乱。生活困难，社会不安。　⑩〔憔悴〕泛指折磨困苦。　⑪〔危〕害。　⑫〔术〕统治之方法。　⑬〔无系〕无关。〔社稷〕代国家。社，土神。稷，谷神。　⑭〔诚臣〕忠臣。　⑮〔纤芥〕细微之物。　⑯〔于此乎？于彼乎〕是这样，还是那样。此，指第一段正当臣道；彼，指第二段不正当臣道。

总括以上两段,说古之为臣者必如彼而不如此,以证为天下万民是,而为君主一人非。

盖天下之治乱,不在一姓之兴亡,而在万民之忧乐。是故桀、纣之亡,乃所以为治也①;秦政、蒙古之兴,乃所以为乱也②;晋、宋、齐、梁之兴亡③,无与于治乱者也④。为臣者轻视斯民之水火⑤,即能辅君而兴,从君而亡,其于臣道固未尝不背也⑥。

出仕为臣,关心者应为天下之治乱;而治乱的关键是人民的苦乐,不是君主的兴亡。这是深入一步,证明上面的论点。

夫治天下犹曳大木然⑦。前者唱邪,后者唱许⑧。君与臣,共曳木之人也,若手不执绋⑨,足不履地⑩,曳木者唯娱笑于曳木者之前⑪,从曳木者以为良⑫,而曳木之职荒矣⑬。

---

① 〔桀、纣之亡,乃所以为治也〕夏桀、商纣灭亡,却是社会安定之原因。桀,夏朝末代暴君。纣,商朝末代暴君。 ② 〔秦政、蒙古之兴,乃所以为乱也〕秦始皇、元朝之兴起,却是社会丧乱之原因。秦始皇名政。蒙古,元朝早期之名。 ③ 〔晋、宋、齐、梁之兴亡〕意为南朝之交替。 ④ 〔无与〕无关。 ⑤ 〔斯民〕此民,百姓。〔水火〕水深火热,比喻遭难。《孟子·梁惠王下》:"民以为将拯己于水火之中也。" ⑥ 〔固〕本来。〔背〕违背。 ⑦ 〔犹〕如同。〔曳〕牵引。 ⑧ 〔前者唱邪(yé),后者唱许(hǔ)〕形容共同劳动,前后唱和。邪,许,皆象呼应之声。《淮南子·道应训》:"今夫举大木者,前呼邪许,后亦应之,此举重劝力之歌也。" ⑨ 〔执绋(fú)〕拉系木之绳。绋,大绳。 ⑩ 〔履地〕指用力踏地。 ⑪ 〔曳木者唯娱笑于曳木者之前〕言有人只玩乐,不曳木。 ⑫ 〔从曳木者〕随着用力曳木之人。 ⑬ 〔职〕本职,工作。〔荒〕废弛。

以曳木为喻，说明治道坏是因为在位者未能尽职。

嗟乎①！后世骄君自恣②，不以天下万民为事③，其所求乎草野者④，不过欲得奔走服役之人。乃使草野之应于上者⑤，亦不出夫奔走服役，一时免于饥寒，遂感在上之知遇⑥，不复计其礼之备与不备⑦，跻之仆妾之间而以为当然⑧。万历初⑨，神宗之待张居正⑩，其礼稍优，此于古之师傅未能百一⑪，当时论者骇然居正之受⑫，无人臣礼。夫居正之罪，正坐不能以师傅自待⑬，听指使于仆妾⑭，而责之反是⑮，何也⑯？是则耳目之浸淫于流俗之所谓臣者以为鹄矣⑰，又岂知臣之与君，名异而实同耶？

归结到指斥现实，是为君者骄横自恣，为臣者甘居仆妾，都是违背古君臣之道。

或曰：臣不与子并称乎⑱？曰：非也。父子一气⑲，子分父之身而为身。故孝子虽异身⑳，而能日近其气，久之无

---

① 〔嗟（jiē）乎〕叹词。② 〔自恣（zì）〕任意放纵。③ 〔事〕职任。④ 〔草野〕指朝廷之外未做官者。⑤ 〔应（yìng）〕回报。⑥ 〔感在上之知遇〕感激在上位者（君）之赏识。⑦ 〔计〕考虑。〔礼〕指君对臣之礼节。〔备〕周备。⑧ 〔跻（jī）〕登，置。⑨ 〔万历〕明神宗年号（1573—1619）。⑩ 〔张居正〕明江陵（今湖北江陵）人。万历初为首辅（宰相职），主政十年，受到皇帝之尊重。⑪ 〔师傅〕太师，太傅，皆位尊之官。⑫ 〔骇然〕感到惊讶。〔受〕（安然）接受（不合臣之身份）。⑬ 〔坐〕在（表原因）。⑭ 〔听指使于仆妾〕如同仆妾那样听从指使。⑮ 〔责之反是〕责求他不这样（照合理的）做。⑯ 〔何也〕为什么？意为无道理。⑰ 〔浸淫〕渐渐沾染。〔流俗〕世俗。〔鹄（gǔ）〕箭靶。喻为臣之标准。⑱ 〔并称〕合称"臣子"。⑲ 〔一气〕气质一样，同血统。⑳ 〔异身〕不一体。

不通矣①；不孝之子分身而后，日远日疏②，久之而气不相似矣。君臣之名，从天下而有之者也③。吾无天下之责④，则吾在君为路人⑤。出而仕于君也，不以天下为事，则君之仆妾也；以天下为事，则君之师友也。夫然⑥，谓之臣，其名累变⑦；夫父子固不可变者也。

末尾说君臣关系与父子关系不同，臣可以视君为路人，以驳"君父""臣子"的俗说。

【研读参考】一、《明夷待访录》有中华书局新印本，没有注解，如果能读读，既可以进一步了解黄宗羲的进步思想，又可以锻炼读古籍的能力。

二、在本篇中，作者指出的臣道应该怎样？事实是怎样？评定是非的根据是什么？

三、最后一段谈父子关系，谈孝道，你觉得都可取吗？评论一下，并说明为什么这样评论。

四、下面是清朝历史学家全祖望为《明夷待访录》写的跋，给加上标点，并解释大意。

明夷待访录一卷姚江（即余姚）黄太冲征君（受征召为官而辞谢之人）著同时顾亭林贻书叹为王佐之才如有用之三代可复是岁为康熙癸卯年未六十而自序称梨洲老人万西郭（人名，万承

---

①〔通〕气质相同。②〔日远日疏〕思想感情渐远渐疏。③〔从〕由于，根据。④〔无天下之责〕没有治天下之责任，即不做官。⑤〔在君〕就君臣之分说，与君。〔路人〕不相干之人。⑥〔夫然〕这样。⑦〔累变〕多变。意为既可为仆妾，又可为师友。

勋)为余言征君自壬寅(康熙元年)前鲁阳(人名,传说他曾挥戈返日)之望未绝天南讣至(指南明最后灭亡)始有潮息烟沉之叹饰巾(不着冠冕)待尽是书于是乎出盖老人之称所自来已原本不只此以多嫌讳(多触犯朝廷之言)弗尽出今并已刻之板亦毁于火征君著书兼辆(可装几车)然散亡者什九良可惜也全祖望跋

五四　文章繁简　顾炎武

【解说】本篇选自《日知录》。文章繁简，意思是，文章好坏并不决定于繁简。《日知录》，顾炎武的治学笔记，三十二卷，内容是："上篇经术，中篇治道，下篇博闻。"（作者《与人书二十五》）取名"日知"，是用《论语·子张》篇中子夏的话："日知其所亡（无），月无忘其所能，可谓好学也已矣。"这部书是作者精心作的，他说成书的经过是："自少读书，有所得辄记之，其有不合，时复改定，或古人先我而有者，则遂削之，积三十余年，乃成一编。"（日录前的弁言）并说："平生之志与业，皆在其中。"（《与友人论门人书》）作者在这部书中用力多，成就也大，诚如《四库全书总目提要》所说："炎武学有本原，博赡而能通贯，每一事必详其始末，参以证佐，而后笔之于书。故引据浩繁而牴牾者少，非如杨慎、焦竑（皆明朝人）诸人，偶然涉猎，得一义之异同，知其一而不知其二者。"用现在的眼光看，这部书的优点是：内容丰富，考证精审，见识深刻平实，文章质朴典雅。在读书笔记一类著作里，像这样精粹的实属罕见。

《日知录》卷十九收文二十篇，都是论文章的是非的，除了本篇以外，如《文须有益于天下》《文不贵多》《文人摹仿之病》

《文人求古之病》等,由正反两面分析为文的道理,都有教育意义。

作者顾炎武(1613—1682),初名绛,字宁人,明亡后改名炎武,号亭林,别号蒋山佣,明末清初昆山(今江苏昆山)人。年轻时候读书多,喜欢经世之学。明亡以后,参加昆山、嘉定等地的抗清起义。失败以后,曾在山东章丘垦田以维持生活。以后遍游北方诸省,出入边塞,并屡次谒昌平明陵,不忘故国。出行时以书自随,所至访问风俗,搜集材料,与古书对证,以明各种政治措施之利弊。清康熙时,荐举他为博学鸿儒,修《明史》,坚辞不就。晚年定居陕西华(huà)阴。他精通国学的各部门,诗文也写得好。著有《天下郡国利病书》《音学五书》《亭林诗文集》等。

韩文公作《樊宗师墓铭》曰①:"维古于辞必己出②,降而不能乃剽贼③。后皆指前公相袭④,从汉迄今用一律⑤。"此极中今人之病⑥。若宗师之文,则惩时人之失而又失之者也⑦。作书须注,此自秦汉以前可耳,若今日作书而非注不

---

①〔韩文公〕韩愈,谥"文",故后人称为韩文公。〔樊宗师墓铭〕韩集原题作《南阳樊绍述墓志铭》。以下引文为铭之前四句。樊宗师,字绍述,唐朝古文家。为文求古奥艰涩,甚难解。传世著作甚少,著名者有《绛守居园池记》。 ②〔维古于辞必己出〕古人文辞不抄袭前人词语。维,助词。 ③〔降〕到后代。〔剽(piāo)贼〕劫掠。这里指抄袭。 ④〔指〕向,以之为的。〔公〕公然,明目张胆地。 ⑤〔用一律〕因而成为同样格调。 ⑥〔中(zhòng)〕打着。〔今人之病〕指抄袭古人。 ⑦〔惩〕戒,知其误而不为。

可解，则是求简而得繁，两失之矣①。子曰②："辞达而已矣③。"辞主乎达④，不论其繁与简也，繁简之论兴而文亡矣⑤。《史记》之繁处，必胜于《汉书》之简处。《新唐书》之简也⑥，不简于事而简于文⑦，其所以病也⑧。

> 由批评樊宗师之文写起，提出论点：文辞好坏，决定于达与不达，不决定于繁与简。并概括说史书有繁胜简者。

"时子因陈子而以告孟子，陈子以时子之言告孟子⑨。"此不须重见而意已明。"齐人有一妻一妾而处室者⑩。其良人出⑪，则必餍酒肉而后反⑫。其妻问所与饮食者⑬，则尽富贵也。其妻告其妾曰：'良人出，则必餍酒肉而后反，问其与饮食者，尽富贵也；而未尝有显者来⑭。吾将瞯良人之所之也⑮。'""有馈生鱼于郑子产⑯，子产使校人畜之池⑰。校

---

①〔两失〕求简未得为一失，繁为一失。 ②〔子曰〕孔子说。 ③〔辞达而已矣〕言辞能恰好达意就够了。引文见《论语·卫灵公》。 ④〔主乎达〕以达为重。 ⑤〔文亡〕意为不能有好文章。 ⑥〔《新唐书》〕宋欧阳修、宋祁等撰，二百二十五卷。较《旧唐书》〔刘昫（xù）撰〕事增文省，但因文字有意求简，往往有晦涩之处。 ⑦〔文〕词语。 ⑧〔所以病〕有缺点之原因。 ⑨〔时子因陈子而以告孟子，陈子以时子之言告孟子〕时子借陈子之口把话告诉孟子，陈子把时子的话告诉孟子。两句说法不同，意思相同。故下文说"不须重（chóng）见（出现两次，说两次）"。时子，齐国之臣，受齐宣王委托把齐王拟尊养孟子之意告诉孟子，陈子，孟子弟子陈臻。引文见《孟子·公孙丑下》。 ⑩〔齐人〕齐国人。以下引文见《孟子·离娄下》。〔处（chǔ）室〕居家度日。 ⑪〔良人〕丈夫。 ⑫〔餍（yàn）〕饱食。〔反〕同"返"。 ⑬〔与〕共同。 ⑭〔显者〕显要之人，达官贵人。 ⑮〔瞯（jiàn）〕偷看。〔所之〕所往。 ⑯〔馈（kuì）生鱼〕赠送活鱼。以下引文见《孟子·万章上》。〔郑子产〕春秋时郑国大夫公孙侨，字子产。有名之政治家。 ⑰〔校人〕管池塘之小吏。〔畜〕养。

人烹之，反命曰①：'始舍之②，圉圉焉③，少则洋洋焉④，攸然而逝⑤。'子产曰：'得其所哉⑥！得其所哉！'校人出，曰：'孰谓子产智⑦？予既烹而食之；曰：得其所哉！得其所哉！'"此必须重叠而情事乃尽⑧。此孟子文章之妙。使入《新唐书》⑨，于齐人则必曰，其妻疑而瞯之，于子产则必曰，校人出而笑之，两言而已矣⑩。是故辞主乎达，不主乎简。

举《孟子》为证，说明文辞以达为上，简未必好。这是论据之一。

刘器之曰⑪：《新唐书》叙事好简略其辞，故其事多郁而不明⑫，此作史之病也。且文章岂有繁简邪？昔人之论⑬，谓如风行水上，自然成文⑭，若不出于自然而有意于繁简，则失之矣。当日《进新唐书表》云⑮："其事则增于前，其文则省于旧⑯。"《新唐书》所以不及古人者，其病正在此两句也。

————

①〔反命〕回报。②〔舍之〕放了它。③〔圉（yǔ）圉焉〕无力之状。④〔少〕过一会儿。〔洋洋焉〕舒适自然之状。⑤〔攸然〕安闲轻快之状。〔逝〕离去而消失。⑥〔得其所哉〕意为到了好地方，可以舒舒服服地生活了。⑦〔孰谓子产智〕谁说子产聪明？⑧〔情事〕本来状况，事实经过。〔尽〕完全表达出来。⑨〔使〕假使。⑩〔两言〕两句话。⑪〔刘器之〕刘安世，字器之，宋朝人，从学于司马光。著有《尽言集》。下面引语见其弟子马永卿所辑《元城语录》。⑫〔郁〕晦暗。⑬〔昔人之论〕《元城语录》中语。⑭〔文〕纹。⑮〔当日〕指宋仁宗嘉祐五年（1060）。〔《进新唐书表》〕刊《新唐书》卷端，乃提举编修官曾公亮所作，上与皇帝者。⑯〔增于前……省于旧〕前、旧，均指《旧唐书》。

举刘器之批评《新唐书》的话为证，说明过于求简未必好。这是论据之二。（以上引文与原文不同，且夹入作者的议论，所以未加引号。下段同。）

《黄氏日钞》言①：苏子由《古史》改《史记》多有不当②。如《樗里子传》③，《史记》曰："母，韩女也④。樗里子滑稽多智。"《古史》曰："母，韩女也，滑稽多智。"似以母为滑稽矣。然则"樗里子"三字其可省乎⑤？《甘茂传》⑥，《史记》曰："甘茂者，下蔡人也⑦。事下蔡史举⑧，学百家之说⑨。"《古史》曰："下蔡史举，学百家之说。"似史举自学百家矣。然则"事"之一字其可省乎？以是知文不可以省字为工⑩。字而可省，太史公省之久矣。

举《黄氏日钞》批评苏子由《古史》之失，说明求简不当的错误。这是论据之三。

【研读参考】一、如果能找到《日知录》，可以读读卷十九各篇。能兼读其他部分当然更好。

二、本篇论文章，偏重说繁未尝不好。难道简就经常不好

---

① 〔《黄氏日钞》〕宋朝黄震撰，原九十七卷，今存九十五卷。内容主要为读书心得，少数为杂文。 ② 〔苏子由〕苏辙，字子由，他撰《古史》六十卷，上起伏羲，下迄秦始皇。意在补正司马迁《史记》之疏略。〔不当（dàng）〕不妥当。 ③ 〔樗（chū）里子〕名疾，战国秦惠王之弟。能言善辩，滑（旧读 gǔ）稽多智，秦人号为"智囊"。 ④ 〔韩〕战国时韩国。 ⑤ 〔其〕岂。 ⑥ 〔甘茂〕战国时楚国人。初为秦将，昭王时畏谗，逃往齐国。 ⑦ 〔下蔡〕古邑名，故址在今安徽凤台。 ⑧ 〔事〕师事。〔史举〕人名。 ⑨ 〔百家〕指诸子。 ⑩ 〔以是〕因此。〔工〕精巧。

吗？根据你读和写的经验，谈谈对这方面问题的意见。

三、古人写文章，引他人的话，有时完全录原文；有时凭记忆，与原文不尽合；还有时候他人的话掺入自己的话。古人写文章不用标点，因而有时候，作者的话和引用的话不易分清，想分清就得对原书。念古人文章，这一点要注意。

四、下面是潘耒给《日知录》作的序中的一部分，给加上标点，并释义。

（顾宁人先生）足迹半天下所至交其贤豪长者考其山川风俗疾苦利病如指诸掌精力绝人无他嗜好自少至老未尝一日废书出必载书数簏自随旅店少休披寻搜讨曾无倦色有一疑义反复参考必归于至当有一独见援古证今必畅其说而后止

五五　聊斋自志　蒲松龄

【解说】本篇选自《聊斋志异》。聊斋是作者的书斋名，旧时代读书人常以自己的书斋名代自己，这里也是这样。自志，自记，也就是自序的意思。《聊斋志异》是我国一部著名的文言短篇小说集，通行本十六卷，收故事四百多篇。故事大部分是讲鬼狐等精灵，少数讲世间的事，也都是稀有的，所以名志异，意思是记述怪异的事。我国六朝时期，记神怪的笔记小说不少，都是单纯地记述迷信传说，文学价值不高。到唐朝，文人写传奇，内容多是才子佳人，情节新颖，文字华丽，造诣远远超过六朝的志怪小说。可是由于作者意在炫才，夸张修饰太过，总使人感到不很自然。《聊斋志异》继承前代短篇小说的传统，造诣却远远超过前人。它写的虽然是异事，以鬼狐等精灵为主角，却通过艺术加工，写得有血有肉，甚至使读者感到，故事里的人物比世间的人更真实，更可亲近。尤其值得注意的是，作者通过各种内容的故事，鲜明地表现了奖善惩恶的态度，能够使读者既得到艺术的享受，又受到道德的熏陶。自然，故事中显示的作者的思想，也难免有落后的成分，如无条件地推崇封建道德、信鬼神、信报应等，这是时代的局限，我们应该用历史的眼光看它。

本篇是全书的序,写自己作这部小说的用意和心情。全文用骈体。写序文,求典雅,有不少人喜欢这样做。序的重点是自己对离奇故事的爱好,以及境遇的冷寞和心情的悲愤。到末尾,说相知者只有九泉之下的人,真是一字一泪。读了这篇序文,我们不只可以更清楚地了解作者,而且可以更深入地了解书中故事的含义。

作者蒲松龄(1640—1715),字留仙,又字剑臣,别号柳泉居士,清朝初年山东淄川(今山东淄博)人。出身商人家庭。年轻时候读书多,善属文,应童子试,县、府、道都考第一。可是一生也没考中举人,直到七十一岁才成为贡生(低于举人,且非正路)。因贫苦,曾到江南宝应县做幕客,不久回家,在家乡过塾师生活。他多才多艺,又因为多接触下层人民,所以常写通俗作品。为人正直,怀才不遇,于是把理想和牢骚都放在小说里。著有《聊斋文集》《聊斋诗集》《聊斋俚曲》《农桑经》等。

披萝带荔[1],三闾氏感而为骚[2];牛鬼蛇神[3],长爪郎吟

---

[1]〔披萝带荔〕以女萝为衣,以薜(bì)荔为带。指神异之物。《楚辞·九歌·山鬼》:"若有人兮山之阿(ē,丘陵),被(通'披')薜荔兮带女萝。"女萝,亦称松萝;薜荔,亦称木莲:皆蔓生植物。此处为了用仄声字(荔)收尾,与平声字(骚)对称(chèn),把"被薜荔兮带女萝"改为"披萝""带荔"。 [2]〔三闾(lǘ)氏〕屈原。屈原曾任三闾大夫(楚国官名)。〔感〕感发。〔骚〕《离骚》,屈原所作长诗,见《楚辞》。 [3]〔牛鬼蛇神〕牛和蛇化成之精灵。指极怪诞之物。唐朝诗人杜牧《李贺集序》:"鲸呿(qū,张口)鳌掷(跳),牛鬼蛇神,不足为其虚荒诞幻也。"

而成癖①。自鸣天籁②,不择好音③,有由然矣④。

举古人为比,表明自己写书的由来:心有所感,不得不发;直言不尽,托之鬼神。

松⑤,落落秋萤之火⑥,魑魅争光⑦;逐逐野马之尘⑧,罔两见笑⑨。才非干宝⑩,雅爱搜神⑪;情类黄州⑫,喜人谈鬼:闻则命笔⑬,遂以成编⑭。久之,四方同人又以邮筒相寄⑮,因而物以好聚⑯,所积益夥⑰。甚者人非化外⑱,事或

---

①〔长爪郎〕甲长之少年,指李贺。李贺,字长吉,唐朝诗人。《新唐书·李贺传》:"李贺为人纤瘦,通眉,长指爪,能疾书。每旦日出,骑弱马,从小奚奴,背古锦囊,遇所得,书投囊中,未始先立题然后为诗,如它人牵合程课者。及暮归,足成之。"故下文云"吟而成癖(嗜好)"。 ②〔自鸣天籁(lài)〕自己发出纯真之音。鸣,叫出,抒发。天籁,自然之音响。 ③〔不择好音〕不顺世俗。二句指屈、李作品。 ④〔由然〕来由如此。 ⑤〔松〕作者自称名。 ⑥〔落落〕孤单之状。〔秋萤之火〕秋夜萤火虫之尾光。喻极微弱。 ⑦〔魑(chī)魅(mèi)争光〕魑魅来与己争夺光亮。喻为宵小所轻视。魑魅,木石之精怪,喻世俗之人。晋朝裴启《语林》记载,晋朝嵇康在灯下弹琴,见一鬼,他把灯吹灭,说:"吾耻与魑魅争光。" ⑧〔逐逐〕奔驰之状。〔野马之尘〕飞驰之尘土。喻动荡无定。野马,春季遥望田野间有动荡之气,似野马飞驰。《庄子·逍遥游》:"野马也,尘埃也。" ⑨〔罔两见笑〕鬼怪加以耻笑。喻为小人所欺侮。罔两,也作"魍魉",山川之精怪。 ⑩〔才非干宝〕才华不及干宝。干宝,晋朝人,著《搜神记》三十卷(今传本为二十卷),记神怪传说。 ⑪〔雅〕素来。〔搜神〕搜集神怪故事。 ⑫〔情〕心情。〔类〕像。〔黄州〕指苏轼。苏轼曾被贬于黄州(今湖北黄冈)。他心情郁闷,喜听人讲鬼故事。 ⑬〔命笔〕动笔写,记录所闻。命,使用。 ⑭〔遂〕就。〔成编〕成书。 ⑮〔同人〕志趣相同之人。〔邮筒〕邮递信件之具。指寄来之故事。唐朝诗人元稹(zhěn)以竹筒盛诗寄与友人。 ⑯〔以〕因。〔好(hào)〕喜好。 ⑰〔夥(huǒ)〕多。 ⑱〔甚者〕更重的,更奇的。〔人非化外〕非教化所不及之远方人。言故事主人公皆属于此社会。

奇于断发之乡①；睫在眼前②，怪有过于飞头之国③。遄飞逸兴④，狂固难辞⑤，永托旷怀⑥，痴且不讳⑦，展如之人得毋向我胡卢耶⑧？然五父衢头⑨，或涉滥听⑩，而三生石上⑪，颇悟前因⑫，放纵之言⑬，有未可概以人废者⑭。

　　　　写成书经过及书的内容，指出事虽荒诞，自有至理。

———————

① 〔断发之乡〕剪断头发之地区。指未开化之地区。古时中原地区蓄发，东南沿海一带断发。② 〔睫（jié）在眼前〕睫毛生在眼前。言形体亦如常人。睫，眼毛。③ 〔飞头之国〕神话传说，古代西方之国，有人能头飞去复返。④ 〔遄（chuán）飞逸兴（xìng）〕使飘逸之兴致驰骋飞腾。遄，速。《滕王阁诗序》："遥襟甫畅，逸兴遄飞。"此处颠倒用之，是为了与下句"永托旷怀"对偶。⑤ 〔狂固难辞〕狂名本来难以推辞。固，与下句"且"呼应。⑥ 〔永托旷怀〕长久存旷达之胸襟。托，寄，存。⑦ 〔痴且不讳〕痴名亦不避讳。言甘当痴名。以上四句言编写志异，任情所至，不畏人言。⑧ 〔展如之人〕诚实之人。《诗经·鄘（yōng）风·君子偕老》："展如之人兮，邦之媛（yuàn）也。"毛传："展，诚也。"展如，诚实之状。〔得毋（wú）〕能不，难道不。〔胡卢〕状笑声。这里作笑讲。⑨ 〔五父（fǔ）衢（qú）〕古地名，在今山东曲阜东南。孔子之母葬于五父之衢。衢，四达之路。⑩ 〔涉〕牵涉，相关联。〔滥听〕听信失实之传闻。这两句是说道听途说之言，未必完全可信。⑪ 〔三生石上〕袁郊《甘泽谣·圆观》记载，唐朝李源与僧圆观友善。圆观死前与李源约，十二年后在杭州相见。届期李源至其地，见圆观转世为牧童，歌竹枝词："三生石上旧精魂，赏月吟风不要论（lún）。惭愧情人远相访，此身虽异性长存。"⑫ 〔前因〕前世所种之因。言今世境遇乃前世行为之果。这两句是说所记故事虽荒诞，但亦自有根源。⑬ 〔放纵之言〕指书中所记超出常理之事。⑭ 〔概〕一概，全都。〔以人废〕因作者非显贵而看不起所作之文。《论语·卫灵公》："君子……不以人废言。"

松悬弧时①,先大人梦一病瘠瞿昙②,偏袒入室③,药膏如钱④,圆粘乳际,寤而松生⑤,果符墨志⑥。且也少羸多病⑦,长命不犹⑧。门庭之凄寂⑨,则冷淡如僧;笔墨之耕耘⑩,则萧条似钵⑪。每搔头自念⑫,勿亦面壁人果是吾前身耶⑬?盖有漏根因⑭,未结人天之果⑮,而随风荡堕,竟成藩溷之花⑯,茫茫六道⑰,何可谓无其理哉⑱?独是子夜荧荧⑲,

————

① 〔悬弧〕指出生。弧,木弓。古时生男则悬弧于门左。 ② 〔先大人〕称死去之父。〔瘠(jí)〕清瘦。〔瞿(qú)昙〕和尚。原为佛之姓,因而指佛,也指僧。 ③ 〔偏袒〕露一只肩膀,即着僧衣。袒,裸露。僧人着袈(jiā)裟(shā)(僧人外衣),皆露右肩。 ④ 〔药膏如钱〕像铜钱大小之膏药。 ⑤ 〔寤(wù)〕睡醒。 ⑥ 〔符〕符合。〔墨志〕黑痣(zhì)。言自己生来即有黑痣在胸,与父亲梦中所见相符。 ⑦ 〔羸(léi)〕弱。 ⑧ 〔长(zhǎng)命不犹〕长大之后,命运不如人(不好)。《诗经·召南·小星》:"实命不犹。" ⑨ 〔门庭之凄寂〕指交往少,无人关心。 ⑩ 〔笔墨之耕耘〕砚田笔耕,靠文墨(包括教书)为生。 ⑪ 〔萧条似钵(bō,旧读仄声)〕清冷如和尚盛饭之钵。 ⑫ 〔搔头〕以手搔发而有所思。 ⑬ 〔勿亦〕莫非。〔面壁人〕和尚。面壁,面向墙壁修行。传说禅宗祖师达摩曾面壁九年。〔果是〕真是。 ⑭ 〔漏〕佛家语,意为烦恼。〔根〕佛家称根性为根,即天生之禀赋。〔因〕前因。与下句之"果"呼应。即有前因定有后果。 ⑮ 〔人天之果〕转世为人或上升天界之后果。佛教称天神为"天"。 ⑯ 〔藩溷(hùn)之花〕厕所中之落花。比喻穷乏不得志。藩,篱笆。溷,粪坑。《梁书·范缜(zhěn)传》:"缜答(竟陵王子良)曰:'人之生,譬如一树花,同发一枝,俱开一蒂,随风而堕,自有拂帘幌坠于茵席之上,自有关篱墙落于溷粪之侧。'" ⑰ 〔茫茫六道〕广漠难明之六道。道,指轮回转世之路。佛家以天道、人道、阿修罗(神名)道、地狱道、饿鬼道、畜生道为六道,前三者为善道,后三者为恶道。人死后视其生前之善恶,分别投于各道。 ⑱ 〔何可谓无其理哉〕言六道之说虽渺茫,亦自有其理。慨叹自己遭遇之为不可免。 ⑲ 〔独是〕只是。〔子夜〕夜半子时(二十三时至次日一时)。〔荧(yíng)荧〕光微弱之状,形容下句之"灯"。

灯昏欲蕊①；萧斋瑟瑟②，案冷疑冰③。集腋为裘④，妄续《幽冥》之录⑤；浮白载笔⑥，仅成《孤愤》之书⑦。寄托如此⑧，亦足悲矣！

> 举梦境，证凤缘，叹命运的穷乏，编辑此书，以泄孤愤之心。

嗟乎！惊霜寒雀⑨，抱树无温，吊月秋虫⑩，偎阑自热⑪，知我者其在青林黑塞间乎⑫！康熙己未春日⑬。

> 自叹此书虽成，犹恐知音难遇。

【研读参考】一、近些年来，新出版《聊斋志异》的本子（包括选本）不少。整理旧本，最全的是张友鹤的会校会注会评本（中华书局），包括故事四百九十一篇。阅读以选本为合用，张友鹤选注《聊斋志异选》和中山大学中文系《评注聊斋志异选》（两

---

①〔灯昏欲蕊〕灯光昏暗，灯心将结灯花（即将灭）。②〔萧斋〕萧条之斋舍。〔瑟（sè）瑟〕秋风声。极言冷落。③〔案冷疑冰〕书桌凉得使人怀疑是结冰。④〔集腋为裘〕集聚狐腋，凑成一件皮袄。腋，腋下皮。《慎子·知忠》："粹白之裘，盖非一狐之皮也。"⑤〔妄〕胡乱。〔续《幽冥》之录〕《幽冥录》，南朝宋刘义庆所著志怪之书。续，言本书内容与《幽冥录》相似。⑥〔浮白〕饮酒干杯。浮，罚人饮酒。白，酒杯。〔载笔〕执笔。此句言且饮酒且写作。⑦〔《孤愤》之书〕《韩非子》有《孤愤》一篇，发抒自己不为世用之愤慨。⑧〔此〕指《幽冥录》《孤愤》。⑨〔惊霜寒雀〕作者饱尝凄苦，以畏霜（寒冷）之寒雀自喻。⑩〔吊月秋虫〕见月色而伤怀之秋虫（将死之虫）。亦自喻身世。⑪〔偎（wēi）〕紧挨着。〔自热〕自己温暖自己。以上几句表示极度冷寞。⑫〔其〕助词，表推测。〔青林黑塞〕鬼魂所居。杜甫《梦李白》："魂来枫林青，魂返关塞黑。"言此书用意非世俗所知，欲索知音，当在泉下。表示极度悲愤。⑬〔康熙己未〕清圣祖康熙十八年（1679）。

种皆人民文学出版社）都可以用。

二、用现代语意译本篇，只要求明确表达意义，不要求照用原来典故。

三、下面一段文字是《聊斋志异·叶生》篇后作者写的评论的一部分，在用意和写法方面都与本篇有相通之处。给加上标点，并试试能不能大致了解其意义。

嗟呼遇合难期遭逢不偶行踪落落对影长愁傲骨嶙嶙搔头自爱叹面目之酸涩来鬼物之揶揄频居康了（落第了）之中则须发之条条可丑一落孙山（未考中）之外则文章之处处皆疵古今痛哭之人卞和（有美玉不为人识）惟尔颠倒逸群之物伯乐（善相马）伊谁抱刺（访人之名片）于怀三年灭字（字磨掉）侧身以望四海无家人生世上只须合眼放步以听造物之低昂而已

五六　古籍提要三篇　纪昀

【解说】本篇选自《四库全书总目提要》。《四库全书》按隋唐以来图书分类的惯例，把书先分成经、史、子、集四部；然后经部分为易、书、诗等十类，史部分为正史、编年、纪事本末等十五类，子部分为儒家、兵家、法家等十四类，集部分为楚辞、别集、总集等五类。有些类之下再分子目。各类收书分两种：一种在前，收质量高的，如内容为《易经》者，称"易类"；一种在后，收质量低的，如"易类"一、二、三、四、五、六之后有"易类存目"一、二、三、四。这里选的《武林旧事》入史部·地理类三，《玉芝堂谈荟》入子部·杂家类七，《山中白云词》入集部·词曲类二。《四库全书》是我国最大的丛书（集多种书为一部），由清高宗的第六个儿子永瑢（róng）领衔，集合当时很多文人，由乾隆三十七年（1772）开馆编纂，经过十年完成。共收书（原本多由各地征来）3503 种，合 79330 卷。书抄同样七份，分藏于宫内文渊阁、奉天行宫文溯阁、圆明园文源阁、热河文津阁、扬州文汇阁、镇江文宗阁、杭州文澜阁。另有仅存书名而未抄录的 6819 部，合 94034 卷（提要入"存目"）。每部书都写了"提要"（一般称"解题"，始于汉朝刘向《别录》），简明地评介该书的情况。提要由参加编纂的很多人起草,据说由纪(旧读 jǐ)昀(yún)整理定稿,最后编成二百卷,名《四库全书总目提要》。这部书评介古籍在万种以上,每一种都介绍作者、内容、流传等情况,并评论其得失,所以成为最重要的古籍目录。我们读古代作品,想知道某一类书或某一部书的情况,可以用这部书作为向导。

从写文章的角度看,提要也值得重视。一是体裁有特点,都是评介书籍的。二是文字简练而内容丰富。就以这里选的三篇为例,篇幅都不长,可是写得内容翔实,条理清楚,评论允当,文字简括,处处显示作者有学有识。如果我们也写这种性质的文章,就可以引为借鉴。

作者纪昀(1724—1805),字晓岚,一字春帆,清朝河间献县(今河北献县)人。乾隆十九年(1754)进士。官翰林院编修、侍读学士。因犯罪遣戍乌鲁木齐。放还后官翰林院编修、兵部侍郎、礼部尚书、协办大学士等。曾任《四库全书》总纂官,编定《四库全书总目提要》。论学重汉学的考证,轻视宋明理学的空谈义理。能诗文,骈文也写得好。谥文达。著有《纪文达公遗集》《沈氏四声考》《阅微草堂笔记》等。

武林旧事①

《武林旧事》十卷,宋周密撰。密,字公谨,号草窗,

---

① 〔武林〕杭州。杭州西湖之西有武林山,一名灵隐山。南宋建都于杭州,称临安。

先世济南人①。其曾祖随高宗南渡②，因家湖州③。淳祐中尝官义乌令④。宋亡不仕⑤，终于家⑥。

先举书名、作者，并简略介绍作者身世。

是书记宋南渡都城杂事⑦。盖密虽居弁山⑧，实流寓杭州之癸辛街⑨，故目睹耳闻，最为真确。于乾道、淳熙间三朝授受、两宫奉养之故迹⑩，叙述尤详。自序称欲如吕荥阳

---

①〔先世〕祖先。〔济南〕今山东济南。 ②〔其曾祖〕名秘，官御史中丞。〔随高宗南渡〕跟随宋高宗南行渡江。宋钦宗靖康二年（1127，是年五月高宗立，改元建炎），北宋亡国，徽宗、钦宗父子及宗室等被掳北去。康王赵构在南京（今河南商丘）即位，建立南宋王朝。以后受金兵侵扰，先逃到扬州，然后过长江，西到建康（今江苏南京），东到杭州、越州（今浙江绍兴）、定海等地，来往逃避，最后于绍兴二年（1132）定都杭州。③〔家〕定居，安家于。〔湖州〕今浙江湖州。 ④〔淳祐〕宋理宗年号（1241—1252）。按：周密此时期仅十余岁，不可能做县官。《义乌县志》云在宋端宗景炎年间（1276—1278），时年四十余，近是。〔义乌〕今浙江义乌。〔令〕县令，知县。 ⑤〔不仕〕不做官。 ⑥〔终于家〕死在（杭州）家里。 ⑦〔是书〕指《武林旧事》。〔都城〕国都，指临安。 ⑧〔弁山〕亦名卞山，在湖州西。 ⑨〔流寓〕寄居他乡。〔癸辛街〕街名。 ⑩〔乾（qián）道〕宋孝宗年号（1165—1173）。〔淳熙〕亦孝宗年号（1174—1189）。〔三朝授受〕宋高宗禅位于孝宗，孝宗奉为太上皇，居德寿宫；孝宗禅位于光宗，光宗奉为太上皇，居重（chóng）华宫；光宗禅位于宁宗（在淳熙以后），宁宗奉为太上皇，居泰安宫。授受，禅位及即位。〔两宫奉养〕在德寿、重华二宫奉养太上皇。礼数甚繁，故多故迹（按：《武林旧事》卷七只记孝宗奉养高宗之事）。

《杂记》而加详①，如孟元老《梦华》而近雅②。今考所载，体例虽仿孟书，而词华典赡③，南宋人遗篇剩句颇赖以存④，"近雅"之言不谬⑤。吕希哲《岁时杂记》今虽不传，然周必大《平园集》尚载其序⑥，称其上元一门多至五十余条⑦，不为不富，而密犹以为未详，则是书之赅备可知矣⑧。

　　介绍书的性质及内容要点：记南宋都城杂事，详备而典雅。

　　明人所刻，往往随意刊除⑨，或仅六卷，或不足六卷，惟存故都宫殿、教坊乐部诸门⑩，殊失著书之本旨⑪。此十

---

①〔自序〕《武林旧事》周密自作之序。〔称〕说。〔吕荥（xíng）阳〕吕希哲，字原明，号荥阳先生，北宋人。通经术，有操行。著有《吕氏杂记》《岁时杂记》等。下文"杂记"指《岁时杂记》。岁时，一年之时令节气。②〔孟元老〕北宋末年人，著有《东京梦华录》十卷。东京，今河南开封，北宋都城。北宋既亡，孟元老追忆旧时繁华而作此书，凡都城、坊市、节序、风俗及典礼、仪卫，莫不详载。〔梦华〕即《东京梦华录》。〔近雅〕近于典雅，文辞较为典雅。③〔词华典赡（shàn）〕文字典雅而丰富。④〔遗篇剩句〕散失之篇章，残余之辞句。〔赖〕赖《武林旧事》一书。〔存〕保存下来。⑤〔"近雅"之言〕指自序中所说如梦华而近雅。〔不谬〕不错。指自己提出目标能做到。⑥〔周必大〕字子充，号平园老叟，南宋人，官至左丞相。著有《省（xǐng）斋集》《平园集》等。〔尚载其序〕还载有《岁时杂记》之序。⑦〔称其上元一门〕说《岁时杂记》所记上元节那一门类。上元节，正月十五。⑧〔是书〕指《武林旧事》。〔赅（gāi）备〕完备。⑨〔刊除〕删减。刊，削去。⑩〔教坊乐（yuè）部〕教坊各部。教坊，管理宫廷音乐歌舞之官署。乐部，音乐歌舞之各种名色。⑪〔殊失〕很失去。〔本旨〕本意。

五六　古籍提要三篇　　423

卷之本乃从毛氏汲古阁元版传钞①,首尾完具②。其间逸闻轶事③,皆可以备考稽④。而湖山歌舞⑤,靡丽纷华⑥,著其盛⑦,正著其所以衰⑧。遗老故臣恻恻兴亡之隐⑨,实曲寄于言外⑩,不仅作风俗记、都邑簿也⑪。

然后评论书的版本,完备可资考史,可体察遗老故臣关注兴亡之用心。

第十卷末棋待诏以下⑫,以是书体例推之,当在六卷之末⑬,疑传写或乱其旧第⑭;然无可考证,今亦姑仍之焉⑮。

最后写内容编排中还有小问题。

---

①〔毛氏汲古阁〕毛晋家藏书刻书之处。毛晋,明末常熟(今江苏常熟)人。好藏书,用汲古阁之名刻书甚多,后代推为善本。〔元版〕元朝刻板印刷之书。〔钞〕同"抄"。②〔完具〕完备。③〔逸闻轶(yì)事〕散失之传闻及事迹。逸、轶,皆散失之意。④〔考稽〕考查对证。⑤〔湖山〕指西湖及其周围诸山。⑥〔靡丽纷华〕奢侈华丽之生活。靡,奢侈。纷,热闹。华,富丽。⑦〔著(zhù)〕显示。⑧〔所以衰〕衰落之原因。⑨〔遗老故臣〕亡国后不事新朝之老人及臣子。〔恻(cè)恻〕伤痛。〔隐〕隐衷,不可显言之苦心。⑩〔曲寄〕委曲地寄托。⑪〔风俗记、都邑簿〕记风俗、都城之书。言无何深意。⑫〔棋待诏〕陪侍皇帝下棋之人。亦指下棋名手。⑬〔六卷之末〕六卷讲市井情况,分十二类,最后一类为"诸色伎艺人",收"御前应制"和"御前画院"。"棋待诏"及以下"书会""演史"等亦讲伎艺人情况,故应入六卷"御前画院"之后(今上海古典文学出版社印本在六卷之后)。⑭〔旧第〕原来次序。⑮〔姑〕姑且,暂且。〔仍〕沿袭,照旧。

玉芝堂谈荟①

《玉芝堂谈荟》三十六卷,明徐应秋撰。应秋,字君义,浙江西安人②。万历丙辰进士③。官至福建左布政使④。

<u>先举书名、作者,并简略介绍作者身世。</u>

是书亦考证之学⑤,而嗜博爱奇⑥,不免兼及琐屑之事⑦。其例立一标题为纲⑧,而备引诸书以证之⑨,大抵采自小说杂记者为多⑩。应秋自序有曰:"未及典谟垂世之经奇⑪,止辑史传解颐之隽永⑫,名之谈荟⑬,窃附说铃⑭。"其宗旨固主于识小也⑮。然其捃摭既广⑯,则兼收并蓄者不主一途⑰,轶事旧闻往往而在。故考证掌故、订正名物者亦错

---

① 〔玉芝堂〕书斋名。〔谈荟〕言谈之聚集。 ② 〔浙江西安〕旧县名,在今浙江衢(qú)州。 ③ 〔万历丙辰〕明神宗万历四十四年(1616)。 ④ 〔左布政使〕省之高级官。 ⑤ 〔考证〕根据资料考核文献之真伪。 ⑥ 〔嗜博〕好旁征博引。〔爱奇〕喜爱奇异之事迹。 ⑦ 〔琐屑〕零碎细小。 ⑧ 〔例〕体例。 ⑨ 〔备引〕广泛征引。 ⑩ 〔大抵〕大致。 ⑪ 〔典谟〕指《尚书》。《尚书》有《尧典》《舜典》《大禹谟》等篇。〔垂世〕流传于后世。〔经奇〕正大而稀有。经,常,长久而不可变易。奇,杰出。 ⑫ 〔止〕仅。〔辑〕集,编辑。〔解颐(yí)〕面颊松开,即现出笑容;有趣。颐,颊部。〔隽(juàn)永〕意味深长。隽,肉肥;永,长。 ⑬ 〔名之〕称之为。 ⑭ 〔窃〕私自。〔附〕比附。〔说铃〕扬雄《法言·吾子》:"好说而不要(求合)诸仲尼,说铃也。"铃,喻小声,犹小说不登大雅之堂。 ⑮ 〔主于识(zhì)小〕以记小事为主。 ⑯ 〔捃(jùn)摭(zhí)〕收罗。捃,拾取。摭,摘取。 ⑰ 〔不主一途〕不专走一条路。多方收集。

出其间①。披沙拣金②,集腋成裘③,其博洽之功④,颇足以抵冗杂之过⑤,在读者别择之而已。

> 介绍书的性质并予以评价:辑史传中琐屑而有风趣者,博洽而嫌冗杂。

昔李昉修《太平广记》⑥,陶宗仪辑《说郛》⑦,其中谲怪居多⑧,而皆以取材宏富,足资采择⑨,遂流传不废。应秋此编,虽体例与二书小别⑩,而大端相近⑪。至来集之《樵书》⑫,全仿应秋而作,然有其芜漫而无其博赡⑬,故置彼取此焉⑭。

> 与同类著作相比,进一步评论书的短长。肯定其价值,以说明著录之原因。

----

① 〔掌故〕历史人物之事迹及制度沿革等旧事。〔订正名物〕辨别各种名物(文献中之事物)之真伪是非。〔错出〕参错地出现。 ② 〔披沙拣金〕翻开沙子拣选黄金,去粗取精。 ③ 〔集腋成裘〕集狐腋之皮(少而贵重)而成皮袄,积少成多。 ④ 〔博洽〕博学多闻。洽,广博。 ⑤ 〔冗(rǒng)杂〕烦琐。冗,繁。〔过〕过失,缺点。 ⑥ 〔李昉(fǎng)〕字明远,宋初人。宋太宗太平兴国二年(977)奉敕监修《太平广记》《太平御览》《文苑英华》等书。〔《太平广记》〕总辑历代小说之书,五百卷。 ⑦ 〔陶宗仪〕字九成,号南村,元末明初人。著有《南村辍耕录》,又辑历代多种杂记之书为《说郛(fú)》。 ⑧ 〔谲(jué)怪〕诡怪。谲,欺诈。 ⑨ 〔资〕供。 ⑩ 〔二书〕指《太平广记》《说郛》。〔小别〕小有不同。 ⑪ 〔大端〕主要方面。 ⑫ 〔来集之〕字元成,明末人。著有《倘湖樵书》十二卷、《博学汇书》等。 ⑬ 〔芜漫〕杂乱。芜,取材不精。漫,贪多而无检制。 ⑭ 〔置彼〕放弃《樵书》。指不正式收录(抄写入库),只入子部杂家类存目(亦写提要)。

山中白云词

《山中白云词》八卷,宋张炎撰。炎,字叔夏,号玉田,又号乐笑翁,循王张俊之五世孙①。家于临安。宋亡后潜迹不仕②,纵游浙东西③,落拓以终④。

先举书名、作者,并简略介绍作者身世。

平生工为长短句⑤,以春水词得名⑥,人因号曰张春水。其后编次词集者即以此首压卷⑦,倚声家传诵至今⑧。然集中他调⑨,似此者尚多,殆如贺铸之称梅子⑩,偶遇品题⑪,便为佳话耳⑫,所长实不止此也⑬。

接着介绍作者词的造诣和风格。这一段先泛说词

---

① 〔循王张俊〕字伯英,南宋初年抗金名将,死后追封循王。 ② 〔潜迹〕隐藏形迹。 ③ 〔纵游〕畅游。纵,任意。〔浙东西〕浙东及浙西,大致以浙江为界。 ④ 〔落拓〕困顿,不得志。 ⑤ 〔工〕善于。〔长短句〕词之别名。 ⑥ 〔以春水词得名〕凭所写春水词享有盛名。春水词,词调名"南浦",咏春水。原词是:"波暖绿粼(lín)粼(清澈),燕飞来,好是苏堤才晓。鱼没浪痕圆,流红去,翻(反)笑东风难扫。荒桥断浦,柳阴撑出扁(piān)舟小。回首池塘青欲遍,绝似梦中芳草。 和云流出空山,甚(为何)年年净洗花香不了。新渌(lù,清波)乍生时,孤村路,犹忆那回曾到。余情渺渺,茂林觞咏如今悄。前度刘郎归去后,溪上碧桃多少?" ⑦ 〔压卷〕放在若干作品之最前。 ⑧ 〔倚声家〕词人。填词多依前人之调。 ⑨ 〔集中他调〕词集中其他作品。 ⑩ 〔殆(dài)如〕大致像。〔贺铸〕字方回,北宋有名词人。所作《青玉案》词甚为时人所称,结尾云:"试问闲愁都几许,一川烟草,满城风絮,梅子黄时雨。"因而人呼为"贺梅子"。 ⑪ 〔品题〕赞许。 ⑫ 〔佳话〕流传之美谈。 ⑬ 〔所长〕优秀之作品。〔此〕指咏春水之词。

五六 古籍提要三篇

的声名。

炎生于淳祐戊申①,当宋邦沦覆②,年已三十有三,犹及见临安全盛之日。故所作往往苍凉激楚③,即景抒情④,备写其身世盛衰之感,非徒以剪红刻翠为工⑤。至其研究声律⑥,尤得神解⑦,以之接武姜夔⑧,居然后劲⑨。宋元之间,亦可谓江东独秀矣⑩。

进一步说词的成就在于内容深厚及声律精审。

炎词世鲜完帙⑪。此本乃钱中谐所藏⑫,犹明初陶宗仪手书⑬,康熙中钱塘龚翔麟始为传写授梓⑭,后上海曹炳曾又为重刊⑮。旧附《乐府指迷》一卷⑯,今析出别著于录⑰;

---

①〔淳祐戊申〕宋理宗淳祐八年(1248)。 ②〔宋邦沦覆〕宋朝亡国。沦,灭亡。覆,翻倒。 ③〔苍凉激楚〕凄凉悲愤。激,感动奋发。楚,悲苦。 ④〔即景抒情〕对景物而言情。抒,发泄。 ⑤〔非徒〕不只。〔剪红刻翠〕吟咏花草。剪,刻,皆加意修饰之意。 ⑥〔声律〕声韵音律。 ⑦〔神解〕精微之理解。 ⑧〔以之〕用他。〔接武姜夔(kuí)〕继姜夔之步伐(指精于声律)。武,脚步。姜夔,字尧章,号白石道人,南宋著名词人,精于声律。词集名《白石道人歌曲》,其中一些词旁注有乐谱。 ⑨〔后劲〕殿后(行军之后卫部队)之强兵。 ⑩〔江东〕江南。〔独秀〕唯一之优秀作家。 ⑪〔鲜(xiǎn)〕少。〔完帙(zhì)〕完整之本子。帙,书套。 ⑫〔钱中谐〕字宫声,号庸亭,清初人。康熙时官编修,参加修《明史》。 ⑬〔犹〕还是。 ⑭〔钱塘〕旧县名,今杭州市。〔龚翔麟〕字天石,号蘅圃,清初人,工诗词。〔传写〕抄录。〔授梓(zǐ)〕刻板付印。梓,梓木,刻书板之好木材。 ⑮〔曹炳曾〕字为章,号巢南,清朝人,工诗。 ⑯〔旧附《乐(yuè)府指迷》〕原本书后附有《乐府指迷》一书。《乐府指迷》,传世有二种。一为宋沈义父(fǔ,字伯时,在张炎之先)所作,一卷。一为张炎所作,包括"词源""制曲""句法"等十四篇,皆讲作词之理论及方法。 ⑰〔析出〕分出来。〔别著于录〕另入词曲类存目。

其仇远原序①，郑思肖原跋②，及戴表元送炎序③，则仍并录之，以存其旧焉④。

最后写版本来历及编订经过。

【研读参考】一、读古籍，如果想多了解甚至全面地了解古典作品的情况，要有一些目录学的知识。在这方面，《四库全书总目提要》是一部重要的书。但这部书太大，内容太繁；比它简明的还有后编的《四库全书简明目录》，只二十卷。更简明的还有清末张之洞编、近人范希曾补的《书目答问补正》（无解题，有中华书局新印本），也可以利用。

二、读过这三篇，说说：（1）提要的大致体例；（2）内容的重点是什么；（3）你的印象，哪里好，为什么，哪里不好，为什么；（4）条理和行文方面有什么值得借鉴。

三、下面是《四库全书凡例》的最后一条，给加上标点，并说说大意（不求字字能讲清楚）。

是书主于考订异同别白得失故辨白之文为多然大抵于众说互殊者权其去取幽光未耀者加以表章至于马班之史李杜之诗韩柳欧苏之文章濂洛关闽之道学定论久孚无庸更赘一语者则但论其刊刻传写之异同编次增删之始末著是本之善否而已盖不可不辨者不敢因袭旧文无可复议者亦不敢横生别解凡以求归至当以昭去取之至公

---

① 〔仇（qiú）远〕字仁近，宋末元初人。工诗文，著有《金渊集》等。 ② 〔郑思肖〕宋末元初人。宋亡，变名所南，以示不忘故国。工诗善画，著有《心史》等。 ③ 〔戴表元〕字帅初，宋末元初人。工诗文，著有《剡（shàn）源戴先生文集》。〔送炎序〕名《送张叔夏西游序》。 ④ 〔存其旧〕保存其原貌。

五七　《廿二史札记》选　赵翼

【解说】本篇五则分别选自《廿（niàn，二十，也写"廿"）二史札记》卷前、卷一、卷九、卷三十四、卷三十六。廿二史，二十二种正史，包括：《史记》、《汉书》、《后汉书》、《三国志》、《晋书》、《宋书》、《齐书》、《梁书》、《陈书》、《南史》、《魏书》、《北齐书》、《北周书》、《隋书》、《北史》、"新旧唐书"（算一种）、《五代史》、《宋史》、《辽史》、《金史》、《元史》、《明史》。札记，读书时的随手记录。札，古人用以写字的木片。关于作此书的由来及书的内容，作者《小引》里已经说明。全书三十六卷，每卷包括读某史的若干小题。内容涉及多方面：有的考证史实，如卷一"司马迁作史年岁"；有的提出疑问，如卷二十七"金史纪传不相符处"；有的指出错误，如卷十"南史误处"；有的指出值得注意的史实，如卷三"两汉外戚之祸"；有的提出评论，如卷十三"魏书多曲笔"；等等。

每则篇幅都不长，可是内容充实，显示作者学识丰富，眼光锐敏。我们读这类读史札记，既可以增长知识，又可以培养见识。文笔朴实简练，也有可借鉴之处。

作者赵翼（1727—1814），字云崧，又字耘松，号瓯北，清朝阳湖（今江苏常州）人。清高宗乾隆十九年（1754）中举人后即入朝，在军机处做官。二十六年（1761）中进士。官镇安知府、贵西兵备道。后辞官家居治学，专心著述。精于史学及诗学，论诗主张独创，反对模拟。工诗，与袁枚、蒋士铨合称"江右三大家"。著有《陔（gāi）余丛考》《瓯北诗钞》《瓯北诗话》等。

小　引①

闲居无事，翻书度日。而资性粗钝②，不能研究经学③。惟历代史书事显而义浅④，便于流览⑤，爰取为日课⑥，有所得辄札记别纸⑦，积久遂多。惟是家少藏书⑧，不能繁征博采以资参订⑨。间有稗乘脞说与正史歧互者⑩，又不敢遽诧为得间之奇⑪，盖一代修史时，此等记载无不搜入史局⑫，其所弃而不取者必有难以征信之处，今或反据以驳正史之

---

①〔小引〕短序言。　②〔资性〕资质，天赋。〔粗钝〕拙笨。谦语。
③〔经学〕经部著作，指"十三经"等。古人认为经学含有立身治世之深义。　④〔事显〕事情明白。　⑤〔流览〕粗略地看。　⑥〔爰〕于是。〔日课〕每日必修之课程。　⑦〔所得〕指新知识、新看法。〔辄〕就。〔札记别纸〕记在另一张纸上。　⑧〔惟是〕只是。　⑨〔繁征博采〕多引材料。〔以资参订〕用以参考订正。　⑩〔间（jiàn）〕间或。〔稗（bài）乘（shèng）〕正史外之史书。稗，稗史，记录琐细事之书。乘，春秋时晋国史书名，后代泛称历史书。〔脞（cuǒ）说〕杂说。脞，丛杂，细碎。〔歧互〕不一致。
⑪〔遽〕匆促，不仔细分辨。〔诧〕惊讶，夸耀。〔得间（jiàn）之奇〕得到前人所未注意到之新奇知识。间，事之有隙可寻者。　⑫〔搜〕搜罗。〔史局〕史馆，修史之机关。

驳①,不免贻讥有识。② 是以此编多就正史纪、传、表、志中参互勘校③,其有牴牾处④,自见辄摘出⑤,以俟博雅君子订正焉⑥。至古今风会之递变⑦,政事之屡更⑧,有关于治乱兴衰之故者⑨,亦随所见附著之⑩。

先说明写札记成书的由来,以及内容和作法的情况。

自惟中岁归田⑪,遭时承平⑫,得优游林下⑬,寝馈于文史以送老⑭,书生之幸多矣。或以比顾亭林《日知录》⑮,谓身虽不仕而其言有可用者,则吾岂敢⑯。阳湖赵翼谨识。乾隆六十年三月⑰。

接着说明写札记的用意是治学,并求有益于世。最后以谦语作结。

---

① 〔驳〕辨正。〔讹(é)〕错误。 ② 〔贻讥有识〕为有识之人所耻笑。贻,遗留。 ③ 〔纪、传、表、志〕本纪、列传、表、志。正史内容之各部分。〔参互勘(kān)校(jiào)〕互相校订。勘,核对。校,订正。 ④ 〔牴(dǐ)牾(wǔ)〕矛盾,不一致。 ⑤ 〔自见〕自从看到,一看到。〔辄摘出〕就检出写下来。 ⑥ 〔俟〕等待。〔博雅君子〕博学之人。 ⑦ 〔风会〕风气。〔递变〕更迭变化。递,更易。 ⑧ 〔更(gēng)〕改。 ⑨ 〔故〕原因。 ⑩ 〔附著(zhù)〕附带记下来。著,写出。 ⑪ 〔自惟〕自己寻思。惟,想。〔中岁〕中年。〔归田〕回到故乡种田。指不再做官。 ⑫ 〔遭时承平〕遇太平盛世。承,继承前代。 ⑬ 〔优游〕闲暇自得。〔林下〕指隐居之处。 ⑭ 〔寝馈(kuì)〕生活。意为全神贯注。寝,睡觉。馈,吃饭。〔送老〕度晚年。 ⑮ 〔顾亭林《日知录》〕见本册《文章繁简》。 ⑯ 〔岂敢〕哪里敢,不敢。谦语。 ⑰ 〔乾隆六十年〕公元1795年。乾隆,清高宗年号。

《史记》编次①

　　《史记》列传次序，盖成一篇即编入一篇，不待撰成全书后重为排比②。故李广传后忽列匈奴传③，下又列卫青、霍去病传，朝臣与外夷相次④，已属不伦⑤。然此犹曰⑥，诸臣事皆与匈奴相涉也。公孙宏传后忽列南越、东越、朝鲜、西南夷等传⑦，下又列司马相如传⑧，相如之下又列淮南、衡山王传⑨，循吏后忽列汲黯、郑当时传⑩，儒林、酷吏后又忽入大宛传⑪。其次第皆无意义，可知其随得随编也。

　　　　举《史记》一部分列传的编排为证，说明《史记》列传编次并无统一规划。

---

① 〔编次〕编排之次序。　② 〔重为排比〕重新为它排列次序。　③ 〔李广〕及以下卫青、霍去病，皆汉武帝时大将。　④ 〔外夷〕指周围各民族所建国家。〔相次〕排在邻近。次，排列。　⑤ 〔不伦〕不类，不合理。　⑥ 〔然此犹曰〕但是这还可以说。　⑦ 〔公孙宏〕汉武帝时大臣。"宏"应作"弘"，避清高宗弘历讳改。　⑧ 〔司马相如〕西汉辞赋大家。　⑨ 〔淮南、衡山王〕淮南厉王刘长，衡山王刘勃。刘长为汉高祖少子，刘勃为刘长之子。　⑩ 〔循吏〕指《循吏列传》。循吏，良好之官员。〔汲黯、郑当时〕皆汉武帝时大官。　⑪ 〔儒林、酷吏〕儒林，读书治学之人。酷吏，暴烈残忍之官。此二种人各有集体传记。〔大宛〕国名，在今新疆境内。

古文自姚察始①

《梁书》虽全据国史②,而行文则自出炉锤③,直欲远追班、马④。盖六朝争尚骈俪⑤,即序事之文⑥,亦多四字为句,罕有用散文单行者⑦。《梁书》则多以古文行之,如《韦睿传》叙合肥等处之功⑧,《昌义之传》叙钟离之战⑨,《康绚传》叙淮堰之作⑩,皆劲气锐笔⑪,曲折明畅,一洗六朝芜冗之习⑫。《南史》虽称简净⑬,然不能增损一字也⑭。至诸

---

① 〔古文〕指模仿秦汉,不同于六朝骈俪之散文。〔姚察〕南朝末万年(今陕西西安)人。撰写《梁书》《陈书》,未完。其子姚思廉由隋入唐,为弘文馆学士,因其父旧稿,编成今日流传之《梁书》《陈书》。 ② 〔国史〕国家史馆所存史料。 ③ 〔行文〕以文字表达。〔自出炉锤〕自出心裁。炉锤,指制器以炉烧,以锤击。 ④ 〔直〕简直,真是。〔远追班、马〕上追著《汉书》之班固,著《史记》之司马迁。 ⑤ 〔六朝〕吴、东晋、宋、齐、梁、陈,都城皆为今南京。三国以后至隋(晋、宋、齐、梁、陈、隋)亦称六朝。〔骈(pián)俪(lì)〕文章用四字六字对偶句法,文字求秾丽。 ⑥ 〔序事〕叙事,记事。 ⑦ 〔罕〕少。〔单行〕不对偶。 ⑧ 〔韦睿(ruì)〕南朝宋时官右军将军,梁时官豫州刺史、车骑将军。〔合肥等处之功〕指与北魏作战。合肥,今安徽合肥。 ⑨ 〔昌义之〕由齐入梁,官至平北将军、北徐州刺史。〔钟离之战〕亦与北魏作战。钟离,地名,在今安徽凤阳。 ⑩ 〔康绚(xuàn)〕齐时为华山太守,入梁官司州刺史、卫尉卿。〔淮堰(yàn)〕淮河堤堰,工程艰巨,二年乃成。 ⑪ 〔劲气〕刚健之气。〔锐笔〕精练之笔。 ⑫ 〔芜冗〕杂乱烦琐。 ⑬ 〔《南史》〕唐李延寿撰,记宋、齐、梁、陈四朝事。取材多用《宋书》《齐书》《梁书》《陈书》。〔简净〕文字简明,无冗赘语句。 ⑭ 〔不能增损一字〕用《梁书》文字而不能改动。损,减。

传论①,亦皆以散文行之。魏郑公《梁书》总论犹用骈偶②,此独卓然杰出于骈四俪六之上③,则姚察父子为不可及也。世但知六朝之后④,古文自唐韩昌黎始⑤,而岂知姚察父子已振于陈末唐初也哉⑥?

举《梁书》为证,说明姚察父子修史已用古文,故提倡用古文写不自韩愈始。

明仕宦僭越之甚⑦

鄢懋卿恃严嵩之势⑧,总理两浙、两淮、长芦、河东盐政⑨。其按部尝与妻偕行⑩,制五彩舆⑪,令十二女子舁之⑫。

---

①〔传论〕指列传每卷后之"史臣(指姚思廉)曰"及"陈吏部尚书姚察曰"下面之评论。 ②〔魏郑公〕魏徵,字玄成,唐太宗时有名的大臣,封郑国公。唐太宗命他与姚思廉合撰《梁书》。〔《梁书》总论〕《梁书》本纪部分之后有"史臣侍中郑国公魏徵曰"一段评论。 ③〔此〕指《梁书》之古文写法。〔卓(zhuó)然〕高超之状。 ④〔但〕只。 ⑤〔韩昌黎〕韩愈。 ⑥〔振〕兴起(古文)。〔陈末唐初〕姚察撰《梁书》在陈末,其子思廉写定《梁书》在唐初。 ⑦〔仕宦〕做官之人。〔僭(jiàn)越〕超越本分。 ⑧〔鄢(yān)懋(mào)卿〕明朝人,官至左副都御史。严嵩之亲信,严嵩失败后,落职戍边。〔严嵩〕明朝分宜(今江西分宜)人,官武英殿大学士(宰相职),掌政二十年。与其子世蕃恃宠揽权,贪赃枉法,是明朝著名的大奸臣。 ⑨〔两浙〕浙东浙西。〔两淮〕淮南淮北。〔长芦〕盐区名,因盐运司驻长芦镇(今河北沧州)而得名。〔河东〕今山西西部。〔盐政〕盐务。主要为收税。 ⑩〔按部〕巡察所属机关。〔与妻偕行〕此为违背制度之行为。 ⑪〔五彩舆〕花轿。 ⑫〔舁(yú)〕抬。

张居正奉旨归葬①，藩、臬以上皆跪迎②；巡方御史为之前驱③；真定守钱普创为坐舆④，前轩后室⑤，旁有两庑⑥，各立一童子给使令⑦，凡用舁夫三十二人；所过牙盘上食⑧，味逾百品⑨，犹以为无下箸处⑩。普无锡人⑪，能为吴馔⑫，居正甘之⑬，曰："吾至此始得一饱。"于是吴人之能庖者召募殆尽⑭。

举史实二事，说明明代政治腐败，官僚骄横害民。

---

①〔张居正〕明朝江陵（今湖北江陵）人，穆宗、神宗时任宰相多年。神宗特宠信之，权倾天下。〔奉旨归葬〕张居正父死，未依礼卸任回乡守制，葬时，神宗予假三月，并派员为营办葬事。②〔藩、臬（niè）以上〕藩司、臬司及更高之官员。藩司，即布政使，掌一省之民政财政。臬司，即按察使，掌一省之司法。二者之上有总督、巡抚。③〔巡方御史〕指分布于全国各道之监察御史。〔前驱〕前行开路。④〔真定守〕真定府之知府。驻今河北正定。守，太守，秦汉时官名，明清知府与之相当。⑤〔轩〕敞屋。⑥〔庑（wǔ）〕厢房。⑦〔给使令〕供驱使。⑧〔牙盘〕象牙盘子。〔上食〕进呈食物。⑨〔逾〕超过。〔品〕种。⑩〔无下箸处〕没有可吃的。下箸处，筷子夹菜之处所。言菜肴虽多，无一适口。⑪〔无锡〕今江苏无锡。⑫〔吴馔（zhuàn）〕苏州菜。馔，食品。⑬〔甘之〕觉得吴馔好吃。⑭〔能庖（páo）〕擅长做菜。庖，厨房。〔召募殆尽〕几乎全部征募出来。

于谦王文之死①

黄溥《闲中今古录》②：英宗复辟时③，石亨等诬王文、于谦谋迎立外藩④，坐以大逆⑤。将肆之市⑥，谦连呼"皇天后土"⑦，王但云："今已到此，伸起头来就砍，连呼何为！久自明白。"是文之临危不惧⑧，视死如归，过于谦远矣。然《明史》文、谦二传⑨，谦并无皇天后土之呼，文则力辨："召亲王须用金牌、信符⑩，遣人必有马牌⑪，内府、兵部可验也⑫。"谦笑曰："亨等意耳⑬，辨之何益！"是从容

---

① 〔于谦〕字廷益，明朝钱塘（今浙江杭州）人。明英宗北征被俘，谦拥立景帝，固守京都，国家赖以安定。英宗复辟（bì）后被杀。〔王文〕字千之，明朝束鹿（今河北辛集）人。历官吏部尚书、谨身殿大学士。英宗复辟，与于谦同时被杀。 ② 〔黄溥〕字澄济，号石崖居士，明朝弋（yì）阳（今江西弋阳）人。官广东按察使。著有《石崖集》《闲中今古录》等。 ③ 〔英宗复辟〕明景帝既立，瓦剌部首领也先以英宗已无抵押价值，遂放英宗回来。景帝居之南宫。后景帝重病，由石亨为首，拥立英宗复位。辟，国君。 ④ 〔石亨〕官至镇朔大将军。〔迎立外藩〕迎接居住外地之王入京为帝。外藩，指仁宗第五子襄王瞻墡（shàn）。事见《襄王瞻墡传》。皇帝封子弟为王，使之统治一方以屏藩王室，故称外藩。 ⑤ 〔坐以大逆〕判定大逆之罪。坐，指为有罪。大逆，危害国君。 ⑥ 〔肆之市〕陈尸于市。市，刑场。古时行刑在街头。 ⑦ 〔皇天后土〕天帝，地神。 ⑧ 〔临危不惧〕面临死亡而不怕。 ⑨ 〔《明史》〕清初张廷玉等编。〔文、谦二传〕《王文传》和《于谦传》。 ⑩ 〔力辨〕极力辩解。〔召亲王〕召亲王入京。亲王，皇帝子弟之封爵。〔金牌、信符〕皆皇帝征召所用之凭证。 ⑪ 〔遣人〕派人出去。〔马牌〕邮传用之凭证。 ⑫ 〔内府〕宫内藏物之所。〔兵部〕中央六部之一，管全国军事。金牌、信符存内府，马牌存兵部。 ⑬ 〔亨等意耳〕言石亨等执意杀害异己，无理可讲。

就死者谦①,而自辨冤枉者乃文也。盖又各就其平日之人品而系以盖棺定论耳②。

　　说明同一事而所记相反,足见旧说或杂主观,未可尽信。

【研读参考】一、读书笔记,历代学者作的不少,如顾炎武《日知录》就是著名的一种。专治史学的笔记,除《廿二史札记》之外,清人著作还有钱大昕(xīn)《二十二史考异》和王鸣盛《十七史商榷(què)》,如果对我国历史有兴趣,都可以翻看一部分。

二、写读书札记,有时重点在辨明事实真相,有时重点在评论是非,有时重点在介绍新知识。本篇几则(小引除外)重点各是什么?

三、你读书是否也像本篇作者所说,有时有所得?如果有,试试用现代语写一两则。

---

①〔是〕这,由此可见。〔从(cōng)容就死者谦〕"者"后省去"乃"字。②〔平日之人品〕意为对于谦、王文二人品格之认识。〔系〕加。〔盖棺定论〕旧谓人一生功过,死后始能做最后评论。

五八　古文十弊　章学诚

【解说】本篇选自《文史通义》。《文史通义》内篇五卷,外篇三卷,共八卷,内容主要是作者为文著史的主张。议论多有独到之处,与刘知幾《史通》同为史学理论的重要著作。古文,也称古文辞,是唐朝以来许多文人(如韩愈、柳宗元、欧阳修、苏轼等)提倡的一种文体,主张文学秦汉,用古朴有气势的文字宣扬圣贤之道。它不同于《文选》系统的骈文(多用华丽的辞藻对偶),也不同于科举考试的八股文。到明朝,前后七子继承这个传统,机械地盲目地模仿古人,产生很多流弊,尤其一些浅陋的士大夫,既无学识,又无文才,以古文为门面,写些内容空洞甚至荒诞的重复老调的文章。本篇所谓古文指的就是这样的作品。文中提出十弊,每评一种,都是举出事实,引经据典,验诸事理,衡之人情,指出它的症结所在,很有说服力。我们现在不作古文,可是无论就内容说还是就表达形式说,古今文章都有相通之处,所以文中的许多论点还值得借鉴。

作者是史学家,为文朴实,重证据,不多在格调上下功夫。这种风格有朴厚切实的优点,也值得注意。

作者章学诚(1738—1801),字实斋,号少岩,清朝会

(kuài)稽（今浙江绍兴）人。清高宗乾隆四十三年（1778）进士。曾官国子监典籍。长于史学，长时期在永平、保定等地书院讲学。曾撰修《永清县志》《和州志》等。著作后来辑为《章氏遗书》，内论学的重要著作为《文史通义》和《校雠通义》。

余论古文辞义例①，自与知好诸君书②，凡数十通③，笔为论著④，又有《文德》《文理》《质性》《黠陋》《俗嫌》《俗忌》诸篇⑤，亦详哉其言之矣⑥；然多论古人，鲜及近世⑦。兹见近日作者所有言论与其撰著⑧，颇有不安于心，因取最浅近者条为十通⑨，思与同志诸君相为讲明。若他篇所已及者不复述，览者可互见焉。此不足以尽文之隐⑩，然一隅三反⑪，亦庶几其近之矣⑫。

> 开头先说明写此文的缘由：已著文多篇论古文辞义例；本篇评论近世古文疵病，意在针砭世俗。这是全文的总叙。以下分作十节，评论十种文弊。

一曰，凡为古文辞者⑬，必先识古人大体⑭，而文辞工

---

①〔义例〕义理（内容方面）和体例（形式方面）。 ②〔自〕自从。〔知好〕相知，交好。〔书〕书信。 ③〔凡〕总共。〔通〕表示文字首尾完全者之量词。 ④〔笔〕动词，写。 ⑤〔《文德》《文理》《质性》《黠陋》《俗嫌》《俗忌》诸篇〕前五篇见《文史通义》。该书无《俗忌》篇，有《砭俗》篇，疑《俗忌》为《砭俗》之原名。 ⑥〔其〕代论著。 ⑦〔鲜(xiǎn)〕少。 ⑧〔兹〕此，现在。 ⑨〔条〕一条一条列出来。 ⑩〔隐〕微，奥妙。 ⑪〔一隅(yú)三反〕意为四角之器物，举一角则其余三角可以类推。隅，角。反，推论。《论语·述而》："举一隅，不以三隅反，则不复也。"成语"举一反三"即出于此。 ⑫〔庶几(jī)〕差不多。 ⑬〔为〕作。 ⑭〔识〕懂得。〔大体〕指义理。

拙又其次焉①。不知大体，则胸中是非不可以凭②，其所论次未必俱当事理③，而事理本无病者④，彼反见为不然而补救之⑤，则率天下之人而祸仁义矣⑥。有名士投其母氏行述⑦，请大兴朱先生作志⑧。叙其母之节孝⑨，则谓乃祖衰年⑩，病废卧床⑪，溲便无时⑫，家无次丁⑬，乃母不避秽亵⑭，躬亲薰濯⑮，其事既已美矣。又述乃祖于时蹙然不安⑯，乃母肃然对曰⑰："妇年五十，今事八十老翁⑱，何嫌何疑？"呜呼！母行可嘉⑲，而子文不肖甚矣⑳。本无芥蒂㉑，何有嫌疑？节母既明大义，定知无是言也。此公无故自生嫌疑㉒，特添注以斡旋其事㉓，方自以为得体㉔，而不知适如

---

①〔工〕精巧。 ②〔是非〕对事理对错之判断。〔凭〕依据。 ③〔论次〕议论叙述。〔当(dàng)〕适合。 ④〔病〕缺点，毛病。 ⑤〔反见为不然〕反而以为不对。 ⑥〔率天下之人而祸仁义〕带领天下之人危害仁义。《孟子·告子上》："率天下之人而祸仁义者，必子之言夫！" ⑦〔名士〕能诗文、有名气之读书人。〔投〕送。〔母氏〕母亲。〔行述〕行状，记述死者一生事迹之文，供作墓志铭或传记之人参考者。 ⑧〔大兴朱先生〕朱筠(yún)，字竹君，号笥(sì)河，大兴(今北京市)人。乾隆进士。任翰林院编修、侍读学士等官。章学诚出于他门下。〔志〕墓志。 ⑨〔节孝〕丈夫死后不再嫁，一意孝养公婆之品德。 ⑩〔乃祖〕他(行述作者)祖父。〔衰年〕老年。 ⑪〔病废〕废疾，因病而行动困难。 ⑫〔溲(sōu)便无时〕大小便不能节制。溲，小便。 ⑬〔家无次丁〕家中无其他成年男子。次，第二。丁，成年男子。 ⑭〔秽亵(xiè)〕脏。亵，亦污秽之意。 ⑮〔躬亲〕亲自。躬，自身。〔薰〕熏香料以除臭气。〔濯〕洗。 ⑯〔于时〕当此时。〔蹙(cù)然〕不安之状。 ⑰〔肃然〕肃敬地。〔对〕答。 ⑱〔事〕侍奉。 ⑲〔行〕行为。〔嘉〕赞美。 ⑳〔不肖〕不好。 ㉑〔芥(jiè)蒂(dì)〕细小之梗塞物。比喻心中不舒畅。 ㉒〔此公〕这位先生。含讽刺意味。 ㉓〔斡(wò)旋〕周旋，调解。 ㉔〔得体〕言语、行动恰合分寸。

冰雪肌肤①，剜成疮痏②，不免愈濯愈痕瘢矣③。人苟不解文辞，如遇此等，但须据事直书④，不可无故妄加雕饰。妄加雕饰，谓之"剜肉为疮"，此文人之通弊也。

一、不须雕饰而妄加雕饰，是"剜肉为疮"之弊。

二曰，《春秋》书内不讳小恶⑤，岁寒知松柏之后凋⑥，然则欲表松柏之贞，必明霜雪之厉，理势之必然也⑦。自世多嫌忌，将表松柏而又恐霜雪怀惭⑧，则触手皆荆棘矣⑨。但大恶讳，小恶不讳，《春秋》之书内事，自有其权衡也⑩。江南旧家⑪，辑有宗谱⑫，有群从先世为子聘某氏女⑬，后以道远家贫，力不能婚，恐失婚时，伪报子殇⑭，俾女别聘⑮，其女遂不食死，不知其子故在⑯，是于守贞、殉烈⑰，两无所处⑱。而女之行事，实不愧于贞烈，不忍泯也⑲，据事直

① 〔冰雪肌肤〕洁白之皮肉。《庄子·逍遥游》："藐姑射之山，有神人居焉，肌肤若冰雪。" ② 〔痏(wěi)〕疮。 ③ 〔愈痕瘢(bān)〕伤疤愈明显。 ④ 〔但〕只。 ⑤ 〔《春秋》书内不讳小恶〕《春秋公羊传》隐公十年："《春秋》录内而略外：于外，大恶书，小恶不书；于内(指鲁国)，大恶讳，小恶书。"讳，因忌讳而不说。 ⑥ 〔岁寒知松柏之后凋〕意为环境恶劣，始能显出人之高节。凋，凋谢，衰落。《论语·子罕》："子曰：'岁寒，然后知松柏之后凋也。'" ⑦ 〔理势〕道理，情势。 ⑧ 〔怀惭〕心中惭愧。 ⑨ 〔触手皆荆棘〕任何处所皆扎手。意为怎样做都不好。 ⑩ 〔权衡〕衡量之标准。权，秤锤；衡，秤杆。 ⑪ 〔旧家〕世家旧族，世代读书人家。 ⑫ 〔宗谱〕族谱，记载一族人世系情况之书。 ⑬ 〔群从先世〕指宗族中某人之一先人。群从，诸同祖兄弟，即从兄弟。先世，祖先。〔聘〕定婚。 ⑭ 〔殇(shāng)〕未成年而死。古时不到二十岁死为殇。 ⑮ 〔俾(bǐ)〕使。 ⑯ 〔故在〕还活着。故，本来。 ⑰ 〔守贞〕未婚夫死，终身不嫁。〔殉烈〕夫死，从夫而死。 ⑱ 〔两无所处(chǔ)〕于守贞、殉烈二者皆不适宜。处，居。 ⑲ 〔泯(mǐn)〕消灭。

书，于翁诚不能无歉然矣①。第《周官·媒氏》禁嫁殇②，是女本无死法也③。《曾子问》，娶女有日而婿父母死，使人致命女氏，注谓恐失人嘉会之时，是古有辞昏之礼也④。今制⑤，婿远游，三年无闻⑥，听妇告官别嫁⑦，是律有远绝离昏之条也⑧。是则某翁诡托子殇，比例原情⑨，尚不足为大恶而必须讳也。而其族人动色相戒⑩，必不容于直书⑪，则匿其辞曰⑫："书报幼子之殇，而女家误闻以为婿也。"夫千万里外，无故报幼子殇，而又不道及男女昏期，明者知其无是理也，则文章病矣。人非圣人，安能无失？古人叙一人之行事，尚不嫌于得失互见也⑬，今叙一人之事，而欲顾

---

①〔翁〕称夫之父。〔诚〕实是。 ②〔第〕但是。〔《周官·媒氏》禁嫁殇〕《周礼·地官·媒氏》："禁迁葬者与嫁殇者。"郑玄注："殇，十九以下未嫁而死者。生不以礼相接，死而合之，是亦乱人伦者也。"嫁殇，男女未成年死而合葬（冥婚）。章学诚引用此语，意在说明，依古礼，未婚女子无殉节从夫之义。 ③〔无死法〕无必须死之理。 ④〔《曾子问》……辞昏之礼也〕《礼记·曾子问》："曾子问曰：'昏礼既纳币，有吉日，女之父母死，则如之何？'孔子曰：'婿使人吊。如婿之父母死，则女之家亦使人吊。……婿（之父母）已葬，婿之伯父致命女氏曰：某之子有父母之丧，不得嗣为兄弟，使其致命。'"郑玄注："必致命者，不敢以累年之丧，使人失嘉会之时。"致命，送达言辞。女氏，女方之家。嘉会，指结婚。辞昏，请求解除婚约。昏，后来写"婚"。 ⑤〔今制〕现在法律规定。 ⑥〔无闻〕无消息。 ⑦〔听妇告官别嫁〕任凭女子告诉官府（备案性质）另嫁。听，任凭。《大清律例》："期约已过五年，无过不娶，及夫逃亡三年不还者，并听经官告给执照，别行改嫁。" ⑧〔远绝〕远离失散。〔条〕法律条文。 ⑨〔比例原情〕比照律例，推究实情。原，推究。 ⑩〔动色〕面色改变。〔戒〕告以不许。 ⑪〔直书〕直写不讳。 ⑫〔匿其辞〕隐瞒真相而说。 ⑬〔嫌〕嫌恶，避忌。〔得失互见（xiàn）〕好坏皆写出来。

其上下左右前后之人皆无小疵①，难矣。是之谓"八面求圆"，又文人之通弊也。

二、为掩饰小节而不惜作伪，是"八面求圆"之弊。

三曰，文欲如其事，未闻事欲如其人者也②。尝见名士为人撰志，其人盖有朋友气谊③，志文乃仿韩昌黎之志柳州也④，一步一趋⑤，惟恐其或失也。中间感叹世情反复，已觉无病费呻吟矣，末叙丧费出于贵人，及内亲竭劳其事⑥。询之其家，则贵人赠赙稍厚⑦，非能任丧费也，而内亲则仅一临穴而已⑧，亦并未任其事也，且其子俱长成，非若柳州之幼子孤露⑨，必待人为经理者也⑩。诘其何为失实至此⑪，则曰："仿韩志柳墓终篇有云⑫，'归葬费出观察使裴君行立⑬，又舅弟卢遵既葬子厚⑭，又将经纪其家⑮'，附纪二人，文情深厚，今志欲似之耳。"余尝举以语人⑯，人多笑之。不知临文摹古⑰，迁就重轻⑱，又往往似之矣。是之谓"削

---

①〔疵（cī）〕缺点，毛病。 ②〔事欲如其人〕人不如是，欲褒贬之而伪造事实。 ③〔朋友气谊〕重友谊之气概品行。 ④〔韩昌黎之志柳州〕韩愈作《柳子厚墓志铭》。柳州，柳宗元，字子厚，曾任柳州刺史。 ⑤〔一步一趋〕应作"亦步亦趋"，盲目地仿效别人。《庄子·田子方》："夫子步亦步，夫子趋亦趋。" ⑥〔内亲〕妻之亲属。 ⑦〔赠赙（fù）〕用财物助人治丧。 ⑧〔临穴〕送葬到墓地。临，到临。穴，圹。 ⑨〔孤露〕幼小丧亲，无人照顾。孤，幼年无父。露，无庇荫。 ⑩〔经理〕料理。 ⑪〔诘（jié）〕问。 ⑫〔志〕作墓志。〔终篇〕文章末尾。 ⑬〔观察使裴君行立〕柳宗元死时，裴行立任桂管观察使，为柳宗元之上司。观察使，一道之行政长官。 ⑭〔舅弟〕内弟。 ⑮〔经纪〕料理。 ⑯〔举以语（旧读 yù）人〕提出来告诉人。 ⑰〔临文〕作文。临，面对。〔摹古〕摹仿古人。 ⑱〔迁就重轻〕迁就古人文章，或夸大或缩小。

趾适屦①",又文人之通弊也。

三、刻意模仿而不顾事实,是"削趾适屦"之弊。

四曰,仁智为圣,夫子不敢自居②;瑚琏名器,子贡安能自定③?称人之善④,尚恐不得其实;自作品题⑤,岂宜夸耀成风耶?尝见名士为人作传,自云:"吾乡学者鲜知根本⑥,惟余与某甲为功于经术耳⑦。"所谓某甲,固有时名⑧,亦未见必长经术也,作者乃欲援附为名⑨,高自标榜,恧矣⑩。又有江湖游士⑪,以诗著名,实亦未足副也⑫,然有名实远出其人下者,为人作诗集序,述人请序之言曰:"君与某甲齐名,某甲既已弁言⑬,君乌得无题品⑭?"夫齐名本无其说,则请者必无是言,而自诩齐名⑮,借人炫己⑯,颜颡

---

① 〔削趾适屦(jù)〕削脚趾以适合鞋。比喻无原则地迁就。《淮南子·说林训》:"夫所以养而害所养,譬犹削足而适履,杀(砍去一块)头而便冠。"屦,一种鞋。 ② 〔仁智为圣,夫子不敢自居〕《孟子·公孙丑上》:"昔者子贡问于孔子曰:'夫子圣矣乎?'孔子曰:'圣则吾不能,我学不厌而教不倦也。'子贡曰:'学不厌,智也;教不倦,仁也。仁且智,夫子既圣矣。'夫圣,孔子不居,是何言也?" ③ 〔瑚琏(liǎn)名器,子贡安能自定〕《论语·公冶长》:"子贡问曰:'赐也何如?'子曰:'女(汝),器也。'曰:'何器也?'曰:'瑚琏也。'"瑚、琏,皆祭器。 ④ 〔称〕称道。 ⑤ 〔品题〕评论,评价。 ⑥ 〔根本〕指经学。 ⑦ 〔功于经术〕长于经术,在经学上有贡献。术,学术。 ⑧ 〔固有时名〕当时本有些名气。 ⑨ 〔援附〕依附,攀附。 ⑩ 〔恧(nǜ)〕惭愧,羞耻。 ⑪ 〔江湖游士〕到处游荡混饭吃之读书人。 ⑫ 〔实〕作诗之实际功夫。〔副〕(与名)相称。 ⑬ 〔弁(biàn)言〕写了序文。弁,古代一种帽子,引申为在前头。 ⑭ 〔乌〕何。 ⑮ 〔诩(xǔ)〕夸。 ⑯ 〔炫〕夸耀。

不复知忸怩矣①。且经援服郑,诗攀李杜②,犹曰高山景仰③,若某甲之经,某甲之诗,本非可恃,而犹借为名,是之谓"私署头衔",又文人之通弊也。

四、无才无学而自吹自擂,妄自攀附,是"私署头衔"之弊。

五曰,物以少为贵,人亦宜然也④,天下皆圣贤,孔孟亦弗尊尚矣⑤。清言自可破俗⑥,然在典午⑦,则滔滔皆是也⑧,前人讥《晋书》列传同于小说⑨,正以采掇清言⑩,多而少择也。立朝风节⑪,强项敢言,前史侈为美谈⑫。明中

---

①〔忸(niǔ)怩(ní)〕羞惭之状。 ②〔经援服郑,诗攀李杜〕谈到自己之经学则高攀服虔、郑玄(皆东汉经学家),谈到自己之诗则高攀李白、杜甫。 ③〔犹曰〕尚且可以说。〔高山景仰〕《诗经·小雅·车舝(辖)》:"高山仰止,景行(háng)行止。"意思是高山可仰望,大路可行走。景行,大路。止,助词。这里"景仰"是仰慕。 ④〔宜然〕应该这样。 ⑤〔弗尊尚〕不尊崇。 ⑥〔清言〕清谈,指不涉世俗事务之玄谈。 ⑦〔典午〕晋朝。"典午"为"司马"之隐语。典,司;午,在十二生肖为马。晋朝皇室姓司马。 ⑧〔滔滔皆是〕数量很多,到处都是。滔滔,水流盛大之状。《论语·微子》:"滔滔者天下皆是也。" ⑨〔前人讥《晋书》列传同于小说〕刘知幾《史通·采撰》:"晋世杂书,谅非一族。若《语林》《世说》《幽明录》《搜神记》之徒,其所载或诙谐小辩,或神鬼怪物。其事非圣,扬雄所不观;其言乱神,宣尼(孔子)所不语。皇朝新撰晋史,多采以为书。……虽取说(悦)于小人,终见嗤于君子矣。"《晋书》,记晋朝史实之正史,唐朝房玄龄等编。 ⑩〔采掇(duō)〕拾取。 ⑪〔立朝〕立于朝,在朝做官。〔风节〕风度节概。 ⑫〔强项敢言〕《后汉书·董宣传》记载,董宣任洛阳令,杀湖阳公主之恶奴,光武帝令董宣向公主谢罪,董宣坚决不低头,光武帝称他为"强项令"。强项,脖子硬,指刚正不屈。〔侈为美谈〕作为良好故事大说特说。侈,大。

叶后①，门户朋党②，声气相激③，谁非敢言之士④？观人于此，君子必有辨矣⑤，不得因其强项申威⑥，便标风烈⑦，理固然也⑧。我宪皇帝澄清吏治⑨，裁革陋规⑩，整饬官方⑪，惩治贪墨⑫，实为千载一时⑬。彼时居官⑭，大法小廉⑮，殆成风俗⑯，贪冒之徒莫不望风革面⑰，时势然也⑱。今观传志碑状之文⑲，叙雍正年府州县官⑳，盛称杜绝馈遗㉑，搜除积弊，清苦自守，革除例外供支㉒，其文洵不愧于《循吏传》矣㉓，不知彼时逼于功令㉔，不得不然。千万人之所同，不

——————

① 〔明中叶〕明朝中年。叶，世。 ② 〔门户朋党〕各立门户，结为朋党。 ③ 〔声气相激〕以言论作风互相激励。 ④ 〔敢言之士〕敢于直言，议论朝政之人，如东林党人。 ⑤ 〔观人于此，君子必有辨矣〕评论此时人物，明达事理之人一定能分辨清楚。意为此时说几句直言，并不值得过分称赞。 ⑥ 〔申威〕行事严正，不讲情面。申，明。 ⑦ 〔标风烈〕表扬为节操刚正。 ⑧ 〔理固然也〕道理本当如此。 ⑨ 〔宪皇帝〕清世宗（1723—1735），年号雍正。宪是谥号。〔吏治〕官吏之治事情况，主要指是否公正廉明。 ⑩ 〔裁革〕革除。〔陋规〕指官场相沿之恶习。 ⑪ 〔整饬（chì）〕整顿。〔官方〕官吏应守之规范。 ⑫ 〔贪墨〕贪污。 ⑬ 〔千载一时〕千年中之一时。表示非常难得。 ⑭ 〔居官〕任官职。 ⑮ 〔大法小廉〕《礼记·礼运》："大臣法，小臣廉。"意为皆守法不贪。 ⑯ 〔殆（dài）〕几乎，大概。 ⑰ 〔望风革面〕受风气之影响，改变旧日之面目。指改恶从善。 ⑱ 〔时势然也〕当时形势使之如此。 ⑲ 〔传志〕记人、记事之文。〔碑状〕墓碑和行状。立石于墓前者为碑，埋于圹（kuàng）内者为志。 ⑳ 〔府州县官〕知府、知州、知县。州县皆府下之行政区划。 ㉑ 〔盛称〕大加赞美。〔杜〕阻塞。〔绝〕断绝。〔馈（kuì）遗（旧读 wèi）〕赠送。 ㉒ 〔例外供支〕规定外之供应及开支。 ㉓ 〔洵〕实在。〔《循吏传》〕自《史记》开始，为奉公守法、爱护人民之官吏立传，编为《循吏传》。循，顺，良善。 ㉔ 〔功令〕政府法令。功，考核功绩。

足以为盛节①，岂可见奄寺而颂其不好色哉②？山居而贵薪木③，涉水而宝鱼虾④，人知无是理也。而称人者乃独不然，是之谓"不达时势"，又文人之通弊也。

五、对某一时期内不得不然之事而仍大加夸饰，是"不达时势"之弊。

六曰，史既成家，文存互见⑤，有如管晏列传，而勋详于《齐世家》⑥，张耳分题，而事总于《陈余传》⑦，非惟命意有殊⑧，抑亦详略之体所宜然也⑨。若夫文集之中，单行传记，凡遇牵联所及，更无互著之篇⑩，势必加详，亦其理也。但必权其事理⑪，足以副乎其人，乃不病其繁重尔⑫。如唐平淮西，韩碑归功裴度，可谓当矣。后中谗毁，改命于段文昌，千古为之叹惜。但文昌徇于李愬，愬功本不可

---

①〔盛节〕特殊之节操。盛，大。②〔奄（yān）寺〕奄，通"阉"。太监。〔好色〕爱好女色。③〔山居〕住在山里。〔薪〕柴。④〔涉水〕在水中。涉，过水。⑤〔史既成家，文存互见〕史家（作史传）已成一家之言，则详略照应各得其宜。⑥〔管晏列传，而勋详于《齐世家》〕《史记》有《齐太公世家》及《管晏列传》，世家在前，已叙明管仲、晏婴（皆齐国大臣）之功绩，故列传中不再详述。列传，立传。⑦〔张耳分题，而事总于《陈余传》〕《史记》有《张耳陈余列传》。二人皆秦末汉初人，事迹有牵连，故合为一传。此列传先叙张耳，只用寥寥百余字，接叙陈余，以下所记多二人之事。张耳分题，张耳与陈余分列于题目中。⑧〔命意有殊〕主旨有不同。⑨〔体〕体例。⑩〔互著〕一事叙在此处，另一事叙在彼处。⑪〔权〕衡量。⑫〔不病其繁重〕不怕它繁重。病，以……为毛病。

没,其失犹未甚也①。假令当日无名偏裨②,不关得失之人,身后表阡③,侈陈淮西功绩④,则无是理矣。朱先生尝为故编修蒋君撰志⑤,中叙国家前后平定准回要略⑥,则以蒋君总修方略⑦,独力勤劳,书成身死,而不得叙功故也⑧。然志文雅健,学者慕之。后见某中书舍人死⑨,有为作家传者⑩,全袭蒋志原文⑪,盖其人尝任分纂数月,于例得列衔名者耳⑫,其实于书未寓目也⑬,是与无名偏裨居淮西功又何以异⑭?而文人喜于摭事⑮,几等军吏攘功⑯,何可训也⑰?是之谓"同里铭旌⑱"。昔有夸夫⑲,终身未膺一命⑳,好袭

---

①〔唐平淮西……其失犹未甚也〕唐宪宗时,吴元济割据蔡州(今河南汝南),不服从朝廷。皇帝命裴度往征讨,韩愈为行军司马。邓州节度使李愬(sù)先破蔡州,擒吴元济。还朝后,皇帝命韩愈撰《平淮西碑》,韩愈多归功于裴度。李愬之妻为唐安公主之女,在宫中指责碑文失实,皇帝命磨去碑文,由翰林学士段文昌重撰刻石。到宋朝,磨去段文,重刻韩文。淮西,指淮西藩镇,蔡州一带。当(dàng),适当。中(zhòng)谗,受到谗言。徇(xùn),顺从。没,掩盖。 ②〔假令〕假使。〔无名偏裨(pí)〕不出名之小武官。裨,副。 ③〔身后表阡(qiān)〕死后作墓碑。表,用文字表彰。阡,墓道。 ④〔侈陈〕夸大地述说。 ⑤〔朱先生〕指朱筠。〔故编修蒋君〕已死之翰林院编修蒋雍植,字秦树,号渔村,曾任《平定准噶尔方略》馆纂修官。 ⑥〔准回〕清代新疆地区部族名,准部在天山北,回部在天山南。 ⑦〔方略〕指《平定准噶尔方略》。 ⑧〔叙功〕按功绩给予进级、加衔等奖赏。 ⑨〔中书舍人〕内阁之中书官。 ⑩〔家传〕私人作之传。 ⑪〔袭〕因袭。 ⑫〔于例〕照规定。 ⑬〔于书未寓目〕未见其书。寓,寄。 ⑭〔居〕占有。 ⑮〔摭(zhí)事〕拾取别事。摭,拾。 ⑯〔几(jī)等军吏攘功〕几乎等于下级军官窃取战功。攘,夺取。 ⑰〔何可训也〕有什么值得效法呢?训,榜样。 ⑱〔同里〕同乡。〔铭旌〕旧时死者棺前之幡,上写死者之官衔姓名。 ⑲〔夸夫〕喜吹牛之男子。 ⑳〔未膺一命〕未得到任何官衔。膺,受。一命,最低之品级。

五八 古文十弊

头衔①,将死,遍召所知②,筹计铭旌题字。或徇其意③,假借例封、待赠、修职、登仕诸阶④,彼皆掉头不悦⑤,最后有善谐者⑥,取其乡之贵显⑦,大书勋阶、师保、殿阁、部院、某国某封某公同里某人之枢⑧,人传为笑。故凡无端而影附者⑨,谓之"同里铭旌",不谓文人亦效之也⑩!是又文人之通弊也。

六、无根据地夸大,以致闹笑话,是"同里铭旌"之弊。

---

①〔袭〕窃取。〔头衔〕好称呼。 ②〔所知〕亲友们。 ③〔或〕有的人。 ④〔例封、待赠、修职、登仕诸阶〕清代表品级之衔,本人称授,父母妻室生者称封,死者称赠。例封,捐银而得之衔。待赠,虚写之衔。修职,修职郎,正八品之官阶。登仕,登仕郎,正九品之官阶。一二品为高官,八九品位甚低。 ⑤〔掉〕转回。 ⑥〔善谐者〕喜开玩笑之人。 ⑦〔贵显〕高官。 ⑧〔勋阶、师保、殿阁、部院、某国某封〕(以明代为例)勋,指左右柱国、柱国之类。阶,指特进光禄大夫、光禄大夫之类。师保,即师傅保,指太师、太傅、太保、少师、少傅、少保、太子太师、太子太傅、太子太保。殿阁,指文华殿大学士、武英殿大学士、文渊阁大学士、东阁大学士之类。部,指吏、户、礼、兵、刑、工六部之尚书或侍郎。院,指都察院左右都御史、左右副都御史。某国某封,指某国公、某国侯等类封爵。〔某公〕"某"代姓,"公"表示尊敬。〔枢(jiù)〕棺装有尸体称枢。 ⑨〔影附〕如影附身。比喻假充附会。 ⑩〔不谓〕想不到。

七曰，陈平佐汉，志见社肉①；李斯亡秦，兆端厕鼠②。推微知著③，固相士之玄机④；搜间传神⑤，亦文家之妙用也⑥。但必得其神志所在⑦，则如图画名家，颊上妙于增毫⑧，苟徒慕前人文辞之佳⑨，强寻猥琐⑩，以求其似，则如见桃花而有悟⑪，遂取桃花作饭⑫，其中岂复有神妙哉？又

---

①〔陈平佐汉，志见社肉〕《史记·陈丞相世家》："里（乡里）中社（社日，即祭社神之日），平为宰，分肉食甚均。父老曰：'善，陈孺子之为宰！'平曰：'嗟乎！使平得宰天下，亦如是肉矣。'"陈平，汉高祖之谋士。佐，辅佐，帮助。社肉，祭祀时上供之肉，祭后分予各户。②〔李斯亡秦，兆端厕鼠〕《史记·李斯列传》："（李斯）年少时为郡小吏，见吏舍厕中鼠食不洁，近人犬，数惊恐之。斯入仓，观仓中鼠食积粟，居大庑（wǔ，房屋）之下，不见人犬之忧。于是李斯乃叹曰：'人之贤不肖，譬如鼠矣，在所自处耳。'"亡秦，指秦始皇死后，李斯与赵高勾结，迫令长子扶苏自杀，立少子胡亥为帝，终于使秦朝灭亡。兆，事情发生前之征象。端，开端。③〔推微知著〕由小见大。推，研究，由此及彼。微，隐蔽者。著，显明者。④〔固〕本来是。〔相（xiàng）士〕以相面为业之人。〔玄机〕神妙之技巧。⑤〔搜间（jiàn）传神〕意为寻找间隙，用笔墨点染，使形象逼真。⑥〔文家〕作家。〔妙用〕灵巧之作为。⑦〔神志〕精神。⑧〔颊上妙于增毫〕《世说新语·巧艺》："顾长康（顾恺之）画裴叔则（名楷），颊上益（增加）三毛。人问其故，顾曰：'裴楷俊朗有识具（知识才干），正此是其识具，看画者寻之，定觉益三毛如有神明，殊胜未安时。'"毫，毛。⑨〔徒〕只。⑩〔强（qiǎng）寻猥（wěi）琐〕勉强找些庸俗细碎之事物。⑪〔见桃花而有悟〕《景德传灯录》卷十二："（唐）福州灵云（寺名）志勤禅师初在沩（wéi）山（今湖南宁乡），因桃花悟道，有偈（jì，佛教之哲理诗）曰：'三十年来寻剑客，几逢落叶几抽枝。自从一见桃花后，直至如今更不疑。'"有悟，指彻底认识佛教徒追求之理想境界。⑫〔取桃花作饭〕苏轼《东坡志林》卷二："世人有见古德（古时高僧）见桃花悟道者，争颂桃花，便将桃花作饭，五十年转没交涉。"

近来学者①，喜求征实②，每见残碑断石③，余文剩字，不关于正义者④，往往借以考古制度，补史缺遗⑤，斯固善矣。因是行文⑥，贪多务得⑦，明知赘余非要⑧，却为有益后世推求⑨，不惮辞费⑩，是不特文无体要⑪，抑思居今世而欲备后世考征⑫，正如董泽矢材，可胜既乎⑬？夫传人者文如其人，述事者文如其事，足矣。其或有关考征，要必本质所具⑭，即或闲情逸出⑮，正为阿堵传神⑯。不此之务⑰，但知市菜求增⑱，是之谓"画蛇添足⑲"，又文人之通弊也。

―――――

①〔学者〕研究学问之人。与现在用法不同。②〔征实〕根据事实考证。③〔石〕指石刻、碑碣。④〔正义〕大道理。⑤〔缺遗〕缺失，遗漏。⑥〔行文〕为文，作文。行，从事。⑦〔贪多务得〕韩愈《进学解》："贪多务得，细大不捐（弃）。"务得，必求得到。⑧〔赘余〕多余。赘，病名，皮肤上多生之物，引申为多余。⑨〔为〕谓，以为。⑩〔不惮辞费〕不怕费话。⑪〔不特〕不只。〔体要〕精要。⑫〔抑〕还有。⑬〔董泽矢材，可胜（shēng）既乎〕《左传》宣公十二年："董泽之蒲（杨柳，可以做箭），可胜既乎？"董泽，晋国泽名，产蒲。可胜既乎，能够用尽吗？胜，能。既，尽。⑭〔要必本质所具〕必须为事物本身之主要内容。⑮〔闲情逸出〕意为偶尔出现一些小节。逸出，跑出。⑯〔正为阿堵传神〕《世说新语·巧艺》："顾长康画人，或数年不点目睛。人问其故，顾曰：'四体妍蚩（美和丑），本无关于妙处，传神写照，正在阿堵中。'"为，为了。阿堵，当时俗语，意为此物。⑰〔不此之务〕不务此。务，从事。⑱〔市菜求增〕意为贪多。皇甫谧《高士传》："（汉）司徒（侯）霸与（严）光素旧，……遣使西曹属侯子道奉书。……子道求报，光曰：'我手不能书。'乃口授之。使者嫌少，'可更足。'光曰：'买菜乎？求益（增）也？'"市，买。⑲〔画蛇添足〕《战国策·齐策二》："楚有祠者，赐其舍人卮酒。舍人相谓曰：'数人饮之不足，一人饮之有余，请画地为蛇，先成者饮酒。'一人蛇先成，引酒且饮之，乃左手持卮，右手画蛇，曰：'吾能为之足。'未成，一人之蛇成，夺其卮曰：'蛇固（本来）无足，子安能为之足？'遂饮其酒。"后用"画蛇添足"比喻多余无用，费力不讨好。

七、为文不识大体,专在琐屑材料上钻研,是"画蛇添足"之弊。

八曰,文人固能文矣,文人所书之人,不必尽能文也。叙事之文,作者之言也,为文为质①,惟其所欲②,期如其事而已矣③。记言之文,则非作者之言也,为文为质,期于适如其人之言④,非作者所能自主也⑤。贞烈妇女,明诗习礼⑥,固有之矣。其有未尝学问⑦,或出乡曲委巷⑧,甚至佣妪鬻婢⑨,贞节孝义,皆出天性之优,是其质虽不愧古人⑩,文则难期于儒雅也⑪。每见此等传记,述其言辞,原本《论语》《孝经》⑫,出入《毛诗》《内则》⑬。刘向之传⑭,曹昭之诫⑮,不啻自其口出⑯,可谓文矣。抑思善相夫者⑰,何必

---

①〔为文为质〕写得文雅还是写得朴实。 ②〔惟〕只是。 ③〔期〕希望。 ④〔适如〕恰好像。 ⑤〔自主〕自作主张。 ⑥〔明诗习礼〕通晓《诗经》,熟悉礼书(《仪礼》《礼记》等)。言有文化。 ⑦〔学问〕读书求学。 ⑧〔乡曲委巷〕乡村小街道。乡曲,乡里。委巷,曲折僻陋之小巷。委,曲折。 ⑨〔佣妪(yù)〕受人雇用之老妇。〔鬻(yù)婢〕买来之使女。鬻,卖。 ⑩〔质〕品德。 ⑪〔儒雅〕文雅。 ⑫〔原本〕根据。〔《孝经》〕内容是讲孝道,"十三经"之一。 ⑬〔出入〕离不开。〔《毛诗》〕指汉朝毛亨注之《诗经》。〔《内则》〕《礼记》之一篇,讲家室内之规则。 ⑭〔刘向之传〕西汉学者刘向编之《列女传》。 ⑮〔曹昭之诫〕东汉史学家班昭所作《女诫》,讲妇女立身行事之准则。昭之夫为曹世叔,故亦称曹昭。 ⑯〔不啻(chì)自其口出〕《尚书·秦誓》:"其心好之,不啻若自其口出,是能容之。"不啻,不异,简直像。 ⑰〔抑〕可是。〔相(xiàng)夫〕辅助丈夫。

尽识鹿车、鸿案①？善教子者，岂皆熟记画荻、丸熊②？自文人胸有成竹③，遂致闺修皆如板印④。与其文而失实，何如质以传真也？由是推之，名将起于卒伍⑤，义侠或奋阎间⑥；言辞不必经生⑦，记述贵于宛肖⑧。而世有作者，于斯多不致思⑨，是之谓"优伶演剧⑩"。盖优伶歌曲，虽耕氓役隶⑪，矢口皆叶宫商⑫，是以谓之戏也。而记传之笔，从而效之，又文人之通弊也。

八、记人记事，为求美化而失实，是"优伶演剧"之弊。

---

①〔尽识〕皆知。〔鹿车〕一种小车。《列女传》记载：后汉鲍宣清高，娶桓少君为妻，陪嫁资财甚多。鲍宣不悦，少君退回陪嫁资财，二人共挽鹿车，居乡度日。〔鸿案〕《后汉书·梁鸿传》记载：梁鸿娶孟光为妻。梁鸿贫穷而正直，孟光丑陋而贤德。孟光为梁鸿送饭，总是举案齐眉（案为有短足之托盘，以盛食物）。鸿，梁鸿，字伯鸾，东汉高士。②〔画荻〕《宋史·欧阳修传》："（修）四岁而孤（死去父亲），母郑守节自誓，亲诲（教）之学。家贫，至以荻（一种像芦苇之草）画地学书（写）。"〔丸熊〕《新唐书·柳仲郢（yǐng）传》："仲郢，字谕蒙，母韩……善训子，故仲郢幼嗜学。尝和熊胆丸，使夜咀咽以助勤（传说食之能使人清醒）。"③〔胸有成竹〕苏轼《文与可画筼（yún）筜（dāng）谷偃竹记》："故画竹必先得成竹于胸中，执笔熟视，乃见其所欲画者。"后用以表示动手之前，心中已有打算。④〔闺修〕贤良之女子。闺，女子之住室。修，名词，美好，贤良。〔板印〕木板印刷。指千篇一律。⑤〔卒伍〕军队。古代五人为伍，百人为卒。⑥〔奋〕兴起。〔阎间（lú）〕里巷之门。多指里巷。⑦〔经生〕通经之人。⑧〔宛肖〕完全像。宛，相似。⑨〔致思〕用心。⑩〔优伶〕演戏之人。⑪〔氓（méng）〕下层平民。〔役隶〕卑贱之人。役，夫役。隶，奴仆。⑫〔矢口〕出口，说话。矢，正。〔叶（xié）宫商〕合韵律。叶，通"协"。宫，商，皆五音之一。

九曰，古人文成法立①，未尝有定格也②。传人适如其人，述事适如其事，无定之中有一定焉。知其意者③，旦暮遇之④；不知其意，袭其形貌⑤，神弗肖也⑥。往余撰和州故给事成性志传⑦，性以建言著称⑧，故采录其奏议⑨。然性少遭乱离，全家被害⑩，追悼先世，每见文辞⑪，而《猛省》之篇尤沉痛，可以教孝，故于终篇全录其文。其乡有知名士赏余文，曰："前载如许奏章⑫，若无《猛省》之篇，譬如行船，鹢首重而舵楼轻矣⑬，今此婪尾⑭，可谓善谋篇也⑮。"余戏诘云⑯："设成君本无此篇⑰，此船终不行耶⑱？"

----

①〔文成法立〕意为文章写成，自有规则，非照成规作文。 ②〔定格〕规定之程式。 ③〔其意〕指为文之道。 ④〔旦暮遇之〕早晚碰见，意为不费力。《庄子·齐物论》："万世之后，而一遇大圣，知其解者，是旦暮遇之也。" ⑤〔袭〕沿袭，因袭。 ⑥〔神弗肖〕精神实质不像。 ⑦〔和州故给事成性志传〕章学诚修《和州（今安徽和县）志》，其中列传部分有成性传。成性，字我存，清初和州人。官至工科给事中（属都察院，与御史同为谏官）。志传，传记。 ⑧〔建言〕建议。成性巡视福建，曾上疏论奸宄机宜，任给事中时曾上疏论风俗吏治。〔著称〕出名。 ⑨〔奏议〕上皇帝之奏章。 ⑩〔性少遭乱离，全家被害〕明朝末年，张献忠农民起义军攻破和州，成性之祖父成建中等死去。其后成性曾作《百思草》《先节家烈》《猛省（xǐng）》等文悼念死难之家属。 ⑪〔见（xiàn）〕表现在。 ⑫〔如许〕这么多。 ⑬〔鹢（yì）首重而舵楼轻〕意为前部太繁重，后部太简单。鹢首，船头。古代船头画鹢鸟（一种像鹭鹚之水鸟）。舵楼，在船尾，装有舵以控制方向。 ⑭〔婪（lán）尾〕结尾。唐代称宴饮时酒巡至最后一人为婪尾。婪，通"阑"，末后。 ⑮〔善谋篇〕结构计划得好。 ⑯〔戏诘〕开玩笑地问。 ⑰〔设〕假如。〔此篇〕指《猛省》篇。 ⑱〔此船终不行耶〕意为成性传就终于不能成篇吗？

盖塾师讲授四书文义①，谓之时文，必有法度②，以合程式③。而法度难以空言，则往往取譬以示蒙学④。拟于房室⑤，则有所谓间架结构；拟于身体，则有所谓眉目筋节⑥；拟于绘画，则有所谓点睛⑦、添毫；拟于形家⑧，则有所谓来龙、结穴⑨：随时取譬，习陋成风⑩。然为初学示法，亦自不得不然，无庸责也⑪。惟时文结习深锢肠腑⑫，进窥一切古书古文，皆此时文见解，动操塾师启蒙议论⑬，则如用象棋枰布围棋子⑭，必不合矣，是之谓"井底天文⑮"，又文人之通弊也。

九、以八股文的规格作文衡文，而不知古文辞的写法应随内容而变化，是"井底天文"之弊。

---

①〔塾（shú）师〕教私学之老师。〔四书文〕科举时代考八股文，以四书（《大学》《中庸》《论语》《孟子》）文句命题，故八股文又名四书文。对古文而言，亦称时文。 ②〔法度〕规矩。 ③〔程式〕一定之格式，如破题、承题、起讲等布局及各部分之写法等。 ④〔取譬〕举例。〔示〕给人看。〔蒙学〕初学。蒙，愚昧无知。 ⑤〔拟于房室〕以房屋为比。 ⑥〔筋节〕筋肉骨节。 ⑦〔点睛〕张彦远《历代名画记》记载：南朝梁张僧繇（yáo）在金陵安乐寺画龙，不点睛，说点睛则龙将飞去。有人强迫他画上眼睛，据说龙果然乘云飞去。后来常用"画龙点睛"比喻作文或说话在关键地方用一二警句点明要旨。 ⑧〔形家〕旧时看地理风水之人。 ⑨〔来龙、结穴〕形家称山脉走向为龙脉，从何处来为"来龙"，落在何处为"结穴"。此处比喻文章结构之起承及结局。 ⑩〔习陋成风〕习惯于浅陋，成为风气。 ⑪〔无庸〕不用。 ⑫〔结习〕积久难改之习惯。〔深锢（gù）肠腑〕深深地盘踞在心里。锢，禁闭。 ⑬〔动操〕动不动就拿，总用。 ⑭〔枰（píng）〕棋盘。〔布〕摆。 ⑮〔井底天文〕比喻见识短浅。韩愈《原道》："坐井而观天，曰天小者，非天小也。"

十曰，时文可以评选，古文经世之业①，不可以评选也。前人业评选之②，则亦就文论文可耳。但评选之人，多非深知古文之人。夫古人之书，今不尽传，其文见于史传，评选之家多从史传采录，而史传之例，往往删节原文以就隐括③，故于文体所具不尽全也。评选之家不察其故，误谓原文如是，又从而为之辞焉④：于引端不具而截中径起者⑤，诩谓发轫之离奇⑥；于刊削余文而遽入正传者⑦，诧为篇终之崭峭⑧。于是好奇而寡识者转相叹赏，刻意追摹，殆如左氏所云，"非子之求而蒲之爱"⑨矣。有明中叶以来⑩，一种不情不理，自命为古文者⑪，起不知所自来⑫，收不知所自往，专以此等出人思议，夸为奇特，于是坦荡之涂生荆棘矣⑬。夫文章变化，侔于鬼神⑭，斗然而来⑮，戛然而止⑯，何尝无此景象？何尝不为奇特？但如山之岩峭，水之波澜，

————

①〔古文经世之业〕曹丕《典论·论文》："盖文章经国之大业，不朽之盛事。"经，治理。②〔业〕已经。③〔隐括〕同"檃栝"，矫正曲木之工具。此处指按自己的规格改动他人文章。④〔为之辞〕为它解说。⑤〔引端〕开头。〔不具〕不完全。〔截中〕在中间截断。⑥〔发轫（rèn）〕开始。轫，止车之木，取去则轮可转动。〔离奇〕稀有。⑦〔刊削〕削除。〔余文〕其后之文字。〔遽（jù）〕急速。⑧〔诧〕惊。〔崭（zhǎn）峭〕险峻，高出。⑨〔"非子之求而蒲之爱"〕见《左传》宣公十二年。意为舍重取轻。子，指知庄子之子知䓨（yīng）。蒲，杨柳，可以做箭。⑩〔有明〕明朝。有，助词。⑪〔自命为古文者〕指前七子李梦阳、何景明等及后七子李攀龙、王世贞等之摹古文章。⑫〔所自来〕从何处开始。⑬〔坦荡之涂〕宽广平坦之路。涂，通"途"。⑭〔侔（móu）于鬼神〕意为奇妙莫测。侔，相等。⑮〔斗然〕突然。斗，通"陡"。⑯〔戛（jiá）然〕很快停止之状。

气积势盛①，发于自然，必欲作而致之②，无是理矣。文人好奇，易于受惑③，是之谓"误学邯郸④"，又文人之通弊也。

十、不明古文真相而妄论之妄学之，以致谓怪异为神奇，是"误学邯郸"之弊。

【研读参考】一、《文史通义》内容较深，比较难读。如果对史学有兴趣，也可找来选读几篇。

二、本篇所举十弊，用现代语表达应该怎么说？简明扼要地写出来。

三、下面是《文史通义·文理》的一段，试试加标点，翻译成现代语，并写一篇读后感（不必长，要领会要点，表明己意）。

夫立言之要在于有物古人著为文章皆本于中之所见初非好为炳炳烺（lǎng）烺如锦工绣女之矜夸采色已也富贵公子虽醉梦中不能作寒酸求乞语疾痛患难之人虽置之丝竹华宴之场不能易其呻吟而作欢笑此声之所以肖其心而文之所以不能彼此相易各自成家者也今舍己之所求而摩古人之形似是杞梁之妻（孟姜女）善哭其夫而西家偕老之妇亦学其悲号屈子（屈原）自沉汨罗而同心一德之朝其臣亦宜作楚怨也不亦傎（diān，错乱）乎

---

① 〔气〕气质。② 〔作〕造作，人为。〔致〕得到，达到。③ 〔受惑〕被迷惑。④ 〔误学邯郸〕意为模仿不像，反而更坏。邯郸，赵国都城。《庄子·秋水》："且子独不闻夫寿陵（燕国一城邑）余子（少年）之学行（行步）于邯郸与？未得国能，又失其故行矣，直匍匐而归耳。"成玄英疏："赵都之地，其俗能行，故燕国少年远来学步。"

五九　己亥六月重过扬州记　龚自珍

【解说】本篇选自《定庵文集》。己亥，清宣宗道光十九年（1839），作者四十八岁。当时作者在北京任礼部主客司主事，因为闲散、穷困、无聊，又因为有同族长辈任礼部高级官，依例应该引避，所以借口父亲（龚丽正）年老（七十三岁），请求回杭州家中养亲。作者于阴历四月二十三日离开北京，眷属暂留北方，自己南行。五月十二日到扬州，同阮元、秦恩复、魏源等许多知名人士往来，游宴作诗。在扬州住一个时期，然后往镇江、苏州、嘉兴等地，于七月九日到杭州。说重过，是因为在清仁宗嘉庆末年到过这个地方。

　　文章与一般游记的写法不一样。一般游记，大多以写见闻为主，以因见闻而发的感慨议论为附。这篇正好相反，是以见闻为引线，主要是写观感，写情怀，写抱负。作者才高性傲，各方面都不能与世俗和谐，这篇文章的写法，也正是作者为人的写照。又，作者的文章风格是古奥、冷涩、奇崛，读本篇也可以体会一二。它不像公安派那样轻快浅易，也不像古文家那样求典重，讲气势。它是朴中有华，直中多曲，所以读起来觉得意义深隐，文字精丽，像是有味外味。作者是清朝晚年的大作家，诗文都有特点，读时要仔细体会。

作者龚自珍（1792—1841），一名巩祚（zuò），字璱（sè）人，号定盦（ān），浙江仁和（今浙江杭州）人。著名文字学家段玉裁的外孙，父亲也是进士出身，有不少著作，所以年轻时候读书很多，十几岁就能诗能文。嘉庆二十三年（1818），二十七岁考中举人。以后在北京做内阁中书的小官。道光九年（1829），三十八岁考中进士，分配做知县，不就，仍在北京做小官。做官时利用时机，研究各种学问，尤其注意经世之学。他是晚清时期的重要思想家，在社会、政治、经济方面都有独特的进步观点。又通经学、文字学、史地学等。诗文也有重要成就。有《定盦文集》等，今辑为《龚自珍全集》。

居礼曹①，客有过者曰②："卿知今日之扬州乎③？读鲍照《芜城赋》则遇之矣④。"余悲其言。明年，乞假南游⑤，抵扬州。属有告籴谋⑥，舍舟而馆⑦。

> 由客言扬州已荒废写起。这是先说反面意思，为下文的转折做准备。

既宿⑧，循馆之东墙⑨，步游，得小桥，俯溪⑩，溪声

---

① 〔居礼曹〕在礼曹任职。礼曹，礼部所属之司。 ② 〔客有过者〕有来访之客。过，访。 ③ 〔卿〕你。敬称。 ④ 〔鲍照〕字明远，南朝宋文学家。曾作《芜城赋》，写宋皇室自相残杀（孝武帝攻竟陵王），广陵（扬州）被毁后之荒凉景象。〔遇之〕看见它（今日扬州）。 ⑤ 〔乞假〕告假。
⑥ 〔属（zhǔ）〕适值。〔告籴（dí）〕向人借粮。意为求助。〔谋〕计划。
⑦ 〔舍舟而馆〕下船住旅舍。馆，临时住宿之处。 ⑧ 〔既宿〕过夜之后。
⑨ 〔循〕沿着。 ⑩ 〔俯溪〕下视溪。

谨①。过桥，遇女墙啮可登者②，登之，扬州三十里，首尾屈折高下见③。晓雨沐屋④，瓦鳞鳞然⑤，无零甃断甓⑥，心已疑礼曹过客言不实矣⑦。

入市，求熟肉⑧，市声谨。得肉，馆人以酒一瓶、虾一筐馈⑨。醉而歌，歌宋元长短言乐府⑩，俯窗呜呜⑪，惊对岸女夜起，乃止。

　　接着写亲身经历。分两层写：一是登高望全貌，二是得酒肉消遣。

客有请吊蜀冈者⑫，舟甚捷⑬，帘幕皆文绣⑭。疑舟窗蠡彀也⑮，审视⑯，玻璃，五色具⑰。舟人时时指两岸曰⑱：某园故址也⑲，某家酒肆故址也⑳，约八九处。其实独倚虹园圮无存㉑。曩所信宿之西园㉒，门在，题榜在㉓，尚可识㉔。

―――――

① 〔谨（huān）〕喧闹。② 〔女墙〕城上呈凹凸形之小墙。〔啮（niè）〕因残破而有缺口。③ 〔首尾屈折高下见（xiàn）〕意为全城形状尽入眼底。见，同"现"。④ 〔沐屋〕洗净屋顶。⑤ 〔瓦鳞鳞然〕屋瓦一片一片像鱼鳞。⑥ 〔零甃（zhòu）断甓（pì）〕碎裂之砖砌物。甃，用砖砌。甓，砖类。⑦ 〔言不实〕所说非实况。⑧ 〔求〕买。⑨ 〔馆人〕馆舍主人。〔馈〕进。⑩ 〔长短言乐（yuè）府〕长短句，即词曲。乐府，原为汉朝音乐官署名，后指可依古曲调而歌之诗。⑪ 〔俯窗〕由窗口下视。〔呜呜〕形容歌声。李斯《谏逐客书》："歌呼呜呜快耳目者，真秦之声也。" ⑫ 〔吊〕凭吊，即看古迹，发思古之幽情。〔蜀冈〕一不高之山岭，在扬州西北，欧阳修建置之平山堂等名胜即在其上。⑬ 〔捷〕轻快。⑭ 〔文绣〕绣有花纹。⑮ 〔蠡（luó）彀（què）〕贝壳。蠡，通"螺"。彀，卵壳。⑯ 〔审视〕细看。⑰ 〔五色具〕有各种颜色。⑱ 〔时时〕不断。⑲ 〔故址〕旧址。⑳ 〔酒肆〕卖酒家。㉑ 〔倚虹园〕园林名，始建于元朝。〔圮（pǐ）〕坍塌。㉒ 〔曩（nǎng）〕昔日。〔信宿〕住过。原意为住两夜。信，再宿。〔西园〕在蜀冈上。㉓ 〔题榜〕匾额。题，写。榜，匾额。㉔ 〔识〕辨认。

其可登临者尚八九处。阜有桂①,水有芙蕖菱芡②。是居扬州城外西北隅③,最高秀④,南览江⑤,北览淮⑥,江淮数十州县治无如此治华也⑦。忆京师言⑧,知有极不然者⑨。

然后写游名胜时所见,重点是写与昔日繁华无大差别。

归馆,郡之士皆知余至⑩,则大欢⑪。有以经义请质难者⑫,有发史事见问者⑬,有就询京师近事者⑭,有呈所业若文、若诗、若笔、若长短言、若杂著、若丛书⑮,乞为叙、为题辞者⑯,有状其先世事行乞为铭者⑰,有求书册子、书扇者⑱,填委塞户牖⑲,居然嘉庆中故态⑳,谁得曰今非承平时邪㉑?惟窗外船过,夜无笙琶声㉒;即有之㉓,声不能彻

---

①〔阜〕土山。〔桂〕桂树。 ②〔芙蕖〕荷花。〔菱〕菱角。〔芡(qiàn)〕鸡头米。 ③〔是〕这。指西园。〔隅〕角落。 ④〔高秀〕地势高,风景美。 ⑤〔览〕观望。〔江〕长江。 ⑥〔淮〕淮河。 ⑦〔江淮数十州县〕江淮之间几十座州城县城。〔治〕地方长官所驻之城。〔此治〕指扬州城。〔华〕富丽。 ⑧〔京师言〕即前述在礼曹所闻之言。 ⑨〔极不然〕极不对。 ⑩〔郡〕府城。指扬州。〔士〕读书人,学者。 ⑪〔大欢〕很高兴。 ⑫〔经义〕经书之义理。〔质难(nàn)〕诘问。 ⑬〔发〕举。〔史事〕历史事迹。〔见问〕相问。 ⑭〔就〕来。〔京师近事〕京城新情况。 ⑮〔所业〕从事之学业。〔若〕如,有如。〔笔〕散文。〔丛书〕汇集多种书为一部之书。 ⑯〔乞为叙〕请求写序言。〔题辞〕题跋之类。 ⑰〔状其先世事行〕即为先人写行状。状,动词,写成行状。行状为一种文体,详述死者事迹,供作传者参考。先世,死去之父祖辈。事行,生平事迹。〔乞为铭〕请求写墓志铭。 ⑱〔书〕写。〔册子〕册页,书画分页装裱集成之册。 ⑲〔填委〕纷集,堆积。〔塞〕充满。〔户牖(yǒu)〕门窗。指住室。 ⑳〔故态〕旧风貌。 ㉑〔得〕能。〔承平〕长久太平。乾(隆)、嘉(庆)为清代兴盛时期。〔邪〕同"耶"。 ㉒〔笙琶声〕泛指音乐。琶,琵琶。 ㉓〔即〕即使。

旦①。然而女子有以栀子华发为贽求书者②,爰以书画环瑱互通问③,凡三人④。凄馨哀艳之气缭绕于桥亭舰舫间⑤,虽淡定⑥,是夕魂摇摇不自持⑦。

然后写文人仕女的所谓雅兴,也意在表明与昔日无大差别。

余既信信⑧,拿流风,捕余韵⑨,乌睹所谓风嗥雨啸、鼯狖悲、鬼神泣者⑩?嘉庆末,尝于此和友人宋翔凤侧艳诗⑪。闻宋君病,存亡弗可知⑫。又问其所谓赋诗者⑬,不可见,引为恨⑭。

可是虽然繁华如旧,当日的友人却不能见到。这

----

①〔彻旦〕到天亮。彻,通。 ②〔女子〕可能指歌女。〔栀(zhī)子华发〕编栀子花而成之串状饰物。发,疑当作"鬘(mán)"。〔贽(zhì)〕谒见之礼品。〔书〕写字,法书。 ③〔爰(yuán)〕于是。〔书画环瑱(zhèn)互通问〕意即男女之间有交往(男用书画,女用环瑱)。环,指镯;瑱,耳坠;泛指首饰。〔通问〕交往。 ④〔凡〕共。 ⑤〔凄馨哀艳之气〕言嗅到香气、看到美貌而有惆怅之感。凄馨,香气使人感到落寞。哀艳,美貌使人感到伤痛。〔缭绕〕回环旋转。〔桥亭舰舫〕乘船穿桥过亭。指水上游时。 ⑥〔淡定〕心淡泊镇定。 ⑦〔是夕〕此夜。〔魂摇摇不自持〕心神不安,不能自主。 ⑧〔信信〕连宿几夜。《诗经·周颂·有客》:"有客宿宿,有客信信。" ⑨〔拿流风,捕余韵〕意为仍得经历扬州昔日之生活。流风,余韵,流传下来之昔日好风气。 ⑩〔乌睹〕何尝见到。〔风嗥(háo)雨啸〕《芜城赋》:"风嗥雨啸,昏见晨趋。"形容野物嗥叫。这里形容荒凉景象。以下"鼯(wú)狖(yòu)悲、鬼神泣"并用《芜城赋》文意,形容荒凉。鼯,鼠类。狖,猴类。 ⑪〔和(hè)〕和诗(作诗酬答别人,依原诗格律)。〔宋翔凤〕字虞廷,苏州人,清朝学者。〔侧艳诗〕文辞艳丽、述说男女感情之诗。侧,偏斜。 ⑫〔存亡〕生死。〔弗〕不。 ⑬〔所谓赋诗者〕侧艳诗中所赋之人(或为歌女)。谓赋诗,为之赋诗。 ⑭〔恨〕遗憾。

是写由怀旧而感到凄凉。

卧而思之,余齿垂五十矣①,今昔之慨②,自然之运③,古之美人名士富贵寿考者几人哉④?此岂关扬州之盛衰,而独置感慨于江介也哉⑤!抑予赋侧艳则老矣⑥,甄综人物,搜辑文献,仍以自任⑦,固未老也。天地有四时⑧,莫病于酷暑⑨,而莫善于初秋⑩。澄汰其繁缛淫蒸⑪,而与之为萧疏淡荡⑫,泠然瑟然⑬,而不遽使人有苍莽寥泬之悲者⑭,初秋也。今扬州其初秋也欤⑮?予之身世⑯,虽乞籴,自信不遽死,其尚犹丁初秋也欤⑰?作《己亥六月重过扬州记》。

  最后写自己的自勉之志,虽已非青壮年,却仍可在事业方面有建树。

----

①〔齿〕年。〔垂〕将近。 ②〔今昔之慨〕抚今追昔之感慨。 ③〔自然之运〕自然之定数。指生老病死。 ④〔寿考〕年高。考,老。《诗经·秦风·终南》:"寿考不忘。" ⑤〔岂关扬州之盛衰,而独置感慨于江介也哉〕意为一切皆有盛衰,不只扬州如此,故不必为扬州而慨叹。江介,江岸。指扬州。 ⑥〔抑〕但是。〔则老矣〕年老,已不宜于作男女感情诗。 ⑦〔甄(zhēn)综人物,搜辑文献,仍以自任〕意为辨识人才、收集文献等事,自己仍能做、当做。甄综,广泛鉴别。甄,鉴别。综,集合。文献,史地旧事旧闻。作者父亲于嘉庆二十年(1815)任江南苏松太兵备道,作者随侍,曾代父甄综人物、搜辑文献。 ⑧〔四时〕春夏秋冬四季。 ⑨〔莫病于酷暑〕没有比酷暑更苦的。 ⑩〔初秋〕阴历七月。 ⑪〔澄汰〕澄清。汰,洗涤。〔繁缛(rù)〕杂乱,意为不清爽。缛,繁密。〔淫蒸〕湿热。 ⑫〔与之为〕使天气成为。〔萧疏〕清爽。〔淡荡〕和舒。 ⑬〔泠(líng)然瑟然〕清凉冷静。 ⑭〔遽(jù)〕立刻。〔苍莽〕荒远。〔寥泬(xuè)〕空荡。 ⑮〔其初秋也欤〕意为尚非衰落之时。 ⑯〔身世〕泛指遭遇经历。 ⑰〔丁初秋〕正当初秋时节。意为尚可有作为。丁,当。

【研读参考】一、龚自珍有才博学，但为人好奇性傲，诗文都有意求奇崛，避熟就生，所以比较难读。如果想翻翻看看，上海人民出版社印《龚自珍全集》内容较丰富，可用。

二、写文章求奇崛，避熟就生，有没有缺点？与本册其他篇（清代的）比较之后，说说你的想法。

三、能够用几句话，写出本篇所表现的作者的比较复杂的心境吗？试试看。

四、用平实的现代语译"归馆"一段。

六〇　《人间词话》选　王国维

【解说】本篇选自《人间词话》，题目都是编者加的。《人间词话》是作者三十岁前写的评论词的零碎文章，一部分刊于1908年《国粹学报》，一部分是后人从他的遗著里辑录的，合起来只有一百四十则。每一则都不长，最短的只有一二十字。这里选了七则，都是意深而有情趣的。文章是读书札记性质，写时没有计划，读什么，有感触就写下来。可是思想却有个贯通的主线，就词说是推崇五代、北宋的朴实、真挚、浅易的风格，反对南宋的委曲、造作、艰涩的风格。他自己说："予于词，五代喜李后主、冯正中而不喜《花间》；宋喜同叔、永叔、子瞻、少游而不喜美成；南宋只爱稼轩一人，而最恶梦窗、玉田。"这由文学史方面看，可知他是不赞成清代有大势力的浙派词论的。

《人间词话》在文学批评史上所以有重要地位，是因为它表面是论词，而实际是论文学，并且提出鲜明的系统的文学批评的理论。这理论是：作品要有真情实感，表达方面要浅易自然。总之是反对无病呻吟，反对矫揉造作。这对于今天写现代文也有教育意义。

文章都写得文字简练、典重、流利而意思深厚，这种风格也是值得借鉴的。

作者王国维（1877—1927），字静安，又字伯隅，号观堂，浙江海宁人。清末曾考中秀才。早年受变法革新派影响，到上海，曾在梁启超主编的《时务报》工作。以后曾往日本学习，不久回国，在苏州、南通做教学工作。早年主要研究文学和哲学，写成《静安文集》《宋元戏曲考》《人间词话》等。辛亥革命以后，先在上海仓圣明智大学（外人哈同创立）任教，后来到北京，任清华大学研究院教授。后期主要研究古史、古文字、边疆史地等考证学问，成就都很高。1923年受退位的清朝皇帝溥仪征召，任南书房行走。因身世方面一些问题而烦闷，于1927年4月在颐和园投昆明湖自尽。著作很多，先辑为《观堂集林》，死后辑为《海宁王忠悫公遗书》（新印本名《王国维遗书》）。

太白纯以气象胜[①]

太白纯以气象胜。"西风残照，汉家陵阙[②]"，寥寥八字[③]，遂关千古登临之口[④]。后世唯范文正之《渔家傲》、夏

[①]〔太白〕李白，字太白，唐代大诗人。传世最早的词《菩萨蛮》和《忆秦娥》传说是他作的。〔纯〕完全。〔气象〕指雄伟形象。〔胜〕见长，超过（他人）。　[②]〔西风残照，汉家陵阙（què）〕秋晚荒漠景象，西风中，夕阳西下时见到汉朝陵墓。阙，墓前之石建筑物。原词为《忆秦娥》："箫声咽，秦娥梦断秦楼月。秦楼月，年年柳色，霸陵伤别。　乐游原上清秋节，咸阳古道音尘绝。音尘绝，西风残照，汉家陵阙。"　[③]〔寥寥〕很少。　[④]〔遂关千古登临之口〕就使后代人登高望远，不敢再写什么。关……口，堵上嘴。

英公之《喜迁莺》差足继武①,然气象已不逮矣②。

作词,有气象是最高的成就。

南唐中主词③

南唐中主词,"菡萏香销翠叶残④,西风愁起绿波间",大有众芳芜秽、美人迟暮之感⑤。乃古今独赏其"细雨梦回鸡塞远⑥,小楼吹彻玉笙寒",故知解人正不易得⑦。

写景真,以景寓情是妙笔,比曲折纤巧好。

----

①〔范文正〕北宋名臣范仲淹,谥文正。所作《渔家傲·秋思》是:"塞下秋来风景异,衡阳雁去无留意。四面边声连角起。千嶂里,长烟落日孤城闭。浊酒一杯家万里,燕然未勒归无计。羌(qiāng)管悠悠霜满地。人不寐,将军白发征夫泪。"〔夏英公〕北宋名臣夏竦(sǒng),封英国公。所作《喜迁莺》是:"霞散绮,月垂钩,帘卷未央楼。夜凉河汉截天流,宫阙锁清秋。 瑶台树,金茎露,凤髓香盘烟雾。三千珠翠拥宸游,水殿按《凉州》。"〔差(chā)足继武〕意为还差不多。差,尚。继武,跟上脚步。武,足迹。 ②〔逮〕及。 ③〔南唐中主〕五代南唐第二代皇帝李璟(jǐng)。 ④〔菡(hàn)萏(dàn)〕荷花。词为《摊破浣溪沙》:"菡萏香销翠叶残,西风愁起绿波间。还与韶光共憔悴,不堪看。 细雨梦回鸡塞远,小楼吹彻玉笙寒。多少泪珠何限恨,倚阑干。" ⑤〔众芳芜秽〕百花凋谢。屈原《离骚》:"虽萎绝其亦何伤兮,哀众芳之芜秽。"〔美人迟暮〕美女年老。屈原《离骚》:"惟草木之零落兮,恐美人之迟暮。" ⑥〔独〕只是。〔赏〕欣赏,推崇。马令《南唐书·冯延巳(sì)传》:"元宗(中主)尝戏延巳曰:'吹皱一池春水(延巳词中句),干卿何事?'延巳曰:'未如陛下小楼吹彻玉笙寒。'"又,王安石亦推崇此二句,见胡仔(zī)《苕溪渔隐丛话》前集卷五十九引《雪浪斋日记》。〔细雨梦回鸡塞远〕小雨时睡醒,梦见之鸡塞忽而渺茫了。鸡塞,鸡鹿塞,在今内蒙古自治区境内,当是丈夫戍边处。〔吹彻玉笙寒〕吹罢之玉笙亦有凄凉之意。 ⑦〔解人〕能领会词意之人。

古今之成大事业者

古今之成大事业、大学问者，必经过三种之境界："昨夜西风凋碧树①。独上高楼，望尽天涯路。"此第一境也。"衣带渐宽终不悔②，为伊消得人憔悴③。"此第二境也。"众里寻他千百度④，蓦然回首⑤，那人却在，灯火阑珊处⑥。"此第三境也。此等语皆非大词人不能道。然遽以此意解释诸词⑦，恐为晏、欧诸公所不许也⑧。

以词为喻，写一切事业由努力到有成的三个阶段：初步是感兴趣，继续向前是喜悦难舍，最终是悟入而不自知。这是作者的内心体验，可供青年有志者参考。

词忌用替代字⑨

词忌用替代字。美成《解语花》之"桂华流瓦⑩"，境

---

① 〔昨夜西风凋碧树〕北宋词人晏殊《蝶恋花》中句。 ② 〔衣带渐宽终不悔〕北宋词人柳永《凤栖梧》中句。衣带渐宽，形容为相思而消瘦。 ③ 〔伊〕她。指所思之人。〔消得〕值得，应该。 ④ 〔众里寻他千百度〕南宋词人辛弃疾《青玉案·元夕》中句。度，遍。 ⑤ 〔蓦（mò）然〕忽然。 ⑥ 〔阑珊〕衰落，将灭。 ⑦ 〔遽（jù）〕即，就。 ⑧ 〔晏、欧诸公〕指晏殊、欧阳修（上引柳永词，作者误记为欧阳修作）等人。〔不许〕不同意。 ⑨ 〔忌用〕不宜于用。〔替代字〕多为用典。 ⑩ 〔美成〕北宋词人周邦彦，字美成。〔《解语花》〕词调名。〔桂华流瓦〕月光如水照屋顶。桂华，月光。神话传说，月中有桂，因以桂代月。华，光华。

界极妙,惜以"桂华"二字代"月"耳。梦窗以下则用代字更多①。其所以然者,非意不足则语不妙也②。盖意足则不暇代,语妙则不必代。此少游之"小楼连苑""绣毂雕鞍"所以为东坡所讥也③。

直说境真,能予读者以鲜明印象,比粉饰纡曲好。

白石写景之作④

白石写景之作,如"二十四桥仍在,波心荡、冷月无声⑤","数峰清苦,商略黄昏雨⑥","高树晚蝉,说西风消息⑦",虽格韵高绝,然如雾里看花⑧,终隔一层。梅溪⑨、梦窗诸家写景之病,皆在一"隔"字。北宋风流,渡江遂

————

① 〔梦窗〕南宋词人吴文英,号梦窗。 ② 〔意不足〕无真情意可表达。〔语不妙〕直说不能优美。 ③ 〔少游〕北宋词人秦观,字少游。〔"小楼连苑""绣毂(gǔ)雕鞍"所以为东坡所讥也〕黄昇《唐宋诸贤绝妙词选》:"秦少游自会稽入京,见东坡。……(东坡)问别(别后)作何词,秦举'小楼连苑横空,下窥绣毂雕鞍骤(马驰)'。坡云:'十三个字只说得一个人骑马楼前过。'"苑,花园。绣毂雕鞍,华美之车马。毂,车轮中心。代车。东坡,苏轼。讥,嘲笑。 ④ 〔白石〕南宋词人姜夔,号白石道人。 ⑤ 〔二十四桥仍在,波心荡、冷月无声〕《扬州慢》中句。二十四桥在今江苏扬州。冷月,凄凉之月色。 ⑥ 〔数峰清苦,商略黄昏雨〕《点绛唇》中句。清苦,形容寒山冷落。商略黄昏雨,黄昏时似将落雨。商略,商量,推测。 ⑦ 〔高树晚蝉,说西风消息〕《惜红衣》中句。说西风消息,预示西风将至。 ⑧ 〔雾里看花〕杜甫《小寒食舟中作》:"春水船如天上坐,老年花似雾中看(kān)。" ⑨ 〔梅溪〕南宋词人史达祖,号梅溪。

绝①，抑真有运会存乎其间耶②？

主旨同上一则。

四言敝③

四言敝而有《楚辞》④，《楚辞》敝而有五言⑤，五言敝而有七言⑥，古诗敝而有律绝⑦，律绝敝而有词。盖文体通行既久，染指遂多⑧，自成习套⑨，豪杰之士亦难于其中自出新意，故遁而作他体⑩，以自解脱⑪。一切文体所以始盛终衰者，皆由于此。故谓文学后不如前，余未敢信。但就一体论，则此说固无以易也⑫。

一种文体，盛极难得继续发展，所以不能不另创新体。读文学史，这个观点值得注意。

---

① 〔渡江〕到南宋。北宋灭亡后，宋高宗至江南建立南宋。 ② 〔抑〕或。〔运会〕气运，命运。 ③ 〔四言〕四言诗。指《诗经》。〔敝〕衰败。 ④ 〔《楚辞》〕指骚体文章，即屈原、宋玉等之作品。 ⑤ 〔五言〕五言诗。指汉魏六朝诗。 ⑥ 〔七言〕七言诗。指唐宋及其后之诗。 ⑦ 〔古诗〕无严格格律之古体诗。〔律绝〕兴于唐代之律诗及绝句，有严格格律。 ⑧ 〔染指〕参与作（之人）。 ⑨ 〔习套〕熟套，老调。 ⑩ 〔遁〕逃避，躲开。 ⑪ 〔解脱〕解放，脱离旧套。 ⑫ 〔无以易〕不能改，很对。

大家之作①

大家之作,其言情也必沁人心脾②,其写景也必豁人耳目③。其辞脱口而出④,无矫揉妆束之态⑤,以其所见者真⑥,所知者深也。诗词皆然⑦。持此以衡古今之作者⑧,可无大误矣。

> 写作以真挚浅易为最上。反面是矫揉造作,求曲折,求生涩,费力而并不好。对写现代文来说,这种主张也有重大教育意义。

【研读参考】一、《人间词话》近年来有多种新印本,找来读读,对学习文言、熟悉古典文学作品都会有好处。

二、"南唐中主词"一则,作者说"解人正不易得"。你读过以后,能不能自信为解人?并说说理由。

三、"词忌用替代字""白石写景之作""大家之作"三则,主旨是什么?你觉得这种主张对吗?为什么?

四、"古今之成大事业者"一则提到三种境界,你能领会它的意思吗?说说你是怎么理解的。

---

① 〔大家之作〕著名作家之作品。 ② 〔沁(qìn)人心脾〕意为能感人。沁,渗入。 ③ 〔豁人耳目〕使人印象鲜明。豁,开阔。 ④ 〔脱口而出〕不假思索,随口说出。 ⑤ 〔矫揉妆束〕形容过分造作,极不自然。 ⑥ 〔以〕因。 ⑦ 〔皆然〕都如此。 ⑧ 〔衡〕衡量,评论。

附录甲　古籍笺注举例

【说明】我们在中学学文言，目的是培养成初步阅读文言的能力；培养这种能力，目的当然是更进一步，能读文言典籍，吸收旧文化的有用部分，以及欣赏大量的优秀文学作品等。文言典籍数量很多，其中一小部分经过近人整理、校勘、标点、加注，或兼选录，初学阅读较易。不过绝大多数没有经过近人整理。学文言，读多了，难免要遇见没经过整理的。这样的文言典籍，就其难读的程度说有不同的情况。有些，大多是旧时代认为重要的，如经、前四史、先秦诸子、重要文集等，差不多都有前人断过句［只分句读（逗），不是现在的标点］，加过注解（自然也用文言）。也有不少，或断句而没有注解，或有注解而不断句，这读起来就难得多。还有大量的，是既不断句，又没有注解，这些自然就更难读。初学读文言典籍，要由易到难，就是尽先读近人整理过的；找不到近人整理过的，要尽先读有旧注的。旧注的性质与今注不尽同：今注为初学着想，浅显，详细；旧注不然，都是着重于作注人认为的要点，常常性质有所偏，而且文义方面的难点经常不注（因为在作注的时期并不是难点），所以远没有参考今注方便。不过无论如何，不很灵便的车总比没有车好，所以读文言典籍,我们应该多利用旧注。

旧注有各种形式。就名称说也有不少花样:如注经名"传";兼注经传名"疏";此外还有"笺""注""解""索隐""正义"等。注有出于一人之手的,如《庄子》郭象注;出于一人之手而吸收前人注解的,是集解或集注,如朱熹的《四书集注》。注有出于多人之手的,如《文选》有五臣注和六臣注。还有的书,前人注过后人再注的,如《楚辞》先有王逸注,后有洪兴祖补注。有的重要典籍,注本不止一种,如《庄子》和杜甫诗,传世的注和不传世的注都算在内,都有上百种。一部书的不同注本,有详略的分别,如《庄子》,郭庆藩《庄子集释》详,王先谦《庄子集解》略;杜诗,钱谦益笺注《杜工部集》略,仇兆鳌《杜少陵集详注》详。

注是为了读者由不了解变为能了解,并深入了解。不了解有各个方面,所以注解的重点也有各个方面。主要是以下几个方面:(1)训诂。用现在的话说是解释词义(包括专名),如《论语·学而》"学而时习之,不亦说乎",朱熹注:"说、悦同。""学之为言,效也。"(2)正音。如同上书"不亦乐乎",朱熹注:"乐,音洛。"又,"人不知而不愠",注:"愠,好问反。"(3)明义。就是发挥思想的主旨,如同上书"有朋自远方来,不亦乐乎",朱熹注引程子曰:"以善及人而信从者众,故可乐。"(4)证事。就是引更翔实的史事来说明情况,如《三国志·魏书》建安"二年春正月,公(曹操)到宛,张绣降。既而悔之,复反。公与战,军败,为流矢所中,长子昂、弟子安民遇害"。裴松之注:"《魏书》曰:公所乘马名绝影,为流矢所中,伤颊及足,并中公右臂。《世语》曰:昂不能骑,进马于公,公故免而昂遇害。"(5)校勘。大致分两类:一是举其他处所的异文,以资比较,如杜甫《秋兴八首》"香稻啄残鹦鹉粒",仇兆鳌注本于"香稻"下注:"草堂作红豆,一作红稻,一作红饭。"于"残"下注:"一作余。"另一是正误,如《韩非子·五蠹》"吾有老父,身死莫之养也。……夫父之孝子,君之背臣也",王先慎《韩非子集解》注:"先慎曰:两父字皆当作母,涉上文而误。《御览》四百九十六引《尸子》:'鲁人有孝者,三为母北,鲁人称之。'汪继培云:'此即下庄子事。'《韩诗外传》十及《新序·义勇篇》并云'养母',与《尸子》同。《韩子》以为养父,非也。"不同书的注解,有的兼顾各方面,如胡三省的《资治通鉴》注;有的偏于一方面,如郭象注《庄子》,偏于明义,刘孝标注《世说新语》,偏于证事。

读书用旧注,要注意三点:(1)不了解的地方它未必注,无法求完备。(2)注的内容和用语有些不好懂:这都要靠自己借辞书的帮助解决。(3)作注的是旧时代的人,思想难免陈旧,不可取;又,知识性的错误间或也难免:总之要批判地使用。

为了读者能够熟悉文言典籍旧注的一些情况,下面举几种为例。书的时代有早有晚,性质包括经、史、子、集各部,注也包括不同的性质。排印的形式完全照原书,只是变竖行为横行。

(一)《左传》子产不毁乡校

【说明】选自襄公三十一年,题目是编者加的。子产,春秋时郑国大政治家,姓公孙,名侨,字子产。乡校,乡里之学校。用《十三经注疏》本《春秋左传正义》,传战国左丘明著,晋杜预集解，唐孔颖达疏，唐陆德明音义。

郑人游于乡校。<small>乡之学校○校户孝反下同郑国谓学为校</small>以论执政。<small>论其得失</small>然明谓子产曰。毁乡校何如。<small>患人于中谤议国政○谤布浪反</small>〔疏〕<small>乡校○正义曰诗序云子衿刺学校废是校为学之别名</small>子产曰。何为。夫人朝夕退而游焉。以议执政之善否。其所善者。吾则行之。其所恶者。吾则改之。是吾师也。若之何毁之。我闻忠善以损怨。<small>为忠善则怨谤息○夫音扶下并注同朝直遥反旧如字恶乌路反又如字</small>不闻作威以防怨。<small>欲毁乡校即作威</small>岂不遽止。然犹防川。<small>遽畏惧也遽其据反</small>大决所犯。伤人必多。吾不克救也。不如小决使道。<small>道通也○道音导注同</small>不如吾闻而药之也。<small>以为己药石</small>〔疏〕<small>不如至之也正义曰言不如不毁乡校使人游处其中闻谤我之政者而即改焉以为我之药石也</small>然明曰。蔑也今而后知吾子之信可事也。小人实不才。若果行此。其郑国实赖之。岂唯二三臣。仲尼闻是语也。曰。以是观之。人谓子产不仁。吾不信也。<small>仲尼以二十二年生于是十岁长而后闻之○长丁丈反</small>〔疏〕<small>注仲尼至闻之○正义曰公羊传于二十一年下云十有一月庚子孔子生穀梁传于二十一年十月之下云庚子孔子生二十一年贾逵注经云此言仲尼生哀十六年夏四月己丑卒七十三年昭二十四年服虔载贾逵语云是岁孟僖子卒属其子使事仲尼仲尼时年三十五定以孔子为襄二十一年生也孔子世家云鲁襄公二十二年而孔子生年七十三鲁哀公十六年夏四月己丑卒杜此注从史记也</small>

(二)《庄子·秋水》孔子游于匡

【说明】选自外篇第十七。《秋水》篇很长，这是其中一小部分，题目是编者加的。匡，春秋时卫国地名，在今河南睢县。用《古逸丛书》本《庄子注疏》，战国时庄周等著，晋郭象注，唐成玄英疏。

孔子游于匡宋人围之数匝而弦歌不辍〔疏〕辍止也宋当为卫字之误也匡卫邑也孔子自鲁适卫路经匡邑而阳虎曾侵暴匡人孔子貌似阳虎又孔子弟子颜克时复与孔子为御匡人既见孔子貌似阳虎复见颜克为御谓孔子是阳虎重来所以兴兵围绕孔子达穷通之命故弦歌不止子路入见曰何夫子之娱也〔疏〕娱乐也匡人既围理须忧惧而弦歌不止何故如斯不达圣情故起此问本亦有作虞字者虞忧也怪夫子忧虞而弦歌不止孔子曰来吾语汝我讳穷久矣而不免命也求通久矣而不得时也将明时命之固当故寄之求讳〔疏〕讳忌也拒也穷否塞也通泰达也夫子命仲由来语其至理云我忌于穷困而不获免者岂非天命也求通亦久而不能得者不遇明时也夫时命者其来不可拒其去不可留故安而任之不往不适也夫子欲显明斯理故寄之穷讳而实无穷讳也当尧舜而天下无穷人非知得也当桀纣而天下无通人非知失也时势适然无为劳心于穷通之间〔疏〕夫生当尧舜之时而天下太平使人如器恣其分内故无穷塞当桀纣之时而天下暴乱物皆失性故无通人但时属夷险势使之然非关必知有斯得失也夫水行不避蛟龙者渔父之勇也陆行不避兕虎者猎夫之勇也白刃交于前视死若生者烈士之勇也情各有所安〔疏〕情有所安而忘其怖惧此比譬也知穷之有命知通之有时临大难而不惧者圣人之勇也圣人则无所不安〔疏〕圣人知时达穷通故勇敢于危险之中而未始不安也此合喻也由处矣吾命有所制矣命非己制故无所用其心也夫安于命者无往而非逍遥矣故虽匡陈羑里之无异于紫极间堂也〔疏〕处安息也制分限也告敕子路令其安心我禀天命自有涯分岂由人事所能制哉无几何将甲者进辞曰以为阳虎也故围之今非也请辞而退〔疏〕无几何俄顷之时也既知是宣尼非关阳虎故帅甲士前进拜辞逊谢错误解围而退也

(三)《史记·留侯世家》

【说明】选自卷五十五,这是全篇的开头一部分。用清乾隆殿版《二十四史》本,汉司马迁著,南朝宋裴骃集解,唐司马贞索隐，唐张守节正义。

留侯张良者[正义]括地志云故留城在徐州沛县东南五十五里今城内有张良庙也 其先韩人也[索隐]韦昭云留今属彭城按良求封留以始亡高祖于留故也汉书云良字子房按王符皇甫谧并以良为韩之公族姬姓也秦索贼急乃改姓名而韩先有张去疾及张谴遣非良之先代也良既历代相韩故知其韩人顾氏按后汉书云张良出于城父城父县属颍川也[正义]括地志云城父在汝州郏县东三十里韩里也 大父开地相韩昭侯宣惠王襄哀王[集解]应劭曰大父祖父开地也 父平相厘王悼惠王[索隐]韩世家及系本并作桓惠王 悼惠王二十三年平卒卒二十岁秦灭韩良年少未宦事韩韩破良家僮三百人弟死不葬悉以家财求客刺秦王为韩报仇以大父父五世相韩故[索隐]谓大父及父相韩五王故云五世 良尝学礼淮阳[正义]陈州也 东见仓海君[集解]如淳曰秦郡县无仓海或曰东夷君长 [索隐]姚察以武帝时东夷濊君降为仓海郡或因以名盖得其近耳[正义]汉书武帝纪云元年东夷濊君南闾等降为仓海郡今貊濊国得之太史公修史时已降为郡自书之括地志云濊貊在高丽南新罗北东至大海西 得力士为铁椎重百二十斤秦皇帝东游良与客狙[集解]服候也应劭曰狙七预反伺也徐广曰伺候也音千怒反[索隐]应劭曰虙曰狙伺狙伺也一云狙伏伺也谓狙之伺物必伏而候之故今云狙猴是也 击秦皇帝博浪沙中[索隐]服虔曰地在阳武南按今浚仪西北四十里有博浪城[正义]晋地理云郑阳武县有博浪沙按今当官道也 误中副车[索隐]汉官仪天子属车三十六乘属车即副车而奉车郎御而从后 秦皇帝大怒大索天下求贼甚急为张良故也良乃更名姓亡匿下邳良尝闲从容步游下邳圯上[集解]徐广曰圯桥也东楚谓之圯音怡 [索隐]尝训经也闻闲字也从容闲暇也从容谓从任其容止不矜庄也邳披眉反按地理志下邳县属东海又云邳在薛后徙此有上邳故此下邳李奇云上下邳人谓桥为圯文颖云圯水上桥也应劭云圯水之上也姚察见史记本有作土旁者乃引今会稽东湖大桥名为灵圯圯亦音夷埋或然也 有一老父衣褐至良所直堕其履圯下[索隐]崔浩云直犹故也亦恐不然直言正也谓至良所正堕其履也 顾谓良曰孺子下取履良愕然欲殴之[集解]徐广曰一云良怒欲骂之 [索隐]殴乌后反 为其老强忍下取履父曰履我良业为取履因长跪履之[索隐]业犹本先也谓良心先已为取故遂跪而履之 父以足受笑而去良殊大惊随目父之去里所复还[集解]徐广曰一云为其老强忍下取履因进之父以足受笑而去良殊大惊父去里所复还 曰孺子可教矣后五日平明与我会此良因怪之跪曰诺五日平明良往

父已先在怒曰与老人期后何也去曰后五日早会五日鸡鸣良往父又先在复怒曰后何也去曰后五日复早来五日良夜未半往有顷父亦来喜曰当如是出一编书[集解]徐广曰编一作篇曰读此则为王者师矣后十年兴十三年孺子见我济北谷城山下黄石即我矣[正义]括地志云谷城山一名黄山在济州东阿县东济州故济北郡孔文祥云黄石公须眉皆白状杖丹黎履赤舄遂去无他言不复见旦日视其书乃太公兵法也[正义]七录云太公兵法一帙三卷太公姜子牙周文王师封齐侯也

（四）《世说新语》周镇罢临川郡

【说明】选自《德行》篇，题目是编者加的。周镇，东晋初年人。罢临川郡，免去临川郡守职。罢，撤职。临川郡，在今江西南城一带。用《四部丛刊》本，南朝宋刘义庆著，南朝梁刘孝标注。

周镇罢临川郡还都未及上住泊青溪渚永嘉流人名曰镇字康时陈留尉氏人也祖父和故安令父震司空长史中兴书曰镇清约寡欲所在有异绩王丞相往看之丞相别传曰王导字茂弘琅邪人祖览以德行称父裁侍御史导少知名家世贫约恬畅乐道未尝以风尘经怀也时夏月暴雨卒至舫至狭小而又大漏殆无复坐处王曰胡威之清何以过此即启用为吴兴郡晋阳秋曰胡威字伯虎淮南人父质以忠清显质为荆州威自京师往省之及告归质赐威绢一匹威跪曰大人清高于何得此质曰是吾奉禄之余故以为汝粮耳威受而去每至客舍自放驴取樵爨炊食毕复随旅进道质帐下都督阴赍粮要之因与为伴每事相助经营之又进乡饮威疑之密诱问之乃知都督也谢而遣之后以白质质杖都督一百除其吏名父子清慎如此及威为徐州世祖赐见与论边事及平生帝叹其父清因谓威曰卿清孰与父对曰臣清不如也帝何以为胜汝邪对曰臣父清畏人知臣清畏人不知是以不如远矣

（五）《文选》阮籍《诣蒋公》

【说明】选自卷四十。阮籍，字嗣宗，西晋初年人。文学家，竹林七贤之一。诣，往（送此信）。蒋公，蒋济，当时高官。用清胡克家重刻宋本，南朝梁昭明太子萧统编著，唐李善注。

诣蒋公一首　阮嗣宗

<small>臧荣绪晋书曰太尉蒋济闻籍有才隽而辟之籍诣都亭奏记初济恐籍不至得记欣然遣卒迎之而籍已去济大怒于是乡亲共喻之籍乃就吏后谢病归复为尚书郎籍本有济世志属魏晋之际天下多故遂酣饮为常文帝初欲为武帝求婚于籍籍醉六十日不得言而已</small>

籍死罪死罪。伏惟明公以含一之德。据上台之位。<small>尚书曰伊尹作咸有一德泰阶六符经曰中阶上星谓诸侯三公汉书音义曰泰阶三台</small>群英翘首。俊贤抗足。<small>易通卦验曰万人闻鸡鸣皆翘首</small>开府之日。人人自以为掾属。辟书始下。下走为首。<small>辟犹召也</small><small>司马迁书曰太史公牛马走应劭汉书注曰走仆也</small>子夏处西河之上。而文侯拥篲。<small>史记卜商字子夏礼记曾子谓子夏曰事夫子于洙泗之间退而老于西河之上吕氏春秋白圭与魏文侯师子夏李奇汉书注曰拥篲为恭也如今卒持帚也</small>邹子居黍谷之阴。而昭王陪乘。<small>刘向别录曰邹衍在燕有谷寒不生五谷邹子吹律而温生黍七略曰方士传言邹子在燕其游诸侯畏之皆郊迎而拥篲郑玄周礼注曰陪乘参乘也</small>夫布衣穷居韦带之士。王公大人所以屈体而下之者。为道存也。<small>邹阳上书曰布衣穷居之士身在贫贱说苑唐且谓秦王曰大王常闻布衣韦带之士怒乎吕氏春秋曰王公大人从而化之此得之于学也庄子曰若夫人者目击而道存焉</small>籍无邹卜之德。而有其陋。猥见采擢。无以称当。方将耕于东皋之阳。输黍稷之税。以避当涂者之路。<small>汉书武帝制曰守文之君当涂之士欲则先王之法以翼戴其世主者甚众也</small>负薪疲病。足力不强。<small>孟子曰孟子有疾王使人问疾孟仲子对曰昔者有王命有负薪之忧不能造朝列子曰非足力之所及也</small>补吏之召。非所克堪。乞回谬恩。以光清举。

（六）《资治通鉴》高贵乡公之死

【说明】选自卷七十七，题目是编者加的。高贵乡公，曹髦，字彦士，曹操的曾孙，曹丕的孙子。继齐王曹芳为帝，254—260 年在位。司马昭专权，他不能忍，被杀。其后六年魏让位于晋。高贵乡公是他称帝前的封号。用《四部备要》本，宋司马光著，元胡三省注。

帝（高贵乡公）见威权日去不胜其忿（忿音愤）五月己丑召侍中王沈（沈持林翻下同）尚书王经散骑常侍王业谓曰司马昭之心路人所知也（言路人亦知其将篡）吾不能坐受废辱今日当与卿自出讨之（卿下当有等字）王经曰昔鲁昭公不忍季氏败走失国为天下笑（鲁季氏世执鲁国之政至昭公时伐之不胜公孙于齐次于阳州死于乾侯事见左传）今权在其门为日久矣朝廷四方皆为之致死（为伪翻）不顾逆顺之理非一日也且宿卫空阙兵甲寡弱陛下何所资用而一旦如此无乃欲除疾而更深之邪祸殆不测宜见重详（重用翻重再也详审也）帝乃出怀中黄素诏投地（说文曰素白緻缯也此黄素诏者盖以白緻缯染为黄色以书诏）曰行之决矣正使死何惧况不必死邪于是入白太后沈业奔走告昭呼经欲与俱经不从（帝礼遇王沈呼为文籍先生而临变乃尔吁考异曰世语曰经因沈业申意今从晋诸公赞）帝遂拔剑升辇率殿中宿卫苍头官僮鼓噪而出昭弟屯骑校尉伷遇帝于东止车门左右呵之伷众奔走（伷读曰胄）中护军贾充自外入逆与帝战于南阙下帝自用剑众欲退骑督成倅弟太子舍人济问充曰事急矣当云何充曰司马公畜养汝等（畜许六翻骑督督骑兵晋志太子舍人职比散骑中书等侍郎时未立太子不应置东宫官属济本昭之私人授以是官耳骑奇寄翻倅七内翻）正为今日（为伪翻）今日之事无所问也济即抽戈前刺帝殒于车下（时年二十刺七亦翻）

附录乙　文言阅读参考书目

【说明】想学通文言,批判地接受祖国的文化遗产,要多读。多读,读什么?早期和晚期有大分别。晚期,对文言已经相当熟悉,读的范围可以广,读物的程度可以深(内容、文字),而且常常是既无标点又无注解的。本书是为初学设想,不谈晚期可以读什么的问题。初学,比如读完本书的三册,或在读的过程中,还想读一些别的,以便较快地提高理解文言的能力,用什么书好呢?以下的参考书目是适应这个要求编的,编时考虑到以下一些情况。

(1) 要是读者力之所能及。因此,所举的书都是浅近的,而且大多是近人整理的选本。

(2) 要是容易找到的。因此,所举的书都是新中国成立以后出版的。

(3) 着重实用,不求全面。

(4) 少数只有旧注,或无注,为的是稍微接触这类书,以便提高阅读的能力。

(5) 也举韵文,因为韵文在文言中占重要地位。(不举曲,因为曲不是纯粹文言。)

(6) 举书都标明页数,为的是借此可以推知内容多少。

(7) 书目是举例性质,意思是像这样的书都可以用,并不表示这里没举的就不能用。

(8) 次序是先"文",后"诗词",最后是辅助学习文言的"知识"。阅读也大致可以依照这个顺序。

一 散 文

(一) 历代

文言读本 一册,307页。朱自清、叶圣陶、吕叔湘合编,上海教育出版社出版。有解题,有注,有文言知识、练习等。

古文选读 一册,341页。中国青年出版社编辑出版。有解题,有注,有讲析,有译文。

古代散文选注 二册,874页。北京师范学院中文系古典文学教研室选注,北京出版社出版。有解题,有注。

中国历代文选 二册,934页。四川师范学院中文系古典文学教研组选注,人民文学出版社出版。有解题,有注。

古代散文选 三册,1321页。人民教育出版社编辑出版。有解题,有注。

中国历代散文选 二册,1343页。刘盼遂、郭预衡主编,北京出版社出版。有解题,有注。

古文观止译注 二册,1137页。清吴楚材、吴调侯编,阴法鲁主编,吉林人民出版社出版。有解题,有注,有译文。

笔记文选读 一册,108 页。吕叔湘选注,上海古典文学出版社出版。有注。

历代游记选 一册,432 页。贝远辰、叶幼明选注,湖南人民出版社出版。有解题,有注。

历代书信选 一册,505 页。叶幼明等选注,湖南人民出版社出版。有解题,有注。

古代日记选注 一册,216 页。陈左高选注,上海古籍出版社出版。有解题,有注。

(二) 断代

先秦散文选注 一册,196 页。罗根泽编,戚法仁注,作家出版社出版。有解题,有注。

先秦诸子文选 一册,238 页。张默生选注,重庆人民出版社出版。有解题,有注。

先秦文学史参考资料 一册,554 页。北京大学中国文学史教研室选注,高等教育出版社出版。有解题,有注。(兼收《诗经》《楚辞》。)

两汉文学史参考资料 一册,636 页。北京大学中国文学史教研室选注,中华书局出版。有解题,有注。(兼收诗。)

魏晋南北朝文学史参考资料 二册,734 页。北京大学中国文学史教研室选注,中华书局出版。有解题,有注。(兼收诗。)

汉魏六朝赋选 一册,244 页。瞿蜕园选注,上海古籍出版社出版。有解题，有注。

汉魏六朝小说选　一册，210页。沈伟方、夏启良选注，中州书画社出版。有注。

南北朝文　一册，122页。潘伯鹰选注，春明出版社出版。有解题，有注。

六朝文絜笺注　一册，188页。清许梿评选，清黎经诰笺注，上海古籍出版社出版。有文言解题，有文言注。

唐宋传奇选　一册，248页。张友鹤选注，人民文学出版社出版。有解题，有注。

宋代散文选注　一册，219页。王水照选注，上海古籍出版社出版。有解题，有注。

宋文选　二册，576页。四川大学中文系古典文学教研室选注，人民文学出版社出版。有解题，有注。

明代散文选注　一册，168页。刘世德选注，上海古籍出版社出版。有解题，有注。

明清文言小说选　一册，652页。李伟实等选注，湖南人民出版社出版。有解题，有注。

虞初新志　一册，371页。清张潮辑，文学古籍刊行社出版。无注，只断句。

(三) 专集

左传选　一册，374页。徐中舒编注，中华书局出版。有注。

左传选　一册，259页。朱东润选注，古典文学出版社出版。有注。

国语选 一册，278 页。傅庚生选注，人民文学出版社出版。有注。

论语译注 一册，316 页。杨伯峻译注，中华书局出版。有注，有译文。

孟子文选 一册，188 页。李炳英选注，人民文学出版社出版。有注。

孟子译注 二册，483 页。兰州大学中文系孟子译注小组译注，中华书局出版。有解题，有注，有译文。

荀子选 一册，133 页。战国荀况著，方孝博选注，人民文学出版社出版。有解题，有注。

韩非子选 一册，272 页。战国韩非著，王焕镳选注，上海人民出版社出版。有解题，有注。

史记选 一册，122 页。汉司马迁著，人民文学出版社编辑部选注，人民文学出版社出版。有解题，有注。

史记选讲 一册，233 页。汉司马迁著，郑权中选讲，中国青年出版社出版。有解题，有注，有讲析。

史记选 一册，534 页。汉司马迁著，王伯祥选注，人民文学出版社出版。有校注。

汉书选 一册，173 页。汉班固著，顾廷龙、王煦华选注，古典文学出版社出版。有解题，有注。

三国志选 一册，298 页。晋陈寿著，缪钺编注，中华书局出版。有注。

通鉴选 一册，284 页。宋司马光著，瞿蜕园选注，古典文学出版社出版。有解题，有注。

《世说新语》选 一册，167页。南朝宋刘义庆著，福建师范大学中文系《世说新语》选注译组选注，福建教育出版社出版。有注。

韩愈文选 一册，284页。唐韩愈著，童第德选注，人民文学出版社出版。有解题（在注后），有注。

欧阳修文选 一册，358页。宋欧阳修著，杜维沫、陈新选注，人民文学出版社出版。有解题，有注。

苏轼选集 一册，243页。宋苏轼著，刘乃昌选注。齐鲁书社出版。有解题，有注。（兼收诗词。）

东坡小品 一册，102页。宋苏轼著，陈迩冬、郭隽杰选注，江西人民出版社出版。有评介，有注。

东坡志林 一册，122页。宋苏轼著，中华书局出版。有标点，无注。

本事诗　本事词 一册，115页。唐孟棨、清叶申芗著，古典文学出版社出版。有标点，无注。

老学庵笔记 一册，156页。宋陆游著，李剑雄、刘德权点校，中华书局出版。无注，有校记。

聊斋志异选 一册，87页。清蒲松龄著，人民文学出版社编辑部编，人民文学出版社出版。有注。

评注聊斋志异选 一册，377页。清蒲松龄著，中山大学中文系《聊斋志异》选评小组选注，人民文学出版社出版。有注，有评说。

聊斋志异选 一册，392页。清蒲松龄著，张友鹤选注，人民文学出版社出版。有注。

二 韵 文

（一）历代

历代诗歌选 一册，507页。北京师范学院中文系古典文学教研室选注，山西人民出版社出版。有注。

历代诗歌选 四册，1340页。季镇淮等选注，中国青年出版社出版。有解题，有注。

（二）断代

汉魏六朝诗选 一册，343页。余冠英选注，人民文学出版社出版。有解题，有注。

汉魏南北朝诗选注 一册，474页。邓魁英等选注，北京出版社出版。有解题，有注。

唐诗选注 二册，741页。中国社会科学院文学研究所古代文学室唐诗选注小组选注，北京出版社出版。有解题，有注。

唐诗三百首 一册，201页。清蘅塘退士编、清陈婉俊补注，中华书局出版。有文言注。

唐诗别裁 一册，489页。清沈德潜选注，中华书局出版。有简略旧注。

千家诗新注 一册，265页。宋谢枋得、明王相选，杨业荣、宋锡福注，广西人民出版社出版。有注。

唐宋词选 一册，225页。夏承焘、盛弢青选注，中国青年出版社出版。有解题，有注。

唐宋名家词选 一册，317 页。龙榆生编选，上海古籍出版社出版。有辑评。

唐宋词选注 一册，669 页。唐圭璋等选注，北京出版社出版。有解题，有注。

宋诗选 一册，125 页。程千帆、缪琨选注，古典文学出版社出版。有注。

宋诗选注 一册，324 页。钱锺书选注，人民文学出版社出版。有解题，有注。

宋词三百首笺注 一册，259 页。上彊村民重编，唐圭璋笺注，上海古籍出版社出版。有注，有辑评。

近三百年名家词选 一册，226 页。龙榆生编选，上海古籍出版社出版。有解题，有评注。

（三）专集

诗经选注 一册，310 页。蒋立甫选注，北京出版社出版。有解题，有注。

楚辞选注 一册，194 页。金开诚选注，北京出版社出版。有解题，有注。

李白诗选 一册，270 页。唐李白著，复旦大学古典文学教研组选注，人民文学出版社出版。有注。

杜甫诗选注 一册，357 页。唐杜甫著，萧涤非选注，人民文学出版社出版。有解题，有注。

三 文言知识

古代汉语常识 一册,78 页。王力著,人民教育出版社出版。

文言文阅读讲话 一册,277 页。许宝华、严修编著,安徽人民出版社出版。

文言津逮 一册,152 页。张中行著,福建教育出版社出版。

文言基础知识 一册,277 页。孙钧锡著,河北人民出版社出版。

古汉语语法十讲 一册,209 页。《古汉语语法十讲》编写组编,上海教育出版社出版。

文言语法 一册,337 页。杨伯峻著,北京大众出版社出版。

文言虚字 一册,155 页。吕叔湘著,上海教育出版社出版。

古代汉语 三册,1088 页。郭锡良等编,北京出版社出版。(兼收选文,有解题,有注。)

古代汉语 四册,1718 页。王力主编,中华书局出版。(兼收选文,有解题,有注。)

诗词格律 一册,164 页。王力著,中华书局出版。

中国文学史 三册,1142 页。中国科学院文学研究所中国文学史编写组编写,人民文学出版社出版。

中国文学古籍选介　一册，515 页。魏凯等编，山西人民出版社出版。

中国古典文学名著题解　一册，589 页。中国青年出版社编辑出版。